문화과학 이론신서 **76**

다인종 다문화 상상과
페미니스트 문화정치

문화과학 이론신서 **76**

다인종 다문화 상상과 페미니스트 문화정치

초판 인쇄 2018년 11월 16일
초판 발행 2018년 11월 25일
지은이 태혜숙
펴냄 박진영 | 편집 손자희 | 디자인 마술피리 | 마케팅 이진경
펴낸곳 문학과학사
등록 2017년 6월 13일 제406-3120000251001995000032호
주소 경기도 파주시 심학산로 12 302호
전화 031-902-0091 | 팩스 031-902-0920 | 이메일 moongwa@naver.com

값 23,000원
ISBN 978-89-97305-14-8 93330

이 도서의 국립중앙도서관 출판시도서목록(CIP)는 서지정보유통지원시스템 홈페이지(http://seoji.nl.go.kr)와 국가자료공동목록시스템(http://www.nl.go.kr/kolisnet)에서 이용하실 수 있습니다. (CIP제어번호 : 2018035523)

문화과학 이론신서 **76**

다인종 다문화 상상과
페미니스트 문화정치

태혜숙 지음

문화과학사

역사·소설·영화 겹쳐 읽기의 문화정치학

필자는 1993년에 대구 인근의 〈효성여자 대학교〉(현재 대구가톨릭 대학으로 명칭이 바뀌었음) 영문과 교수로 재직하기 시작하여 2018년 2월에 퇴직하기까지 페미니즘에 관심을 갖고 연구하고 그 연구결과를 바탕으로 학생들을 가르쳐 왔다. 1990년대 당시 정치적 경제적 문화적 식민화를 극복하는 한편, 주체적인 학문하기에 대한 열망을 갖고서 영미문학들에 대한 새로운 읽기를 위해 〈페미니즘 비평〉 분야를 세부전공으로 삼았다. 비평 분야 중에서도 '탈식민 페미니즘'이라는 분야를 활성화하기 위해 나름대로 열심히 대학 안팎을 오가면서 새로 등장한 연구 분야를 진전시키고자 했다. 그 결과물로 한국 인문사회학계의 새로운 이론틀로서 탈식민주의와 페미니즘의 통합을 주장하는 『탈식민주의 페미니즘』(2001)을 출간함으로써 〈영미문학〉 전공자들에게 새로운 지평을 제공할 수 있었다고 생각한다. 그러한 새로운 이론적 지평의 확립은 복잡다단한 우리의 현실 안팎을 〈영미문학〉이라는 잣대로 좀 더 넓고 깊게 점검하고 해석하도록 하는 가운데, 21세기에 필요로 할 시각들과 전망들의 복합화 작업을 진척시키도록 한 측면이 있었다.

그러한 연구방향의 일환으로 탈식민주의와 페미니즘을 결합시킨 '탈식민 페미니즘' 이론가인 가야트리 스피박의 새로운 개념들과 이론들을 읽고 이해하는 가운데 그 주요내용을 학생들과 나누었을 뿐만 아니라, 스피박의 비평이론을 연구하는 학문공동체 모임을 결성해 자율적인 세미나를 운영함으로써 관심 있는 남녀교수들, 대학원생들, 학부학생들 사이의 학문적 교류를 꾀할 수도 있었다. 그러한 연구공동체의 결성은 읽기 어려운 텍스트들을 함께 읽는 데 일차적인 도움을 주었을 뿐만 아니라 새로운 지식들로 서로 자극받으면서 영미문학 작품들을 더 나아가 영미문화를 또 더 나아가 복잡다단한 세상을 다시 읽어내는 신기한 경험을 하도록 했다. 또한 우리 삶을 이해하는 데서 이론적 비평적 지평을 제대로 이해하고 구축하는 것이 얼마나 중요한가를 선생도 학생들도 동시에 깨닫기도 했다.

대학의 학문공동체는 지식과 인식의 심화와 확장을 고무할 뿐만 아니라 그 결과물을 책으로 출간하도록 자극하는 가운데 더욱 깊이 있는 확장된 시각을 확보하도록 고무한다. 인간으로서 갖추어야 할 가치들을 형성해 나가도록 하는 것은 일방적인 가르침이나 암기나 좋은 성적이나 일류대학 졸업장이라기보다 우리 주위의 온갖 새로운 삶의 형성들과 방식들에 대한 우리 자신들의 견고한 인식과 시각을 끈질기게 제대로 형성해 나가는 자세일 것이다. 그러한 인식과 시각은 그저 평이한 지성을 넘어 세상에 난무하는 온갖 것들과 온몸으로 부딪쳐 나가는 가운데 구축가능하게 될 것이다. 21세기에 접어든 오늘날 그러한 체득은 하나의 단일한 매체에 급급하기보다 예컨대 역사·소설·영화 등의 장르들 사이를 오가면서 각 장르가 각기 껴안을 수 없었던 것들을 상호보충함으로써 그동안 확보할 수 없었던 복합적이면서도 심오한 새로운 영역들을 인지시키고 활성화할 수 있을 것이다.

그런 맥락에서 〈역사·소설·영화 겹쳐 읽기의 문화정치학〉에 관심을 갖고 역사·소설·영화라는 장르들 사이의 공통성과 차이를 견주어 보면서 상호접촉하도록 하는 가운데 복합적인 제3의 새로운 문화지형을 제대로 구축해 나갈 수 있으리라고 본다. 이런 지향 때문에 필자는 〈역사·소설·영화 겹쳐 읽기의 문화정치학〉을 제시하게 되었고, 이 책을 펴내는 데 마지막 부분으로 구성하였다.

유난히도 더웠던 2018년 여름을 기꺼이 보내고 이제 다가올 늦가을에 이 책과 마주하게 될 독자들도 역사·소설·영화 매체 사이를 오가는 즐거움과 힘듦에 기꺼이 동참함으로써 오늘날 우리의 팍팍한 삶을 인간다운 풍요로움으로 가득 채울 수 있기를 바라는 마음이다.

마지막으로 이 책에 실린 글들은 주로 2010년대를 중심으로 연구하고 발표한 것인데, 지금 시점에서 이 책을 위하여 많은 부분 보충·첨삭하고 새롭게 편제하였음을 알려둡니다. 단 4부에 실린 네 편의 글은 크게 손보지 않은 채로 전재하였습니다. 그 중 『노인과 바다』와 토니 모리슨의 『빌러비드』 관련 글은 학술지 『미국소설』에 2012, 2015년 각기 실렸던 것이며, 조지 오웰의 소설 『버마 시절』 관련 글은 『젠더와 문화』(2014)에, 『제인 에어』를 다룬 글은 『마르크스주의 연구』(2011)에 게재되었던 글임을 밝혀둡니다.

2018년 8월
태혜숙

│ 차 례

제 **1** 부

새로운
연구 분야들의 형성

1

아시아 여성연구

1. 들어가는 말

1990년대 이후 지구화 시대에 '아시아'는 탈민족, 탈국가, 탈식민적 실천성을 담보하는 의미 있는 권역으로 부상하였다. 아시아에 대한 아시아인들 자체의 새로운 관심에서 구축된 비교적 최근의 〈아시아 연구〉는 예전에 미국이 자국의 이해관계를 위해 구축했던 지역연구 **Area Studies**와 다르게 반식민, 탈식민을 지향한다. 그렇지만 〈아시아 여성연구〉 진영의 입장에서 보자면 90년대 〈아시아 연구〉의 남성중심성, 동아시아 중심성, 거대도시 중심성은 문제가 된다. 이러한 문제의식은 동아시아에 국한된 시야를 넘어 아시아 전체의 여러 지역들에 대한 다양한 관심을 페미니즘 입장에서 적극 표명할 것을 요청한다. 이러한 요청에 부응하기 위해 〈아시아 여성연구〉라는 분야가 제안되었고 그 분야의 여러 의제들에 대한 논의들을 정기적으로 담아내기 위한 저널 작업 또한 요청되었다. 그러한 요청은 1995년에 이화여자대학교의 〈아시아 여성학센터〉 Asian Center for Women's Studies에 의해 아시아 여성 관련 논문들을 간행하게 만들었고 1997년부터는 계간지를 발행하게 되었다. 이 계간지는 AJWS Asian Journal of Women's Studies라는 이름으로 지금까지 지속적으로 출간되고 있다.

그런데 21세기에 접어들면서 아시아 관련 연구는 아시아에 국한될 게 아니라 아프리카, 라틴아메리카와도 연결되는 가운데 좀 더 포괄적이고 다양한 연결을 시도해야 한다는 움직임이 일어나게 된다. 이런저런 과정을 거쳐 유럽의 식민주의를 다양하게 겪었던 아시아, 아프리카, 라틴아메리카 대륙의 많은 나라들이 20세기 중후반 이후 구미 제국으로부터 정치적으로 독립하는 가운데 문화적 독립을 동시에 강력하게 지향하게 된다. 그리하여 소위 남반부 국가들의 주변부 지역들 자체가 서로 연결되고 연합하는 것은 21세기의 새로운 다양한 흐름들과 결을 맞추어가는 새로운 문화적 실천을 가져오게 된다.

따라서 오늘날의 소위 포스트식민 시대에 새로 설정되는 소위 '지역 연구'는 더 이상 좁은 테두리 안에서 단일 지역만을 대상으로 하지 않고 식민화된 경험을 공통으로 갖고 있는 아시아, 아프리카, 라틴아메리카 대륙의 다양한 지역들을 서로 연결할 뿐만 아니라 적극 연대하도록 기획되어야 할 것이다. 이러한 지향성은 정치적으로 경제적으로 문화적으로 식민화되어 왔던 아시아, 아프리카, 라틴아메리카라는 세 대륙을 연계시키는 〈트리컨티넨탈 연구〉 Tricontinental Studies라는 맥락을 중시하도록 한다. 여기서 〈트리컨티넨탈 연구〉란 포스트식민주의를 '트리컨티넨탈리즘'으로 재정의한 로버트 영Robert Young의 시각을 따르고 있는데 이 연구 분야는 서구에 의해 식민화된 아시아, 아프리카, 라틴

아메리카 대륙의 소위 하위지역들sub-regions 사이의 연결과 연대를 중시한다.

이러한 〈트리컨티넨탈리즘 연구〉로서 제 자리를 갖게 되는 〈아시아 여성연구〉의 방법론을 새롭게 정립하기 위해서는 동양학에 기원을 두고 있는 〈지역연구〉(혹은 〈아시아연구〉) 분야에서 채택되고 발전되어온 연구방법론을 먼저 점검해야 할 것이다. 그 작업을 위해 먼저 〈지역연구〉의 형성 과정과 현황, 문제점을 간략하게 살펴볼 필요가 있다. 비서구 지역을 대상으로 하는 〈지역연구〉의 역사가 오래된 영국, 프랑스, 일본에서의 〈지역연구〉 형태는 대부분 역사나 언어, 문화 등에 관한 인문학적 관심과 접근을 그 특징으로 삼아 왔다. 이와 대조적으로 제2차 세계 대전을 전후한 시기에 본격적으로 전개되기 시작한 미국에서의 〈지역연구〉는 사회과학과의 결합을 통하여 '과학적' 외양을 갖추면서 지역연구의 전형이라고 일컬을 수 있도록 주로 대학과 연구소들에서 활성화되기 시작하였다.(김경일, 1998: 196)

이후 미국의 〈지역연구〉는 세계 인식의 새로운 단위로 떠오른 '지역area'을 새로운 연구 주제로서 깊이 있게 탐색하기보다 단순히 소재적인 차원에서, 또 민족국가의 틀에서 다루어 온 것이 사실이다. 그렇게 된 까닭은, 새로운 세계 인식의 방법으로서 지역연구의 개념과 정의를 정립해 나가기보다 냉전 시대의 국가적 필요와 이해관계라는 동기에 따른 정책적 실용적 목적에 치중했기 때문이다. 그러다 보니 자체의 고유한 이론과 방법론을 확립하지 못한 채, 사회과학 분과의 주도 하에 해당 지역과 결부된 문제의식을 추가하든가 기존분과학문들의 상이한 시각들을 단순히 통합하는 수준에 머무르기 일쑤였다.(김경일: 45, 46)

7, 80년대에 이르러서도 특히 미국의 〈아시아연구〉는 여러 분과들

을, 그것도 주로 사회과학 분과들을 잡다하게 절충적으로 끌어모으기를 일삼았다. 또한 낯선 국가의 사실적 지식들을 일반적 이론틀로써 추상화하고 체계화하는 사회과학을 우선시함으로써 인간 경험의 특수성과 개별성을 강조하는 인문학을 배제하였다. 게다가 서구의 경험을 잣대로 비서구문화의 역동성을 몇몇 단순한 원리로 환원하는 경향을 낳음으로써 서구중심주의, 자민족중심주의, 서구보편주의를 답습하도록 했다.(34, 37) 그러나 90년대 이후 지구화, 초국가화라는 전반적인 추세에 힘입어 다양하고 복합적인 지구문화적 상황이 도래함에 따라, 지역연구는 쇄신을 요구받고 있다. 지구화가 일정 지역 내부의 국지화, 토착화와 밀접하게 맞물리면서 진행된다고 할 때, 특정지역의 문화적 역사적 맥락에 대한 감수성을 갖고 그 맥락을 포괄적으로 살려내는 〈지역연구〉(156, 46)로서 〈아시아연구〉가 절실하게 된다.

따라서 지구화 시대에 필요한 〈지역연구〉의 재형성이라는 화두는 동양학이나 아시아 연구의 본령이었던 언어와 문화에 대한 관심, 즉 인문학적 주제를 지역연구에 어떻게 개입시킬 것인가 하는 문제를 제기한다. 또한 비교의 기준을 서구 경험에 두지 않기 위해 서구/비서구, 서구/아시아의 이분법을 타파하는 방법을 모색하고, 비교 대상을 예전의 접근법들을 지배해온 민족국가 단위를 넘어서는 권역들, 초국가적 현상, 지구적 공간, 하이퍼 공간들로 넓히는 방안도 탐구해야 할 것이다. 좀 더 근본적으로는 각 권역이나 지역에 붙여진 이름들도 역사적 구성물이라는 인식을, 〈지역연구〉의 기반인 지구의 분할도 자연스럽지도 자명하지도 않다는 인식을 더욱 진전시켜야 한다. 특히 미국의 지역연구 프로그램에 의한 지정학적 지구분할, 예컨대 동아시아, 동남아시아, 아시아-태평양 등의 권역들을 일관된 분석단위로 구조화하는 분할[1]도 지리적 물리적 특성이 아니라 미국인들의 이해관계를 따르고 있을 뿐이다.(팔랫, 1998: 383) 바로 이러한 특정한 구조화로 인해 아프리카, 라틴아메리카로부터 분리되어온 〈아시아 연구〉라는 분야 자체가 이들 권역에 거주하는 민족들 사이의 역사적 현재적 관계에 대한 인식을 가로막는다.(팔랫: 386) 따라서 특정 지역을 고립시켜 미시적으로 연구하는 학문실천의 구조로부터 빠져나오기 위해서는 트리컨티넨탈 연계를 기반으로 지정학적 분석 단위를 전면적으로 재구성하는 시도가 필요하게 된다. 그러한 재구성은 기존 지리문화적 분할들의 역사적 구성을 전면적으로 재검토하도록 하는 가운데 다양한 언어, 인종, 가치체계, 사회역사적 조건들에 대한 인식과 여러 권역들과 지역들 사이의 관계에 대한 인식을 새롭게 정립하는 작업들을 요청한다.

1. 동아시아, 동남아시아만 해도 그 권역에서 생활하는 사람들에 의해서라기보다 그 권역에 영향을 미친 외부의 이해관계에 의해 권역이 설정되고 해당 이름이 붙여졌다. 유럽의 입장에서 본 '극동'에서 '동아시아'로 이름이 바뀐 것은, 제2차 세계 대전 후 영국에서 미국으로 세계체제의 헤게모니가 옮아간 현실을 반영한다. 동아시아라는 이름이 권역의 실체로서 의미를 획득한 것은 이 권역의 경제성장에 전적으로 기인하고 있었다(김경일, 「동아시아와 세계체제 이론」: 133, 135, 136). 서남 태평양이 아니라 동남아시아라는 명칭에서 하이픈이나 대소문자, 동남의 형용사 사용 여부에 따라 영어 철자법이 수십 가지인 '동남'이라는 단어 자체의 다양한 변형태들은 서구 정부들 간의 정치적 입장 차이를 반영한다. 막연하게 인도의 동쪽, 중국의 남쪽이라고 생각되었던 권역은 초국가적 문화지대의 상호작용과 관련해 전혀 관심을 받지 못한 채, 식민주의와 민족주의에 의해 먼저 태평양 전쟁, 다음에는 두 차례의 인도차이나 전쟁을 포함한 냉전, 마지막으로 캄보디아 전쟁과 중소 대리전쟁의 전쟁터로 구축되었으니, '동남아시아'라는 권역의 형성 자체가 파괴적인 것이었다(에머슨, 1998: 92, 94, 106-8, 114). '아시아-태평양' 주변의 경제가 고도성장을 기록함에 따라 대서양 중심의 무역이 쇠퇴하면서 생긴 용어인데 아시아와 태평양 양자에 대한 심층적인 재정의를 은폐하고 있다. 이 명칭의 권역은 통상 호주, 뉴질랜드, 태평양 제도, 중미, 남미뿐만 아니라, 아프가니스탄, 중국 내륙 지역, 인도, 미얀마 등과 같은 대부분의 '소농' 아시아를 배제하고 있다(팔랫: 403). 다시 말해 이 시점에서 '아시아'란 하나의 고정된 실체가 아니며 결코 전체화될 수 없으며 일련의 변화하는 실천 집단체로서 특정한 관심사들과 이해관계들에 따라 몇몇 권역들로 구획되며 이합집산을 거듭한다.

이 작업들은 아시아연구를 비롯한 기존 지역연구를 재개념화하도록 한다. 이 재개념화는 결국 비서구인들의 특징적인 경험을 서구 사회과학에 의해 형성되어온 개념도구들(자본주의, 근대성, 식민주의 등)로 추상화하고 일반화할 게 아니라, 트리컨티넨탈 지역들의 경험을 그 개념도구들과 접속시키는 가운데 그 개념도구들을 변형하고 확장시킴으로써 새로운 개념들과 분석 방법론을 만들어내는 과제와 연관된다. 그 과제에서 특히 중요한 점은, 지속되고 강화되는 글로벌 자본주의의 구조화 과정에 있을 최소한의 통일성을 인정하고 그것에 따라 지구화 과정 내부에서 각인되는 국지적 과정의 정밀한 서사들을 파악하되, 그 서사들로써 지구화라는 일반적인 틀의 내용을 새로 고안해냄으로써 서구 사회과학의 틀을 넘어서는 더 넓고 심화된 관계망을 구축해 나가자는 것이다.(팔랫: 416) 〈아시아 여성연구〉를 〈트리컨티넨탈 연구〉로서 재설정하고 그 재설정에 따른 연구방법론을 모색하는 것도 바로 그러한 관계망의 구성과 결부되어 있다.

이러한 문제의식에 따라 이 책의 제1부 1장인 이 글에서는 서구 사회과학의 틀 안에서 모색되어온 학제간 혹은 초분과적 연구를 넘어서기 위해 1) '사회과학과 함께 하는 인문학적 읽기'(Spivak, 2008), 2) 서구인이 독점하는 보편성이 아니라 전 세계인들에 의해 '공유되고 분담되는 보편성' 개념(펭, 2001), 3) '행성성planetarity'(Spivak, 2003) 개념이 제안된다. 다음으로 이 제안에 따라 페미니즘 시각에서 아시아의 하위 지역들을 아프리카, 라틴아메리카의 그것들과 연결하고 인용, 대조하는 '페미니즘적 상호참조 독해'를 트리컨티넨탈 연구로서 〈아시아 여성연구〉의 방법론으로 제시하고자 한다.

2. 서구 사회과학의 학제간·초분과적 연구를 넘어: 인문학과 함께 하는 사회과학적 읽기

　　　　　　　〈트리컨티넨탈 연구〉는 서구 사회과학의 틀을 넘어서는 〈지역연구〉의 전범이 될 수 있다. 한 지역을 종합적으로 이해하기 위해 생긴 〈지역연구〉는 고립된 전문주의나 분과학문체제에 귀속되지 않고 다른 분과학문들과 적극적인 주고받기를 착수하는 비판적이고 통합적인 연구를 실천하고자 하였다. 그런데 그동안 실천된 학제간 interdisciplinary 연구는 어디까지나 정치학, 경제학, 사회학, 법학, 인류학 등의 사회과학 분과들 내부에 국한되어 있었다. 게다가 서구 사회과학 분과에 의해 제공되는 지역들의 물질적 문화적 작동과정을 체계화하고 일반화하는 이론틀은 추상화, 본질화, 환원주의 경향을 띠기 쉬웠다. 예컨대 아시아, 아프리카, 라틴아메리카의 문화와 문명은 몇 개의 공리(유교, 카스트제도, 부족주의)로 분석, 정리된다. 유교, 카스트제도, 부족주의는 서구 식민주의를 포함한 변화와 충돌의 역사과정에서 생긴 문화결정물인데도 무엇으로도 환원될 수 없는 특이한 본질로서 강조된다. 그리하여 가부장적 남성 엘리트들의 이러한 이론적 환원주의는 활기에 넘친 여성들의 신앙체계나, 하위집단들과 소수민족들의 이질적인 경험들과 문화들에 관해 말할 어휘를 처음부터 봉쇄한다.(팔랫: 394-5) 물론 지역 연구자가 해당 지역의 정치경제에 1차적인 관심을 두고 있더라도 지역의 언어를 학습하고 연구하는 경우도 많았다. 하지만 그 경우는 언어들 자체에 내포된 특별한 인식소나 세계관, 가치관이나 문화들의 특수성을 이해하려는 맥락에 있다기보다 지역을 더 잘 통괄하기 위한 수단으로 삼는 측면이 더 강했다.

연구 대상인 지역들에 대한 이러한 태도는 서구과학에 내포된 도구주의적, 기능주의적 속성과 함께, 세계의 다양한 지역들을 물질적인 자원들의 저장소로 보고 효율적으로 관리한다는 목적과 맞물려 인간의 인식과 감성을 축소함으로써 도구적 합리성과 효율성에 편향된 인식소를 초래한다. 서구과학의 방법론적 기초는 예컨대 바다의 물결과 속삭임, 용dragon과 같이 이성적으로 설명하기 힘든 타자를 제어하는 데 있었기 때문이다.(Dutton, 2002: 497) 18세기 말에서 19세기에 이르러 자연과학에서 사회과학으로 과학의 중심축이 이동하자, 엄격하고 객관적이며 사회과학적인 세계의 재지도화는 '제국주의'라는 이름을 갖고서 여타 대륙의 어느 곳이건 어느 것이건 서구의 견지에서 재단할 수 있는 것으로 만드는 서구의 능력을 입증해 나갔다. 서구과학의 밑바탕에 깔려 있는 실용주의, 무역, 소비, 물질적 욕망은 차이들을 편평하게 하며 '이견의 방언들 the dialects of dissent'(Dutton: 501)을 없애 나갔다.

서구의 동질적인 과학적 추리 방식과 과학적 이해의 엄밀한 객관적 언어는 다른 우주관들의 질서를 표현할 가능성들을 말살했다.(522) 사회과학에서 객관적인 접근의 특권적인 위치를 규정하는 통계학적 양적 방법론은 언어 및 문화를 둔 기초를 둔 기술(묘사)적인 차원을 부식시키고 비서구를 객관적 지식을 위한 내용제공자로, 서구의 방법론을 적용하는 대상으로 만들었다. 그리하여 아시아 연구는 그런 사회과학의 거의 완벽한 지배를 받게 되었다.(525) 지역연구의 '사회과학주의social scientism'(507)라는 이러한 결과를 바꾸어내기 위해서는 애초에 동양학 혹은 아시아연구의 핵심이었던 언어 문제로 돌아가 볼 필요가 있다. 여기서 언어는 서구 사회과학의 방법을 적용하기 위한 대상이나 유창하게 구사하기 위한 실용적인 수단으로서의 언어나 원재료로 수동적으로 활용되기만 하는 위치에서 벗어나, 언어연구를 진지하게 다루고 이론적으로 개발시킴으로써 지적 '불화dissonance'를, 서구 과학적 병합의 인식소적 폭력을 문제 삼게 하는 이견dissent의 속삭임을 제대로 들리도록 하는 아시아 지역연구(527)를 위해 그렇다.

서구 사회과학에 의해 축소된 지식들은 요즈음과 같은 IT 시대에는 동서양을 막론하고 일회적인 전자화된 정보들로 대체되고 있는 실정이다. 인간의 지식은 이제 새로운 데이터와 정보에 의해 관리 혹은 폐기처분 여부만 결정하면 되는 것으로 더욱 축소되고 있다. 인터넷과 정보문화를 통해 국가의 경계를 허물고 종횡무진 국경을 넘나드는 기업화된 지식이나 상품화·자본화된 지식의 팽배는 인간의 사유와 상상력을 협소하게 만들고 피상적이고 형식적인 것으로 만든다. 자본주의의 기업중심문화에 따른 대학의 기업화와 신자유주의 교육 장치에 의해 야기된 이러한 축소에 맞서는 것은 거의 불가능에 가까워 보인다. 그런데 불가능한 것을 가능한 것으로 바꾸어내는 데 필요한 감성과 사유의 전환 자체가 상상력을 바탕으로 하는데, 그런 만큼 사회과학적 지역연구는 바람직한 지식에 필수적인 통찰을 제공하는 인문학적 상상력과 결합되지 않을 수 없다. 여기서 우리는 서로 다른 학문 영역 간의 '통섭consilience' 논의로 들어갈 수밖에 없게 된다.

다양한 양상을 가질 수밖에 없는 학문들 간의 관계 맺기는 에드워드 윌슨Edward Wilson의 '통섭'이라는 용어로 본격적으로 계속 탐구되기 시작했다. 하지만 근대 이후 서구 사회과학에 뿌리 깊게 자리잡고 있는 과학중심주의와 환원주의의 장벽은 사회과학과 인문학 사이에 진정한 대화와 소통을 가로막고 있는 실정이다. 통섭 논의에서 독특한 경험과 가치를 추구하는 인문학 고유의 영역이 인정되고 있지만 그 영역은 일정한 과학적 추상화를 거쳐야 소통 가능하게 된다는 전제가 고수되고 있기 때문이다. 따라서 인문학 편에서 주장될 수밖에 없는 '비환원주의적 통섭'은 여전히 답보 상태인 셈이다. 또한 사회과학과 인문학의 분과들을 단순히 끌어 모으는 학제간 기획으로서 통섭이라면 각 분과의 틀 안에 남은 채로 분과들의 경계를 지나가는 방식은 분과들의 절충적인 종합 혹은 제휴 수준에 머무를 뿐이다.

그렇다면 학제간 기획의 이와 같은 한계를 극복하는 것으로서 '초분과성transdisciplinarity'을 살펴볼 필요가 있겠다. 바바라스 니콜레스쿠가 제안하는 초분과성 기획은 "분과들 **사이에** 있는 것, 상이한 분과들을 **가로지르고** 있는 것, 모든 분과들을 **넘어서** 있는 것과 관계를 맺는다. 그것의 목적은 현 세계의 이해이며, 그것의 의무 중 하나는 지식의 통합이다."(Nicolescu, 2006: 143-4) 여기서의 '초분과성'이란 분과들 간의 경계와 관계를 바꾸려는 시도인데, 분과들 사이에 불연속성도 있지만 분과들 사이에 또는 너머에 작동하는 위계적이지도 환원적이지도 않은 현실차원들은 우리의 경험, 표상, 묘사, 이미지, 수학적 공식들에 저항하는 상이하고 복잡한 것으로, 또 그것들 사이의 관계는 '보편적인 상호의존의 원칙'을 따르는 관계로 새롭게 이해된다.(강내희, 2010: 9-10) 여기서 '보편적 상호의존의 원칙'이란 여하한 개별 차원도 다른 모든 차원들과 동시에 존재한다는 것을, 모든 차원들이 동시에 존재하기 때문에 각 개별 차원도 존재하게 되는 것을 말한다. 결론적으로 우리는 진정한 통섭을 '더불어 넘나듦jumping together'의 뜻으로 받아들여 이질적인 계열들이 복합적으로 뒤섞이는 과정에서 일어날 복잡한 상호작용과 이를 통해 새로운 형태의 지식과 경험을 촉진하는 "창발적 과정"(강내희, 2016)이라고 이해할 수 있겠다.

이러한 초분과성 기획은 학제간 기획보다 한 걸음 더 나아간 것은 분명하다. 하지만 언어, 사유, 상상력으로서의 인문학을 사회과학과 동일 수준의 이질적 계열로 보는 것은 여전히 절충의 일종이다. 필자는 인문학 담론을 사회과학과 동일 수준에서 '지역연구의 사회과학주의와 병행하면서 경쟁하는a parallel and possibly rival humanities discourse to area studies social scientism'(Dutton: 507) 것으로 보기보다 사회과학적 지식과 다를 뿐만 아니라 사회과학적 지식의 밑바탕을 이룬다고 본다. 이렇게 주장한다고 해서 사회과학과 인문학의 관계에 대한 과거의 인문학 중심주의로 되돌아가서 사회과학을 아예 도외시하자는 게 아니라, 제도적-구조적인 것 이상의 변화, 즉 다음 세대의 사유와 상상력에 영향을 미칠 근본적인 변화에 대해 이야기하지 못하는, 아시아의 지역들에 관한 많은 사회과학적 연구의 한계를 직시하자는 것이다.

우리의 사유와 상상력에 근본적으로 영향을 미치기 위해서는 인간 삶의 비전과 가치문제를 다루는 〈인문학〉 연구를 사회과학 위주인 현 지식의 토대로 재설정하는 차원을 좀 더 깊이 고려해야 한다. 무엇보다 인문학은 우리로 하여금 언어(들)와 나누는 우정을 통해 감성, 사유, 상상력의 영역과 만나게 하며, 인간과 세계, 자연과 우주, 젠더와 섹슈얼리티에 관한 생각들을 나눌 수 있게 한다. 다양한 언어들과 접촉하는 가운데 이루어지는 이러한 나눔과 소통은 새로운 감성과 성찰을 다시 형성하게 한다. 이러한 재형성의 풍부하고 섬세한 결texture, 텍스추어를 감지하도록 하는 인문학의 방법은 〈사회과학〉의 체계적이고 거시적인 분석 작업을 근원적으로 의미 있게 하는 (밑)바탕을 이룬다. 스피박은 이 작업을 '사회과학적 엄밀함과 결합된, 언어에 기초를 둔 꼼꼼한 읽기language-based close-reading laced with social-scientific rigor'(Spivak,

2008: 226), '사회적 정치적이면서도 문학적인 결을 읽어내는 독법 **socio-politically literate textured reading**'(Spivak: 229)이라고 부른다. 여기서 스피박이 말하는 〈인문학〉은 철학과 문학이며 그것의 기본 연구는 상상력을 훈련시켜 '욕망의 비강제적 재배치 **an uncoersive rearrangement of desire**'(226)를 성취하고자 한다. 또한 '욕망의 비강제적 재배치'란 지구적 자본주의 가부장 체제가 부추기는 경쟁과 소비 욕망을 외부적으로 강압적으로가 아니라, 인문학적 사유와 상상력을 훈련하는 가운데 인간 삶의 근본 가치에 대한 감각과 감성으로써 대체하여 나가는 것을 말한다. 엄밀한 연구 자료에 근거를 두고 있는 한 사회과학적 지식과 분석만으로는 예컨대 아시아인에게 있는 아시아주의를 향한 욕망의 문제를 고쳐 배우고 다시 배우게 하지 못한다. 그러므로 상상력과 깊이 있는 사유가 엄밀하고 체계적인 법, 역사, 인류학, 사회학, 정치학, 경제학 분석의 바탕을 이룰 때, 사회과학적 분석으로 얻는 지식들을 종합하고 그 심층을 꿰뚫어보는 상상력을 발휘할 때, 경쟁과 성공에 함몰된 사람들로 하여금 이 지구화 시대 인간으로서의 정의와 책임의 윤리에 접근하는 길도 열어가도록 할 것이다. 인문학의 본령인 상상력과 통찰을 발동해야만 서구에 의해 본질론적으로 규정된 타자성, 이질성, 이국성에 매몰되지 않고, 아시아의 하위지역들 안에 착종되어 존재하는 '서구적인 것과 비서구적인 것의 흔적들'(사카이, 2001: 161)을, 하위지역 남녀들의 삶에 짜여 들어가 있는 여러 중첩된 결들을 치밀하게 읽어낼 수 있을 것이다. 이러한 독해 과정은 과거 인문주의자의 상상력과 가치에 대한 안이한 주장을 넘어서게 한다.

3. '비교주의'를 넘어서기: '행성성'과 '공유되는 보편성'

　　　　　　앞에서 아시아의 하위지역들에서 출발해 아프리카, 라틴 아메리카의 하위지역들을 서로 연결하는 〈트리컨티넨탈 연구〉로서 〈아시아 여성 연구〉는 사회과학과 인문학 사이의 근본적으로 새로운 관계설정을 필요로 한다고 주장하였다. 이 3절에서는 그러한 관계 설정을 좀 더 확실하게 하는 데 필요한 개념들로서 '행성성'과 '공유되는 보편성'을 제안함으로써 사실 그동안 지역연구로서 〈아시아 연구〉의 오랜 방법론이었던 '비교주의comparativism'의 변형과 확장을 꾀할 것이다. 비교 작업은 두서너 대상을 비교하기 위한 중심축이나 어떤 기준을 필요로 한다. 냉전 시대에 구축되었던 아시아 지역연구에서 비교의 중심축은 민족국가였고, 그것은 서구적인 지정학적 특권에 기초를 두고 있었다.(Harootunian, 2002: 39) 〈지역연구〉 혹은 〈아시아 연구〉에서 오랫동안 사용되어온 이러한 서구중심적 비교주의는 동양 대 서양, 미국 대 비미국, 서구 대 아시아라는 이분법으로 서로를 타자화하는 방식으로 진행되어 왔다. 그 때문에 거기서의 '비교주의'는 아시아와 서구 사이의, 또 아시아 내부의 다양한 지역들 사이의 '공존의 관계relationship of coexistence'나 '차이-속의-함께 함togetherness-in-difference'(Ang, 2001)을 배제시켜 왔다.

　　트리컨티넨탈 연구로서 〈아시아 여성연구〉는 이 배제된 것들을 추적하는 가운데, 민족국가라는 기준을 따르지 않았던, 또 서구적인 인식소와 거리를 두었던 아시아 하위지역들의 다양한 사회문화적 현실들을 부각한다. 이러한 지향을 갖는 〈아시아 여성연구〉는 그 연구 범위를 단일 국가, 단일 지역 중심을 탈피해 지역들, 국가들, 권역들, 대륙들의 경계를 가로지르며 서너 지역들의 포스트식민적인 사회역사적 조건들과 문화들로 확대하고자 한다. 이제 〈아시아 여성연구〉는 아시아의 하위지역들에서 출발하되 그 시야를 그동안 가장 많이 주변화되고 비가시화되어 왔던 아프리카, 라틴아메리카의 하위지역들로 확장하는 가운데 '서구적인 것'과는 다른 인식소와 감성, 다른 우주관, 다른 윤리를 발굴하는 방법을 적극 모색할 시점이다. 그러한 모색에서 중요한 것은, 서구중심적인 '민족국가'와 같은 하나의 잣대를 갖고 위에서부터 아래로 비교하던 위계적인 방식을 탈피해야 한다는 점이다.

그렇게 하기 위한 방법론적 기초로서, 유럽 혹은 서구의 감성과 지식구도를 비판하며 넘어서는 '행성planet'의 지평 혹은 '행성성planetarity'이라는 개념이 주장될 수 있다. '행성성'은 새로운 해석적 지평인데 인문학적 상상력의 발휘를 요구한다. 행성성의 지평은 서구적인 것의 속박에서 벗어나 '행성'의 차원으로 넓히고 깊어진 인식과 공존을 지향하는 감성과 주체성을 지향하기 때문이다. 이제 한 지역과 다른 한 지역을, 한 국가나 다른 한 국가를 비교하던 수준을 넘어 지역, 국가, 권역, 대륙, 행성을 망라하는 차원에서 비교대상들을 새로 배열해야 할 시점이다. 그러한 근본적인 재배열을 새로 하기 위해, "우리의 학문을 위한 비교의 축을 유럽 혹은 서구로부터 행성으로 치환하고 재정렬하기 위해 우리가 전통적으로 지녀왔던 문화적 지적 범위와는 상당히 다른 것을 요청해야만 한다."(Mufti, 2005: 487) 머프티가 주장한 바, 우리의 새로운 해석적 상상적 지평으로서 '행성성'이라는 축이야말로 비교의 기준으로서 서구적인 것이 보편성을 부여받고 아시아적인 것은 특수자의 위치로 한정되는 구도를 넘어서는 데서 필수적이다. 행성성의 지평은 비단 인류만이 아니라 우주에 존재하는 온갖 종들species 전체를 망라하며 온갖 이타성에 의한 오염을 불사하는 급진적인 개방을 함축한다. 지구화 시대의 인종학살ethnocide 언어학살linguisticide을 보건대, 언어적 문화적 다양성은 생물다양성biodiversity으로서 행성이 실존하는 데서 더 이상 선택 사항이 아니라 필수 사안이 된다.

그러한 행성성의 지평은, 미리 주어진 자의적이고 독단적인 것이 아니라 개방되고 공유되며 분담되는 것으로서 개념화되는 '보편성'(팽: 120)에 그 기반을 둔다. 서구에 의해 배타적으로 점유되어온 폐쇄적 '보편성'이 아니라 '공유되는 보편성' 개념을 따를 때라야, 아시아에 특유한 다양한 현실과 경험 역시 보편화가 가능하고, 인류 전체와 공유 가능한 것으로 인지될 수 있다. 세 대륙 사람들뿐만 아니라 서구인들에 의해 서로 공유되고 분담되는 '보편성'의 지대는 여전히 서구 중심적인 '지구성'을 고쳐내는 행성성의 지평과 상당 부분 맞닿아 있을 것이다. 행성성의 지평은 아시아, 아프리카, 라틴 아메리카의 비-영어권 포스트식민 역사들과 텍스트들에 대한 '지구적으로 인가된 무지'라는 현상을 비판하고 그것들에 대한 읽기를 지속적으로 실행하는 가운데 더욱 구체화될 수 있다.(Spivak, 2003) 그 읽기의 초점을 다양한 제국화들과 식민화들의 아시아적 형태, 민족주의의 재부상, 지구적 자본주의 가부장 체제의 힘들과 벌이는 젠더화된 하위주체들의 비판적인 문화정치적 협상에 둘 때, 아시아 국가들의 경계를 가로지르며 하위지역들에 존재하는 새로운 인식소와 감성을 겸비한 행위자성agency을 발굴할 수 있을 것이다.

4. 수평적 접근과 페미니즘적 상호참조 독해

〈트리컨티넨탈 연구〉로서 〈아시아 여성연구〉에서는 두세 민족국가 중심의 단순하고 일면적인 비교 방식을 거부하고, 민족국가보다 더 넓은 상호공존의 평등한 관계망에 대한 인식에 따라 아시아의 하위지역들에 관심을 갖고 그것들을 아프리카, 라틴 아메리카 대륙의 하위지역들과 연결하고 서로 견주어보며 대조하고 인용하는 방식을 택한다. 그렇게 하는 까닭은 식민주의, 제국주의, 신식민주의의 다중적 영향들이 포스트식민 시대 아시아의 하위 국가들 및 하위지역들에 파급되는 양상들을, 포스트식민 상황들에 대한 아시아, 아프리카, 라틴 아메리카 남녀들의 대응 방식들에 각인되어 있는 차이들을, 아시아, 아프리카, 라틴아메리카의 하위지역들 사이의 연계 흔적들을 살펴보기 위함이다. 이러한 다중적 상호연결을 통해 〈아시아 여성연구〉가 성취하고자 하는 궁극적인 목적은, '대항지구화counter-globalization'를 위한 인식소, 지식, 감성의 형태를, 행위자성의 새로운 형태를 발견하는 것이다.

아프리카, 라틴 아메리카의 하위지역 남녀들과 연계되어 있는 아시아 하위지역 남녀들의 새로운 행위자성을 발굴하기 위해서는 서너 지점들을 수직적으로가 아닌 수평적 차원에서 그 지점들 사이를 왔다 갔다 하는 '수평적 접근'(Watson, 2005: 14)을 필요로 한다. 그 수평적 방법의 구체적인 방향은 일단 아시아의 하위지역에서 출발하되 그것을 1. 아시아의 다른 하위지역들과 연결하고 그 하위지역들 중 하나를 아프리카의 하위지역들 중 하나와 서로 연결하고 참조하기, 2. 아시아의 하위지역들과 라틴아메리카의 하위지역들을 서로 연결하고 참조하기,

3. 아시아, 아프리카, 라틴아메리카의 하위지역들을 서로 연결하고 참조하기(Waller & Marcos, 2005) 등, 세 가지 정도를 말할 수 있겠다. 서너 지점들을 수평적으로 연결하고 왕복하는 가운데 상호 참조하는 방법은 결국 다중적이고 교차적인 독해가 될 수밖에 없을 터인데, 이를 '상호참조 독해'라고 이름붙일 수 있겠다.

아시아, 아프리카, 라틴아메리카의 다양한 언어들, 문화들, 역사들 사이에서 그것들을 상호 연결하고 참조하는 작업은, 우선 아시아의 젠더화된 하위주체들 사이의 교차지점들과 분기점들, 병행들과 불연속성을 추적하고, 근접성과 파열의 지점들을 보여주고, 차이와 더불어 동일성을 찾고 동일성 내부의 차이를 찾는 등 구분선을 다중화하는 과제들로 이루어진다. 이러한 과제들은 단일 지역이나 국가에 국한된 연구에서는 가능하지 않았던 복합적이고 교차적인 독해를 실행하게 함으로써 새로운 문제들을 부상시킬 것이다. 그러한 〈아시아 여성연구〉는 '지구적 자본주의 가부장 체제'와 비판적으로 협상하는 세 대륙의 젠더화된 하위주체들의 대항적인 감성과 인식에 접근할 수 있도록 한다.

이처럼 아시아의 내부와 외부를 넘나들며 여러 지역들을 횡단하는 다중적이고 교차적인 새로운 상호참조 독해는 아시아를 특수화, 동질화, 이국화하지 않으면서 '이질성을 품고 함께 움직이는 아시아'라는 것을 가능하게 한다. 이러한 독해에서 중요한 것은 남반구에 속하는 아시아의 종속된 하위문화들을 주변부 범주가 아니라 하나의 일반적 범주로서 논의하는 방식을 실천하는 것이다. 그렇게 하려면 문화상대주의의 피상적인 다양성에 사로잡힌 다원주의적 해석, 즉 남반구의 문학/문화에 대한 획일적인 오리엔탈리즘적 남성주의적 해석에 의해 간과되었던 사유, 인식, 가치, 관점을 발굴해냄으로써 '지구성**globality**'을 넘어서는 '행성성**planetarity**'의 지평에 놓을 수 있어야 한다.

이 작업은 북반구에서 소비되는 영어번역물에 내재된 영어 일방주의를 벗어나는 국제적이며 다언어적인 문화 공간에 대한 인식을 또한 요구한다. 아시아의 언어들과 문화들에 대한 국제적인 다언어적 시각은 〈아시아 여성연구〉 분야를 다원화한다. 다원화된 아시아의 문화정치적 현실을 서로 병치시키며 새로 독해하는 과정 자체에 개입되는 페미니즘 시각은, 노동-생태-젠더/섹슈얼리티의 문제의식을 동시에 발동시킨다. 그러한 페미니즘 사상은 젠더/섹슈얼리티만을 강조하는 특수한 틀에 머무르지 않고, 21세기 남녀들을 이끌 하나의 일반적인 인식 체계를 지향하도록 한다. 그러한 페미니즘적 개입은 다른 언어를 통한 다른 윤리의 지평을, 형식적인 보편 권리 개념과는 전적으로 다른 지반에 서 있는 책임과 정의라는 윤리의 지평을 시사할 수도 있다. 이러한 시각에서의 새로운 읽기의 실제 예는 제3부 제3장에서 제시하고자 한다.

5. 맺는 말

앞에서 살펴보았듯이 이 글은 〈아시아 여성연구〉를 새로운 지역연구로(서 트리컨티넨탈 연구로) 재설정하는 데 필요한 연구 방법을 제시하고자 하였다. 그 결과, 사회과학적 지역연구의 축인 민족국가와 서구적인 것을 넘어서는 '행성'의 축을 우리의 새로운 해석적 상상적 지평으로 삼아 아시아의 비-영어권 포스트식민 역사들과 지역들 사이를 왕복하는 수평적 접근을 실행하되, 제도적 구조적 분석에 치중하는 사회과학적 방법을 '욕망의 비강제적 재배치'를 위한 상상력의 훈련을 중시하는 인문학적 연구 혹은 읽기로써 재형성하자고 하였다. 또한 행성의 지평에서 보면 공유되고 분담되는 보편성의 지대인 아시아의 하위지역들을, 아프리카 또는 라틴아메리카의 하위지역들과 연결하고 상호 참조하는 가운데 자본주의적 가부장적 지구화의 잔인한 요청을 굴절시키는 인식소와 사유를 탐사하고 거기서 지구화에 대항하는 행위자성을 찾자고 하였다.

이후 이 책의 제3부 제3장에서 제시될, 이러한 연구방법론에 따른 실제 읽기의 예는 사회과학적 엄밀함을 갖추지 못하고 있으며 페미니즘 사상이 좀 더 일관되게 깊이 있게 배여 있지도 않은 것 같다. 또한 그 예는 광대한 아시아 중에서 가장 배제된 하위 지역들에 거주하는 이슬람을 새로 배치하는 아시아 상상과도 거리가 멀다. 하지만 한국-베트남-라이베리아-티베트의 하위지역들을 연결하고 상호참조하는 독해를 시도하는 가운데 현 지구화와는 다른 참된 세상을 위한 소중한 가치와 필요한 인식소를 제시한다는 목표를 미약하나마 성취하였다고 본다. 그 가치와 인식소를 좀 더 사회적인 것으로 만드는 데 기여하기 위해 인터넷 자료나 영상 다큐멘터리, 해외 시사 프로그램 외에 많은 자료들을 발굴하고 연결하는 다양한 연구 작업들이 이어져야 한다고 본다.

2

탈식민 페미니즘

1. 새로운 인식론적 패러다임으로서 탈식민 페미니즘

1990년대부터 한국사회에 파고들기 시작한 페미니즘의 문제의식은 이제 그 중요성을 광범위하게 인정받고 있는 것 같다. 그래서인지 페미니즘이라는 용어를 입에 올려도 심리적인 부담감 없이 자연스러운 일상사로 받아들이는 것 같다. 이제 여성들뿐만 아니라 남성들도 페미니즘을 자주 거론하고 논의한다. 그렇지만 페미니즘이라는 패러다임이 우리의 인식체계 전반을 겨냥해 새로운 기반을 구축한 것인지, 그리하여 교육을 비롯한 한국사회의 주요 영역들을 실제로 바꾸어내고 있는가에 대해서는 회의적이다.

이러한 부정적인 현실 판단을 긍정적인 것으로 바꾸어내기 위해서는 페미니즘의 여러 갈래들이 제기하는 핵심적인 쟁점들에 대한 좀 더 근본적인 점검을 바탕으로 인식틀로서 혹은 이념으로서 페미니즘의 위상을 확실하게 해야 한다. 이런 생각에 따라 이 글에서는 페미니즘의 흐름들 중에서 가장 나중에 형성된 것이면서 '탈식민화'를 화두로 삼는 탈식민 페미니즘 postcolonial feminism[1]의 핵심 쟁점들을 살펴보는 가운데, 그것이 우리 교육에 제시할 수 있는 새로운 인식과 이념을 찾아보고자 한다.

탈식민 페미니즘은 페미니즘의 문제의식을 탈식민화에 대한 의식과 결합시켜야 한다는 생각을 핵심으로 한다. 여기서 페미니즘의 문제의식이란 '남성' '여성'이라는 사회문화적으로 규정된 젠더gender가 우리의 사유와 무의식을 규정하고 있으므로 젠더 중립성이란 있을 수 없으며 따라서 모든 인식체계에 성별 불평등과 성차性差를 둘러싼 젠더의 문제의식을 개입시켜야 한다는 것이다. 한편 탈식민화란 식민 상태를 완전히 벗어나 독립과 자율을 누리는 상태를 지칭하는 게 아니라, 우리의 의식은 물론 무의식에 이르기까지 침투해 있는 서구중심적 사유체계를 비판하고 해체함으로써 새로운 인식의 기반을 구축해 나가는 지속적인 과정을 말한다.

식민지였던 한국이 정치적으로는 독립했지만 사회문화적으로 여전히 서구에 예속되어 있는 한, 재식민recolonial 상태 혹은 옛날의 식민 상태가 새로운 형태로 변형된 소위 신식민neocolonial 상태에 놓여 있기 십상이다. 소위 문화제국주의의 힘은 우리가 상상했던 것보다 훨씬 더 교묘하고 은밀한 형태로 우리의 사유를 지배하면서 온갖 삶의 영역에

---

1. postcolonial은 식민주의 이후라는 시기 구분과 식민주의의 탈피라는 두 층위가 얽혀 있는 개념인데 이를 '탈식민'으로 번역하는 것은 두 층위 중에서도 식민화에 대한 극복 의지를 강조하기 위함이다. 탈식민주의는 하나의 이즘인 데 비해 탈식민화는 과정과 관련된 개념이다. 탈식민주의 페미니즘 혹은 탈식민 페미니즘의 이론적 배경에 대해서는 태혜숙(2001) 참조.

집요하게 지속적으로 침투해 들어와 있다. 여기서 서구중심적 사유체계란 자본주의적 근대화를 먼저 이룩한 서구사회가 비서구사회를 침략하면서 서구사회는 문명, 비서구사회는 야만이라고 획일적으로 편협하게 이분법적으로 구도화한 것을 말한다.

이러한 사유체계에 따르면 비서구사회는 서구사회의 발전 모델(자본주의적 근대사회–의회민주주의–시민사회)을 모방하며 그것을 뒤따라가야 한다. 그런데 이 모델은 물질적 발전을 우위에 놓는 한편 그 이면에는 자유민주주의라는 관념론을 깔고 있다. 그러므로 서구의 근대화 과정에서 태동한 페미니즘도 서구중심적 제국주의의 발상, 관념론, 이분법을 핵심으로 하는 기존 사유체계에 물들어 있으므로 이를 근본적으로 비판하지 않고서는 해방의 이념으로 작동할 수 없다. 이러한 문제의식은 국가 혹은 민족과 여성의 관계를 다시 사유하는 작업을 낳는다.

2. 민족/국가, 여성, 소수자

한국의 경우, 일제로부터 독립하기 위한 민족해방 운동은 물론, 독립한 이후에도 조국의 근대화를 위해 여성문제는 늘 부차적인 것으로 억압되거나 유보되어 왔다. 우리 사회의 여러 방면에서 웬만큼 독립을 성취한 것 같던 시점에서 IMF 환란을 겪게 되었고, 여성이 우리 사회에서 가장 차별 받는 집단들 중 하나임은 온갖 비공식 부문의 비정규직, 임시직종을 메우는 데서 또다시 확인된 바 있다. 이러한 현실은 경제 불황기에는 더욱 강화되는 법이다. 여성들은 예전에도 지금도 우리 사회의 온갖 영역에서 누군가 해야 하는 노동을 쉴 새 없이 저임금으로 혹은 무보수로 수행하고 있지만 그러한 여성노동은 대부분 비가시화되고 은폐된다.

이를 보면 '국가' 자체가 여성의 권익을 도모하기보다는 근대화/전지구화 modernization/globalization 이데올로기에 가세된 가부장제 이데올로기(그 대표적인 것이 남성부양자 이데올로기)를 등에 업고 여성은 물론 그 밖의 남성적이지 않은 온갖 소수자 minority[2]들을 억압하는 거대한 장치임을 인식할 수 있다. 말하자면 한반도에 살고 있는 사람들을 한 민족이라는 민족정체성으로써 민족적 주체로 동원하여 애국심과 노동을 요구하는 민족주의나 민족국가는 민족의 전체 구성원에게 인간다운 삶을 가져다주기 위한 것이라기보다 일부 지배층 남성들의 권력과 이익을 위한 것이다. 그래서 오늘날 철저하게 자본의 논리에 따라 전지구화를 주도하는 미국이 우리와 같은 제3세계 민족국가를 다그치며 뭔가를 요구해올 때 우리의 지도층 인사들은 우리 사회에서의 약자들, 소수자들의 고통을 배려하기는커녕 민족부르주아 남성들의 논리와 기득권의 반경을 한 치도 벗어나지 않으려고 발버둥친다.

서구의 근대국가 모델에 따라 제3세계에서 추구한 민족국가 건설은 개방성이나 공평함이 아니라 배타성을 근간으로 한다. 소위 민족국가를 움직이는 기본 원리가 자유, 평화, 평등이라는 이념인지조차 의심스럽다. 민족 부르주아 지배층 남성 집단은 그들이 누리는 '중심'의 혜택과 권리를 공유하자고 손을 내미는 주변부 집단들을 어떻게든 배제시

---

2. 이 글에서 전지구적 자본주의에 저항하는 주체성을 표상하는 개념으로 '서발턴' 대신 '소수자'를 쓰는 것은 현실 시민사회와 교육현장에서 필요한 의식의 형태로 소수자가 좀 더 포괄성을 갖는다고 보기 때문이다.

키려고 한다. 그렇다면 민족국가와 여성의 관계를 비판적으로 새로 사유함으로써 진정한 탈식민의 길을 모색하려는 탈식민 페미니즘은 여성들의 상황에 대한 문제의식에서 출발하지만 부르주아 지배층 남성 집단이 아닌 여타 소수자 집단들과의 연대로 열리고 확산되는 인식이나 이념을 제시할 수 있을 것이다.

여기서 소수자로서의 자기정체성은 전지구적인 시야에서 강자가 아니라 약자들과 동일시하는 의식과 인식에서 구성될 것이다. 그래서 예컨대 지배층 남성과 결혼한 여성은 그 위치로 인해 약자들 편에 서기 어렵지만 그렇다고 해서 처음부터 미리 소수자에서 제외시킬 필요는 없다. 소수자로서 여성이란 자신이 소속된 국가에 대한 비판의식을 바탕으로 전지구적 현실 감각과 지평을 갖고 구체적으로 자신이 처한 현실 속에서 자신의 포지션을 구축해 나가는 과정에서 형성되는 것이지 미리 정의되거나 규정되는 고정된 실체는 아니기 때문이다.

이렇게 본다면 탈식민 페미니즘의 문제의식은 비단 성뿐만 아니라 계급, 민족, 인종 등의 축들에서 분화되고 상호교차되는 다중적multiple 주체들의 자율적이고 생성적인 활력을 어떻게 네트워킹할 것인가 하는 실천과 연결될 수 있다. 전지구화의 부정적이고 파괴적인 측면들과 싸울 수 있는 것은 다중들multitudes[3]이 그야말로 생존을 위해 힘겹게 살아가는 와중에서도 전지구적 연대를 향해 나아가는 인식의 지평을 갖고 실천할 때이다. 그러므로 전지구화로 인해 가장 착취받고 고통받는 제3세계의 여성들을 비롯한 다중들은 전지구화시대의 새로운 주체들로서 부각되어야 한다. 쉬지 않고 수행되는 다중들의 노동이 오늘

---

3. 안토니오 네그리Antonio Negri의 용어인데 '민중' 개념에 비해 개체의 자율성을 부각하면서도 집단성을 중시한다.

날 물질적 발전의 토대인데도 그것은 잘 보이지 않는 가운데 더욱더 착취된다. 이러한 비가시성을 온존시키기 위해 지배층은 온갖 제도들, 문화적 장치들을 활용한다. 이 장치들 중에 핵심적인 것이 바로 교육 장치임은 두말할 필요 없다.

3. 교육 현장과 탈식민 페미니즘 시각

우리의 교육이 약자와의 동일시보다는 강자를 향한 동일시를 부추기는 경쟁 위주로 이루어지고 있는 것은 어제오늘의 일이 아니다. 그래서 모두 다 함께 더불어 살아가기보다 경쟁 체제에서 우위를 점하는 데 온갖 에너지를 쏟는다. 경쟁 체제에서 무엇보다 중요한 학벌을 위해 자신의 적성과 재능보다는 일률적으로 높은 점수를 획득하는 데 주력하다 보니 창조적 비판적 사유를 제대로 기르기 어렵고, 정보화된 지식을 수없이 많이 접하고 확보하면서도 그것의 토대인 노동을 비하하며 그 중요성을 인식할 겨를이 없다. 이는 많은 학생들로 하여금 부지불식간에 노동의 비가시화에 공모하는 가운데 자신의 개인적인 이익만을 도모하도록 한다. 정보화된 지식과 노동 사이의 이러한 불균형은 몇몇 특정 제도권 내의 안정된 직업들을 향해 집중되는 엄청난 돈과 에너지로 인해 더욱 강화되고 있는 실정이다.

이런 부분에 대한 비판적 인식과 전환적인 사유를 길러내는 것은 교육현장에서 실행되어야 할 시급한 과제이다. 그래서 전지구화, 국가, 여성, 소수자를 둘러싼 탈식민 페미니즘의 핵심 쟁점을 인식하고 그것을 교육현장에서 실천하는 길을 모색하는 것은 교육 이념의 재정비라는 측면에서도 중요하다. 이를 좀 더 구체화하기 위해 교육현장에 탈식민 페미니즘이 개입하는 두 가지 예를 들어보고자 한다. 첫 번째는 국어 과목에서 국문학 작품을 가르치는 경우이며, 두 번째는 영어 교육의 경우이다.

첫 번째 예는 현진건의 『불』을 탈식민 페미니즘의 관점에서 학생들에게 읽힌다고 할 때 어떠한 인식의 지평을 열어줄 것인가 하는 것이다. 이 작품은 일제의 식민지 수탈이 극심했던 1925년에 발표된 단편소설이다. 탈식민 페미니즘 인식은 일제의 제국주의적 지배에 대항하는 다중으로서의 여성 주인공의 체험을 사회경제적 착취구조 속에서 밝혀낼 수 있도록 해준다. 『불』은 일본 제국주의적 침략 속에서 노동과 성의 착취라는 삼중의 고통을 겪는 순이라는 농민 여성의 삶을 그리고 있다. 이 작품은 같은 해에 나왔던 『감자』보다 짧은 단편 소설이지만 식민지 농민 여성의 고단한 삶을 압축적으로 잘 그리고 있으며 좀 더 긍정적인 결말을 보여준다. 『불』에 나오는 순이, 남편, 시어머니 모두 과중한 노동에 시달리고 있는데 그 중 가장 약자에 속하는 순이에게 고통과 괴로움이 가중되어 순이는 악몽을 꾸며 무서운 현실에 짓눌린다.

들에 새벽일을 나갔다가 밤늦게 돌아오는 남편은 노동의 고통을 손쉽게 잊는 수단으로, 아내의 감정이나 욕구에 대한 일말의 배려도 없이 매일 밤 폭압적인 성행위를 일방적으로 치른다. 여기서 순이는 인간적인 즐거움을 느끼기는커녕 그저 고통스럽고 견뎌내야만 하니 무서움과 갑갑함을 느낄 뿐이다. 수탈적인 식민지 농촌 현실의 힘든 노동에서 해방되지 않는 한, 그래서 최소한의 인간적인 감각과 감성도 지니지 못하는 한, 순이나 남편이나 서로 상대방을 사랑하고 배려하는 성관계는 불가능할 정도이다. 외부적인 고통을 잊기 위한 육욕적인 성행위는 매일 밤 자주 치러지면서도 오히려 빈곤함을 느끼게 하며 욕구불만과 적대감을 더욱 증대시킬 뿐이다. 그래도 남편은 기절한 순이에게 측은해 하는 연민의 마음을 느끼기도 하지만 그것이 순이가 겪는 억압을 해소하지는 못한다. 아내에 관한 한, 중심의 자리를 차지하고 있는 남편은 병든 현실을 변화시키려는 의지도, 노력도 보여주지 않는 무능함과 무책임으로 일관하는 식민지 남성주체를 재현한다.

순이는 이러한 남편이 상징하는 '원수의 방'을 피하려고만 하다가 그것이 해결책이 아님을 깨닫고 그 방에 불을 지른다. 이런 결말에 대해 "자신을 억압하던 제국의 '중심'을 태워버린 순이는 이제 비로소 외부에 의해 주어진 정체성과 위치가 아닌, 자신이 창조한 새로운 신분과 새로운 자리를 획득하게 된다. 그러므로 그녀가 승리의 기쁨에 젖어 해방의 춤을 추는 것은 너무나도 당연한 일이다. 왜냐하면 순이는 중심에서 벗어나 스스로를 주변에 위치시켰지만, '주변'이야말로 그녀에게는 진정한 '중심'이 되기 때문"(김성곤, 1994: 79)이라는 평가도 있다. 하지만 그 결론은 남성중심적인 시각에서 나온 것으로, 식민지 현실의 다중적인 억압구조를 외면하고 여성으로서 순이가 겪는 고통을 간과하는 결과를 낳는다. 순이는 처음부터 주변인이었으며 결혼관계를 통해서도 중심에 들어간 적이 없다. 남편조차도 식민지 현실에서는 어디까지나 주변인일 뿐이다. 그러므로 순이가 남편에 의해 상징되는 가부장적 억압구조를 불태운다고 해도 그것을 더 근원적으로 규정짓는 식민지 삶의 궁핍과 모순은 그대로 남는다. 이 궁핍과 모순은 오늘날 우리의 농촌을 보건대 해결되고 있다기보다 형태만 조금 달라졌지 본질은 거의 같은 채로 지속되고 있다.

물론 작가가 순이의 의식과 행동을 통해 탈식민에 대한 열망과 의

지를 감동적으로 구현하고 있는 것은 사실이다. 그것도 가장 억압받는 여성주체에게서 그 무서운 현실을 타개해 나가려는 욕망을 포착하고 희망을 보여주고자 한 점은 높이 평가할 만하다. 그렇지만 탈식민 페미니즘의 입장에서 볼 때 제국주의적 억압과 착취가 집중되는 자기 집을 불태운 후 순이가 진정한 자기 자리를, 자기만의 방을 어떻게 찾고 가꿀 것인가 하는 실천적 물음을 제기할 수 있다. 그 물음에 대한 아무런 전망 없이 기존 구조를 파괴할 때 특히 여성에게 남은 길이란 『감자』의 복녀에게서 보듯 매춘일 확률이 크다. 그러므로 우리가 탈식민 페미니즘의 문제의식으로 『불』을 접한다고 할 때, 불태우는 것 외에 다른 대안이 없는가 하는 의문과 함께, 순이와 달리 사회적 존재로서 식민 역사에 적극 개입한 역사의 흔적이나 기록은 없는가, 농민 여성 외에 그 시대의 주변부 집단들은 식민시대의 착취와 억압에 어떤 대응 방식을 보여주며 주변부 집단들 사이의 유대가 이루어지는 경우는 없는가 하고 펼치는 생각들은 우리 교육에서 필요한 소수자로서의 의식을 기르는 데 중요한 의제가 될 것이다.

두 번째 예는 영어 교육에 탈식민 페미니즘의 쟁점들을 개입시킨다면 어떠한 인식을 낳을 것인가 하는 것이다. 일제 식민시절보다 더욱 식민화된 한국 문화의 현주소를 가장 적나라하게 드러내는 것은 영어 잘하기에 대한 맹목적인 헌신이다. 이 맹목성은 우리 사회의 지배층일수록 더욱 심하다. 농민 여성이나 노동자 여성은 이러한 영어 광풍으로부터 선택의 여지없이 벗어나 있는 셈이다. 그렇기 때문에 이들은 전 지구화 현실에서 의사소통을 주도하는 영어로부터 소외되어 그들의 현실을 알리거나 다른 제3세계 국가의 여성들과 유대관계를 맺는 데서도 한계를 갖게 된다. 그리하여 더욱 침묵당하고 더욱 착취당하는 현실이 그냥 지속될 확률이 크다. 미국문화 일변도의 세계화로 인한 문화제국주의와 함께 소위 영어제국주의가 화려한 상품들과 네온사인들 속에서 그 위력을 뽐내며 우리의 빈곤한 문화를 더욱 빈곤하게 몰아가고 있다.

물론 인터넷으로 세계가 하나가 되고 거기서 상용되는 영어를, 문화적 자긍심 하나로 힘겹게 유지되던 유럽의 여러 언어들마저 초토화시키며 만사형통이 되어버린 영어를 외면하고 살 수는 없는 노릇이다. 학생들은 영어를 배우고 구사할 줄 알아야 한다. 그렇지만 왜, 무엇을 위해 영어를 배우는 것인가를 똑바로 인식해야 하며 유창한 영어 구사에 모두 한결같이 매달릴 필요는 없다는 것을 깨닫고 영어를 못하는 데서 느끼는 수치심과 부끄러움으로부터 해방되어야 한다. 외국인으로서 영어를 능숙하게 구사하지 못하는 것은 당연하다.

그러므로 전문적으로 영어를 우리말로 통역하고 번역하는 집단을 형성해 나가되 이 집단으로 하여금 지배층의 이익을 위하지 않고 소수자들이 지향하는 이념을 증진시키는 포지션을 갖도록 해야 한다. 또한 우리 사회에서 영어 잘하기보다 더욱 본질적으로 필요한 여러 영역들을 가시화하고 거기에 에너지를 쏟을 수 있도록 하는 다양한 통로들을 마련해야 한다. 특히 모성이데올로기의 맹목성을 인식하고 자녀의 대학 입시에 자신의 인생을 걸지 않을 여성들은 이런 과제에 적극 임할 수 있다. 제도권에 진입하려고 노력해본 여성들은 남성중심으로 구조화된 기존 제도권의 공식적, 전문적 직종들 앞에서 남성들보다 더욱 큰 어려움과 차별을 겪게 된다. 그러한 여성들은 제도권 진입에 매달리기보다 그 안팎을 탄력적으로 검토하면서 그 틈새를 찾아냄으로써 자신의 창조성을 발휘할 수 있는 제3의 공간을 만들어 갈 수 있을 것이다. 그 공간에서라면 새로운 형태로 영어교육을 실천하여 소수자 의식으로 무장한 영어 전문가들을 양성한다는 꿈같은 일이 실현될 수 있을지도 모른다.

국어를 제대로 쓰고 구사하지 못하는 것은 괜찮지만 영어를 못하는 것은 무능하게 경쟁에서 탈락된 것으로 보는 의식이야말로 문화적 식민화 상태를 노골적으로 보여준다. 전세계가 하나로 묶이고 문화적 교류가 빈번하게 일상적으로 일어나고 있는 요즘과 같은 문화복합화 혹은 다문화 시대에 다른 언어를 한두 개 더 구사할 수 있는 것은 좋은 일이다. 하지만 다른 언어를 습득하느라고 자신의 언어를 잃어버릴 위험을 경계해야 하며 자신의 중심을 유지하면서 문화적으로 풍부한 세계를 가꾸어 나가는 것은 그리 간단한 일이 아니다. 그것은 남다른 창의성을 필요로 하며, 그 창의성은 지금도 역사를 이끌어가고 있는 보이지 않는 다중들의 숱한 노동을 근간으로 생성된다. 이 사실이야말로 탈식민 페미니즘이 우리 교육에 제시할 수 있는 이념의 핵심을 구성할 것이다.

3

포스트식민 로컬연구

1. 들어가는 말: 포스트식민 시대의 로컬연구로서 〈아시아 여성연구〉

90년대 이후 아시아는 서구의 신식민화를 극복하고 탈식민화를 향해 나아가는 권역region으로 부상하기 시작한다. 아시아에 대한 아시아인들의 주체적인 관심으로부터 구축되기 시작한 〈아시아 연구〉는 예전의 미국식 지역연구area studies와는 분명히 다른 이론적 지향을 갖는다. 그렇지만 제1장에서 이미 논의된 바, 기존 아시아 연구의 남성 중심성, 동아시아 중심성, 거대도시 중심성은 여전히 극복해야 할 문제로 남아 있다. 이러한 문제의식은 〈아시아 여성연구〉 진영으로 하여금 동아시아의 메트로폴리스 중심성을 탈피하고 아시아의 하위권역들subregions 혹은 로컬들locals에 대한 관심을 페미니즘 입장에서 적극 표명하도록 하면서 포스트식민 시대에 새로 설정되는 '로컬연구 local studies'라는 맥락을 중시하도록 한다. 여기서 '로컬연구'라는 용어를 주장하는 것은 주로 미국의 이해관계에 따른 그동안의 지역연구 분야에서 채택되고 발전되어온 연구방법론에 대한 전면적인 비판 의식과 함께 새로운 연구방법의 창설에 대한 의식과 지향을 담아내기 위해서이다.

비서구 지역을 대상으로 한 소위 그동안의 '지역연구'는 역사나 언어, 문화 등에 관한 인문학적 관심과 접근이라는 특징을 처음부터 배제한 것은 아니었다. 하지만 제2차 세계 대전을 전후한 시기에 미국이 본격적으로 주도하기 시작하면서 사회과학과 결합하는 형태를 통해 '과학적' 외양을 갖추었다. 그러면서 지역연구의 전형이라고 일컬을 수 있는 것이 대학과 연구소들에서 조직되기 시작한 것이다.(김경일, 1998: 196) 이후 미국의 지역연구는 세계 인식의 새로운 단위로 떠오른 '지역 area'을 연구주제로서 깊이 있게 탐색하기보다 단순히 소재적인 차원에서 또 민족국가의 틀에서 다루었고, 세계 인식의 새로운 방법으로서 지역연구의 개념과 정의를 정립해 나가기보다 냉전 시대의 국가적 필요와 이해관계라는 정책적 실용적 목적에 치중했다. 그러다 보니 지역연구는 7, 80년대에 이르러서도 자체의 고유한 이론과 방법론을 확립하기보다, 주로 사회과학 분과학문들의 상이한 시각들을 그저 끌어 모으는 절충적인 학제간 연구interdisciplinary studies에 머무르기 일쑤였다.(김경일: 45, 46)

그런데 90년대 이후 전반적인 지구화 추세에 힘입어 다양하고 복합적인 지구 문화적인 상황이 도래함에 따라, 기존 지역연구는 본격적인 쇄신을 요구받게 된다. 지구화의 추세가 일정 지역 내의 국지화, 토착화와 밀접하게 맞물리는 가운데 진행된다고 할 때, 특정지역의 문화적 역사적 맥락에 대한 감수성을 갖고 그 맥락을 세밀하게 살려내는 새로운 지역연구(156)가 절실해진 때문이다. 21세기 한국에서 이 새로운 형태의 지역연구에 대한 관심과 열망은 해당 지역들에 대한 다양하고도 정밀한 연구 작업들을 촉발하는 가운데 '로컬' '로컬리티' '로컬연구'라는 용어들을 제시하고 규명하는 이론화 작업 또한 본격적으로 추진되고 있다.[1]

이 새로운 이론화 작업에서는 그동안 지역연구의 사회과학적 관심과 방법을, 동양학이나 아시아 연구의 본령이었던 언어 및 문화에 대한 인문학적 관심과 방법을 결합시키는 가운데 지역연구를 로컬연구로 재형성하는 문제가 중요하게 대두된다고 하겠다. 또한 비교의 기준을 서구 경험에 두지 않기 위해 서구/비서구, 서구/아시아의 이분법을 타파하는 방법을 모색할 뿐만 아니라, 그동안의 접근법들을 지배해온 민족국가 단위를 넘어 그보다 광범위하면서도 유연하게 구성되는 다양한 권역들regions, 초국가적 지대들, 지구적 공간, 하이퍼 공간 등으로 비교대상을 새로 설정하는 문제도 제기된다. 더욱 근본적으로는 각 권역이나 로컬에 붙여진 이름들도 역사적 구성물이라는 인식을, 그동안 지역연구에 기반을 두어왔던 지구의 분할도 자연스럽거나 자명하지 않다는 인식을 획기적으로 진전시켜 나갈 필요성 또한 제기된다.

그런데 특히 미국의 지역연구 프로그램에 의한 지정학적 지구분할, 예컨대 동아시아, 동남아시아, 아시아-태평양 등의 권역들을 일관된

---

1. 부산대학교 〈로컬리티 인문학 연구단〉은 2009년부터 '로컬'을 둘러싼 새로운 이론적 지평을 구축하는 일환으로 인문학을 적극 개입시키는 이론화 작업을 선도하고 있으며 2018년 여름까지 『로컬리티 인문학』 19권을, 국제학술지 『로컬리티들 Localites』 7권을 출간한 바 있다. 앞으로 이 연구단의 다양한 작업들은 그 귀추가 주목된다.

분석단위로 구조화하는 분할 **2**은 지도제작상의 물리적 특성 탓이라기 보다 미국중심의 이해관계에서 비롯된 것(팔랫, 1998: 383)임을 인식할 필요가 있다. 이러한 특정한 구조화로 인해 아프리카, 라틴아메리카로 부터 분리되는 아시아 연구 자체가 각 권역에 거주하는 민족들과 국가들 사이의 역사적 현재적 관계에 대한 통합적 인식을 가로막기(팔랫: 386) 때문이다. 따라서 특정 지역을 고립시켜 미시적으로 연구하는 학문실천의 구조화에서 빠져나오기 위해서는 서구에 의해 식민화된 역사를 지닌 세 대륙 사이의 트리컨티넨탈^{tricontinental} 연계에 대한 새로운 인식을 기반으로 지정학적 분석 단위를 전면적으로 재구성하는 작업이 우선 필요하다. 그러한 재구성은 광범위한 지리문화적 분할들, 다양한

---

2. 동아시아, 동남아시아만 해도 그 권역에서 생활하는 사람들에 의해서라기보다 그 권역에 영향을 미치는 외부의 이해관계에 의해 그런 권역이 설정되고 해당 이름이 붙여졌다. 유럽의 입장에서는 '극동'이었던 권역이 동아시아로 이름이 바뀐 것은, 제2차 세계 대전 후 영국에서 미국으로 헤게모니가 옮겨간 현실을 반영한다. 또한 동아시아라는 이름이 권역 전체로서 실체적 의미를 획득한 것은, 전적으로 이 권역의 경제성장 탓이었다(김경일, 1998: 133, 135, 136). '서남태평양'이 아니라 '동남아시아'라는 명칭에서 보듯 하이픈의 유무나 대소문자와 형용사의 사용 여부에 따라 영어 철자법이 수십 가지나 되는 '동남'이라는 단어 자체의 여러 형태들이야말로 서구 정부들 간의 정치적 입장 차이를 반영한다. 막연하게 인도의 동쪽, 중국의 남쪽이라고 생각되었던 권역들은 그 초국가적 문화 교섭에 대해서는 전혀 관심을 받지 못한 채, 식민주의와 민족주의에 의해 먼저 태평양 전쟁, 그 다음에는 두 차례의 인도차이나 전쟁을 포함한 냉전, 마지막으로 캄보디아 전쟁과 중소 대리전쟁의 전쟁터로만 구축되었다. 그러므로 동남아시아라는 권역의 형성 자체가 그곳 사람들에게는 파괴적인 것이었다(에머슨, 1998: 92, 94, 106-8, 114). '아시아-태평양'이라는 새로운 권역도 대서양 중심 무역의 쇠퇴 때문에 부상하는데 오스트레일리아, 뉴질랜드, 태평양 제도뿐만 아니라 아프가니스탄, 중국 내륙 지역, 인도, 버마 등 대부분의 '소농' 아시아를 배제하고 있다(팔랫, 1998: 403). 다시 말해 '아시아'란 하나의 고정된 실체가 아니며 결코 전체화될 수 없으며 일련의 변화하는 실천 집단체로서 특정한 관심사들과 이해관계들에 따라 이합집산을 거듭하며 새로 구획된다. 아시아에 대한 이러한 복합적 중층적 인식은 스피박(2008)에 의해 '다른 여러 아시아들^{Other Asias}'이라고 불린다.

언어들, 인종들, 가치체계들, 사회역사적 조건들을 갖는 여러 권역들과 그 로컬들을 새롭게 아우르는 탐구 작업을 요청한다고 하겠다.

오늘날의 포스트식민 시대에 그동안 미국의 이해관계에 치중되어 왔던 지역연구를 쇄신하기 위해서는 '로컬연구'라는 용어를 사용할 필요가 있다. 포스트식민 시대에 필요한 로컬연구라는 과제는, 아시아－아프리카－라틴아메리카 로컬들의 특징적인 역사들과 경험들을 서구 사회과학이 형성해온 개념도구들(자본주의, 근대성, 식민주의, 제국주의 등)로 추상화하고 일반화하는 것을 거부한다. 지속되는 세계자본주의의 구조화 과정이 지니는 최소한의 통일성을 인정하는 가운데 그 내부의 국지적 과정들을 세밀하게 읽어내는 로컬 서사들로써 지구화라는 일반적인 틀을 새로 고안해내기 위해서는, 서구 사회과학의 틀로는 파악될 수 없었던, 다양한 로컬들 사이의 심층적인 관계망을 포착해 나가야 할 것이다.(팔랫: 416) 이러한 연구방법을 구체화하는 일환으로 필자는 서구에 의해 식민화된 역사를 지닌 아시아－아프리카－라틴아메리카 대륙의 로컬들이 갖는 새로운 의미망을 '트리컨티넨탈리즘'이라는 이론적 틀에서 규명한 바 있는 로버트 영의 논의(Young, 2003)를 바탕으로 서구중심의 '지구성globality'을 극복하는 '행성성planetarity' 개념(Spivak, 2003)과 '인문학과 함께 하는 사회과학적 읽기'(스피박, 2008)라는 방법에 따라 아시아의 로컬들을 페미니즘 입장에서 상호참조하는 독해를 제안함으로써, 포스트식민 시대에 필요한 새로운 로컬연구로서 〈아시아 여성연구〉의 방법론을 제시하여 보고자 한다.

2. 인문학과 함께 하는 사회과학

오랫동안 유지되어온 학문 영역들 사이의 고립된 전문주의나 분과학문체제를 비판하며 다른 분과학문들과 적극적인 주고받기를 하는 학제간 연구방법은 오늘날 주된 추세다. 하지만 그것은 어디까지나 정치학, 경제학, 사회학, 법학, 인류학 등 사회과학 분과들 내부에 국한된 것이었다. 게다가 그동안 주로 서구 사회과학의 분과들이 제공해온 지역들의 물질적 문화적 작동과정을 체계화하고 일반화하는 이론틀은 추상화, 본질화, 환원주의 경향을 내포하고 있었다. 예컨대 아시아, 아프리카, 라틴아메리카의 문화와 문명은 유교, 카스트제도, 부족주의 등과 같은 몇 가지 공리들로 환원되어 왔다. 이 공리들은 식민주의를 포함한 변화와 충돌의 역사적 과정에서 생긴 문화적 결정물인데도 다른 무엇으로도 환원될 수 없는 특이한 본질로 강조되어온 셈이다. 특히 가부장 엘리트들에 의한 이러한 환원주의는, 다양한 능력을 지닌 활기찬 여성들의 신앙체계를, 하위집단과 소수민족들의 이질적인 경험과 문화를 재현하는 어휘를 봉쇄한다.(팔랫: 394-5) 물론 특정 로컬 연구자가 해당 로컬의 정치경제에 우선적인 관심을 두더라도 해당 언어를 학습하고 연구하는 경우도 많았다. 하지만 그 경우들에도 언어들 자체에 내포된 특별한 인식소나 세계관, 가치관이나 문화들의 특수성을 세심하게 이해하기 위한 것이라기보다 해당 로컬을 더 효율적으로 지배하기 위한 것이었다.

로컬들에 대한 이러한 연구태도는 서구과학의 도구주의적 기능주의적 속성에 따라, 세계의 다양한 지역들을 물질적인 자원들의 저장소로 보고 효율적으로 관할한다는 목적과 맞물려 도구적 합리성과 효율성을 위주로 하는 인식소의 편향성을 초래하는 가운데 인간의 감성도 축소시킨다. 서구과학의 방법론적 기초는 예컨대 바다의 물결과 속삭임이나, 용dragon과 같이 이성적으로 설명하기 힘든 타자와 함께 하기보다 타자를 제어하는 데 있었기 때문이다.(Dutton, 2002: 497) 18세기 말부터 19세기에 이르러 자연과학에서 사회과학으로 과학의 중심축이 이동하자, 엄격하고 객관적이며 사회과학적인 세계의 재지도화는 서구 제국주의라는 이름 하에 아시아, 아프리카, 라틴아메리카 대륙의 어느 곳이건 무엇이건 서구의 견지에서 재단될 수 있는 것으로 만드는 서구의 능력을 입증해 나갔다. 발전하는 서구과학의 밑바탕에 깔려 있는 실용주의와 물질적 욕망은 여러 다양한 차이들을 편평하게 하면서 '이견의 방언들the dialects of dissent'(Dutton: 501)을 제거해 나갔다.

서구의 단일한 추리 방식에 따른 엄밀한 과학적 이해의 객관적 언어는 소위 다른 우주관들의 질서를 이해하거나 감지할 가능성을 가로막았다. 사회과학에서 객관적인 접근의 특권적인 위치를 규정하는 통계학적 양적 방법론은 언어 및 문화에 기초한 기술(묘사)적인 차원을 부식시키고 식민화된 세 대륙을 객관적 지식을 위한 내용제공자로, 서구의 방법론을 적용하는 대상으로 만들었다. 그리하여 아시아 연구는 그러한 서구 사회과학에 의해 거의 완벽하게 지배되었다.(525) 기존 지역연구의 이러한 '사회과학주의social scientism'(507)라는 결과를 바꾸어 내기 위해서는 동양학 혹은 아시아연구의 핵심이었던 언어 문제를 부각시킬 필요가 있다. 서구의 사회과학적 방법을 수동적으로 적용받는 대상도, 실용적인 수단으로서 언어나 원재료도 아닌, 그 이질적인 언어들을 진지하게 다루는 데서 감지되는 지적 '불화dissonance'를, 서구과학적 병합의 인식소적 폭력을 문제 삼는 '이견'의 속삭임을 제대로 들고 말하는 아시아 로컬연구를 위해 그러하다.

그런데 서구 사회과학에 의해 이미 축소된 아시아 로컬들에 대한 세부적 지식들은 요즈음과 같은 IT 시대에는 일회적인 전자화된 정보들로 대체되고 있는 실정이다. 인간의 지식은 이제 새로운 데이터와 정보에 따라 관리 혹은 폐기처분 여부만 결정하면 되는 것으로 더욱 축소되고 있다. 인터넷과 정보문화를 통해 국가의 경계를 허물고 종횡무진 국경을 넘나드는 기업화된 지식, 상품화·자본화된 지식의 팽배는 인간의 사유와 상상력을 협소하게 만들고 피상적이고 형식적인 것으로 만든다. 전지구적 자본주의의 기업중심문화로 인한 대학의 기업화와 신자유주의 교육 장치에 의해 야기된 이러한 축소에 맞서는 것은 이제 거의 불가능하게 보인다. 그렇게 불가능한 것을 가능한 것으로 바꾸어내기 위해서는 감성과 사유의 전환이 필요한데 그러한 전환 자체가 바로 상상력을 바탕으로 한다. 그런 만큼 사회과학적 로컬연구로써 바람직한 지식과 필요한 통찰을 제공하고자 한다면, 그러한 연구는 인문학적 상상력과 결합되지 않을 수 없다. 이 사안은 서로 다른 학문 영역 간의 '통섭' 논의로 우리를 이끈다.

다양한 양상을 지닐 수밖에 없는 학문들 간의 관계 맺기는 에드워드 윌슨 Edward Wilson의 '통섭 consilience'이라는 용어로써 본격적으로 탐구되기 시작하지만 근대 사회과학에 내재된 과학중심주의와 환원주의의 한계로 인해 사회과학과 인문학 사이에 진정한 대화와 소통은 이루어지지 못하고 있는 실정이다. 여기서 환원주의란 독특한 경험과 가치추구라는 인문학 고유의 영역을 인정한다고 하더라도 그 영역은 일정한 과학적 추상화를 거쳐야 소통 가능하게 된다는 전제로부터 비롯된다. 따라서 인문학 편에서 주장할 수밖에 없는 '비환원주의적 통섭'

은 여전히 답보 상태이다. 또한 사회과학과 인문학의 분과들을 단순히 끌어 모으는 학제간 기획으로서 통섭이라면, 각 분과의 틀 안에 남아 있으면서 분과들의 경계를 그냥 지나치는 방식에 지나지 않거나 분과들의 절충적인 종합 혹은 제휴 수준에 머물 가능성이 높다.

그렇다면 학제간 기획의 한계를 극복하는 것으로서 초분과성 transdisciplinarity을 살펴볼 필요가 있겠다. 니콜레스쿠는 초분과성 기획에 대해 "분과들 **사이에** 있는 것, 상이한 분과들을 **가로지르고** 있는 것, 모든 분과들을 **넘어서** 있는 것과 관계를 맺는다. 그것의 목적은 현 세계의 이해이며, 그것이 의무로 삼는 한 가지 일은 지식의 통합"(Nicolescu, 2006: 143-4)이라고 주장한다. 여기서의 초분과성이란 분과들 간의 경계와 관계를 바꾸려는 시도이며, 분과들 간에 분명 불연속성이 있지만, 분과들 간에 또는 너머에 작동하는 위계적이지도 환원적이지도 않은 차원들을 우리의 경험, 표상, 묘사, 이미지, 수학적 공식들에 저항하는 상이하고 복잡한 것으로 또 그것들의 관계를 '보편적 상호의존의 원칙'을 따르는 관계로 새롭게 이해하는 것이다.(강내희, 2016: 627) 여기서 이 원칙이란 여하한 개별 차원도 모든 다른 차원들과 동시에 존재한다는 것을, 모든 차원들이 동시에 존재하기 때문에 각 차원이 존재하게 되는 것을 말한다. 결론적으로 진정한 통섭을 '더불어 넘나듦 jumping together'이라는 뜻으로 받아들인다면, "이질적인 계열들이 복합적으로 뒤섞이는 과정에서 이루어질 복잡한 상호작용과 이를 통해 새로운 형태의 지식과 경험을 촉진하는 창발적 과정"(강내희: 629)이라고 이해할 수 있을 것이다.

이러한 초분과성의 기획이 학제간 기획보다 한 걸음 더 나아간 것은 분명하다. 하지만 **언어, 사유, 상상력으로서의 인문학**을 사회과학과 동일한 수준의 이질적 계열로 보는 것은 여전히 절충의 일종이다. 필자는 인문학 담론을 사회과학과 동일한 수준에서 "지역연구의 사회과학주의와 병행하면서도 경쟁할 수도"(Dutton: 507) 있다고 보기보다 사회과학적 지식과 다를 뿐만 아니라 사회과학적 지식의 밑바탕을 이룬다고 본다. 이러한 '인문성'은 "인간을 정적으로 체계화하는 경향에 대하여 가능성의 언어로서 인간연대성과 세계통합성을 확장하면서 자신과 모두를 온전하게 만들려는 동적인 의지, 그 부분적 의지 또는 그 결과"(정대현, 2015: 20)이자 "양적 접근으로 이루어지지 않는 인간경험에 대한 질적 접근"(정대현: 20)인 셈이다. 이런 주장은 사회과학과 인문학의 관계를 놓고 과거의 인문학중심주의적 인식으로 되돌아가서 사회과학을 아예 도외시하자는 게 아니라, 제도적 구조적인 변화에 치중하는 동안 다음 세대의 사유와 상상력을 손상시키는 부정적인 요소들을 간과하는, 많은 아시아 로컬들에 관한 사회과학적 인식의 한계를 직시하자는 것이다.

우리의 사유와 상상력을 자극하고 그 근본적인 변화를 초래하기 위해서는 인간 삶의 비전과 가치문제를 다루는 인문학을 사회과학 위주인 현 지식의 토대로 재설정하는 차원을 좀 더 깊이 고려해야 한다. 무엇보다 인문학은 우리로 하여금 다양한 언어(들)와 나누는 우정을 통해 감성, 사유, 상상력의 영역과 만나도록 하며, 인간과 세계에 관한 또 젠더와 섹슈얼리티에 관한 생각들을 펼치고 나눌 수 있게 한다. 다양한 언어들과 접촉하는 가운데 새로운 감성과 깊은 성찰을 함양함으로써 좀 더 풍부하고 섬세한 삶의 짜임새나 결을 갖추도록 하는 인문학의 방법은 사회과학의 체계적이고 거시적인 분석 작업을 근원적으로 의미 있게 하는 바탕이 될 수 있다. 스피박은 이 작업을 '사회과학

적 엄밀함과 결합된, 언어에 기초를 둔 꼼꼼한 읽기'(스피박, 2008: 226)
라고 칭하는데, '사회과학과 함께 하는 인문학'이라고도 부를 수 있
을 것이다.

여기서 스피박이 말하는 '인문학'은 철학과 문학이며 그것의 기본
목표는 상상력을 훈련함으로써 '욕망의 비강제적 재배치the uncoersive
deployment of desire'(Spivak, 2003: 72)를 성취하는 것이다. 여기서 '욕망의
비강제적 재배치'란 지구적 자본주의 가부장 체제가 부추기는 경쟁과
소비 욕망을 외부적인 강압에 의해서가 아니라, 인문학적 사유와 상상
력을 훈련하는 가운데 인간 삶의 근본 가치와 감성의 함양에 따른 자
발적인 조절과 대체를 말한다. 엄밀한 연구 자료에 근거한 사회과학적
지식과 분석만으로는 예컨대 아시아인들에게 있는 아시아주의를 향한
욕망의 문제를 상상력 혹은 깊이 있는 사유로써 고쳐 배우고 다시 배
우지 못한다. 그래서 포스트식민 시대의 로컬연구로서 〈아시아 여성연
구〉에 처음부터 작동되는 인문학적 사유와 상상력과 통찰이 법, 역사,
인류학, 사회학, 정치학, 경제학의 엄밀하고 체계적인 분석의 바탕을 이
룰 때라야, 각 로컬에 얽혀 있는 복잡한 내부 갈등의 결들을 섬세하게
포착할 수 있고 그 갈등을 해소하는 길을 제대로 찾을 수 있다. 이렇
게 인문학의 본령인 상상력과 통찰을 발동해야만 서구에 의해 본질론
적으로 규정된 타자성, 이질성, 이국성이 아니라, 아시아의 로컬들 안
에 착종된 채 동시에 존재하는 '서구적인 것과 비서구적인 것의 흔적
들'(사카이, 2001: 161)을, 또한 아시아 로컬 여성들의 복잡다단한 삶에
짜여 들어가 있는 여러 중첩된 결들을 치밀하게 읽어낼 수 있을 것이
다. 이러한 독해 과정이야말로 사회과학과 인문학을 서로 대리보충하
는 관계 속에 있도록 함으로써 과거 인문주의자의 안이함과 소박함을

극복하도록 할 것이다.

3. 새로운 해석적 상상적 지평으로서 '행성성'

       2절에서 주장된 '사회과학적 엄밀함과 결합된 인문학적 방법론'은 대륙, 지구, 세계를 아우르는 '행성'이라는 지평을 필요로 한다. 그동안 '행성'은 제대로 논의되지 않았으며 우주론적인 것이라며 특히 사회과학에서 배제되어 왔다. 하지만 발전된 지리학적 정보체계들의 요구들에 의해 그어지는 가상적인 선들로써 움직이는 전자 자본 시대에 '지구를 고쳐 쓰는 행성'(Spivak, 2003: 100) 혹은 '행성성'(이유혁, 2015: 267)은 현 '지구성'을 극복할 수 있도록 하는 한 가지 단초가 될 수 있다. '행성성'이라는 개념을 제대로 이해하는 데 수반되는 우리 사유의 노고에 대해 스피박은 다음과 같이 말한다.

   행성은 또 하나의 체계에 속하는 대타성**alterity**의 종 안에 있는데 우리는 아직 그것을 빌려 거주하고 있다. 행성은 실제로 지구와 깔끔한 대조를 이룰 수 없다. 나는 '다른 한편으로 행성'이라고 말할 수 없다. 내가 행성을 환기할 때, 이렇게 [글로벌 행위자들인 우리로부터] 파생되지 않은 직관의 (불)가능성[3]을 형상화하는 데 요구되는 노고에 대해 나는 사유한다.(Spivak: 72)

---

3. 확고한 가능성을 미리 상정하는 대신 가능성과 불가능성 사이를 왕복할 수 있음을 나타내는 이중어법.

이렇게 보면 '행성 사유'는 "타자들보다 더욱 급진적인, 대타성의 이름들"(73), 즉 어머니, 민족, 신, 자연과 같은 이름들의 무궁무진한 분류법을 포괄하도록 열려 있다. 그리하여 "우리 스스로를 글로벌 행위자들이라기보다 행성적 주체들로, 또 글로벌 총체들이라기보다 행성적 창조물들로 상상할 때, 대타성이란 우리로부터 파생되지 않는 것으로 남는다."(73) 이렇게 현 지구성의 범위 너머에 있는 '대타성'은 우리와 연속적이지는 않지만 아예 불연속적인 것도 아니다. 이러한 대타성으로 이루어지는 행성의 지평에서는 우리의 친숙한 집(지구)도 기이한uncanny 것이 될 수 있다. 여기서의 기이함이란 우주창조의 기이함을 연상시키며 여성에 의한 생명 창조의 기이함과도 연결된다. 따라서 그러한 기이함의 맥락은 "특별한 경우들의 요인이 되는 무엇이라기보다 일반적인 비평 도구로서 젠더"(74)라는 방법과 함께 할 수 있도록 해준다.

여기서 '기이한 것의 형상화'라는 관점은 포스트식민 시대의 로컬연구와 어떻게 연결될 것인가? 스피박은 벵골여성 작가 마하스웨타 데비Mahasweta Devi, 1926~의 『익룡 Pterodactyl』이라는 소설에 나오는, 오랜 굴의 벽에 그려져 있는 익룡의 형상화에 주목하는데, 이 익룡은 지상에 거주할 수도 땅 속에 매장될 수도 없는, 고대의 것도 당대의 것도 아닌 채 타자로 남는 '유령의 불가능한 죽음'을 가리킨다. 이 기이한 익룡이야말로 행성적인 것으로 볼 수 있다. 그러나 인도 선주민aboriginal 소년인 푸란Puran은 그 기이함에 개의치 않는다.(80) 다만 그 '유령의 불가능한 죽음'은 인도 시민권을 담보하고 있는 추상적인 힌두집단에 의해 배제된 선주민에 대한 '책임성'을 가리킬 뿐이다. 따라서 포스트식민 인도의 어느 로컬에 있는 굴을 중심으로 한 이 중편 소설의 의미는

"인도라는 포스트식민 국가를 비판하면서 인도 민족 전체를 법적으로 대변하는 힌두집단성의 역사적 타자에 대한 사랑을 선포하는 데 박혀 있다. 실로 프테로닥틸의 형상은 전체 행성을 자신의 타자라고 주장할 수 있으며 우리의 대륙 사유를 선행한다."(80)는 데 있다. 이 기이한 익룡은 "불균등하고 비대칭적인 지구적 디지털 분리를 강조하는 메트로폴리탄 계기에 의해 특히 억압되는," 레이먼드 윌리엄스의 '구석 주변에서 미리 부상하는 것'(80)이기도 하다.

그동안 식민주의와 대립하는 가운데 식민주의를 넘어서려는 단순한 민족주의에 사로잡힌 채 남아 있었던 포스트식민주의의 알리바이를 전위하기 위해 우리가 상상하도록 요청받는 것이 바로 '행성성'이다. 스피박은 '지구를 고쳐 쓰는 행성'이라고 하는 이 유토피아적 개념을 '토대를 사유하는 과제'라고 윤곽 짓는다. 이 과제를 제대로 감당하지 못하면 기존의 서구중심적인 비교문학의 비전이 새롭게 변형되기보다 "문화적 상대주의나 스펙터클한 대타성, 사이버-시혜의 변형된 형태들"(81)의 내부에 사로잡힌 채 남을 수 있기 때문이다. 또한 스피박은 '지배적인 포스트식민주의'의 후기 양상인 '메트로폴리탄 다문화주의'의 실상은 '고양된 메트로폴리탄 민족주의'에 더 가깝다고 주장하며, 행성성에 '토대를 두는 작업의 필수적인 불가능성'(82)을 거듭 강조한다. 여기서의 '불가능성'이란 실제로 아예 할 수 없다는 의미에서라기보다 그만큼 많은 노고를 치러야 하는 힘든 과제임을 숙지시키기 위한 것이다.

스피박은 오늘날 지구화 시대에 각광받고 있는 새로운 이민 혹은 디아스포라 집단들과 연계되어 있는 작가들의 작품들이라는 진지로부터 움직여 나아가 1) 아프리카계, 아시아계, 히스패닉이라는 더 오랜 소수자들, 2) 포스트-소비에트 부문의 새로운 포스트식민성과 이슬람의 특별한 자리, 3) 아시아계-아메리카 Asian-America의 서로 분리된 다양한 이야기들로 나아가자고 주장한다. 그러면서 제시되는 주요한 두 가지 사안 중 첫 번째는 페미니즘 입장의 지속적인 개입인데, 그 작업을 위해서는 특별한 경우들에만 국한되는 게 아닌, 일반적인 비평 도구로서 '젠더'에 대한 새로운 개념화(84)의 필요성 또한 강조된다. 두 번째는 세계 문학들과 문화들의 광범위한 부문들의 텍스트들에 '행성성을 위한 발판'을 놓을 수 있으려면 "아프리카계-아메리카와 히스패닉이라는 더 오랜 두 소수자들"(88)의 "광대한 비판적 문학 속에 문서화되어 왔던 행성성의 암시들"(88)을 접할 필요성이라는 주장이다. 그 구체적인 자료들로는 1) 아프리카계 아메리카 여성작가인 토니 모리슨 Toni Morrison(1931~)의 소설 『빌러비드 Beloved』(1988), 2) 아프리카계 아메리카 남성 작가인 두 보이스 W.E.B. Du Bois(1868~1963)의 『흑인 민중의 영혼들 The Souls of Black Folk』(1903)이라는 비평서, 3) 쿠바 액티비스트인 호세 마르티 José Martí(1853~1895)의 '농촌주의적 좌파-휴머니즘 ruralist left-humanism', 4) 칠레의 디아멜라 엘티트 Diamela Eltit(1949~)의 『제4세계 The Fourth World』(1995)[4]가 제시된다.

먼저 『빌러비드』는 한 흑인여성 노예 어머니가 백인 남성 노예사냥꾼들에 의해 자신의 딸이 잡혀가는 것을 막기 위해 딸을 죽임으로써 미국 남부의 마을 공동체로부터 소외된 채 그 딸의 유령과 함께 십 수년을 살아가다 마침내 그 원혼의 억울함을 달래고 제 자리로 돌아가

4. 제3세계 중에서도 자원국과 비자원국 간의 경제 격차는 점차 확대일로에 있는데 석유와 같은 유력한 자원을 갖지 못한 개발도상국을 가리켜 '제4세계'라는 용어가 사용되고 있다.

는 아기 유령의 이야기를 그리고 있다. 스피박의 논의에 따르면 이 소설의 마지막 대목[5]은 인간이 어떻게 할 수 없는 날씨의 변덕과 우연성을 환기함으로써 행성성을 암시하고 있다. 소설의 이러한 결말은 인간이 마음대로 역사를 만들고자 해서는 안 되며 지구의 음조를 존중하는 태도를 지녀야 함(88-9)을 상기한다고 하겠다.

한편 두 보이스의 『흑인 민중의 영혼들』은 "노예제도와 제국주의의 폭력과 침범을 역전하고 전위하면서 '아프리카계-아메리카 대륙-사유'를 풀어놓은 "메트로폴리탄 문화연구의 최상의 (민족주의) 비전을 담은 원형"(97)이다. 두 보이스는 자신의 책에서 아프리카계 아메리카인을 "그 끈질긴 힘만이 한 어두운 육체가 산산이 부서지는 것을 막아줄, 하나의 어두운 육체에 있는…두 영혼"(52)이라고 묘사한 바 있는데, 「뻗어 나간 니그로의 정신」에서는 "예외주의적이고 개인주의적인 식민 주체의 생산이야말로 식민화된 사람들 사이에 계급 구분을 창조한다."(97)는 주요한 통찰을 제시한다. 다시 말해 '교육받은 아프리카인'(검은 유럽인)과 '원시적인 아프리카인' 사이에 지속되고 있는 '계급차별'이라는 추문을 현재의 역사 속에서 읽기 주체에게 제대로 인식시키기 위해서는 바로 행성성이라는 더 광대한 지평이 요청된다(98-9)는 것이다. 이러한 행성성의 지평을 견지하는 가운데 계급, 인종, 젠더 사이의 연결 고리에 대한 복합적인 인식이 제대로 고무될 수 있기 때문이다.

---

5. "시간이 흐르면 모든 흔적은 사라지고, 잊힌 건 발자국뿐만 아니라 물과 그 바닥에 가라앉은 것들을 모두 망라한다. 그리고 남은 건 날씨다. 망각되고 사연조차 인구에 회자되지 않는 자들의 숨결이 아니라, 동굴 속에 부는 바람, 아니면 봄에 너무 때 이르게 해동되는 얼음. 그저 날씨다"(모리슨, 2003: 456).

마르티와 엘티트와 같은 라틴아메리카 남녀 작가들의 텍스트들에서도 '행성성'이라는 것을 재각인할 수 있는 계기들이 나온다. 먼저 "마르티의 농촌주의적 좌파-휴머니즘의 개념은유들을 읽어내는"(92) 작업은 "민족주의가 이질적 대륙주의에 굴복할 뿐만 아니라 오늘날 행성성을 품을 수 있는 국제주의에 굴복할 때, 기존의 명명된 이분법들을 해제하는"(92) 데 필요하다. 여기서 '농촌주의'와 구분되는 '농촌적인 것의 유령화'라는 현상이 먼저 이해되어야 한다. 이제 '농촌적인 것'은 '도시적인 것'을 그 하나의 도구로 삼는 "지구화의 망각된 전선"(92)이 되고 있으며, "약제 덤핑, 화학 비료, 토착 지식의 특허, 큰 댐 건설 등을 위한 데이터베이스"(93)로 전환되고 있기 때문이다. 그러므로 그동안 탈합법화되어 오랫동안 제 기능을 상실해온 가난한 농민들의 문화제도들에 접근하기 위해서는 일단 '농촌적인 것'의 분리가 일단 도움이 될 것이다.(93) 그렇다고 '농촌적인 것'을 원시주의적으로 낭만화해서는 안 되며, 도시의 하부프롤레타리아들과 가난한 농민 집단들에 대한 교육을 통해 자본의 사회적 생산성 속에 그들을 삽입시키려는 더 진척된 노력이 수반되어야 한다. 그렇지 않으면 농민들은 현재의 물질적 비참함이 저 먼 곳에서 이루어지는 자본주의적 착취의 황폐함 때문이라는 자각을 하지 못하게 되기 때문이다.(93)

'행성성'을 암시하고 있는 마지막 예로서 칠레 여성작가 디아멜라 엘티트의 『제4세계』라는 소설의 언어는 스피박에 따르면 은유(내부)와 현실(외부)은 서로 분리되지 않았다는 것을 알고 있는 아동-분석가child-analyst의 목소리를 흉내 내고 있다. 이 소설의 마지막 대목에 나오는 도시 묘사를 보면, 하늘로부터 온 돈은 하늘로 돌아가는 가운데 들판은 텅 비고 도시는 공허한 채 남반구 인종에 대한 경멸을 드러내고 있다. 바로 이러한 묘사야말로 "칠레와 같은 어떤 장소뿐만 아니라 남반구 전체의 비참함으로서 '경제성장'의 공허한 약속에 관해 말하고 있다. 이것은 영토 제국주의 이후 벌어지는 영혼의 전쟁과도 같은 포스트식민주의가 아니며, 우리 컴퓨터들로써는 포착될 수 없는 어떤 지구성에 대한 인정이기도 하다."(90) 그러므로 증언 수집가들이 별 볼일 없는 diamela eltit와 같은 수많은 칠레 여성들의 이야기를 듣고자 녹음기를 들고 기다리고 있는 것은 부적절하다. 남반구 여자가 낳은 남반구 아이는 결국 팔리고 말 터인데 그 때의 코드명이 바로 '민주화'라는 이름이기 때문이다.(90-1) 그리하여 엘티트의 텍스트는 소위 민주화와 지구화 사이의 윤곽들을 흐리게 함으로써 오히려 행성적인 것의 윤곽들을 제시하는(91) 셈이다.

바로 이러한 행성성의 지평이야말로 전지구적 자본주의 가부장 체제에서의 지배적인 것을 끈질기고도 반복적으로 손상시키고 해제시킬 수 있는 가능성을 담보한다. 스피박의 주장대로 "지구적 자본이 승리를 구가하는 이 시대에 텍스트적인 것을 읽고 가르치는 가운데 책임성을 살아 있도록 지키려는 것은 일견 비실제적이다. 하지만 그것은 그토록 책임성 있고, 반응하며 응답할 수 있는 텍스트적인 것의 권리이기도 하다."(101-2) 이러한 텍스트 읽기는 소박한 문학 읽기를 넘어, '지구화'를 '행성성' 속에서 역전하고 전위하려는 끈질긴 노고를 감당하는 일환이다. 이 글의 3절 제목으로 '새로운 상상적 해석적 지평'으로서 '행성성'이 상정된 것도, 현 지구화 시대에서는 거의 불가능한 형상이라서 '역사 istoria'라기보다 전자시학적인 '텔레포이에시스 telepoiesis'에 대한 요청을 감당하는 일환인 셈이다.

이러한 요청에 부응하는 '행성성'은 유럽 혹은 서구중심의 감성과 지식 구도를 비판하고 넘어설 수 있도록 하는 새로운 해석적 상상적 지평이다. 이 지평은 인문학적 상상력의 발휘를 요청한다. 머프티가 주장한 바 한 로컬과 다른 로컬을, 한 국가를 다른 한 국가와 비교하던 수준을 넘어 지역, 국가, 권역, 대륙, 행성을 망라하는 차원에서 비교대상들을 새로 배열하기 위해서는, 즉 "우리의 학문을 위한 비교의 축을 유럽 혹은 서구로부터 행성으로 치환하고 재정렬하기 위해서는 우리가 전통적으로 지녀왔던 문화적 지적 범위와는 상당히 다른 것을 요청해야만 한다."(Mufty, 2005: 487) 그의 이러한 주장을 따르자면, 행성성의 지평은 서구적인 것 혹은 지구적인 것의 속박에서 벗어나 '행성'의 차원으로 넓혀지고 깊어진 인식을, 그래서 지구상의 다양한 종들species 사이의 공존을 지향하는 감성을 열어주고 함양할 수 있다는 것이다.

그렇다면 '행성성'이라는 축이야말로 그동안 '서구적인 것'이 비교의 기준으로서 보편성을 부여받고 '아시아적인 것'은 특수자의 위치로 한정되도록 했던 서구중심적 구도를 넘어설 수 있도록 할 것이다. 그러한 지평에서는 '보편성'이라는 것 또한 미리 주어진 자의적이고 독단적인 것이 아니라 개방되고 공유되며 분담되는 것으로 개념화됨으로써, 아시아에 특유한 다양한 현실과 경험도 보편화 가능하고, 인류 전체와 공유 가능한 것으로 인지되도록 한다.(펭, 2001: 120) 이러한 행성성의 지평은 비단 인류만이 아니라 우주에 존재하는 온갖 종들을 망라하며 온갖 이타성에 의한 오염을 불사하는 급진적인 개방을 함축한다. 이러한 이타성과 개방성을 가로막고 있는 지구화 시대의 인종학살ethnocide과 언어학살 linguisticide을 보건대, 인종적 언어적 문화적 다양성은 생물다양성biodiversity으로서 행성이 실존하는 데 필수적이다.

또한 전 세계 사람들에 의해 공유되고 분담되는 보편성의 지대로서

'행성성'은 여전히 서구중심적인 현 '지구성'을 고쳐 쓸 수 있는 새로운 지평을 담보할 수 있다. 이 지평을 좀 더 구체화하기 위해서는 아시아의 비-영어권 포스트식민 로컬 역사들과 문화텍스트들에 대한 '지구적으로 인가된 무지'(Spivak, 2003)라는 현상을 비판적으로 인식하는 가운데 그것들에 대한 끈질긴 관심과 읽기와 공유가 요청된다고 하겠다. 또한 우리가 그러한 요청의 초점을 다양한 제국화들과 식민화들의 아시아적 형태, 민족주의의 재부상, 지구적 자본주의 가부장 체제와 벌이는 아시아의 젠더화된 하위주체들 gendered subalterns의 비판적인 문화정치적 협상에 둘 때, 서로 다른 여러 아시아 국가들의 경계를 가로지르며 존재하는 새로운 인식소와 감성을 겸비한 행위자성의 다양한 형태들을 발견하고 서로 연결할 수 있을 것이다. 그렇다면 '행성성'은 온갖 층위의 다양한 것들 사이의 상호접촉과 상호연결을 고무하는 가운데, 다음에서 제시될 '페미니즘적 상호참조 독해'라는 방법의 이론적 지평이 될 수 있다.

4. 비교주의 독해에서 페미니즘적 상호참조 독해로

여기 4절에서는 3절에서 제시된 '행성성'이라는 이론적 지평에 따라 포스트식민 로컬연구로서 〈아시아 여성연구〉의 읽기 방법을 논의할 것이다. 그동안 비교주의 방법은 동양 대 서양, 미국 대 비미국, 서구 대 아시아라는 이분법으로 서로를 타자화하는 방식으로 진행되어 왔다. 또한 냉전 시대의 아시아 지역연구에서 보듯, '비교'라는 방법의 중심축은 민족국가였을 뿐만 아니라 서구의 지정학적 특권에 기초를 두고 있었기(Harootunian, 2002: 39) 때문에 아시아와 서구 사이의, 또 아시아 내부의 다양한 로컬들 사이의 '공존의 관계relationship of coexistence'나 '차이-속의-함께 함togetherness-in-difference'(Ang, 2001)을 배제시켜 왔다. 그러므로 이 배제된 것들을 추적하는 가운데 민족국가라는 기준을 따르지 않으면서도 서구적인 인식소와도 거리를 두었던 아시아 로컬들의 다양한 사회문화적 현실들은 포스트식민 시대 아시아 로컬연구의 일환으로서 〈아시아 여성연구〉의 초점으로 부각되어야 한다.

이렇게 설정되는 〈아시아 여성연구〉에서는 단일 지역, 단일 국가 중심을 탈피해 권역들, 국가들, 대륙들의 경계를 가로지르며 서너 로컬들의 사회역사적 조건들과 문화들을 비교대상으로 삼는다. 아시아 로컬들의 하위주체로서 아시아 여성들이 처해 있는 포스트식민 상황들과 그 상황들에 대한 그들의 대응방식은 더 나아가 아프리카나 라틴아메리카 로컬 여성들의 대응방식들과 비교 대상이 된다.(Waller & Marcos, 2005) 이렇게 비교 대상을 새롭게 설정하고 서로 비교하는 목적은 1) 식민주의와 신식민주의의 다중적 영향들이 포스트식민 시대 아시아의 하위국가들 및 그 로컬들에 파급되는 양상들을, 2) 포스트식민 상황들과 그 상황들에 대한 대응 방식들의 차이들을, 3) 아시아, 아프리카, 라틴아메리카의 로컬들 사이의 연계 흔적들을 살펴봄으로써 대항지구화 counter-globalization를 위한 인식소, 지식, 감성의 형태를, 또 행위자성agency의 새로운 형태를 규명하는 데 있다.

이제 우리 모두에게 있는 '서구와 비서구의 흔적들'(사카이)이나 '공유되고 분담되는 보편성'(펭)이라는 주장에 따라 아시아의 내부와 외부를 넘나들며 여러 로컬들을 상호교차적인 방식으로 횡단하는 새로운 종류의 비교주의가 진전되고 있다. '다중적 독해'라고 부를 법한 이러한 방법은 아시아를 특수화, 동질화, 이국화하지 않으면서 이질성을 품고 함께 움직이는 '다른 여러 아시아들other Asias'(Spivak, 2008)이라는 인식을 가능하게 한다. 그러한 복수적인 아시아들의 지평에서 몇몇 로컬들을 새로 살펴보는 것은 남반구에 속하는 아시아의 종속된 하위문화들을 주변부 범주가 아니라 하나의 일반적 범주로서 논의하도록 한다. 그러한 논의는 문화상대주의의 피상적인 다양성에 사로잡힌 다원주의적 해석이나 남반구의 문학/문화에 대한 획일적인 오리엔탈리즘적 남성주의적 해석에 의해 간과되어 왔던 사유, 인식, 가치, 관점을 발굴해낼 수 있도록 할 것이다.

그러한 발굴 작업은 북반구에서 소비되는 영어번역물에 내재된 영어 일방주의를 벗어나는 국제적이며 다언어적인 문화 공간들에 대한 인식을 또한 요구한다. 아시아의 언어들과 문화들에 대한 국제적인 다언어적 시각은 포스트식민 시대의 로컬연구를 다원화함으로써 〈아시아 여성연구〉 분야를 또한 활성화할 것이다. 다원화된 아시아의 문화정치적 현실을 서로 병치시키며 새로 독해하는 과정에 페미니즘 시각을 체계적으로 개입시키는 상호참조 읽기는 다른 언어를 통한 다른 윤리의 지평, 즉 형식적인 보편 권리 개념과는 전적으로 다른 지반에 서 있는 책임과 정의라는 윤리의 지평을 시사할 수도 있다. 이러한 맥락에서 수행되는 '페미니즘적 상호참조 독해'라는 다중적 방법은 현 지구화에 대항하는 능력의 저장소로 우리를 인도할 것이다.

이러한 인식에 따라 오늘날 포스트식민 시대의 로컬연구로서 〈아시아 여성연구〉의 방법으로서 먼저 아시아의 로컬에서 출발하되 아프리카, 라틴아메리카의 로컬들 사이를 위계적으로나 수직적으로가 아니라 수평적으로 왔다갔다 하는 '수평적 접근' 방법(Watson, 2005: 14)이 제시될 수 있다. 그 수평적 방법의 구체적인 방향은 1. 아시아의 로컬을 아시아의 다른 로컬들과 연결하고 또 그것들을 아프리카의 로컬들과 연결하고 상호참조하기, 2. 아시아의 로컬들과 라틴아메리카의 로컬들을 연결하고 상호참조하기, 3. 아시아, 아프리카, 라틴아메리카의 로컬들을 모두 함께 연결하고 상호참조하기(Waller & Marcos, 2005)라는 세 가지를 말할 수 있겠다. 식민화된 오랜 역사를 지닌 세 대륙의 서너 로컬 지점들을 왕복하는 가운데 서로 연결하고 상호참조하는 방법은 결국 '다중적이고 교차적인 독해'를 실행하도록 하는 셈인데, 그러한 독해야말로 '비교주의 독해'에서 더 나아간 '상호참조 독해'라고 할 수 있겠다. 이 '상호참조 독해'에 페미니즘 시각을 일관되게 개입시키는 '페미니즘적 상호참조 독해'란 아시아를 비롯한 아프리카, 라틴아메리카 대륙의 로컬들에 끈질기게 살아남아온 다양한 언어들, 문화들, 역사들을 다중적으로 상호참조하되 페미니즘 입장을 일관되게 견지하는 읽기 방법을 일컫는다.

〈아시아 여성연구〉 진영에 필요한 이러한 '페미니즘적 상호참조 독해'는 아시아의 젠더화된 하위주체들 사이의 교차지점들과 분기점들을 또 병행들과 불연속성을 추적하는 가운데, 근접성과 파열의 지점들을 보여주고 차이와 더불어 동일성을 찾고 동일성 내부의 차이를 찾는 등 구분선을 다중화하는 과제들로 이루어진다. 이러한 과제들을 통해 그동안 로컬마다 국가마다 따로 떨어져 작업할 때는 할 수 없었던 정밀하고도 복합적인 독해를 실행하는 것은 예전에 보지 못했던 문제들을 새롭게 부상시킬 수 있다. 또한 그동안의 동아시아 위주로 주로 메트로폴리스 중심이었던 연구 지평을 넘어 서로 다른 여러 아시아들의 비영어권 포스트식민 로컬들의 역사들과 문화들 사이를 왕복하며 그것들을 페미니즘 입장에서 연결하고 횡단하는 상호참조독해로서 〈아시아 여성연구〉는 '전지구적 자본주의 가부장 체제'와 비판적으로 협상하는 아시아의 젠더화된 하위주체들의 역설적이면서도 혼성적인 감성과 인식에 접근할 수 있도록 할 것이다.

그럴 수 있으려면 동아시아 중심성과 남성 중심성에서 벗어나, 여러 다양한 형태의 로컬들에 터 잡고 살아가는 소수 아시아 국가들의 로컬 남녀들에 대한 복합적인 인식이 필요하다. 이들은 아시아 문화와 서구 문화라는 두 이질적 문화를 동시에 살아내기 위해 정체성들과 가치체계들 간에 복잡한 협상을 끊임없이 하게 된다. 그러다가 지배문화에 동화되어 자신들의 인종과 계급을 탈바꿈하려는 욕망에 사로잡힐 수도 있다. 아프가니스탄, 파키스탄, 인도, 네팔 등 소수 아시아 국가들의 로컬 남녀들은 서구문화의 유입으로 인한 다문화주의에 대한 예찬과, 일상생활에서 직접 경험하는 억압과 박탈 상황 사이에 존재하는 깊은 간극을 예민하게 인지할 것이다. 바로 그러한 포스트식민적 욕망의 불안한 조건 때문에 그들에게는 "통제할 수 없는 양가성이 유령처럼 따라다닌다."(영, 2013: 48) 하지만 이러한 양가성에 대한 인식과 함께 우리의 인식 지평을 아시아를 넘어 아프리카로 또 라틴아메리카로 넓혀 아시아의 로컬들을, 아프리카의 로컬들이나 라틴아메리카의 로컬들과 연결하고 상호 참조하는 읽기, 글쓰기, 연구를 실행하고자 하는 노력은 예기치 못한 병행들, 반향들, 연결들을 드러낼 수 있다. 그러한 노고를 감당하는 것은 '아래로부터의 지구성'을 실현하는 실마리를 제공하는 가운데 로컬마다 다양한 형태의 탈식민 행위자성 decolonial agency을 구축 가능하게 할 것이다.

이렇듯 예기치 못한 것들을 통해 우리는 사회과학적 분석을 넘어 현 지구화에 대항하게 하는 인식소와 감성을 길어 올리려는 마음들과 만나게 된다. 그러한 만남은 행성의 행위자들actors이라는 인류 공통의 운명에 의해 새로운 방식으로 서구와 다시 연결될 수 있을지도 모른다.[6] 그리하여 우리의 인식과 상상 속에 '행성성'의 지평을 깊이 견지하는 가운데 포스트식민 아시아의 로컬들에 대한 다채롭게 넓혀지고 깊어진 연구결과물은 딱딱한 사회과학적 분석에 그치지 않고 우리의 감성과 온 존재를 바닥에서부터 흔드는 가운데 새로운 형태의 '작품'이 될 수 있을 것이다.

5. 나가는 말: 탈식민 행위자성의 구축 가능성

이 글에서 필자는 〈아시아 여성연구〉를 포스트식민 시대의 로컬연구로 자리매기면서 그 연구에 필요한 아시아 대륙-사유를, 비서구의 젠더화된 하위주체들과 같은 아래로부터의 시각에 따라 아시아-아프리카-라틴아메리카 대륙 사이의 연계를 부각하는 트리컨티넨탈리즘 맥락에서 실행하는 연구를 하자고 주장하였다. 아시아의 이러한 맥락화야말로 동아시아 중심의 메트로폴리스 연구 지

---

6. 그 예로는 유럽 대륙에서 비롯된 야만적인 전쟁의 가혹함을 견디지 못하고 자살한, 영국 페미니즘 작가 버지니아 울프Virginia Woolf의 『자기만의 방A Room of One's Own』(1929)의 제1장 마지막 부분에 나오는 "하루의 논쟁과 인상들, 분노와 웃음과 함께 그 날의 구겨진 껍데기를 말아서 울타리 밖으로 내던져 버려야 할 시간에…푸르고 광막한 하늘에는 수천 개의 별들이 반짝이고 있었습니다…모든 인간 존재가 잠들었고 말없이 수평으로 엎드린 채 있었습니다."에서 찾아볼 수 있다.

평을 넘어 서로 다른 여러 아시아들의 비영어권 포스트식민 로컬들의 역사들과 문화들 사이를 왕복하는 가운데 그것들을 페미니즘 시각에 따라 연결하고 비교하며 횡단하는 '상호참조독해'라는 다중적 방법을 실행할 수 있도록 하기 때문이다. 이러한 읽기 방식은 서구에 의해 식민화된 아시아, 아프리카, 라틴아메리카 대륙 사이의 트리컨티넨탈 연계를 부상시키는 가운데 21세기 포스트식민 시대에 필요한 새로운 로컬연구로서 〈아시아 여성연구〉를 활성화할 수 있을 것이다.

앞에서 살펴보았듯 〈아시아 여성연구〉를 포스트식민 시대의 로컬연구로 자리매김하기 위해서는 그동안 사회과학적 지역연구의 중심축이었던 '민족국가'와 '서구적인 것'을 넘어서는 '행성'의 축이라는 것이 또한 주장된다. 이 행성성을 우리의 새로운 해석적 상상적 지평으로 삼아 아시아의 비-영어권 포스트식민 로컬들 사이를 왕복하는 수평적 접근 방식을 실행하되, 제도적 구조적 분석에 치중하는 사회과학적 방법을 '욕망의 비강제적 재배치'를 위한 상상력의 훈련을 중시하는 인문학적 연구 혹은 읽기로써 재형성하자고 하였다. 그렇게 인문학과 사회과학을 통섭시킴으로써 행성성의 지평에서 공유되고 분담되는 보편성의 지대로서 아시아의 로컬들을 아프리카 또는 라틴아메리카의 로컬들과 연결하고 상호참조하는 가운데, 자본주의적 가부장적 지구화의 잔인한 요청을 굴절시키는 인식소와 사유를 탐사하고 거기서 현 서구중심적 지구화에 대항할 수 있는 탈식민 행위자성을 아래로부터 구축하자고 하였다.

그러한 구축 작업을 제대로 하기 위해서는 서구에 의해 식민화된 역사를 지니게 된 비서구의 세 대륙을 연결하는 트리컨티넨탈리즘 시각에서 특히 세 대륙의 소수 국가들(아프가니스탄-파키스탄-인도-네팔-

스리랑카-브라질-멕시코-콜롬비아-페루-쿠바-짐바브웨-수단-이집트-나이지리아-라이베리아 등)의 로컬들을 서로 연결, 병행, 참조하는 가운데 새로운 형태의 연대와 연계를 구상하고 실현해야 할 것이다. 오늘날 포스트식민 시대에 지구상에 다양하게 존재하는 수많은 로컬들을 더욱 깊이 있고 세심하게 접하고 알아가는 가운데 현 지구화 현실과는 다른 참된 세상을 위한 소중한 가치와 필요한 인식소를 발굴하고 좀 더 많은 사람들에게 알리기 위해 인터넷이나 영상 다큐멘터리, TV 프로그램 등을 활용하는 창의적인 자료들을 대중화하는 다양한 다매체 작업들이 이어져야 한다.

제 **2**부

주요 패러다임들의 재구축

1

다른 여러 아시아:
동아시아에서 '다른 여러 아시아'로

오랜 냉전의 장벽이 뚫린 세계사적 변환의 시기였던 1990년 초반에 한국에서 촉발된 동아시아 논의는 서구에 의해 규정되는 아시아가 아니라, 탈식민 의식을 구체적으로 발현하는 지점으로서 아시아에 대한 본격적인 주체적 인식 작업을 바탕으로 한다. 90년대에 한국, 중국, 일본을 중심으로 부상한 동아시아 논의는 점차 동아시아를 넘어 아시아 전체로 지평을 넓혀 나간다. 그러한 궤적은 90년대에 아시아에서 개최되었던 두 번의 아시아 문화연구 관련 국제학술대회를 바탕으로 2000년에 창간된 『인터−아시아 문화연구 *Inter-Asia Cultural Studies*』, 2007년에 시작된 성공회 대학교 동아시아 연구소의 저널 작업 및 〈문화로서의 아시아: 사상·제도·일상에서 아시아를 재구성하기〉라는 공동 연구 프로젝트에 의해 가시화되고 있다.

동아시아에서 아시아로 확장되고 있는 최근의 연구 지평에서 '아시아'란 1930년대 일본의 대동아 공영권 개념에 의해 강화된 패권적 병영적 아시아, 50년대 냉전 아시아, 6, 70년대 개발 아시아 상像을 넘어서는 데 필요한 하나의 의미 있는 권역region[1]으로서 문화적으로 구축되는 아시아에 대한 지향과 상상을 담는다. 말하자면 90년대 이후 아시아 주요 국가들에서 형성되기 시작한 아시아인에 의한 아시아 담론에서는 아시아를 미국중심인 신자유주의적 지구화의 신식민화에 맞서는 의미 있고 중요한 탈식민의 권역으로 재구성함으로써 탈냉전, 탈민족, 탈국가, 탈제국[2]을 실천하는 '비판적 권역주의critical regionalism'의 새로운 가능성을 담보하고자 하는 것이다.

그런데 동아시아 중심으로 진행된 아시아 담론은 주로 경제적인 측면에서 두각을 나타낸 한, 중, 일, 대만, 홍콩과 같은 몇몇 동아시아 국가 중심이라는 배경을 갖는다. 거기서의 경제발전은 신자유주의적 글로벌 자본주의에, 미국 중심의 다국적 경제에 편승해 얻은 것을 환호하는 무리들이 그 대열에서 뒤처진 국가들, 또 그 국가들 내부에서의 탈락자들을 배제하는 승리주의자들 위주의 것이다. 이와 같은 동아시아의 지구적 부상은 제3세계로서 아시아가 갖던 비판적 입장을 약화하는 대가를 치르면서 아시아가 지구적 가부장적 자본의 흐름에 편입되는 현상과 밀접하게 연루되어 있다.(John, 2007: 165-73) 이 현상은 제3세계로서 '아시아'에 대한 규정에 내포된 비동맹 중립노선 및 서구

1. 그동안 '지역'으로 번역되어온 이 용어는 지역학 연구에서의 area와 지리적 공간의 최소단위인 지역 혹은 지역성the local과 달리, 범위나 개념에서 공간의 좀 더 다양하고 유연한 구획화를 함축한다. 그런 뜻에서 region을 '권역'으로 표기하기로 한다. 제기되는 문제 영역에 따라 아시아라는 대륙도, 동아시아도, 서울-싱가포르-타이페이도 하나의 권역이 될 수 있다.
2. 탈제국의 문제의식을 강력히 요청하는 논의로는 Chen(2010), 특히 4장 참조.

적 자본주의 근대화와 다른 발전의 길[3]을 배제한다. 그렇다면 이 배제된 것들의 여정을 밝히는 작업은 새로운 아시아 연구의 지향점으로 고려되어야 할 것이다.

한국의 동아시아론은 10여 년간의 논의를 거치는 가운데 한국중심의 동아시아 정체성 규정에 깃든 자민족중심주의, 국가주의의 위험, 동아시아를 또 하나의 보편으로 부상시키려는 욕망에 따른 실체화, 획일화, 정형화 경향을 자체 비판한다. 그리하여 유동적인 기획 혹은 '지적 실험'으로서 동아시아를 개념화하는 길을 틀고 더 나아가 동아시아 내부의 차이와 주변을 부각하는 '이중적 주변의 눈'을 제시한다.(임우경, 2007: 21-2, 27) 이 시각은 한, 중, 일 동북아 중심의 동아시아에서 배제되는 "동남아시아, 중앙아시아, 서남아시아"(임우경: 17)를 인식하게 한다. 아시아 중의 한 권역에 불과한 동아시아를 아시아라고 정의하는 게 아니라 그 특권적 권역 때문에 묻혀 있던 다른 권역의 아시아들을 보게 한 것이다.

동아시아에서 아시아로 확장된 문제틀은 동아시아 권역과 다른 아시아 권역들 사이의 관계를 묻게 한다. 서구가 지배하고 규정해온 아시아가 아니라 동아시아 지식인들의 주체적인 인식 작업으로써 아시아를 정의하려는 노력은 역사적으로 문화지리적으로 더 가깝고 교류가 많은 한국, 중국, 일본에 대한 새로운 관심을 바탕으로 한-중-일 사이의 관계성에 대한 심화된 논의를 출발점으로 삼을 수밖에 없는 측면을 지닌다. 그래서 동아시아에서 출발하되 다른 아시아 권역들

---

3. 이 점에 대해 자세히 조망하고 있는 글로는 백원담(2007: 73-97) 참조. 농민, 농촌에 대한 억압 및 착취를 자본주의화의 기본 구조로 택하고 있는 중국 상황을 고려하는 것은 아시아 맥락에서의 맑스주의의 변형(마오주의)과 관련해 주요하다.

과 연결되기 위해서는 무엇보다 아시아의 여러 권역들을 횡적이고 평등한 관계로 보는 개방적 권역주의를 따라야 할 것이다. 그럴 때 우리는 아시아 담론에서 민족국가의 경계를 뛰어넘어 "역사의 발전을 이끌었던 진보적 아시아의 역사상"을, "다원적이고 평등한 문명세상의 전조들"(백원담, 2006: 557, 558)을 파악할 수 있을 것이다.

한국의 동아시아론과 달리 『인터-아시아 문화연구』의 경우, 동아시아가 아니라 아시아라는 지평에서 '인터-아시아'를 내걸며 아시아 내부의 상호연결과 상호참조inter-referencing를 강조한다.4 이 저널의 12권까지의 작업을 살펴보면 한, 중, 일, 대만, 홍콩의 문화와 역사가 논의의 주류를 이루고 있으며 오키나와는 자주 다루어지는 편이지만 동아시아 외의 인도네시아, 터키, 버마, 스리랑카, 태국 등 아시아 소수 국가들의 문화에 대해서는 어쩌다가 한 번씩 끼어드는 형태로 구성되고 있다. 10주년 기념호(2010년 11권 2호)에 실린 글들에서 지적되었던 이슬람을 배제하는 한계에 관해서는 2011년 12권 2호에서 이슬람 특집으로 대응하고 있다. 그렇지만 아시아의 주변을 홀대하는 문제는 이렇게 일회성 특집이나 간헐적인 글들로 해결될 사안은 아닐 것이다.

더욱 큰 문제는 매 호마다 두세 민족국가들의 문화와 역사를 서로 연결, 비교, 대조, 인용하는 '상호참조' 전략에 충실한 글은 드물고 단일 국가 중심 논의가 대부분이라는 것이다. 물론 매 호에서 다루어지는 여러 민족국들을 통해 독자가 서로 다른 국가들의 역사와 문화를 연

---

4. 『인터-아시아 문화연구』는 아시아 디아스포라 지식인들을 가능한 한 배제하고 아시아에 진지를 둔 지식인들에 의해 발간되고 있고 한류, 일류, 화류 등 아시아 대중문화, 소비문화, 영화, 신식민적 지식 생산, 반둥과 아시아, 퀴어 및 섹슈얼리티, 월드컵 등을 폭넓게 다루고 있다. 이 저널 진영이 강조하는 상호참조 전략은 동아시아 "주변의 여러 거울들을 동시에 참고할 필요성"(임우경, 2001: 82)을 아시아로 확장한 셈이다.

결짓고 상호참조할 수는 있다. 그러나 각 글마다 입장과 초점이 다를 것이므로 독자에게 그런 부담을 지울 게 아니라 애초에 필진이 민족국가의 경계를 넘어 탈식민 관점에 따라 아시아 각국의 문화들과 역사들을 상호참조한 결과 새로 획득되는 인식을 제공하여야 『인터-아시아 문화연구』의 애초 기획[5]에 부합된다고 생각한다. 이 저널을 통해 (동)아시아에 진지를 둔 일련의 지식인들 사이의 소통과 교류는 성취되었지만 일국 중심주의, 동아시아 중심주의, 저널의 진보 지향에 구색 맞추는 식으로 배치되는 성/젠더/섹슈얼리티는 심각한 문제로 여전히 남아 있다.[6]

이 문제들을 극복하는 이론적 지평의 제시라는 맥락에서 탈식민 페미니즘의 지형을 다시 그리기 위해 먼저 아시아라는 지리적 윤곽에 터를 두고 아시아를 구성하고 있는 국가들을 하나하나 열거해 볼 필요가 있을 것이다.

아프가니스탄 Afghanistan, 아르메니아 Armenia, 아제르바이잔 Azerbaijan, 바레인 Bahrain, 방글라데시 Bangladesh, 부탄 Bhutan, 브루네이 Brunei, 캄보

---

5. 이 저널의 편집인 천꽝싱Chen Kuan-Hsing은 『인터-아시아 문화연구』의 창간을 준비하면서 『인터-아시아 문화연구』는 지역적 권역적 지구적 수준 모두에서 정치적 사회적 문화적 담론과 인식에 기여하고자 "좀 더 협동적이고 집단적이며 비교적인comparative 실천"을 시도하여 왔다고 밝히고 있다(Chen, 1998: 4).

6. 10주년 기념호에서 편집자는 동아시아의 강한 국가 중심성을 벗어나 아시아 내부의 주변적 차이들을 다루는 문제를 제기하고 있으며(Chen, 2010: 311-8), 라틴아메리카 국가와 문화를 다루는 유일한 글(Cooper, 2009: 3-11)을 받기 어려웠던 점을 토로하고 있다. 성/젠더/섹슈얼리티에 대한 인식은 천꽝싱의 저서 『방법으로서의 아시아』에서 다른 젠더the other gender에 대한 인식을, 다른 인종the other race과 다른 계급the other class에 대한 인식과 연결하는, 즉 젠더-인종-계급의 역동적인 관계를 아시아를 이해하고 분석하는 문제틀로 제기하는 진전을 일정부분 보여주고 있다. 그러나 그것은 한 개인의 것이며 저널 편성의 전반적인 원칙과는 별개의 문제이다.

디아Cambodia, 크메르, 중국China, 사이프러스Cyprus, 그루지야Georgia, 홍콩 Hong Kong, 인도India, 인도네시아Indonesia, 이란Iran, 이라크Iraq, 이스라엘 Israel, 일본Japan, 요르단Jordan, 카자흐스탄Kazakhstan, 남한/북한South/ North Korea, 쿠웨이트Kuwait, 키르기스스탄Kyrgyzstan, 라오스Laos, 레바논 Lebanon, 마카오Macao, 말레이시아Malaysia, 몰디브Maldives, 몽고Mongolia, 미 얀마Myanmar, 버마, 네팔Nepal, 오만Oman, 파키스탄Pakistan, 파라셀 군도 Paracel Islands, 필리핀Philippines, 카타르Qatar, 러시아Russia, 사우디아라비아 Saudi Arabia, 싱가포르Singapore, 스프래틀리 군도Spratly Islands, 스리랑카Sri Lanka, 타이완Taiwan, 타지키스탄Tajikistan, 태국Thailand, 터키Turkey, 투르크 메니스탄Turkmenistan, 유나이티드 아랍 에미리트United Arab Emirates, 우즈 베키스탄Uzbekistan, 베트남Vietnam.

지리적으로 광대할 뿐만 아니라 문화적으로 아주 다양한 아시아를 구성하는 다른 여러 나라들 이름을 하나씩 불러보는 것은 그동안 지배적인 동아시아 담론에 의해 가려지거나 축소되어온 아시아들을 다시 보아야 한다고 생각한 때문이다. 이 49개국 중 사이프러스, 러시아, 터키는 아시아에 포함시키는 데 문제가 있다고 제외되기도 한다. 미크로네시아, 폴리네시아, 뉴질랜드, 오스트레일리아, 하와이, 캘리포니아를 망라하는 변주되고 확장된 권역으로서 아시아-태평양은 당대의 특정한 관심사들을 반영한다. 다시 말해 '아시아'란 하나의 고정된 실체가 아니며 결코 전체화될 수 없으며 일련의 실천 집단체로서 특정한 관심사들과 이해관계들에 따라 동아시아, 동북아시아, 동남아시아, 남아시아, 중앙아시아, 서아시아, 아시아-태평양 등의 권역으로 구획되며 이합집산을 거듭한다.

이렇게 본다면 아시아란 변화하는 현실에 의해 부단히 해체되고 재구성되는 가변체, 문제적 구성체, 움직이는 의미체(백원담, 2010: 43, 147)이다. 이 '아시아'는 경계들을 가로지르는 공통성과 유사성을 지니면서도 동일한 하나는 아니다. 그렇지만 아시아 혹은 아시아에 진지를 둔 지식인들과 하위주체들에 의해 제기되는 특정한 관심사들과 적절한 문제틀은 동아시아, 동북아시아, 동남아시아, 남아시아, 아시아 태평양, 중앙아시아, 서아시아 등의 구획을 가로지를 수도 있다. 그러한 횡단을 통해 몇몇 국가들의 하위지역들을 연결하고 비교하며 상호참조하는 작업은 특정 권역 중심의 아시아 상에서 배제된 것들을 볼 수 있게 할 것이다.

그 작업에서는 서구 대 아시아 식으로 서로를 타자화하거나 아시아를 '제3세계'로 동질화시키지 않으면서 먼저 아시아 내부로부터 소통하고 이해하기 위해 포스트식민 아시아 국가들의 서너 지역들 사이를 왕복하는 수평적 접근법(Watson, 2005: 14)을 따른다. 그러한 방법은 아시아의 국가적 경계들을 가로지르는 문화적 표현들을 생산적으로 연결하는 가운데 서구제국주의, 일본제국주의, 중국 중화주의가 겹쳐진 다중적 식민화들의 아시아적 형태를 파악해낼 수 있고, 복잡하게 얽혀 있는 식민주의의 잔재들, 민족주의의 재부상, 지구적 자본주의 가부장제의 힘들과 문화정치적 협상을 벌이는 아시아의 다양한 하위주체들을 가시화할 수 있다. 그렇게 하는 가운데 **이질성을 품고 함께 탈식민, 탈제국, 탈냉전을 향해 역동적으로 움직이는 아시아 상**을 현실화할 수 있을 것이다. '다른 여러 아시아'란 바로 이러한 생각을 반영한다.

그런데 아시아라는 이름도 아시아인들이 만든 것이 아니었다. 우리가 아시아라는 이름과 처음으로 접촉하게 되는 것은 호머Homer의 작품 『일리아드』에서 '아시아 초원Asian meadow'이라고 언급되는 대목의 형용사를 통해서이다.(Spivak, 2008: 210) 아시아가 아시아라는 이름을 만든 게 아니라 유럽이 건너편의 광대한 땅을 아시아라고 이름을 붙여나갔다. 그런데 '유라시아 Eurasia'라는 명칭에서 보듯 유럽과 아시아 사이의 경계는 불분명했고 그 경계는 역사적 과정 속에서 끊임없이 변화되어 왔다. 그러다가 16세기[7]를 기점으로 유라시아 대륙의 북서쪽 모퉁이에 불과했던 유럽은 아메리카 대륙으로부터 탈취해온 자원들을 자본화하는 자본주의 제국들로 변모해 가면서 '아시아'는 유럽제국들을 위한 본격적인 자원 침탈지로 구획되어 갔다. 16세기 이래 서구 자본주의 근대화 과정과 다른 길을 걸었던 몽골 제국, 러시아 제국, 오스만 제국의 역사적 문화적 인식소적 의미는 유럽중심주의적 역사기술과 세계의 지도그리기에 의해, '이성의 지리학'[8]에 의해 왜곡되거나 축소되었다. 그리하여 아시아의 제국들이 누볐던 중앙아시아와 서아시아라는 권역들은 서구 근대성과 자본주의의 지배 속에 식민화되는 과정을 겪으며 변방으로 밀려났고 영국, 프랑스, 미국과는 다른 제국적 차이들뿐만 아니라 식민적 차이들을 동시에 갖는 독특한 지대를

7. 과거와 현재를 생각하는 우리의 방식들은 16세기에 일어난 근본적인 질적 변화들에 의해 형성되었다. 그때 유럽 남자들이 세계를 탐험했고 세계의 지도를 그렸으며 미지의 땅과 사람들을 만났으며 인간의 삶을 지구적 시장을 위한 상품들을 생산하는 노동의 착취와 땅의 전유를 추구하는 것으로 만들었다. 유럽 남자들이 이러한 변화들의 역사적 행위자들이었으며, 또한 세계를 지도로 그리고 분류하게 했던 특정 인식소의 행위자들이었다. 그들은 기독교 신학에 의해 지지받는 인식소 기준으로써 세계의 지도 그리기와 분류를 원활하게 수행할 수 있었다. 반면 몽골 제국, 러시아 제국, 오스만 제국은 유럽 국가들과 같은 세계를 탐험할 능력이 없어서가 아니라 그저 그러한 길을 선택하지 않았을 뿐이다.

8. 서구가 중시하는 '이성'은 그곳의 지리에 바탕을 둔 제한적인 것임을 강조하는 용어가 '이성의 지리학'이다. 유럽남자들의 역사기술과 세계구획을 가능하게 했던 서구적 이성과 인식소는 유럽제국주의의 동반자였던 셈이다.

형성하게 된다.(Mignolo, 2007: 111-20)

그동안 서아시아의 이슬람, 중앙아시아의 이슬람, 남아시아의 이슬람, 중국계 이슬람, 북아프리카계 이슬람과 같은 다양한 이슬람 형태들은 우리의 인식 지평에 들어오지 못했다. 그렇지만 이슬람 분야에는 러시아, 프랑스, 영국이 중앙아시아에서 거대한 권력게임을 하고 있었던 거의 천년에 이르는 지정학적 서사가 부착되어 있다. 이 점을 주시한다면 유럽, 아프리카를 포괄하면서도 특이하게 아시아적인 국제성 같은 것이 이슬람의 특징적인 면모임을 파악할 수 있다. 서로 경쟁하며 흩어져 살아온 이슬람들의 국제성을 주변부 이슬람들이 누려온 역설적인 자유를 해명하는 관건으로 조망할 수 있을 때, 테러리스트 이슬람이라는 일방적인 구미 판본을 벗어날 수 있다.(Spivak: 232) 그렇다면 서구 중심적 역사기술과 인식소로써 가장 크게 왜곡되어 왔던 이슬람을 자기충족적인 획일적 예외라고 아시아에서 배제할 것이 아니라 '다른 여러 아시아'에 입장하는 또 다른 역사적 항목으로 대할 필요가 있다. 이슬람을 아시아 상상에 재배치하여 아시아를 좀 더 풍부하게 바라보는 작업이야말로 아시아를 재개념화하는 것이다. 이 재개념화에서는 서구의 기독교적 자유주의적 자본주의적 근대성과 다른, 러시아/소비에트, 중앙아시아, 코카서스의 동구 Eastern 기독교와 사회주의 근대성의 면모들이 중요해진다. 그렇다면 아시아를 탈식민의 의미 있는 거점으로서 구축하려는 탈식민 페미니즘의 이론적 지평은 다른 여러 아시아 중에서도 가장 배제되어온 이슬람을 재배치하는 아시아의 다중화, 복수화 노력들의 일환이라는 맥락에 있어야 할 것이다.

이러한 맥락에 위치한 탈식민 페미니즘 연구는 글로벌 북반구에서건 글로벌 남반구에서건 우리 정체성의 바탕으로서 기원의 '아시아'를 탐색한다거나 어떤 획일적인 정체성을 일관되게 담는 저장소로 시사하는 데에 저항한다. 아시아를 다시 상상하기 위해 유럽 대륙 중심성을 수정하는 대륙-사유를 필요로 하지만 그렇다고 아시아의 여러 권역을 통합시켜줄 포괄적이고 일반적인 문화적 매트릭스가 존재한다고 상정해서도 안 된다. 사실 다른 여러 아시아들의 다양한 공간과 역사를 탐구해 본다면, 거기에는 어떤 변치 않는 공통된 기반이 있다기보다 서구 근대성의 논리 속에서, 또 지구화 논리 속에서 살고 그 논리에 적응하고 그것을 변용시켜 나가야 하는 포스트국가적 개인들의 새로운 역할에 의해 함께 묶이는 공통된 운명 같은 것이 있을 뿐이다.

앞에 열거된 아시아 국가들 중에 아직 개발도상국이라는 명칭을 달고 있는 나라가 많다. 그래서 아시아의 몇몇 국가들이 눈부신 경제적 발전을 보여 주었지만 아시아는 일반적으로 남반구에 속하는 대륙으로 여겨진다. 소위 자본주의적 발전이 지체된 아시아의 개발도상국들은 북반구 대륙인 구미에 의해 주도되는 지구적 자본에, 메트로폴리스의 문화에 종속되어 왔다. 최근에 발전된 아시아의 몇몇 메트로폴리스를 제외하면 대다수 아시아의 하위 지역들은 후진적이라고 무시되며, 합리적 이성, 자본주의적 근대성 및 포스트모던 스타일, 발전 및 개발 위주인 인식소와 감성에 의해 탈합법화, 비가시화되어 왔다. 그래서 아시아를 비롯한 남반구에 속하는 작은 나라들의 지역들을 문화적으로 의미 있고 가치 있다고 여겨 연구하는 흐름은 거의 찾기 힘들고 연구 자료도 별반 없는 실정이다.[9]

그렇지만 남반구 대륙인 아시아에 편재하는 다양한 하위 지역들

9. 베트남 여성과 관련해 필자가 찾아낸 거의 유일한 학술지 문헌자료는 정연식·황영주(2004: 189-210)뿐이었는데 그마저도 이 글의 필요에 거의 부응하지 못하는 자료였다.

의 문화에 각인된 이질성과 타자성은 현재의 지구화에 대항하는 인식과 감성을, 현재의 헤게모니적 인식소와 사유**10**를 근본적으로 비판하는 다른 인식소와 사유의 지평을 내장하고 **있을지도 모른다**. 아시아의 여러 지역들에 흩어져 있는 하위문화들에는 얄팍한 개인성에 토대를 둔 권리 담론 위주의 서구적인 합리적 지식과는 다른 종류의 지식이, 현재의 '지구성globality'과는 다른 지구성을 품는 인식과 감성이 내장되어 **있을 수 있다**. 그러한 상상의 지평에서는 자원과 땅 빼앗기의 대상으로서 '글로브'라는 틀을 고쳐 쓸 수 있게 할, 자본주의적 가부장적 지구화의 합리적인 혹은 잔인한 요청을 굴절시키는 급진적인 타자성**11** 같은 것이 거주하고 **있을지도 모른다**. 현 신자유주의 체제의 막강한 힘 앞에서도 완전히 사라지지 않고 존속해온 아시아의 하위문화들에 각인되어 있는 타자, 타자성은 현 지구화에 대항할 수 있는 잠재력을 지닐 수 있다. 그렇게 볼 수 있다면 세계에 똑같은 교환체계를 부과하려는 지구화에, 인종차별적 성차별적 계급차별적 지구화에 대항하는 데 필요한 인식소의 탐사를 목표로 삼는 다른 여러 **아시아의 하위지역 연구**는 중요할 것이다.

10. 여기서 말하는 헤게모니적 인식소와 사유란 편협한 이성이 추진하는 합리적 추상화를 기반으로 관념론, 이항대립 논리, (다)문화주의로써 구성되어 왔는데 현재 전자 텔레커뮤니케이션 시대에서는 '발전'을 도와주는 '사이버-지식능력'이 그 주요성분을 이룬다.

11. 지배적인 지구적 신자유주의에 전유되지 않기 때문에 부적절해진 타자들inappropriate/others(트린 민하Trinh T. Minha)은 타자성을 단순히 사회적으로 부과된 것이라기보다는, 헤게모니적 담론과 주류정치의 결을 거스르는 입장을 의도적으로 선택한 자기 선택으로 재정의할 때 '전유되지 않은' 주체가 된다. 그때 그 주체가 지배문화에서 활용 가능한 여러 자원을 이용하는 가운데 스스로의 역량을 강화하는 연대 지점들을 만드는 것은 '타자들'의 생존에 필수적인 급진적 공간을 만들어 내기 위한 전략적 행위이며 지배 이데올로기의 내부에 있으면서도 그것을 넘어서는 새로운 주체입장을 표현한다(박미선, 2009: 268, 272 참조).

2

적녹보라 패러다임

1. 적색–녹색–보라색의 동맹

1) 선택과 꿈

  매년 10월 16일은 세계 식량의 날이고 2008년의 세계 식량의 날 기념 행사는 「세계의 식량 안전」이라는 주제로 칠레의 산티아고에서 치러졌다. 거기서 가장 많이 나온 이야기는 남반구 지역의 많은 여자들과 아이들이 굶고 있다는 것이다. 생산되는 식량이 부족해서 그런 것은 아니다. 그러니 자본주의 제도를 더 발전시켜 성장을 꾀하면 모두들 잘 먹고 잘 살게 된다는 주장은 거짓말이다. 2008년 촛불 시위에서 드러났듯, 일상 삶과 생명을 위협한다면 제 아무리 무역을 통한 경제활성화 논리라 해도 저항에 직면하게 됨을 보여주었다. 그런데 그 저항 논의에서도 한 가구의 생계와 생존을 여성들에게 더 많이 부담지우는 현 젠더화된 회로는 여전히 주요한 쟁점이 되지 못하고 있다. 그 회로 속에서 특히 남반구 국가들의 여자들과 아이들이 겪게 되는 기아와 질병들은 제국주의, 군사주의, 인종주의와 얽혀 있는 반생태적 가부장적 자본주의의 복잡한 얼개들에서 초래된다. 그것들을 꿰뚫어보고 삶을 재조직하기 위해서는 무슨 이론들을 어떻게 선택할 것인가?

무엇보다 반자본주의 기획을 하면서 자본주의를 넘어서는 방안에 대한 통찰을 주는 이론이라면 기꺼이 함께 해야 할 것이다. 그렇지만 함께 가는 중에도 어느 지점에서는 또 다른 길로 가야 한다. 맑스주의와 생태주의 사이에서 제 자리를 찾으려는 여성주의라면 먹거리와 같은 일상 삶의 문제들을 해결하는 길을 묻고 찾아야 할 것이다. 여기서 말하는 일상 삶이란 무엇이며 누구의 일상 삶인가? 일상 삶은 반복되는 습관만이 아니라 매일의 정동이 살아 움직이는, 행복과 눈물의 장소이다. 그것은 사랑, 다정함, 연대의 장소일 뿐만 아니라 치욕과 사회적 경제적 모순의 장소이다.

일상 삶에 대해 생각하기 시작하는 것은 특정한 종류의 일상 삶을 염두에 두게 하고 선택하게 한다. 주변화된 사람들, 특히 주변화된 여성들의 일상 삶을 생각해 보자. 지구적 자본주의 가부장제 사회의 결과들로부터 매일 고통스럽게 살고 있는 여성들 말이다. 북반구에 살건 남반구에 살건 생존회로를 맴도는 대부분의 가난한 여성들에게 일상 삶이란 감옥과 같다. 그들은 더 나은 삶을 위한 대안들을 선택하지 못하고 그곳에서 죄수처럼 살아야 한다. 반복되는 일상 삶의 지평은 제한되어 있고 새로운 대안들을 갖고 실험할 실제 수단은 거의 없어 보인다.

그렇지만 도시에 살건 농촌에 살건 대지와 함께 호흡하며 위엄을 유지하고 평화롭게 살고 싶다는 오랜 염원과 꿈은 좀처럼 사라지지 않는다. 그래서 가난한 여성들의 일상 삶에서도 삶을 위한 선택과 행동이라는 지평이 완전히 사그라지지 않는다. 그녀들과 공감하며 함께 하려는 '우리'의 마음 깊숙한 곳에 응어리져 있던 꿈과 선택이 새로운 형태를 취한 것이 시애틀, 프라하, 퀘벡, 포르토 알레그레Porto Alegre에 있었던 사회 포럼들이다.(Gebara, 2003: 97) 거기서 역사상 최초로 국제적 시민사회 같은 것이 새로운 질적 일상 삶을 가능하게 할 지역적 국가적 국제적 질서를 위해 연합하였다. 이 지구상의 많은 비참한 사람들에게 새로운 목표가 제시된 셈이다.

우리의 목표는 가난하고 주변화된 사람들이 평화롭게 위엄을 갖고 살아갈 공간을 만들어가는 것이다. 우리는 이 목표에 따른 선택 없이는 정의와 사랑으로써 세상을 만들어낼 수 없다. 이 도전은 새로운 진짜 질서를 위한 정치적 도전이며 창조적 도전이다. 왜냐하면 그 밖의 다른 선택이란 없기 때문이다. 그러한 선택은 현재의 역사에 대한 비판인 동시에 미래를 위한 꿈을, 새로운 땅, 새로운 여성, 새로운 남성에 관한 우리의 꿈을 표출하게 한다.

2) 적록 동맹의 문제 지점들

우리에게 자연은 흙, 물, 불, 공기와 같은 물질로 되어 있는 물질세계이다. 그렇지만 물질세계로서의 자연은 덩그러니 외부에 하나의 실체로 놓여 있는 게 아니다. 그것은 언제나 우리의 인식, 즉 사회적으로 매개되는 인식을 통한 상호교섭 과정을 거친다. 우리가 인식하고 상호작용하는 자연이란 그것의 사회적 구성에 앞서 우리 외부에 미리 존재하는 것이 아니다. 이런 점에서 물질세계이자 담론적 구성물이라는 두 층위는 자연이 포괄하는 내용을 명시하기 위한 편의적 구분일 뿐,

실제로는 구분되지 않는다. 물질세계이자 담론적 구성물인 자연 속의 인간은 자연의 통합적 일부로서 자연과 상호작용한다. 맑스는 인간이 그 통합적 일부를 이루는 자연과 인간의 상호작용을 처음에는 '교섭intercourse'으로 지칭하였다가 후에 '노동'으로 개념화하였다. 맑스의 노동 개념은 자연과 인간 사이에 일어나는 질적 교환, 즉 물질대사metabolism의 발견에서부터 출발한다.

> 노동은 무엇보다 인간과 자연 사이의 과정이며, 인간이 자신의 행위를 통해 자신과 자연 사이의 물질대사를 매개하고 **규제하며**regulatory **통제하는**govern 과정이다. 인간은 자연의 재료들materials을 자연의 힘으로서 직면한다. 인간은 자신의 몸, 자신의 팔, 다리, 머리, 손에 속하는 자연적 힘들을 작동시킨다. 자신의 욕구에 맞춰진 하나의 형식 속에서 자연의 재료들을 **전유하기**appropriate 위해서이다. 이러한 움직임을 통해 인간은 외부 자연에 영향을 미치고 그것을 변화시키며 그런 식으로 동시에 자신의 본성을 변화시킨다. …그것[노동과정]은 인간과 자연 사이의 물질대사적 상호작용을 위한 보편적 조건이며, 인간 실존에 영구히 부과되는 자연의 조건the everlasting nature-imposed conditions of human existence이다.(Marx, 1976: 283, 290)

여기서 노동을 통한 자연과 인간 사이의 물질대사 작용, 또 생물학적 성장과 소멸의 구조화된 과정들과 인간 사이의 물질대사 작용에 대한 맑스의 지적은 우리의 주목을 요한다. '물질대사'는 인간과 자연 사이의 복잡하고 역동적인 상호의존성과 상호교환성을 함축하고 둘 사이의 질적 교환 개념을 출범시키기 때문이다.(Forster, 2000: 159, 160)

그 점을 인식하고 인정하는 인간의 지식과 태도들은 사회적 생산물을 배분하고 활용하는 방식, 다시 말해 노동의 목적 혹은 목표를 조직하는 방식에도 밀접한 영향을 미친다.(O´Conner, 1998: 5) 예컨대 그러한 태도들 중에 상호협력 혹은 '호혜주의'를 들 수 있다.

그렇지만 맑스가 간파한 바, 대규모 산업과 기계화된 대규모 농업, 장거리 무역이라는 형태로 발전되고 성장하여 갔던 자본주의 하에서, 인간과 대지(인간 실존에 영구히 부과되는 자연의 조건, 다시 말해 생산 조건) 사이의 물질대사적 상호작용은 회복할 수 없는 분열metabolic rift 을 겪게 된다. 물질대사적 분열은 죽은 노동으로 인한 일상 삶에서의 소외로, 농촌 토양의 비옥도 고갈로, 도시의 쓰레기와 공해로 나타난다.(포스터, 2008; 포스터, 2007) 이와 같은 물질대사적 분열의 결과에 대한 맑스의 분석은 생태계를 파괴하는 자본주의에 대한 비판의식을 생생하게 보여준다. 맑스는 그러한 파괴적 자본주의를 극복하는 방안으로서 자본주의적 사회관계가 아닌 새로운 사회적 생산관계를 조직해내는 코뮌주의를 제시한다.

새로운 사회에서의 '자유로운 생산자들의 연합'으로서 '코뮌'의 이론적 실천적 가능성에 대해 최근에 많은 논의가 이루어지고 있다.[1] 반자본주의 기획의 출발점으로서 '코뮌'이 갖는 긍정성을 부정할 수는 없지만 그것이 생태주의 맥락에서 갖는 긍정성을, 다시 말해 생태적 문

---

1. 심광현(2008: 180, 183) 참조. "생태적 문화사회를 위한 코뮌주의 운동은…모든 사회구성 원들이 동등하고 호혜적으로 다중지능적 문화적 역능을 상향발전시킬 수 있는 여건을 만들려는 운동"이며 "다양한 구성원들 모두의 다양한 능력들의 다중적 공진화, 인간과 자연의 공진화를 향한 혁명적 변화를 촉진하는 거대한 움직임"이다. "공통된 리듬으로 협동하며 능력과 기쁨의 감응을 증대시키는 협동-체"라는 코뮌의 구체적인 상에 좀 더 다가가고 싶은 마음에서 이 글은 시작되었음을 밝혀둔다.

화사회 구성을 위한 잠재력을 제대로 살리기 위해서는 지적되어야 할 문제들이 있다. 먼저 앞서 나온 인용문에서 보듯, 자연과 인간관계에 대한 맑스의 인식에서는 자연과의 물질대사를 통제하고 규제하며 전유하는 인간의 면모를 강조하는데, 거기서 서구 백인 남성에 상정된 합리적 의식 위주 주체의 편협함은 맑스의 생태주의적 요소를 제한한다. 또한 맑스의 '자유로운 생산자들의 연합'에서는 공동체의 유지와 관련된 생존/자급 노동이나 출산, 양육, 가사와 같은 생명생산 및 보전 노동의 자리가 명확하게 위치지어지지 않음으로써 자연적인, 그저 주어진 소여로서 은폐되고 비가시화된다.

　'자유로운 생산자들의 연합'이라는 맑스의 구상은 자체의 기반을 갖고 생산하는 독립적인 소농들에서뿐만 아니라 도시의 대안 공동체 실험들에서도 가능할 터이다. 그렇지만 맑스가 살았던 시대와 사회에서 구상되었던 도시 공간의 남성노동자 중심이라는 역사적인 한계 때문에 농촌과 농민은 부차화되고 비가시화되며 유령처럼 존재하게 된다. 사회주의적 발전 모델에 따라 공장이라는 공간 중심인 도시주의자로서 맑스의 한계는 '농촌적인 것'을 분명 현존하는데도 없는 것처럼 **유령화**하는 the spectralization of the 'rural' 것으로 나타난다.(Spivak, 2000: 29) 농촌과 농민문제가 도시와의 관계 속에서 더 탐색되어 둘 사이의 적대 관계를 재조직하지 않는 한, 반자본주의 기획은 완성될 수 없다. 따라서 맑스의 자본주의 비판을 생태적 인식과 연결시키면서 **'적색은 녹색'**이라고 선언하는 것만으로는 부족하다. 생태적 삶을 위한 반자본주의 기획의 방향은 농촌으로 돌아가자는 것은 분명 아니다. 그렇지만 엄연히 존재하고 있는데도 우리에게는 없는 것이나 마찬가지인 농촌이라는 것을 의식적으로 불러오지 않을 때 우리의 지평은 심각하게 제한되고 만다. 산업자본주의 시대에 일어난, 땅으로부터 주체의 분리가 의미하는 바는 도시화 문제와 도시와 농촌의 대립 현상을 규정짓는 훨씬 더 근원적인 것이기 때문이다.

자연과 인간의 관계가 지니는 상호성과 함양의 측면만 강조하는 생태주의 역시 많은 가난한 여성들이 신자유주의적 지구화의 젠더화된 회로 속에서 겪는 일상의 생존 문제를 해결하는 길과는 거리가 멀다. 인간과 자연의 관계가 지니는 정신적 내재적 의미를 부각하자는 방향 설정은 이미 자본의 논리로 사회화된 자연 혹은 농촌을 본질화하고 관념화하는 것이다. 맑스의 물질대사 개념을 중요하게 여기면서도 "인간과 자연 사이의 물질대사가 착취와 통제보다는 상호성과 함양 논리에 기초를 둘 수 있다"(Salleh, 1997: 82)고 주장하는 것도 자본주의의 폭력적인 역사적 과정을 무시하는 생태주의 일반의 오류를 답습하기는 마찬가지이다. 세련된 자본주의의 차별과 불의, 착취와 불균등성에 자연 혹은 함양이라는 옷을 입혀 지배와 착취 문제를 건너뜀으로써 정당화하는 오류[2]는 '녹색은 적색'이라는 안이한 선언에서 잘 나타난다. 이렇게 생태주의가 확고한 반자본주의 입장에 서지 못해 환경보호 담론 수준에 머무는 위험은 '지속가능한 개발' 논리에 따라 기술 변혁으로 식량생산 증가에 앞장선 '녹색혁명'의 실상에서도 잘 드러난다.

제2차 세계 대전 후 굶주리던 제3세계는 농업생산을 국가 발전에 주요한 요소로 인식하여 〈세계은행〉의 녹색혁명을 받아들였고 초국적 자본은 종자, 비료, 살충제 세 분야에서 새로운 시장을 개척하여 엄청난 이익을 거둬들였다. 녹색혁명에서 사용된 비료와 새로운 종자들

---

2. 다너 해러웨이는 이 현상을 '자연의 재발명'이라고 표현한다. 다너 해러웨이(2002) 참조.

로 이루어진 식량 생산 증가가 기아문제를 해결한 것은 잠시, 그것도 일부 지역에서뿐이었고 대부분은 헤어날 수 없는 생태적 경제적 재앙에 맞닥뜨려야 했다. 산업형 농업은 더 많은 물을 필요로 하였으며 단일 작물의 대규모경작은 생물다양성을 감소시켰으며 많은 종을 아예 사라지게 하였고 토양의 질을 저하시켰고 그래서 더 많은 화학비료와 살충제를 쓰게 만들었기 때문이다.(페트리니, 2008: 49) 그런데 제3세계의 빈곤은 1950, 60년대 녹색혁명 이전부터, 즉 1870년대 곡물투기(수출) 광풍을 낳은 근대적 자본주의 시장에서부터 이미 그 근원이 형성되고 있었다. 근대적 시장은 기근을 구제하기보다 가속화하는 데 기여했으며 1870년대 아시아, 아프리카, 라틴 아메리카의 기근난민들은 식량의 문제라기보다 돈의 문제였다.(데이비스, 2008: 49-52)

예컨대 1878~1879년에 인도 북서부 주들의 여러 지역에서 125만 명이 사망한 재앙도 엘니뇨 가뭄이라는 자연재해로 인한 것이라고 알려져 왔지만 실은 19세기 중반의 열광적 경기팽창 이후 19세기 후반 최악의 전 세계적 경기침체의 파동이 날씨만큼이나 불가사의하게 먼 거리의 식민지에 몰아닥쳤기 때문이다. 영국은 자국의 곡물가격을 안정시키기 위해 식민지 토착민들의 생계형 농사를 수출영농으로 전환시켰고(데이비스: 84), 그 곡물수출의 이윤은 인도의 부유한 자민다르, 고리대금업자, 곡물상인들이 차곡차곡 챙겨갔으며 전통적으로 위기 때 빈민들의 생활을 보호하던 촌락 단위의 호혜주의가 제거된 가난한 농부들은 기아와 질병으로 내몰렸던 것이다.(107) 아시아와 아프리카의 영세농민들이 19세기 말에 세계 시장으로 통합되는 현상과 관련해 로자 룩셈부르크가 지적했듯이 "자본이 토착민들의 사회경제적 유대를 상대로 수행하는 무자비한 전투를 통해 매번 새로운 식민지 팽창이 당연

지사로 승인"되고, "역사적 과정으로 비치는 자본축적은 폭력을 항구적인 무기로 동원한"(35) 것이다. 이러한 서구 제국주의의 역사적 과정으로 인해 남반구 국가들의 농촌은 북반구와 비교할 수 없을 정도로 격심한 기아와 질병에 노출되어온 것이다.

60년대 녹색혁명은 농업민족주의를 통해 제3세계의 민족(국가)을 하나의 통합적 (남성) 농민주체의 견지에서 재구축하여 제3세계 국가들을 농민국가 the rural nation로 정의하고 안정화하는 데 기여한다. 당시 농업의 역할은 민족주의와 국가주의적 개발 이데올로기 내부에서 강조되는 동시에 대규모 상업적 농업체계가 형성되어 잉여를 집중적으로 거두어가는 대지주 부자 계층이 또한 생산된다.³ 이 새로운 체계로 말미암아 농업기술로 아무리 식량 생산이 증가되어도 땅이 없는 프롤레타리아화된 농민들은 계속 가난하고 굶주린다. 그 중에서도 여자와 아이들은 더 굶주리며 식량 조달은 여자의 책임으로 부담지어진다. 농민국가의 (남성)민족주의적 재구축은 농촌 사회 내부의 불평등한 계급과 젠더 관계를 위장하고 재생산한다.

그런데 70년대 들어와 도시 위주의 국가 정책과 몬산토, 카길, 케이에프씨와 같은 다국적 기업들과 WTO, GATT, WIPO World Intellect Property Organization와 같은 국제기구들에 항의하는 농민운동이 일어남으로써 농민국가라는 민족국가의 국가주의적 기술관료적 비전에 핵심적이었던 농업민족주의의 초기 궤도를 탈안정화한다. 말하자면 70년대 이후 제3세계 국가들에서 일어난 농민운동은 더 이상 국가의 도시위주 정책과 국제기구들에 의해 희생될 수 없다는 조직화된 농민의 이

---

3. Tania and Borowiak(2003: 64-5) 참조. 인도의 상황을 다룬 글이지만 포스트식민 제3세계 국가 일반에 적용된다.

해관계를 전략적으로 동원하는 데서는 성공한다. 하지만 그것 역시 차별화되지 않은 농민 정체성에 기반함으로써 내부에서 착취되는 농촌의 하위 프롤레타리아트를 비가시화하기는 마찬가지이다.

따라서 생태주의의 '녹색'은 계급과 젠더의 차이를, 농민들 내부의 사회경제적 분열들과 농촌 여성들 사이의 계급 분리들을 인식하고 **땅 없는 농촌 여성들**을 배제하지 않는 분석의 지평을 필요로 한다.(Tania and Borowiak: 73) 농촌공동체들 내부와 그것들을 가로지르는 젠더화된 권력관계들을 비판하고, 여자들이 계급, 신분, 재산소유의 노선을 따라 다르게 착취되는 방식을 탐구해야만 농민 주체에 일방적으로 또 동질적으로 투사되는 낭만적이고 관념론적인 본질주의에, 신성한 흙과의 유기적 관계를 유지하는 토착적인 것에 대한 무비판적 특권화에 빠지지 않는다. 그래야만 농촌/도시의 이분법에 의거해 토착적인 것이나 땅을 여성과 연계시킴으로써 공동체적 농촌 촌락 사회의 비전 주위에 민족국가를 재발명하는 데 공모했던 70년대 아시아, 아프리카, 라틴 아메리카 농민운동이 기존 계급과 젠더의 위계들을 재강화하는 과정을 볼 수 있다.

적록 동맹의 방향 설정에 필요한 이러한 인식틀을 갖고 70년대 이후 아시아, 아프리카, 라틴 아메리카 농민운동에서 여성들은 어떤 지점에서 무엇을 선택하고 어떻게 행동하였는지 구체적인 이야기를 들어볼 필요가 있겠다.

3) 남반구 농촌 여성들의 선택과 행동

다음 소개하는 세 편의 이야기는 『자급의 관점』(Mies and Bennholdt-Thomsen, 1999)에 실려 있는 내용을 요약 정리한 것이다.

자급의 관점은 반자본주의, 반제국주의, 반인종주의 입장에서 생태주의적이고 여성주의적인 시각을 표명한다. 이 관점은 남녀들, 세대들, 계급들, 이민족들, 인간과 자연, 농촌과 도시 사이의 모든 기본적 사회관계들을 땅으로부터 분리된 주체라는 맥락에서 다시 점검함으로써 다양한 관계들로써 이루어지는 우리의 삶을 재조직화하기 위한 구체적인 비전과 방안을 제시한다.

(1) 아시아의 농촌 여성들

1996년 7월에 파리다 아크터Farida Akhter[4]는 뮌헨의 〈여성학 여름학교〉가 조직한 「전 세계 여성의 힘Women Power Worldwide」 토론회에 모인 여성들에게 방글라데시 촌락 여자들과 힐러리 클린턴 사이에 있었던 다음 이야기를 전해준다. 1995년 베이징에서 유엔 세계 여성대회가 개최되기 몇 달 전에 힐러리 클린턴은 방글라데시 농촌 여성들의 상황을 개선하는 데 성공한 그라민 은행의 이야기를 듣고자 마이샤하티Maishahati 마을을 방문해 그곳 여자들을 만나 인터뷰를 한다. 그때 힐러리의 질문이 수입이 있느냐, 자산이 있느냐 하는 것이었는데 방글라데시 농촌 여성들은 수입도 있고, 몇 마리의 소, 닭, 오리도 있다고 대답한다. 그런 다음 방글라데시 여자들이 힐러리에게 암소가 있느냐고 물어보자 힐러리는 없다고 대답한다. 그러면 수입은 있느냐고 다시 묻자 힐러리는 영부인이 되기 전에는 수입이 있었지만 지금은 없다고 대

---

4. 파리다 아크터는 국제적 인구통제 및 재생산 조절 공학에 맞서는 FINRRAGEFeminisit International Network of Resistance to Reproductive and Genetic Engineering와 남아시아 여성들과 아이들의 인신매매와 싸우는 SAARCSouth Asian Association for Regional Cooperation에서 활동하는 방글라데시 액티비스트이다.

답한다. 자식은 딸 하나 있다고 하니 방글라데시 여자들은 힐러리에게 암소도, 자기 수입도 없고 자식도 하나 밖에 없으니 참 불쌍하다고 말한다. 방글라데시 여자들은 힐러리에게 전혀 기죽지 않고 당당했으며 오히려 힐러리를 측은하게 생각한 것이다.[5]

방글라데시 여성농민들의 그러한 자신감과 힘은 농촌의 땅을 지키고 가꾸며 가축을 키워 식량을 자급자족할 수 있었던 데서 나오는 안전함과 확신에서이다. 남의 빈곤국에 속하는 방글라데시 여성들이 보여준 이와 같은 주체로서의 모습은 그들을 집단적인 운동의 공동행위자로 나아가게 한다. 다음은 방글라데시의 새로운 농민운동에 대한 파리다 아크터의 이야기이다.

60년대 녹색혁명 때 사용되었던 제초제와 유독성 화학물질은 처음 몇 년 동안은 생산량을 늘렸지만 곧 토양의 비옥도를 저하시키는 부작용을 낳았다. 게다가 잡초 뽑는 일, 벌레 잡는 일, 씨앗 파종, 접붙이기나 수확 후 하는 여러 일들을 해결해주는 새로운 농업 테크놀로지는 그동안 농업경제에 큰 역할을 해왔던 여자들의 가치를 하락시켰다. 방글라데시 여성농민들은 소위 현대적 농업이라는 것이 사회, 문화, 토지, 흙, 생명을 파괴했다고, 남성농민들이 한 세대 동안 탐욕스럽게 이익을 추구하다가 소중한 것을 엄청나게 잃었다고 분노했다. 그녀들은 제초제와 해로운 화학물질을 뜻하는 벵골어 '비쉬beesh'에 반대하는 운동을 벌였다. 자신의 몸Body, deha을 독으로부터 구하기 위해 자신들을 조직

---

5. Mies and Bennholdt-Thomsen, 1999: 1-2. 더 자세한 내용은 미즈 & 베로니카 벤홀트-톰센, 2001: 60-9 참조.

한 방글라데시 여성농민들은 〈새로운 농경 운동Nayakrishi Andolon〉의 핵심세력이었다.

1998년에 5에이커 이하의 작은 땅을 가진, 25,000명 이상의 방글라데시 농가들이 벌인 〈새로운 농경 운동〉은 혼합 작물 경작, 윤작, 식량Anada을 생산하는 새로운 기술들과 방식들을 실천하는 독창적인 농경으로 급속히 확대되었다. 씨앗을 '특허'의 이름으로 사유화하는 정책에 대해 알게 된 농부들이 씨앗 네트워크에 의해 110가지나 되는 쌀 품종의 씨앗들을 수집하고 보전하는 운동을 벌임으로써 생물해적질에 저항하였다. 그리하여 이 운동은 목재, 장작, 약초, 어류, 가축, 그 밖의 산물들과 같이 놀랍도록 다양한 곡물을 관리할 수 있고 재생할 수 있으며 생산할 수 있다는 것을 증명했다. 농사가 그저 투자나 이익을 위한 하나의 생산 부문이 아니라 삶의 방식 자체인 농업 공동체의 현존과 직접 관련된다는 점은 회복된 생물다양성을 통해 분명하게 드러났다. 〈새로운 농경 운동〉은 생태학적 식량 생산을 위한 운동이자, 방글라데시 농업 공동체의 경제적으로 생존 가능한 행위를 위한 운동이다. 그러나 무엇보다 이 운동은 삶을, 또 인간존재들과 자연 사이의 질적인 관계를 고무하는 창조적이고 즐거운 행위이다.(Mies and Bennholdt-Thomsen: 223-6)

이처럼 생물다양성과 자원들을 보전하고 향상함으로써 식량안전을 확보하는 즉각적인 과제와 행복한 삶을 살아가는 기술을 개발하려는 〈새로운 농경운동〉의 실천적 시도들은 근본적으로 중요한 의미를 지닌다. 이 운동은 농부들, 어부들과 같은 일차적인 식량 생산자들을 식

량 안전 문제의 중심으로 부각시켰고 거기서 여성의 역할이 지니는 핵심적인 중요성을 강조한 것이다.

(2) 아프리카의 농촌 여성들

케냐의 수도 나이로비 북서쪽에서 80마일 떨어진 곳에 위치한 마라구아Margua는 커피 재배 지역의 중심부이다. 다음은 마라구아의 농촌 여성들이 일상적인 삶과 노동을 통해 가족 내부, 지역, 지구라는 세 층위 사이의 연관을 분명하게 드러내면서 투쟁한 이야기이다.

마라구아의 남자들은 보통 1헥타르에서 5헥타르 정도의 작은 농장을 소유하고 있다. 아내들은 법적으로도 실제로도 땅을 갖고 있지 않지만, 남편의 땅을 경작하고 그 생산물을 관할할 수 있는 권리를 갖고 있었다. 케냐 여성들은 커피 재배 일을 집단적으로 수행하여 왔는데 수출생산이 도입되고 커피 재배 노동의 수익금이 남편에게 지불되자 그렇게 사적私的으로 일하는 것을 거부했다. 성공적인 가정주부라고 할 수 있는 여자들만 계속 무보수로 일했다.

1975년까지 커피 재배는 소농들에게 괜찮은 수입을 가져다주었고, 국가도 많은 외화 수입을 얻었다. 70년대 후반에 들어와 전 세계의 커피 값이 하락했고, 1980년에서 1990년 사이에 아프리카 커피 값은 70%나 떨어졌다. 그래서 케냐 여성들과 아이들이 커피 농장에서 더 많이 일해야 하는 사이 남자들은 읍에 나가 술집에서 시간을 보내며 술을 마시는 데 자신들의 수입을 써버렸다. 마라구아 여성들은 주인 나리처럼 구는 남편들이 지겨워졌다. 그래서 몇몇 여자들은 젠더화된 노동을 거부하며 "난 이제 커피를 따지 않겠다"고 했고, 남편들은 여자들을 집에서 쫓아내겠다고 협박하는 한편 정부 공직자들에게 불평하기 시작했다. 공무원들은 성난 여자들과 남편들 사이를 중재하려고 노력했지만 커피 생산은 1986년까지 하향 일로를 걸었다.

IMF는 케냐를 위해 커피생산 증가를 위한 기금을 제공했다. 케냐 정부는 남자들에게 더 높은 커피가격을 제시하면서 강제로라도 여자들이 다시 커피 따는 일을 하게 만들어 보라고 고무했다. 국제적 개발 전문가들은 '여성과 개발' 프로젝트들을 들고 와서 케냐 여자들에게 남편들의 농장에서 무보수 일을 계속 하라고 설득했지만 그녀들의 저항을 그만 두게 하지 못했다. 마라구아의 여자들은 당시 금지되어 있었지만 커피나무들 사이에 콩을 심기 시작함으로써 아이들을 좀 더 잘 먹일 수 있었다. 마라구아의 여자들은 남편들이나 공무원들이 자급식량과 현금 수입에 대한 자신들의 요구를 충족시켜 주려는 마음도, 그럴 능력도 없다는 사실을 깨닫자 바로 행동에 나섰다. 마라구아와 그 밖의 다른 곳에서 여자들은 커피나무를 뽑아내 땔감으로 사용했다. 이 운동은 곧 걷잡을 수 없이 퍼져나갔다. 자급을 다시 확보하려는 이러한 유형의 저항은 동부 아프리카의 곳곳에서 다른 강도로 반복되었다.

케냐 여성들의 투쟁은 적어도 세 가지 수준의 여성 착취에 맞서는 것이었다. 자신들의 남편들에 의한, 국가에 의한, 국제적 자본—예컨대 화학 산업, 국제적 커피 무역, 세계은행과 IMF—에 의한 착취 말이다. 여자들은 투쟁하는 동시에 그녀들의 일상적인 삶에 필요한 자급의 토대를 새로 창조했기 때문에 남편의 통제로부터 자유롭게 되었고 자신들을 국가에 묶어놓았던 만성적인 빚의 사이클을 깨뜨렸고 집에서 기른 과일과 채소로 자신들의 지역 시장을 확고하게 키워나갔다. 그리하여 그들은 또한 국제적 커피 회사들로부터, 또 초국가적 자본의 통제로 부터 자신들을 해방시켰다. 80년대 말에 이르러 남자들도 지역 시장을 위해 과일을 생산하는 것이 더 낫다는 사실을 깨달았고 여자들의 투쟁 에 합류했다.

케냐 여성들이 그들의 자율적 자급을 다시 확보하기 위해 취한 직 접적인 행동은 좁은 의미에서의 경제적 행동이었을 뿐만 아니라 정치 적으로도 곧바로 중요한 결과들을 갖고 왔다. 사가나 Sagana 읍에 있는 작은 규모의 여성 무역종사자들이 자신들의 커피를 정부기관에 팔기 를 거부했다. 여성들의 이러한 행동은 실질적으로 정치적인 대항세력을 형성해서, 단일 당 체제 정부로 하여금 결국 야당들을 허용하게 하는 데 기여했다. 정부가 신자유주의적 인클로저 정책을 부과하려고 했지 만 여자들은 자신들의 땅을 지켜내었고 땅에 대한, 특정한 유형의 생산 에 대한 생산자들의 관할권을 다시 확보하게 되었던 것이다.(Mies and Bennholdt–Thomsen: 214-7)[6]

이 이야기는 지역의 가부장적 일상 삶에 작동하고 있는 지구적인 층 위라는 복잡한 것의 실체를 간파해내고 드러내며 거기에 대항하는 과 정을 잘 보여준다. 마라구아 지역의 케냐 여자들은 국제기구와 국민 국가 기구에 맞서는 반자본주의적, 반제국주의적인 입장에 따라 생태 주의적이고 여성주의적인 시각에서 땅을 지키고 자급생산 체계를 회복 함으로써 자율권과 자치권을 누리게 된 것이다.

6. 더 자세한 내용은 태혜숙(2007: 5장) 참조.

(3) 라틴 아메리카의 지역 여성상인들

세계은행, IMF, 다국적 기업들의 선전과 EU와 NAFTA, APEC과 같은 무역블럭은 남반구 사람들로 하여금 자신들의 자급을 위해서가 아니라 세계 시장을 위해 생산하게 강요한다. 다음은 여기에 저항하여 독자적인 생활방식을 지켜나간 멕시코 여성들의 이야기이다.

8만 명의 인구가 사는 와사카Oaxaca의 멕시코 주에 있는 자포텍 Zapotec 시 유키탄Juchitán 지역의 여자들은 강력한 사회적 위치를 유지하고 있다. 남자들은 농부, 어부, 장인, 임노동자들이며 여자들은 상인들이다. 이러한 구분은 수백 년 동안 작동되어 왔다. 여자들은 가정과 아이들, 식량을 책임지고 시장이나 특정한 기예 행사들에 나간다. 그래서 아내들도 없지만 여성사업가도 없다. 이렇게 유키탄 여자들은 한 가정을 맡아 운영하는 가정주부가 아니라 많은 다른 종류의 조리된 절임 음식물들을 특화해 만들어낼 뿐만 아니라 또한 내다팔러 시장에 나간다. 여기서는 아내의 자급적 행위와 여성상인의 시장 행위 사이를 자유롭게 오가는 움직임이 흐른다. 유키탄 여자들은 이윤을 많이 남기기 위해 장사나 기예 행사에 참여하지 않는다. 그들의 목표는 삶 자체를 보장하고 무엇보다 공동체 내부에서, 또 다른 여자들 사이에서 존중을 획득해 나가는 것이다. 음식을 팔 때에도 가격이 고정되어 있지 않다. 상대에 대한 미래의 기대 또는 보상에 따라 가격이 정해지는 것도 사고 파는 거래가 지니고 있는 인간적 상호성을 표출하는 것이다. 거기서 얻게 된 잉여는 마을 공동체의 커다란 축제에서 집단적으로 소비된다. 물질적인 것들은 존중이나 위신과 같은 비물질적인 가치를 위해 쓰인다.

마을 축제는 상호성의 네트워크의 필수적인 부분이며 지역 경제를 움직인다. 옷, 음식, 음료, 보석, 음악, 선물은 거의 믿을 수 없는 수준들로 뻗쳐 나간다. 위신과 상호성의 사회 메커니즘은 시장에 특별한 성격을 부여한다.

그렇다고 유키탄이 하나의 분리된 시장경제인 것은 아니다. 나머지 멕시코에서처럼 여기서도 멕시코 화폐가 유통된다. 이 도시는 범 아메리카 고속도로와, 대서양에서 태평양 항구에 이르는 철도선 양쪽에 걸쳐 있어 북 아메리카와 남 아메리카를 연결하는 중요한 지점에 있다. 이곳은 국가적 국제적 시장 속에 통합되어 있다. 하지만 유키탄의 시장과 거기서의 무역은 자급 지향적이다. 말하자면 시장경제가 20세기 말 멕시코에 맞는 형태로 주조된 셈이다.

유키탄 사회는 모계에 따라 조직되어 있다. 어머니가 사회적 위신의 중심에 있으며 어머니–아이가 기본적인 가족 구성단위이다. 사회적으로나 경제적으로나 어머니가 아이들에게 주요한 참조 지점이다. 아버지가 특정한 의무를 질 수도 있지만 그 때문에 여성이 덜 존중받게 되는 것은 아니다. 이 곳 여성이 장사로 번 돈은 남성부양자의 돈에 그저 보태지는 정도라고 여겨지지 않는다. 장사하는 여성들의 경제는 자급적인 것으로 남아 있고 자급생산은 진정한 사회적 일로 계산된다. 사적 공적 생산 영역의 분리가 여기서는 작동되지 않는다. 여성이 매일 먹고 살 것을 위해, 아이들 교육을 위해, 자신의 사회적 위신에 필요한 여분의 것을 위해 자기 일을 하는 주체이다.

오늘날에도 유키탄에서의 장사는 여전히 음식을 중심으로 돌아간다. 식량이 지역 수준에서 생산되고 가격이 협상되며 소비될 때, 유키탄은 다른 멕시코 도시들보다 더 번창하게 만드는 독립된 지역 유통

independent regional circulation을 함양한다. 조심스럽게 잘 관리해 식량을 획득할 수 있는 능력은 여성의 자기 가치와 존중에 주요한 요소이다. 유카탄의 독립된 시장 모델을 추동시키는 주요한 힘은 모계로부터 파생되는 공동체 의식이다. 이곳에는 큰 수퍼마켓이 들어올 수 없다. 여러 해 동안 중앙정부가 미국의 북쪽 국경에 인접한 이 지역을 세계 시장을 위해 일하는 큰 공장들의 새로운 경제지구로 만들려고 학교나 미디어에서 지속적인 이데올로기 공세를 퍼부었지만 실패했다. 미국 시어스 Sears 그룹이 유카탄에 지점을 개설했지만 유카탄 사람들의 공세에 견디다 못해 폐쇄하고 말았다. 그 이후로 그런 시도는 다시 없었고 유카탄 여자들이 지역의 거래를 굳건하면서도 활기차게 관할하였다.(Mies and Bennholdt-Thomsen: 109-11)

유카탄 여자들은 "농산물의 사용과 가공 및 준비에 대한, 가치를 헤아릴 수 없는 지적 유산"을, "농업자원을 정확하게 또 즐겁게 사용하게 하는 음식관련 지식"을 지켜냈으며 자본주의 거래 방식과 다른 새로운 거래 방식을 실천한 셈이다.(페트리니, 2008: 49) 그리하여 소수의 거대 기업들이 지배하는 글로벌 유통체계를 이겨낼 수 있었다. 무수한 중개로 가득 채워지고 생산자와 소비자 사이의 거리를 더욱 벌려놓은 글로벌 유통체계는 농촌의 생산자들과 도시의 소비자들, 상인들로 하여금 품위와 존중을 잃게 하였고 먹을거리의 가치를 오로지 화폐가치로만 환산하여 음식에 내재된 많은 의미들을 잊혀지게 하였다.

아내이자 상인인 유카탄 여자들은 거래를 부정하는 게 아니라 모두에게 품위를 약속하는 새로운 방식의 거래를 실천하고 있다. 거기서는

"'가능한 최선의 가격'과 '가능한 최고의 가격'은…돈뿐만 아니라 사회정의와, 환경에 대한 존중은 물론 생산하는 사람들과 그들을 믿고 사먹는 사람들에 대한 존중까지 고려해야 한다. 거래는 지역사회가 통제하는 고귀한 기예여야"(페트리니: 305) 하기 때문이다. 말하자면 이윤에만 연연하는 무수한 중개가 아니라 공동체주의적인 지향에 따라 중개 과정을 제한하는 건강한 중개를 생각하고 실천해야 하는 것이다. 그럴 때 자본주의적 교환관계가 아닌, **후한 인심과 환대**라는 의미를 살리는 새로운 교환관계가 가능해진다. 그때 교환이란 "동등할 것을 요구하지 않는다. 나눠주는 것은 반대급부를 요구하지 않으며 어떠한 의무도 창출하지 않는다. 대신 그것은 운명공동체를 공유하는 사람들 속의 자신감에 기초한다. 그것은 생산물의 운명 또는 경제적 자원의 운명이 한 사람의 지식과 다양성, 또는 훨씬 단순하게 우정 속에 엄청나게 많은 가치가 있다는 **자신감**이다."(324) 또한 **즐거움**이다.[7]

4) 나가며

현 지구적 자본주의 가부장 제도는 무엇보다 식량을 안전하게 확보해 삶을 지속되도록 하는 자급을 공격하고 파괴한다. 이것을 막고 우리의 삶을 지속되게 하기 위해서는 반자본주의, 반제국주의, 반인종주의 입장에서 생태주의적이고 여성주의적인 시각을 갖는 '자급의 관점'

---

7. "지역 공동체를 위한 지역의 소규모 식량 생산에서 대규모 수출지향적인 단종 재배 생산으로 대전환이 일어나면서 전통과 문화, 협력의 즐거움, 그리고 수세기 동안의 공동체 기반 생산 및 시장과 관련된 활력이 우울하게 침체되고, 식량을 직접 재배하는 경험과 지역 토지에서 지역민들의 손에서 자란 음식을 나누는 오래되고 축복받은 즐거움이 사라지게 되었다"(2003년 7월 토스카나의 산 로쏘레San Rossore 회의에 제출된 〈식량의 미래에 대한 선언〉의 한 구절이다[페트리니: 335]).

이 유효함을 아시아, 아프리카, 라틴 아메리카 농촌 여성들의 삶과 운동 이야기를 통해 살펴보았다. 이 관점은 자본주의 발전에서 비롯된, 땅으로부터 분리된 주체들이 상실해온 것들을 짚어보게 한다. 지역의 작은 공동체에서 함께 땀 흘리는 농사짓기나 자급을 지키기 위한 운동을 통해 각자의 모자라는 힘을 한데 모으고 집중했을 때 놀라운 것들을 이루어내면서 생기는 묘한 자신감과 일체감, 이것이야말로 차이들로 인한 갈등을 깊이와 풍부함 속에서 아우르며 서로 어울리게 하는, 삶의 근원이다. 이 근원을 알고 지켜나가고자 하는 사람들이 나날이 많아질 때, 남녀들, 세대들, 계급들, 이민족들, 인간과 자연, 농촌과 도시 사이의 모든 기본적 사회관계들을 바꾸어낼 토대가 마련될 것이다.

그렇지만 앞서 살펴본 남반구 농촌 여성들은 대체로 소농 집단에 속한다. 땅을 소유하지는 못해도 관할권을 갖는 그들에 비해 땅이라는 기반이 아예 없는 남반구 농촌 여성들의 곤경은 세계 시장의 맹활약 앞에 더 악화된다. 가진 것이라곤 몸밖에 없는 새로운 프롤레타리아로서 그녀들은 수출 위주 산업들을 위한 값싼 노동력으로 손쉽게 쓰이다가 가내 노동자로, 성산업 노동자로, 돌봄 노동자로 전전하다 도시의 빈민이 되거나 북반구 국가로 이주하는 궤적을 밟는다. 농촌에 남은 여성들은 농업노동자로서 〈노동 프로그램을 위한 식량〉 단체를 위해 길을 닦는 일을 하거나 그 밖의 온갖 일들을 비정기적으로 한다. 그녀들은 서구에서 안전하지 못하다고 간주된 피임약을 처리하는 타깃이 되고, 새로 개발된 약을 테스트하는 장이 된다. 그녀들의 재생산 기능은 자원과 식량의 부족이 많은 아이들 탓이라며 통제되며 여자아이들은 성산업의 지구화를 위하여 인신매매되어 전 지구를 떠돌아다닌다. **땅 없는 농촌 여성들**과, 농촌 출신 **도시 빈민** 여성 집단을 이루는 가내, 돌봄, 성노동자들은 현 지구적 자본의 젠더화된 회로 속에 같이 사슬을 이루며 초국적 자본을 떠받쳐 주고 있다. 초국적 자본은 바로 이들의 신체를 건드리고 장기와 DNA 특허권을 노리면서 농촌과 도시의 하위 프롤레타리아 여성들의 신체와 노동과 섹슈얼리티를 초과착취하기에 여념이 없다. 그러니 이 지구적인 것의 힘과 맞서고 있는 것은 바로 지역의 땅과 그녀들의 몸들이다. 이러한 정세를 한국의 농촌은 물론 지역들마다 세밀하게 분석하고 그녀들과 합류하는 전선을 다양하게 구상함으로써, 남반구 소농 여성농민들이 일으킨 새로운 물결들이 동심원처럼 사방으로 퍼져나가 전 지구 곳곳에 출렁이기를 바라는 것은 단지 꿈일까?

2. 적녹보라 패러다임을 품는 탈식민 페미니즘

탈식민 페미니즘의 새로운 지형은 탈식민의 주요 지점으로서 '아시아'라는 범주에 착안하되 이질성을 품고 함께 움직이는 다른 여러 아시아라는 상을 갖고 남반구 시각의 트리컨티넨탈리즘 맥락과 결부되어 있어야 한다. 그동안 탈식민 페미니즘의 이론적 지평을 구성해 왔던 인종(민족)-젠더의 축과 교직된 계급의 틀은 맑스주의의 수정과 확장이라는 맥락에서 '젠더화된 하위주체gendered subalterns' 개념으로 진전되어온 편이다. 스피박에 의해 제출된 이 개념은 젠더, 인종 범주를 유물론적 분석 범주라기보다 정체성을 규정하는 범주로 후퇴하는 경향에 맞서기 위한 것이기도 했다. 여기에서는 먼저 젠더, 인종을 지구화 시대 정치경제의 분석 범주로 확실하게 자리매기는 한편, 인종 범주를 '인/종'으로 표기함으로써 인간중심주의를 해체하고 종species차별과 종착취 문제라는 지평을 탈식민 페미니즘의 지형도를 다시 그리는 작업에서 주요한 것으로 제기한다.

오늘날 젠더-인종(민족)-계급 층위에서의 차별과 착취뿐만 아니라 종 간의 차별과 착취 문제가 지역, 국가, 권역, 대륙, 전지구적 차원에서 갈수록 심각해지고 있는 상황이다. 여기서 종차별이란 인간중심주의에 따라 동물, 곤충, 식물, 미생물 등 인간 외의 무수한 여타 종들을 차별하는 것을 말한다. 인종의 축은 인간들 사이에서 피부색을 갖고 자행되는 차별과 착취에 한정된다. 그에 반해 인/종의 축은 인간 종들 사이의 차별과 착취뿐만 아니라 자연의 무수한 종들을 지배하고 착취하는 인간중심 휴머니즘을 비판하고 해체하면서 인간과 여타 종들을 행성의 공동행위자로 개념화하는 생태주의 문제의식을 담아낼 수 있다.

이렇게 본다면 젠더 범주에 이미 교착되어 있는 인/종, 계급의 역학에 대한 인식은 맑스주의, 생태주의, 페미니즘 인식을 동시에 발동시킬 것을 요청한다. 즉, 그동안 세계와 주체를 이해하는 개념틀로서 각기 주요한 위치를 갖는 맑스주의, 생태주의, 페미니즘은 따로 각기 존재할 게 아니라 상호 연결되어야 한다. '적녹보라 패러다임'[8]은 바로 이 상호연결의 이론체계를 일컫는다. '적'은 노동-계급-생산/재생산, '녹'은 생태-환경-자연, '보라'는 성-젠더-섹슈얼리티의 축을 가리킨다. 서로 단절되어온 축들이 각기 제시하여온 주요한 문제의식들이 상호 침투하고 교차되는 장으로서, 인/종-젠더-계급의 다중적 문제의식으로써 복잡하게 교직되는 장으로서 탈식민 페미니즘의 지형 변동

8. 2009년 4월 18일 국제포럼을 통해 적녹보라 패러다임을 집단적으로 제안한 〈지구지역행동네트워크/페미니즘 학교〉에서 발간한 『NGA/SF, 지구지역행동을 제안한다』 참조.

이 촉구되는 시점이다.

이러한 거대한 이론적 지형 변동은 『인터-아시아 문화연구』 창간호를 준비하는 과정에서 발표된 천꽝싱의 권두논문 「탈식민화의 문제」에서 지리적, 민족국가적, 권역적 경계들을 가로지르는 중심범주들로서 "젠더, 섹슈얼리티, 인종, 종족성ethnicity, 계급"(Chen, 1998: 7)을 제시하면서 서구에 대한 아시아인들의 식민적 동일시를 극복하는 해결책으로서 탈식민적 동일시를 위해 '비판적 혼합주의a critical syncretism'를 필요로 한다는 주장에서도 나타난다. 그의 설명에 따르면 '비판적 혼합주의'는 "식민적 권력관계들, 가부장제, 자본주의, 인종주의, 쇼비니즘, 이성애주의, 민족주의적 외국인 혐오증 등에 의해 역사적으로 구축된 경계들과 분리적 포지션들을 넘어서기 위해서 타자들의 요소들을 자아의 주체성 속에다 적극 내면화하는, 타자들 되기"(Chen: 25)이다. 천꽝싱에게 '타자들 되기'의 이론적 기초는 "이제 더 이상 그저 편협한 유형의 계급정치에 기반을 두지 않고 게이와 레즈비언, 양성애 및 트랜스 섹슈얼, 여성주의자, 노동, 농부, 환경, 선주민aboriginal, 반인종주의, 반전 집단의 범좌파적pan-leftist 사회운동이 함께 작업해야 할"(28) **새로운 종류의 맑스주의**이다. 아시아 지역의 문제를 이해하고 해결하기 위해서는 계급 위주의 서구경험에 토대를 둔 옛 맑스주의의 변형과 확장이 필요하다는 주장이다.

그런데 천꽝싱은 민족주의, 토착주의, 문명론은 물론 맑스주의의 기저에 있는 가부장적 무의식에 대한 문제의식, 나아가 남성중심적 맑스주의의 틀에 성/젠더/섹슈얼리티의 틀을 개입시켜 맑스주의를 변형, 확장하는 방향의 문제의식은 거의 보여주지 않는다. 그러한 생략은 아시아 남성지식인으로 하여금 본의 아니게 지구적 자본주의 가부장 체제에 영합하도록 하는 결과를 빚는다. 서로 병행하거나 등가적이거나 다원화된 억압의 축들을 죽 계속해서 나열하는 데 그치는 태도mention away는 식민적인 문화적 상상을 탈구하는 작업을 진척시키기 힘들게 만든다. 그리하여 『인터-아시아 문화연구』는 그것이 내걸고 있는 비판적이고 진보적인 기치에도 불구하고 실제로는 아시아 남성지식인의 남성 흐름male stream이라는 주류를 견지한다는 느낌을 준다.

탈식민 페미니즘 관점에서 보자면 가부장적인 것the patriarchal은 식민적 문화상상에 핵심적인 것이다. 그래서 아시아 남성 이론가들의 심리와 상상적 지평의 가부장적 구조를 비판적으로 성찰하지 않고서는 현재의 지배적인 상상을 넘어설 수 없다. 사실, 『인터-아시아 문화연구』는 젠더에 대한 이론적 논의와 범젠더적 운동들을 향해 표면적으로는 열린 구조를 갖고 있다. 그렇다고 해서 저널의 전반적인 이론적 방향을 자동적으로 페미니즘적인 것으로 만들어 주지는 않는다. 『인터-아시아 문화연구』는 페미니즘을 하나의 일반적인 범주로서가 아니라 그저 여성 및 여성주의자들, 성적 소수자들을 다루어줄 식민화의 한 부문으로서 포괄하고 인정한다.

현재에 이르기까지 페미니즘에 대한 『인터-아시아 문화연구』의 태도는 크게 바뀌지 않는다. 페미니즘 연구 및 트랜스/젠더연구를 간헐적으로 끼어 넣고 전시하는 이유는 그 영역들이 이 저널의 진보성 및 급진성을 입증하는 데서 하나의 좋은 구색 맞추기 역할을 톡톡히 해주고 있기 때문이다. 그래서 필자는 페미니즘에 저항했던 서구(영국)문화연구와 달리 아시아에서의 문화연구는 페미니즘을 초석으로 삼고 있다는 주장(Niranjana, 2007: 211)에 대해 동의하지 않는다. 이 저널의 기본 틀인 변형되지 않은 맑스주의를 통해 고스란히 재생되는 아시아

남성주의를 실제로 변혁시켜 이론과 문화연구에 반영해 보려는 어떠한 실질적인 노력 없이, 여성연구에 대해 이렇게 선심 쓰는 수용은 문제적인 것으로서 아시아적 인식구조와 상상의 새로운 형성을 가로막는 장애가 된다. 페미니즘적 의제들과 관심사들을 이론과 운동의 한 부문으로서만 포용하는 태도는 아주 종종 상당히 동화주의적이고 전유적인 것이기 때문이다. 그리하여 이 저널이 애초에 내건 운동성, 진보성은 상당 부분 상실되고 만다.

이러한 문제를 푸는 데서 적녹보라 패러다임은 유용한 통로를 제공한다. 적녹보라 패러다임은 각기 떨어져 있는 적, 녹, 보라라는 세 축을 만나게 하여 복합적이고 역동적인 이론체계로 구상하는 작업의 핵심이기 때문이다. 적녹보라 패러다임으로써 재구축되는 탈식민 페미니즘의 이론적 지형에서는 1) 생태주의의 관념론과 보편주의, 2) 더욱 폭력적이고 착취적인 자본주의가 교묘하게 조정하는 인간과 자연의 양상, 3) 계급구조 및 인종주의와 밀착되어 불평등을 야기하는 성/젠더/섹슈얼리티 체계에 대한 심도 있는 통합적 분석들을 생산하는 가운데 그 구체적 내용을 채워갈 것이다.

적녹보라 패러다임으로 재형성되는 탈식민 페미니즘에서는 성/젠더/섹슈얼리티를, 일부 현상에만 적용 가능한 특수한 틀이 아니라 **하나의 일반적인 틀**로서 자리잡게 된다. 성/젠더/섹슈얼리티는 특별한 경우들이나 사례들에서만 중요한 요소가 되는 제한적인 것이 아니라 일반적인 비판적 분석도구이자 정치경제적 범주이기 때문이다. 그래서 이 범주는 우리의 인식소를 이루는 기초로서 제 자리를 잡도록 해야 할 것이다. 성/젠더/섹슈얼리티는 서구적 근대·탈근대 세계 체제 자체의 제반 시스템(자본주의, 민주주의, 군사주의, 가부장제)을 지탱하고 구성하는 범주로서, 주체화의 역사적 과정에 대한 탐구에 또 신자유주의적 지구 체계의 지배와 착취 연구에 반드시 필요한 분석범주이다. 15, 6세기부터 지금까지 전 지구의 영토 구획과 민족국가 형성에 개입된 식민주의, 제국주의, 자본주의, 민주주의, 신자유주의 자체가 재생산(자원, 인간, 노동력의)에서의 거래를 그 핵심으로 하고 있기 때문이다. 이 점을 인정하고 인식한다면 세계체제를 **지구적 자본주의 가부장체제**라고 불러야 할 것이다.

지구적 자본주의 가부장체제라는 세계체제의 근간에, 이 체제가 양산하고 있는 빈곤과 차별의 근간에, 자본주의, 군사주의, 제국주의가 있다. 적녹보라 패러다임은 '노동과 생태와 만나는 페미니즘' '생태와 노동을 아우르는 넓혀진 페미니즘'을 구성하는 기본 틀이 된다. 적녹보라 패러다임을 품어나가는 탈식민 페미니즘은 '여성'을 넘어설 뿐만 아니라 공간적 한계도 넘어, 국제적 활동의 준거점을 서구에서 찾는 서구중심성을 탈피하기 위한 구체적인 움직임을 표명하는 아시아-아프리카-라틴아메리카의 트리컨티넨탈 액티비즘을 추동한다.

트리컨티넨탈 액티비즘을 도모하는 이론적 자원으로서 탈식민 페미니즘의 새로운 지형은 현재의 일방적이고 착취적인 지구화와 다른 지구적 세상을 만들어내는 데 동참한다는 목표를 따른다. 그 목표를 이루기 위해서는 예컨대 유엔을 통한 지구적 페미니스트 연대라는 위로부터의 인권 논리를 따르는 데 연연하지 않고, 아시아의 다양하게 젠더화된 하위주체들의 경험과 삶의 터전인 한국에서 출발하되 다른 여러 아시아의 하위 지역들에 시선을 돌려 그 지역들을 서로 연결하고 횡단하면서 대조, 참조하는 자세가 요구된다. 서로 다른 여러 아시아 지역들뿐만 아니라 더 나아가 아프리카, 라틴아메리카의 지역들의 역사들과 언어들/문화들이 대화하고 소통하는 장이라는 탈식민 페미니즘의 새로운 지형도는 현재의 헤게모니적 인식소와 사유를 근본적으로 비판하는 다른 인식소와 사유의 지평을 열어줄 수 있다. 아래로부터의 시각을 중시하는 탈식민 페미니즘에 따른 아시아 연구의 목표는 궁극적으로는 젠더화된 하위주체들의 대항집단성을 부상시키는 것이다. 그 목표를 실현하기 위해서는 남반구에 속하는 아시아의 종속된 하위문화들을 **주변부 범주가 아니라 하나의 일반적 범주**로서 논의하고, 문화상대주의의 피상적인 다양성에 사로잡힌 다원주의적 해석, 남반구의 문학/문화에 대한 획일적인 오리엔탈리즘적 남성주의적 해석이 간과했던 사유, 인식, 가치, 관점을 구현하는 행위자성^{agency}을 발굴해 낼 수 있어야 한다.

새로운 행위자성을 발굴하는 구체적인 방법으로서 앞서 언급된 '수평적 접근'의 구체적인 방향은 일단 아시아의 하위지역에서 출발하되 그것을 1. 아시아의 다른 하위지역들과 연결하고 그 하위지역들 중 하나를 아프리카의 하위지역들 중 하나와 서로 연결하고 참조하기, 2. 아시아의 하위지역들과 라틴아메리카의 하위지역들을 서로 연결하고 참조하기, 3. 아시아, 아프리카, 라틴아메리카의 하위지역들을 서로 연결하고 참조하는 방향 등, 세 가지 정도이다.(Waller & Marcos, 2005) 서너 지점을 왔다갔다 하며 연결하고 상호 참조하는 방법은 다중적이고 교차적인 독해가 될 수밖에 없을 터인데, 이를 '상호참조 독해'라고 이름붙일 수 있겠다.

3

트리컨티넨탈리즘

1. 맑스주의, 포스트식민주의, 트리컨티넨탈리즘

오늘날 '전 지구적 자본주의 가부장 체제'에서 많은 사람들이 겪고 있는 고통은 500여 년 전 1492년에 시작된 저 장구하고 폭력적인 유럽 식민주의의 역사에, 인종주의를 제도화한 노예제의 참혹한 역사에, 다른 대륙들의 영토와 토지를 탈취하고 자연과 여성의 몸들을 수탈한 역사에 기인한다.[1] 그 오랜 식민 역사로 인해 서구와 비서구는 서로 섞이고 중첩되며 복잡한 문화와 사회구성이 전 지구에 편재하게 된다. 이제 서구나 비서구, 북반구나 남반구 할 것 없이 지구의 곳곳에 온갖 고통과 억압과 착취가 갖가지 형태로 난무한다. 식민 시대 이후라고 하는 포스트식민 상황이 이러한 만큼, 그 상황에

---

1. '전 지구적 자본주의 가부장 체제'라는 용어를 쓰는 것은 자본주의 발전에 처음부터 얽혀 있었던 가부장제적 요소에 대한 인식을 적극 반영하기 위한 것이다.

대한 비판적 인식을 진척시키려는 이론적 정치적 입장이 생겨났으며, 그 것은 '포스트식민주의'라고 불린다. 포스트식민 이론에서는 '직접 통 치에 의한 지배라는 처음 의미에서의 식민주의'가 '헤게모니를 장악한 경제 권력의 전 지구적 체제라는 더 나중 의미에서의 제국주의'와 함께 지속적으로 파생시키는 문화적 정치적 효과들, 상이한 공동체들의 상 이한 지식형태들이 포괄적으로 연구된다.

이러한 입장과 지향을 갖는 포스트식민주의 이론은 19세기 영국에 서 태동한 자유주의 이론 및 혁명적 맑스주의의 산물이자, 19세기와 20세기에 걸쳐 줄기차게 일어난 반식민 민족해방 운동들의 정치적 문 화적 결과이며, 제2차 세계 대전 후 대다수 독립한 구식민지 아시아, 아프리카, 라틴아메리카 국가들과 연계된 주체들이 맑스주의의 유럽 중심주의를 비판한 결과이기도 하다. 유럽중심주의 비판은 유럽의 변 방인 프라하에서 시작된 구조주의를 이어받아 60년대 파리에서 알제 리, 마그레브 출신의 지식인들에 의해 형성된 포스트구조주의에 의해 새로운 방식으로 실행되기 시작한다. 유럽 포스트구조주의는 미국에 이식되어 텍스트 분석에만 치중하는 미국식 포스트구조주의와는 다르 다. 유럽 포스트구조주의는 그 발생에서 파농의 인식뿐만 아니라 마 오주의의 이론적 자극을 각인하고 있기 때문이다.

구식민지들의 반식민적 문화지리와 연계되어 있는, 데리다와 같은 프랑스-마그레브적인Franco-Maghrebian 지식인들에 의해 출범된 유럽 포 스트구조주의의 가장 중요한 화두는 자기 해체의 위험을 감수해야 하 는 유럽중심주의의 극복이다. 이 화두를 다루기 위해 일련의 유럽 지식 인들은 서구 사유와 이론에 관철되고 있는 이분법적 대립관계 구조를 집요하게 파고든다. 유럽 포스트구조주의는 자아/타자, 서구/비서구,

남성/여성의 대립에서 비롯된 억압과 착취를 해결하고자 대립 항의 후자를 주장하는 것은 대안이기는커녕 오히려 그 구조 자체를 온존시킨다는 점을 논증하며, 유럽중심주의를 제대로 비판하고 극복하는 방향을 탐색한다. 이러한 방향에서 정치와 지식의 탈식민화를 모색하는 포스트식민주의의 이론적 기원이자 출발점은 어디까지나 맑스주의의 반식민 해방 사상이다. 그렇지만 반식민 해방운동의 맑스적 기원들은 파리의 포스트구조주의라는 이른바 고급 이론과 접합되는 가운데 20세기 후반 포스트식민주의라는 이론을 구성하는 요소로 거듭났던 것이다.

포스트식민주의의 계보를 이런 방식으로 짚어보는 것은 포스트식민주의의 이론적 기원이자 반식민 해방 정치학의 이론적 토대인 맑스주의가 식민지의 해방운동 맥락에서 변형되는 과정을 또한 주목하게 한다. 유럽의 식민지였던 아시아, 아프리카, 라틴아메리카 세 대륙의 국지적 조건들에 상응하며 그 "특정한 역사적 조건들에 부응해서 지속적으로 자신을 변형할 수 있는 유연한 마르크스주의"(영, 2005: 24)는, 마르크스주의에 내재된 유럽중심주의를 비판하면서도 유럽중심주의의 역전된 형태인 제3세계주의로 빠지지 않는 새로운 해방의 정치학이라는 지평과 공명한다. 그러한 지평에서는 우선 대문자(유럽) 주체의 일면적이고 일방적인 표상과 정치는 비판되고, 서구의 '이론'과 비서구의 '실천'이라는 진부한 대당도 부정된다. 예컨대, 반식민 해방운동이 도달한 지적 성취로서 마오주의의 서구 비판은, 제3세계를 넘어 유럽의 심장부로 이동하여 포스트구조주의를 이론적으로 자극함으로써 "유럽 문맥에서 문화적으로 전화된 마오주의"(안준범, 2008: 11)라는 형태로 변형, 확장되어 갔던 것이다. 그러한 과정을 거쳐 형성된 새로운 형태의 이론으로서 포스트식민주의는 "보편성을 참칭하고 헤게모니를 부당 전제해 왔던 대문자 주체의 질곡에서 벗어나, 계급, 인종, 젠더의 서로 환원될 수 없는 이질적인 사회적 관계들의 안에서 생산되는 주체-형식들, 그러면서도 저 지배적인 사회관계의 전복을 도모하는 저항적인 주체-효과를 이론적으로 지지할 수 있는 담론"(안준범: 11)의 요구에 부응하는 것이었다.

특정 역사적 지리적 조건 속에서 또 포스트구조주의의 통찰에 따라 변형되고 확장된 맑스주의에 기반한 포스트식민 비판 기획은, 맑스주의와 포스트식민주의를 외재적인 대립관계로 놓는 것을 거부하며, 포스트식민적인 것을 맑스주의의 역사와 분리할 수 없는 것으로 받아들인다. 그러한 포스트식민 비판 기획은 맑스주의를 단순히 거부하거나 부인하는 게 아니라 맑스주의에 비판적으로 개입하여 맑스주의를 전화시키고 보충하고자 한다. 그러한 포스트식민 이론 구성은 가장자리에 위치한 주변부의 문화적 경험을 가시화하는 데 그치지 않고 "서구의 정치적 지적 학문적 헤게모니와 그 객관적 지식의 프로토콜에 대항할 수 있는 더 일반적인 이론적 입장으로 발전시키는 계기"(영: 126)를 진척시킨다. 말하자면 그러한 포스트식민 비판은 "여전히 지배적인 구식민 열강의 심장부 안으로 주변부의 투쟁을 끌고 들어가 서구에 있는 식민주의의 이데올로기적 유산들을 공격하고, 다른 곳에서 발달한 가치들과 지식들로 그것들을 되받아치는"(126) 방식으로서, 서구의 내부와 외부에서 동시에 전 지구적으로 전개되는 비판적 입장인 셈이다.

'백색' 맑스주의, 앵글로색슨 맑스주의라고 할 서구 맑스주의의 유럽 중심주의가 마오, 파농, 체 게바라 등 세 대륙의 다양한 이론가 및 활동가들의 혁신적인 작업들로 극복되는 과정에서 새로운 지식과 경험의 급진적 형태들이 생겨났다. 그 형태들은 20세기 후반에 주로 유색인종 지식인들에 의해 '포스트식민주의'라는 이름으로 학문적 제도 안에 진입하게 되어 지식생산의 판도를 크게 변형시켰다. 거기서 특기할 점은 변형되고 확장된 맑스주의적 역사기술만이 아니라 그 역사를 당대의 문화에 대한 이론적 설명과 결합시키는 계기를 마련했다는 것이다. 포스트식민주의의 학문 제도적 기원이 역사뿐만 아니라 문화 및 문학 분과[2]에 있었던 것도 그 분과들이 식민주의의 효과로 고통 받은 사람들에 의해 식민주의가 경험되거나 분석되는 복잡한 문화적 과정들에 주시함으로써 주체에 관한 새로운 지식 형태들을 제시하여 주었기 때문이다.

프라하학파나 알제리와 마그레브 출신 이론가들이 주로 내어놓은 소위 고급 이론들의 급진적 유산은 탈식민화된 국가들에서 서구로 이주한 세 대륙 출신 저자들에 의해 제시된 관념들 및 전망들과 결합되는 가운데 활기차고 혁신적인 사유를 분명히 자극하였다. 그런데 지난 30여 년 동안 전 세계의 학문 체제를 휩쓸었던 불명료하고 난해한 "포스트식민 이론의 어휘의 혼합적인 지형"(130), "몹시 파편적이고 혼성적인 이론적 언어"(133)는 문제가 된다. 바로 이런 문제 때문에 정통 맑스주의자들은 포스트식민주의를 이른바 후기 자본주의의 전지구적 지배를 위한 서구의 문화전략인 포스트모더니즘의 아류나 변종이라고 전적으로 거부하고 부인하면서, 비서구 혹은 제3세계만의 독자적인 해방 논리를 찾고자 하는 가운데, 서구/비서구의 대립적 논리로 회귀하는 결과를 빚어 왔다.(Ahmad, 1992; Dirlik, 1998)[3]

---

2. 역사 분과는 맑스주의의 서구중심주의에 대한 본격적인 이론적 비판을 시작한 〈인도 서발턴 연구 집단〉의 연구에 의해, 문화연구는 스튜어트 홀의 이론화 작업에 의해, 문학 분과는 『제국을 되받아치기 *Empire Strikes Back*』라는 책을 필두로 확립되어 나갔다.

3. 그 대표적인 논자로는 아마드와 딜릭을 들 수 있다.

그러나 서구가 세계 도처에 퍼져 있는 것과 마찬가지로 비서구 또한 유럽 문명의 심장부들에까지 번져 있다. 지구화의 불가피한 결과로 인해 파편화와 이동이 아무리 가속화되어도 그 구분은 사라지지 않겠지만, 우리를 서구나 비서구로 구분하는 데 급급하기보다 우리 모두의 안에 있는 비서구는 물론 서구의 흔적들을 볼 수 있도록 서구와 비서구의 구분 자체를 분산시키고 각 항목이 개방하여온 흔적들을 탐색해야 할 것이다.(사카이, 2001: 133-61) 이러한 탐색은 서구/비서구를 서로 명확하게 구분되는 대립항이라기보다 혼성적인 것으로 보게 한다. 서구와 비서구의 혼성화라는 맥락을 따르는 포스트식민주의 이론은 서구가 비서구 식민지에 강제하였으나 비서구만이 아니라 서구 자체에서도 복잡하고 복합적인 지배효과들을 발휘해온 식민주의와 제국주의의 인식론적 정치적 문화적 구조물들을, 지구화 시대 식민주의와 제국주의의 복잡한 양상들을 다룬다. 그러므로 포스트식민주의는 맑스주의 이론 진영에서 주요한 의제로 다루어야 할 것이다.

그런데도 포스트식민주의와 대결하기보다 회피하며 대체로 무관심하고, 이론 생산의 복잡한 역사적 맥락에 별다른 관심 없이 특정 이론의 잠재력을 처음부터 아예 부인하고 배제하는 것으로 일관하는 태도는, 맑스주의와 포스트식민주의의 관계를 외재적인 대립관계로 보고, 맑스주의의 역사와 분리될 수 없는 포스트식민 이론의 양상을, 혹은 맑스주의와 포스트식민주의 사이의 생산적인 긴장 관계를 외면하는 것이다. 포스트식민 이론은 맑스주의의 유럽중심주의를 비판하면서 그것을 단절해가는 지점들이다. 그래서 포스트식민주의와 맑스주의의 관계는 내재적이지만, 또한 그것은 "불안정한 갈등과 균열의 관계"(안준범: 9)이기도 하다. 이렇게 양자의 관계를 설정하는 것은 포스트식민주의와 맑스주의에 대한 새로운 통합적 이해를 낳을 것이다.

사실 포스트식민 이론과 비판은 직접적으로 맑스의 분석에 의존하는 것은 아니며 레닌, 마오, 아민 등의 맑스주의적 분석과, 에드워드 사이드, 호미 바바, 가야트리 스피박의 맑스주의에 대한 포스트구조주의적 재독해에 의존한다. 로버트 영은 사이드, 바바, 스피박의 포스트식민주의 논의를 '백인의 신화들'에 반격하는 다양한 위치와 방법이라는 맥락에서 자리매김한 후에 아시아, 아프리카, 라틴아메리카 대륙의 위치에서 발화되는 포스트식민 이론과 운동의 역사를 집대성하며 포스트식민주의를 '트리컨티넨탈리즘'이라고 부르자고 주장한다. 영의 주장은 현실참여적인 이론적 노동의 새로운 형태를 보여주며, 서로 다른 형태의 지적 참여와 행동주의 사이의 의미 있는 결속을 보여준다.

1840년대 영국에서 노예무역에 반대하는 인도주의적 관점에서 조성된 자유주의적 반식민주의 분위기 속에서 맑스는 식민화와 식민지라는 용어를 정착의 의미로 사용했고, 그것은 착취나 억압과 그다지 상관이 없는 것이었다. 그러나 19세기 내내 이루어진 식민팽창 및 식민무역(시장, 원료, 투자)의 증대는 시장 확대로 자본축적을 가능하게 함으로써 영국 자본주의 발전의 핵심을 이룬다. 19세기 후반에 영국 부르주아 남성들로 하여금 전 지구적 규모에서 경제적 사회적 체계 전체를 혁명적으로 변화시킬 만큼 충분한 자본축적을 가능케 한 것은 식민팽창이었다.(영, 2005: 188) 그러므로, 19세기에 영국이 주도한 전지구적 자본주의 경제 발전에 중요하고도 직접적인 두드러진 역할을 한 것은, 식민팽창을 가능하게 하였던 백인 남성중심의 식민주의였다.

맑스는 헤겔의 역사적 민족/비역사적 민족 구별을 답습하며 인도를 비역사적이고 정태적이라고 규정했으며, 부르주아 자본주의의 파괴력에 굴복한 세계의 민족들에 대한 도덕적 인도주의적 동정심에서 식민주의를 비판하였을 뿐이다.(영: 190) 맑스는 식민주의의 대안으로 "제국권력의 노동자 계급에게서 해방을 기다릴 게 아니라, 이제 식민지 민중들이 식민지에서부터 유럽 혁명과 세계 혁명을 시작하면서 핵심적이고 적극적인 역할을 수행해야 한다."(196)는 맥락에서 민족주의를 주장했다. 그러면서도 맑스는 영국 식민주의에 대해 동양적 전제주의 하에서 카스트로 고통을 받으며 수동적으로 살고 있는 인도 주민들의 비천하고 정체되고 단조로운 삶을 무너뜨리게 하는 이익을 가져다주었다고 평가한다. 자본주의적 생산양식의 폭력적 도입이 낡아빠진 '동양적 전제주의'의 야만적 체제를 무너뜨렸다고 보았기 때문이다. 맑스는 한편으로 인도에서의 영국지배를 비판하면서도 그곳에서 영국이 거둔 성과들을 칭송한 셈이다. 그러므로 맑스에게 식민주의는 나쁘기도 하고 동시에 좋기도 한, 이중적인 것이었다.(197-200) 말하자면 맑스에게는 반식민주의와 유럽중심주의가 동시에 내재해 있었다.

스피박은 이러한 맑스에 대해 어디까지나 "유럽자본주의의 유기적 지식인"(스피박, 2005: 146)이라고 규정하고서 해체적 반박과 탈물신화의 정신으로써 맑스를 다시 읽기 위해 사미르 아민과 같은 맑스주의자의 텍스트를 참조하고 견주어 보는 가운데, 맑스의 난점을 파헤친다. 스피박은 맑스 텍스트를 바깥에서 읽는 것을 철저히 배격한다. 그러한 태도는 맑스 텍스트를 틀 짓는 내부 논리나 규약을 파악하지 않은 채, 맑스 텍스트의 핵심 논의와 개념을 피상적으로 재단해 버림으로써 비난하는 데 그치게 하기 때문이다. 일단 맑스 텍스트의 안으로 들어가 그 텍스트를 규정짓고 있는 논리와 규범에 대한 이해를 심화하는 과정을 통해 맑스의 텍스트를 작동시키는 논리 자체를 열어젖혀야 해당 텍스트의 모순과 난점 등을 명확하게 드러낼 수 있다.

스피박은 그러한 해체적 혹은 포스트구조주의적 읽기의 지렛대로서 '아시아적 생산양식'을 유효적절하게 작동시킨다. 사실 여기서 '아시아'는 아시아 대륙에 국한되는 게 아니라 비유럽, 즉 봉건 유럽의 외부에 있던 모든 역사적 영역을 가리킨다. 스피박은 역사적으로 정적이고 사회적 도덕적으로 열등하다는 함의를 갖는 '아시아적 생산양식'이라는 지렛대를 갖고 맑스의 유럽중심주의에 비판적으로 개입하는 맑스 재독해를 실행함으로써, 아시아적 생산양식을 "봉건주의-자본주의 회로의 외부를 표시하는 전前 역사적 혹 의사지리적인 공간/시간 속에 거주하는 이름"(스피박: 136)이라고, 그래서 차이의 이름이라고 주장한다. 그런데 이 차이의 이름은 1) 맑스주의의 핵심인 '생산양식'이라는 설명 범주에 구체적으로 있는 한계들을 가시화한다(148), 2) 역사를 (유럽적) 생산양식으로 설명하는 틀 내부의 단층선fault line을 가시화해낸다(153), 3) '동일자'로서 자본주의에 적합한 저항과 공명하는 용어인 '아시아적 생산양식'을 비틀어서, 유럽중심적인 동일자의 회로를 부술 수 있는 '아시아'가 될 수 있도록 아시아를 새로 이론화하려는 욕망을 담아낼 수 있다.(132) 이와 같은 스피박의 독법은 '아시아적 생산양식'을 "서구 자본주의의 침입에 대한 토착적인 저항형태를 가리키는 이름"(영: 189)으로 읽는 독법과 달리, 애초에 서구 자본주의 형태와는 다른 형태로 작동 중인 생산양식을 부각한다. 스피박은 '아시아적 생산양식'이라는 개념의 지렛대를 돌려본 바, 맑스의 이론화는 유럽중심적인 동일자의 회로를 아시아를 비롯한 다른 대륙에까지 강요하려는 유럽 남성의 욕망을 드러내며, 그 욕망을 "결함 있는 [자본주의] 발전을 자축할 수 있도록 역사를 서사화하는 유럽중심적 전략"(스피박,

2005: 146)이라고 분석한다.

이렇게 맑스의 유럽중심주의를 단적으로 드러내는 '아시아적 생산양식' 비판은 더 나아가 아시아를 새로 볼 수 있게 하는 지점을 함축하고 있다. 스피박은 이 지점을 사미르 아민(Amin, 1976)의 '조공체계' 개념에서 구축한다. 스피박에 따르면, '조공체계' 개념은 '아시아적 생산양식'을 교정한다기보다 그 생산양식의 주요자원이 조공이라는 사실에 초점을 맞추게 한다. 그래서 그는 자본주의의 내적 논리인 목적론적 서사(사회주의의 가능성을 공산주의로 가는 '지양'에 놓는)보다 '전 지구적 제국주의'라는 조류를 분석 논리로 삼는다. 이것은 '지배'를 가장 추상적인 논리적 심급인 경제적인 것의 단순한 하부텍스트로 간주하기보다, '착취'뿐만 아니라 '지배'의 전체 격자를 우리의 분석도구로 만들 수 있는 가능성을 허용한다.(스피박: 143)

아민은 전 지구적 역사의 좀 더 포괄적인 특징을 상상하면서 '동일한 현상'을 유럽에 뒤처진 아시아의 '실패한 자본주의'가 아니라, 조공을 바치는 경제적 구성을 갖고 '성공한 제국주의'로 읽자고 한다. 즉 아민은 제국주의로 변형된 자본주의의 현 단계, 무역과 금융자본의 전 지구화 단계에 대한 인식에 따라 '아시아적 생산양식'을 '실패한 자본주의'가 아니라, 거대한 조공체계로써 '성공한 제국주의'로 재각인한다. 아시아의 '강한 봉건주의'에 비해 유럽의 농노생산양식은 '약한 봉건주의'이며, 이 '약한 봉건주의'에 의한 유럽 봉건주의의 실패한 혹은 약한 예들을 위험을 감수하며 보충하는 것이 바로 유럽자본주의이다.

아민을 거쳐 스피박에 의해 파악된, '아시아적 생산양식'의 차이는 "약점(유럽의 농노생산양식인 '약한 봉건주의')을 차단하는 강점(성공한 강한 봉건주의, 즉 거대한 조공체계들)으로부터 발생"(146)하는 적극적인 것이다. 결국 '아시아적 생산양식'에 대한 스피박의 독법은 "아시아적 생산양식 논의에서 전前 자본주의적 제국적 문명들의 비상한 성과들은 일반적으로 무시되는 반면, 이 문명들에 맞서는 자본주의의 역동적인 사회적 성취들은 이 성취들 때문에 치른 대가에도 불구하고 항상 강한 어조로 언급되는"(146) 유럽 백인 남성 이론가의 심층에 있는 논리구조 자체를 밝혀낸다. 유럽 남성의 심층적 논리구조는 결함 있는 유럽 자본주의의 발전과 대면하기 위해 유럽의 외부를 제대로 보기보다는 유럽의 외부를 전유하게 한다. 이러한 맑스 재독해는 포스트구조주의의 통찰과 분석 방법을 맑스 다시 읽기를 실현한 데서 가능하다. 데리다 및 포스트구조주의는 맑스주의를 붙들고 늘어지며 변형하려는 스피박의 포스트식민주의 맥락과 계보 안에 이론적 근간으로 자리잡고 있다.

아시아에 대한 스피박의 읽기는 포스트식민주의를 맑스주의의 역사라는 맥락에서 '트리컨티넨탈리즘'으로 전위하는 로버트 영의 기획과 맞닿아 있다. 스피박은 맑스의 텍스트 내부를 치밀하게 탐사하는 가운데 맑스에게서 핵심적인 '생산양식' 개념의 타당성 자체를 허물어뜨리는 '아시아적 생산양식'의 작동기제를 드러내 줌으로써 유럽중심주의를 근본적으로 넘어서는 입지점을 사유하도록 자극한다. 영의 기획은 그 입지점을 서구의 바깥인 아시아를 비롯한 아프리카, 라틴아메리카라는 세 대륙의 좀 더 장소적이고 지리적인 지점들에서 발화되어온 목소리들에다 두는 데서 출발한다. 그런데 그 목소리들을 듣고 응답하기 위해서는 세 대륙에서 맑스주의가 감당해야 했던 일종의 번역작업을 재발견해야 했다.

유럽에서 태동하였지만 다른 대륙의 다른 장소들에서 문화적 변환을 겪는 맑스주의로서 '트리컨티넨탈리즘'에서는 대문자 주체나 대문자 역사가 아니라 다수의 주체들, 때로는 양립불가능한 차이의 전망들과 긴장들 속에서 나오는 다수의 역사들이 탐사될 것이다. 거기서는 유럽이라는 이름과 결부된 단일한 포괄적 서사가 아니라 "일련의 어긋나는 다수의 역사들의 서사"(안준범: 9)가 대두한다. 이러한 서사들은 여전히 맑스주의에 입각해 있지만, 그 맑스주의는 "문화적으로 전화된 혼성적이고 이질적인 담론"(13)으로 변형된 맑스주의이다. 이 서사들이 발화되는 지리적 위치가 서구의 바깥인 아시아, 아프리카, 라틴아메리카 대륙이라는 점에서 영은 '트리컨티넨탈리즘'이라는 용어를 제안한 것이다. 그동안 써왔던 '제3세계'라는 용어는 제1과 제2와의 관계에서 위계상 하위라는 위치를 배당받으며, 빈곤, 채무, 기아가 바로 연상되어 부정적인 느낌을 주며, '남반구'는 대륙들 간의 차이를 뭉뚱그리는 싱거운 동질화 위험을 지닌다. 대신 '트리컨티넨탈리즘'이라는 용어는 각 대륙의 독특한 정치적 문화적 위치와 함께 대륙들 사이의 연계까지 함축함으로써 그 국제주의적 전망을 정확하게 포착해낸다.

영은 트리컨티넨탈리즘의 출현을 알리는 사건으로서 1966년 1월 쿠바의 아바나에서 열린 〈아프리카 아시아 라틴아메리카 민중의 트리컨티넨탈 연대회의〉를 들고 있다. 이 연대회의에서 세 대륙 민중의 연대 기구가 결성되고, 『트리컨티넨탈』이라는 저널[4]이 발간되며, 비서구 세 대륙 전체의 국제적 초민족적 해방운동의 장이 열린다.

현 정치적 경제적 문화적 제국주의 지배체제는 독립 이후의 아시아,

---

4. 이 저널에 포스트식민 이론가들과 활동가들(Amilcar Cabral, Frantz Fanon, Che Geuvara, Ho Chi Minh, Jean-Paul Sartre)의 저술들이 처음으로 함께 실렸다. 이 저술들은 단일한 정치적 이론적 입장이 아니라 인민의 해방이라는 공통의 목표를 지닌 일단의 초민족적 작업a transnational body of work으로 정교하게 제시되었다. 그렇지만 미국의 많은 포스트식민 이론가들은 이 급진적인 선구자들에 대해 아직 잘 모르고 있다(Young, 2003: 17).

아프리카, 라틴아메리카 대륙에 여전히 큰 압박을 가함으로써 지배와 착취의 끈을 놓지 않고 있다. '트리컨티넨탈리즘'이라는 용어는 독립과 종속이 혼재하는 이러한 포스트식민 현실을 타개하기 위해 그 현실에 비판적으로 개입하고 저항하려는 이론적 정치적 입장을 가리키는 이름이다. 서구 식민주의와 제국주의에 저항해온 트리컨티넨탈 운동의 오랜 역사와 전통에 함축된, 남반구 대륙의 지적 정치적 문화적 자원들은 비서구인들뿐만 아니라 서구인들에 의해서도 활용, 강화, 발전될 때, 일단의 지식과 가치들로 재구성되어 식민주의 혹은 제국주의 이데올로기들을 비판하는 근거가 될 수 있다.

2. 트리컨티넨탈리즘의 맥락: 반둥/비동맹/제3세계/남반구/ 트리컨티넨탈

여기에서는 아시아 내부의 주변부, 차이들에 대한 체계적인 관심, 즉 동아시아와 그 외 아시아 권역들 사이의 수평적 상호관계성에 대한 관심을 핵심으로 하는 아시아에서 출발하되 그 아시아를 아프리카, 라틴아메리카 대륙과 연계시키는 트리컨티넨탈리즘 tricontinentalism의 맥락을 주장한다.(영, 2005) 트리컨티넨탈리즘은 1955년 인도네시아의 반둥 회의Bandung conference[5]에 참석했던 29개국의 아시아, 아프리카 국가들에 라틴아메리카 국가들도 1966년에 합류함으로써 서구의 식민지였던 세 대륙을 탈식민 제3세계 운동의 거점으로 부상시켰던 역사적 과정에서 탄생한 용어이다. '트리컨티넨탈리즘'은 탈식민 운동과 탈식민 서사들의 발화 지점이 서구의 바깥인 아시아, 아프리카, 라틴아메리카 대륙의 지리적 위치라는 점을 분명하게 해준다. 대륙들 간의 차이를 뭉뚱그리는 동질화 위험을 지니는 '남반구' 대륙에 비해 트리컨티넨탈리즘'은 각 대륙의 독특한 정치적 문화적 위치는 물론 대륙들 사이의 연계까지 함축함으로써 대항지구화 counter-globalization 전선에 필요한 국제주의적 전망을 제대로 담아낼 수 있다.

반둥회의 때의 아시아-아프리카 연대를 라틴아메리카와의 연대로 확장시킨 트리컨티넨탈리즘의 출현을 선포하는 역사적 사건은 1966년 1월 쿠바의 아바나에서 열린 '아프리카 아시아 라틴아메리카 민중 연대회의 Afro-Asian-Latin American People's Solidarity Conference'의 창립이다. 이 연대회의에서 세 대륙 민중의 연대기구가 결성되고, 앞서도 말했듯이 『트리컨티넨탈』이라는 저널이 발간되며, 비서구 세 대륙 전체의 국제적 초민족적 해방운동의 장이 열린다. 물론 아바나 회의 이전에도 코민테른이 국제혁명운동을 주도하던 1920년 바꾸 '동방민중총회'와 독립 후인 1955년의 '반둥회의'에서 보듯, 서구의 식민주의와 제국주의에 대항하는 국제적인 연대가 시도되기도 했다. 그렇지만 이전의 경우와 달리, 1966년 연대회의는 소련이나 중국에 종속되지 않고 사회주의나 맑스주의 전통의 급진적인 반제국주의와 결합되어 있던 비서구의 대륙 전

---

5. 1954년 스리랑카의 콜롬보와 인도네시아의 보고르에서 두 번의 회합을 거쳐 버마, 실론, 인도, 인도네시아. 파키스탄 수상들은 다음 24개국을 아시아-아프리카 회의에 초청했다. 1955년 4월 18일에서 24일까지 반둥에서 29개 독립국들은 상호존중과 상호이익의 정신에 따라 경제적 협동, 문화적 협동, 인권과 주권, 세계평화와 협동을 증진하는 데에 함께 하기로 선언했다. 그 24개국은 다음과 같다. Afghanistan, Cambodia, People's Republic of China, Egypt, Ethiopia, Gold Coast, Iran, Iraque, Japan, Jordan, Laos, Lebanon, Liberia, Libya, Nepal, Philippines, Saudi Arabia, Sudan, Syria, Thailand, Turkey, Democratic Republic of Vietnam, State of Vietnam, Yemen("Final Communiqué of the Asian African Conference Held at Bandung from 18-24 April 1955," *Interventions*, vol. 11, no. 1 [2009]: 94-102 참조).

체가 처음으로 한데 모여, 여전히 잔존하고 있는 식민주의와 제국주의에 대항하는 공통의 해방운동전략을, 전 세계 피착취 민중의 국제적 연대를 이루었다는 역사적 의의를 지닌다.(김택현, 2005: 755-6)

'트리컨티넨탈리즘'은 아시아, 아프리카, 라틴아메리카 등 세 대륙의 포스트식민 세계에 여전히 압박을 가하고 있는 현 정치적 경제적 문화적 제국주의 지배체제의 지속적인 작동에 능동적으로 개입하고 저항하는 이론적 정치적 입장을 가리킨다. 서구 식민주의와 제국주의에 저항해온 트리컨티넨탈 운동의 오랜 역사와 전통에 따라, 남반구 대륙에서 형성된 이와 같은 지적 정치적 전통들과 지역들의 문화자원들은 활용, 강화, 발전되어 일단의 지식과 가치들로 재구성될 때, **서구 이데올로기들을 일반적으로 비판하는 자원**이 된다. 트리컨티넨탈 혁명가들과 이론가들의 반식민 실천과 비판적 분석에 잠재된 트리컨티넨탈 지식과 전략은 서구와 세 대륙, 서구와 비서구라는 이분법을 따르지 않으며 "서구와 세 대륙의 폭력적인 역사적 상호작용의 혼성적 산물"(영, 2005: 131)로서 새로운 형태의 이론 생산을, 정치적 문화적 생산을 가능하게 한다. 그렇다면 탈식민의 지점으로서 아시아를 다시 사유하는 작업에서 트리컨티넨탈리즘의 맥락은 유의미할 것이다.

트리컨티넨탈리즘의 맥락과 관련해 『인터-아시아 문화연구』 진영의 천꽝싱은 자신의 글에서 지구적 정치의 주요 축을 이루는 한중일의 동아시아를 아시아 권역의 약소국들과 좀 더 연결시킨 다음 아시아를 넘어 제3세계, 아프리카, 카리브해, 라틴 아메리카 등 다른 부분들과의 연결고리를 만들어나가는 시야의 필요성을 인정하며 『인터-아시아 문화연구』 기획은 지역적인localist 동시에 국제적이고internationalist 권역적regionalist이어야 한다고 주장한다.(Chen, 2010b: 316, 314) 이러한 주장은 6, 70년대의 민족주의적 반둥이냐 90년대 이후의 초민족적 지구적 globalist 반둥이냐 하는 양자택일적 논의의 방향을 적절하게 잘 틀어준 다고 생각된다.

반둥회의 50주년을 기념하는 『인터-아시아 문화연구』 반둥 특집호 (2005년, 6권 2호)는 반식민 민족주의의 국제적 연대를 근간으로 정치 적 불간섭, 경제적 상호번영, 문화적 연대를 중시하는 반둥정신을 신자 유주의 지구화 시대에 갱신하는 문제를 탐구한다. 아시아, 아프리카만 이 아니라 라틴아메리카와의 연대에 대한 인식 하에 **트리컨티넨탈 대 화**를 요청하는 무샤코지Kinhide Mushakoji는 **새로운 지구적 식민적 (무) 질서**라는 현재의 맥락에서 미국-유럽-일본에 의해 맹렬하게 배제되 는 트리컨티넨탈 남반구와 북반구의 최하층 사이의 새로운 연합을 형 성하기 위한 기획이라는 견지에서 새로운 반둥을 제안한다.(Mushakoji, 2005: 510) 반둥 특집호의 편집자들이 반둥정신의 갱신을 위해서는 먼 저 남반구와 북반구 사이의 갈등과 불일치에 편승하는 동아시아 국 가들의 종속성과 하위제국주의 지위를 기억해야 한다는 주장(Cho and Chen, 2005: 475)이나, 반둥으로 표상되는 진보적인 정치적 에너지가 아시아 독립 국가들의 매판 부르주아지가 주도하는 경제 발전 채널과 '반공주의-친미주의 구조'(Chen, 2010a: 7)를 기반으로 하는 지구화 흐름에 의해 차단되어 왔다는 주장은 트리컨티넨탈 맥락에 바탕을 둔 것은 아니지만 아시아적 현실 구조에 대한 2000년대 인식을 바탕으로 반둥정신의 계승을 탐구한 데서 개진된다.

비판적 문화연구 영역을 통해 아시아 지식인들의 상호연결과 협력 의 장을 열어온 『인터-아시아 문화연구』가 이제 아시아의 신자유주의 적 구성과 그 문제들을 비판적으로 성찰하고 접근하는 열린 공간, 즉 비판적인 탈국가적 초국가적 공간을 마련하는 것을 과제로 삼아야 한다는 주장[6]은 현 신자유주의 지구화 맥락에서 반둥정신을 민족국가의 틀을 넘어서는 초국가적 틀에서 계승하려는 노력을 다시금 강조하는 것이다. 그러한 주장은 강화된 시장 논리와 자본운동에 의해 추동된 신자유주의 아시아, 신자유주의에 포획된 아시아는 신보수주의 국가에 의한 민주주의에 대한 심각한 왜곡으로 비정규직과 프레카리아트를 양산하고 "하층계급과 다양한 하위주체들이 상상하고 요구하는 진보적 모델들"(Cho, 2010: 262)을 압도하고 있다는 현실 인식에서 비롯된다. 그렇다면 신자유주의에 의해 포획되지 않고 살아남는, 아래로부터의 진보적 상상력과 감성을 감지하고 언어화하는 일이 여전히 중요할 것이다. 그런데 그 작업은 단순히 초국가적이기만 해서는 안 되며, 아프리카, 라틴아메리카와의 연계라는 대륙적 맥락뿐만 아니라 동아시아 권역의 하위제국주의라는 특수성, 신보수주의 국가 형태, 메트로폴리스보다 농촌, 어촌, 산촌과 같은 하위지역이라는 다층적 층위들을 왕복하고 횡단하는 복합적 인식으로 수행되어야 할 것이다.

〈문화로서의 아시아〉 연구단에서는 최근에 "아시아는 비非아시아 지역은 물론 아시아의 다른 지역들과의 관계 속에서 위치 지워지고 정의될 수밖에 없다…광범하고 숱한 문화교통은 아시아라는 경계 안에서만 이루어지지 않으며 동남아시아와 중앙아시아, 중동, 최근에는 남북아메리카 대륙과 유럽에 이르는 광범한 권역들을 가로지르고 있다"(백원담, 2010: 143)는 인식을 보여준다. 이러한 언급은 반둥/비동맹/제3세

---

6. "critical trans-national space, a transnational space beyond a nationalist approach, denationalist, transnationalist space, a new space for transcending nationalist perspectives"(Cho, 2010: 260, 261).

계 운동의 일환으로서 아시아를 자리 매기면서 동아시아 외의 다른 아시아 권역들로 열린 횡적 상호관계를 탐색한다는 인식과, 아시아가 비아시아 지역들과도 이미 상호관계 속에 있다는 인식을 드러내는 셈이다. 그보다 앞서 제출된 연구에서 비아시아 지역들 중 라틴아메리카는 "자연과 인간, 인간과 인간의 진정한 상생" "오래된 미래를 지키는 공생의 삶의 방법론"(백원담, 2006: 553, 554)을 제시한다고, "미국의 뒷마당이라는 오명의 라틴아메리카는 이제 아래로부터의 자발적인 문제인식의 조직화와 공동대응, 민중정권, 토착정권의 창출과 창조적 연대 속에 자본주의 문명의 가을에 미래지향적 새로운 관계상을…구현"(백원담: 553)한다고 파악된 바 있다.

이러한 소중한 인식을 바탕으로 아시아 연구의 맥락을 국가적 권역적 대륙적 지구적 층위로 체계화하는 것은 지구화 시대에 필요한 초국가적 사유를 실천하는 구체적인 방안을 잘 보여준다고 하겠다. 그렇게 아시아 논의의 틀을 다층화하지 않는다면 예컨대 예전보다 제한적이기는 하지만 국가의 힘은 여전히 강력한데 국가 이후를, 국가 횡단을 너무 손쉽게 논의할 위험이 따른다. 따라서 단일 국가 모델을 벗어나 초국가적 틀을 따른다고 할 때, 지역적인 것, 국가적인 것, 권역적인 것, 대륙적인 것, 디아스포라적인 것 사이의 중첩된 연결성과 불연속성을 세심하게 파악할 필요가 있다. 그러한 필요성을 인정한다면 우리의 인식 지평을 이루는 로컬local/민족 혹은 국가적national/권역적regional/대륙적continental/지구적global(metrpolitan)이라는 층위들 사이의 복잡한 얽힘을 항상 염두에 두어야 할 것이다. 트리컨티넨탈리즘은 그동안 막연했던 대륙적 층위에 대한 우리의 사유를 촉진한다.

4

행성성: 새로운 해석적 상상적 지평

'인문학으로 재형성되는 사회과학적 방법론'은 대륙, 지구, 세계를 아우르는 '행성'이라는 지평을 필요로 한다. 그동안 '행성'은 제대로 논의되지 않았으며 우주론적인 것이라며 특히 사회과학에서 배제되어 왔다. 하지만 발전된 지리학적 정보체계들의 요구들에 의해 그어지는 가상적인 선들로써 움직이는 전자 자본 시대에 '지구를 고쳐 쓰는 행성the planet to overwrite the globe' (Spivak, 2003: 72) 혹은 '행성성'(이유혁, 2015: 267)은 현 지구성을 극복할 수 있도록 하는 한 가지 단서가 될 수 있다. '행성성'이라는 개념을 제대로 이해하는 데 수반되는 우리 사유의 노고에 대해 스피박은 다음과 같이 말하고 있다.

행성은 또 하나의 체계에 속하는 대타성alterity의 종 안에 있는데 아직 우리는 그것을 빌려 거주하고 있다. 행성은 실제로 지구와 깔끔한 대조를 이룰 수 없다. 나는 '다른 한편으로 행성'이라고 말할 수 없다.

내가 행성을 환기할 때, 이렇게 [글로벌 행위자들인 우리로부터] 파생되지 않은 직관의 (불)가능성을 형상화하는 데 요구되는 노고에 대해 나는 사유한다.(Spivak: 72)

따라서 '행성 사유'는 "타자들보다 더욱 급진적인, 대타성의 이름들"(73), 즉 어머니, 민족, 신, 자연과 같은 이름들의 무궁무진한 분류법을 포괄하도록 열려 있다. 그리하여 "우리 스스로를 글로벌 행위자들이라기보다 행성적 주체들로, 또 글로벌 총체들이라기보다 행성적 창조물들로 상상할 때, 대타성이란 우리로부터 파생되지 않는 것으로 남는다."(73) 이렇게 지상의 우리와 결착되어 있지 않은 채 현 지구성의 범위 너머에 있는 '대타성'은 우리와 연속적인 것은 아니지만 그렇다고 아예 불연속적인 것도 아니다. 이러한 대타성으로 이루어지는 행성의 지평에서는 우리의 친숙한 집(지구)도 기이한uncanny 것이 될 수 있는데, 여기서의 기이함은 "특별한 경우들의 요인이 되는 무엇이라기보다 일반적인 비평 도구로서 젠더"(74)라는 방법과 함께 할 수 있다. 그 기이함이 우주창조의 기이함과 결부되며 여성에 의한 생명 창조의 기이함과도 연결되기 때문이다. 그런 맥락에서 기이함에는 젠더의 문제의식 또한 함축될 수 있다.

이러한 '기이한 것의 형상화'라는 관점은 포스트식민 시대의 로컬연구와 어떻게 연결되는가? 스피박은 벵골여성 작가 마하스웨타 데비Mahasweta Devi의 『익룡Pterodactyl』이라는 중편 소설에 나오는, 오랜 굴의 벽에 그려져 있는 익룡의 형상화에 주목한다. 이 익룡은 지상에 거주할 수도 땅 속에 매장될 수도 없는, 고대의 것도 당대의 것도 아닌 채 타자로 남는 '유령의 불가능한 죽음the impossible death of the ghost'을 가리킨다. 이 기이한 익룡이야말로 행성적인 것이라고 볼 수 있는데 인도 선주민aboriginal 소년인 푸란Puran은 그 기이함에 개의치 않는다.(80) 다만 그 '유령의 불가능한 죽음'은 인도 시민권의 추상적 집단성인 힌두에 의해 배제된 선주민에 대한 '책임성'을 가리킬 뿐이다. 포스트식민 인도의 어느 로컬에 있는 굴을 중심으로 한 이 중편 소설이 갖는 의미는 "인도라는 포스트식민 국가를 비판하면서 인도 민족 전체의 법적 집단성의 역사적 타자에 대한 사랑을 선포하는 데 박혀 있다. 실로 프테로닥틸의 형상은 전체 행성을 자신의 타자라고 주장할 수 있다. 이것은 우리의 대륙 사유를 선행한다"(80)는 것이다. 이 기이한 익룡은 "불균등하고 비대칭적인 지구적 디지털 분리를 강조하는 특별히 메트로폴리탄 계기에 의해 억압되는," 레이먼드 윌리엄스Raymond Williams의 '구석 주변에서 미리 부상하는 것the preemergent around the corner'(80)이기도 하다.

그동안 식민주의와 대립하는 가운데 식민주의를 넘어서려는 단순한 민족주의에 사로잡힌 채 남아 있었던 포스트식민주의의 알리바이를 전위하기 위해 우리가 상상하도록 요청받는 것이 바로 '행성성planetarity'이다. 스피박은 '지구를 고쳐 쓰는 행성'이라고 하는 이 유토피아적 개념을 '토대를 사유하는 과제a task for thinking ground'라고 윤곽 짓는다. 이 과제를 제대로 감당하지 못하면 기존의 서구중심적인 비교문학의 비전이 새롭게 변형되기보다 "문화적 상대주의나 스펙터클한 대타성, 사이버-시혜의 변형태들"(81) 내부에 사로잡힌 채 남을 수 있기 때문이다. 또한 스피박은 '지배적인 포스트식민주의'의 후기 양상인 '메트로폴리탄 다문화주의'는 실상은 '고양된 메트로폴리탄 민족주의enhanced metropolitan nationalism'에 더 가깝다고 주장하며, '행성성에 "토대를 두는" 작업의 필수적인 불가능성the necessary impossibility of a "grounding" in planetarity'(82)을 강조한다. 여기서의 '불가능성'이란 실제로 아예 할 수 없다기보다 그만큼 많은 노고를 치러야 하는 힘든 과제임을 숙지시키기 위한 것이다.

스피박은 지구화 시대의 새로운 이민 집단들과 연계되어 있는 작가들(Marys Conde, J.M. Coetzee, Tayeb Salih, Mahasweta Devi)의 작품들이라는 진지로부터 움직여 나아가 더 오랜 소수자들(African, Asian, Hispanic)에 주목하자고, 포스트-소비에트 부문의 새로운 포스트식민성과 이슬람의 특별한 자리를 택하자고, 아시아계-아메리카Asian-America의 서로 분리된 다양한 이야기들로 나아가자고 주장한다. 그러면서 제시되는 두 가지 주요한 사안 중 첫 번째는 페미니즘 입장의 지속적인 개입인데, 그 작업을 위해서는 특별한 경우들에만 국한되는 게 아닌, 일반적인 비평 도구로서 '젠더'에 대한 새로운 개념화(84)의 필요성 또한 강조된다. 두 번째는 세계 문학들과 문화들의 광범위한 부문들의 텍스트들에 '행성성을 위한 발판the foothold for planetarity'을 놓을 수 있으려면 "아프리카계-아메리카와 히스패닉이라는 더 오랜 두 소수자들"(88)의 "광대한 비판적 문학 속에 문서화되어 왔던 행성성의 암시들"(88)을 접할 필요성이 주장된다. 그 자료들로는 1) 아프리카계 아메리카 여성작가인 토니 모리슨(Toni Morrison, 1931~)의 소설 『빌러비드Beloved』(1988), 2) 아프리카계 아메리카 남성 작가인 두 보이스(W.E.B. Du Bois, 1868~1963)의 『흑인 민중의 영혼들The Souls of Black Folk』(1903)이라는 비평서, 3) 쿠바의 액티비스트인 호세 마르티(José Martí, 1853~1895)에 의해 제시된 '앵글로-색슨 아메리카' / '다른 아메리카Anglo-Saxon America/the other America'라는 구분, 4) 칠레의 디아멜라 엘티트

(Diamela Eltit, 1949~)의 『제4세계 *The Fourth World*』(1995)[1]를 들고 있다.

1) 『빌러비드』는 한 흑인여성 노예 어머니가 백인 남성 노예사냥꾼들에 의해 자신의 딸이 잡혀가는 것을 막기 위해 딸을 죽임으로써 미국 남부의 마을 공동체로부터 소외된 채 그 딸의 유령과 함께 십 수 년을 살아가다 마침내 그 원혼의 억울함을 달래고 제 자리로 돌아가는 아기 유령의 이야기를 그리고 있다. 이 소설의 마지막 대목("시간이 흐르면 모든 흔적은 사라지고, 잊힌 건 발자국뿐만 아니라 물과 그 바닥에 가라앉은 것들을 모두 망라한다. 그리고 남은 건 날씨다. 망각되고 사연조차 인구에 회자되지 않는 자들의 숨결이 아니라, 동굴 속에 부는 바람, 아니면 봄에 너무 때 이르게 해동되는 얼음. 그저 날씨다.[모리슨, 2003: 456])는 인간이 어떻게 할 수 없는 날씨의 변덕과 우연성을 환기함으로써 행성성을 암시하고 있다. 소설의 이러한 결말은 인간이 고의적인 방식으로 역사를 만들고자 해서는 안 되며 지구의 음조를 존중하는 태도를 지녀야 함을 상기한다(Spivak: 88-9)는 것이다.

2) 한편 두 보이스의 『흑인 민중의 영혼들』은 "노예제도와 제국주의의 폭력과 침범을 역전하고 전위하면서 '아프리카계-아메리카 대륙-사유 African-American continent-think'를 풀어놓은 "메트로폴리탄 문화연구의 최상의 (민족주의) 비전을 담은 원형"(97)이다. 두 보이스는 아프리카계 아메리카 인을 "그 끈질긴 힘만이 하나의 어두운 육체가 산산이 부서지는 것을 막아주는, 하나의 어두운 육체에 있는…두 영혼"(two

---

1. 제4세계란 개발도상국 중에서도 하위그룹에 속하며 석유와 같은 유력한 자원을 갖지 못한 나라를 말한다. 제3세계 중에서도 자원국과 비자원국 간의 경제 격차는 점차 확대일로에 있는데 비자원 개발도상국을 가리켜 특히 제4세계라는 단어가 사용되고 있다. 일반적으로 선진 자본주의의 여러 나라를 제1세계, 구소련 동유럽 등의 사회주의 나라를 제2세계, 개발도상국을 제3세계라고 부르고 있다.

souls…in one dark body, whose dogged strength alone keeps it from being torn asunder[*The Souls of Black Folk*, 52)이라고 묘사한 바 있는데 "아프리카계 아메리카인들에게는 그 내부에 친밀한 적이 자리를 잡고 있기"(97) 때문이다. 또한 두 보이스의 「뻗어 나간 니그로의 정신」 **"The Negro Mind Reached Out"**에서 주장되고 있는 핵심은 "예외주의적이고 개인주의적인 식민 주체의 생산이야말로 식민화된 사람들 사이에 계급 구분을 창조한다."(Spivak: 97)는 주요한 통찰을 제시한다. 다시 말해 '교육받은 아프리카인(검은 유럽인)'과 '원시적인 아프리카인' 사이에 지속되고 있는 '계급차별'이라는 추문을 현재의 역사 속에서 읽기 주체에게 제대로 인식시키기 위해서는 바로 행성성이라는 더 광대한 지평이 요청된다(98-9)는 것이다. 계급 구분이야말로 예전 식민지인들의 인구구성과 그 디아스포라들의 인구구성을 바꾸어 버리는 효과적인 전략인 셈이다. 즉 '교육받은 아프리카인(검은 유럽인)'과 '원시적인 아프리카인' 사이의 관계는 계급차별 속에서 지속되어 왔기 때문에 현재의 역사 속에서 이러한 계급차별이라는 추문을 읽기 주체에게 최소한 인식시키기 위해 바로 행성성이라는 지평이 요청된다(98-9)는 것이다. 이러한 행성성의 지평을 견지하는 가운데 "계급에 고착되어 있을 뿐만 아니라 젠더에도 고착되어 있는 not only class-fixed but gender-fixed as well"(119) 양상 또한 복합적으로 인식되어야 할 것이다.

3) 마르티와 엘티트와 같은 라틴아메리카 작가들의 텍스트들에서 스피박의 '행성성'이라는 것을 재각인할 수 있는 계기들을 찾아낼 수 있다. 먼저 "마르티의 농촌주의적 좌파-휴머니즘의 개념은유들을 읽어내는" 작업은 "민족주의가 이질적 대륙주의에 굴복할 뿐만 아니라 오늘날 행성성을 품을 수 있는 국제주의에 굴복할 때, 기존의 명명된

이분법들을 해제하는 데 필요하다. 여기서 '농촌주의'와 구분되는 '농촌적인 것의 유령화'(92-3)라는 현상이 먼저 이해되어야 한다. 이제 '농촌적인 것'은 '도시적인 것'을 그 하나의 도구로 삼는 '지구화의 망각된 전선'이 되고 있으며, "약제 덤핑, 화학 비료, 토착지식의 특허, 큰 댐 건설 등을 위한 데이터베이스"(92-3)로 전환되고 있기 때문이다. 그러므로 그동안 탈합법화되어 오랜 기간 동안 제 기능을 상실해온 가난한 농민들의 문화제도들에 접근하기 위해서는 '농촌적인 것'의 분리가 일단 도움이 될 것이다.(93) 그렇다고 '농촌적인 것'을 원시주의적으로 낭만화해서는 안 되며, 도시의 하부프롤레타리아들과 가난한 농민 집단들에 대한 교육을 통해 자본의 사회적 생산성 속에 삽입시키려는 더 진척된 노력이 수반되어야 한다. 그렇지 않으면 농민들의 현 물질적 비참함이 저 먼 곳에서 이루어지는 자본주의적 착취의 황폐함 때문이라는 인식을 하지 못하게 되기 때문이다.(93)

따라서 '농촌적인 것'에 대한 원시주의적 낭만화와는 거리가 먼 호세 마르티의 농촌주의를 행성성을 위한 모클로스로 만들 수 있으려면, "경계 지워진 국가들이나 지역의 도시들보다 더 큰 개념 – 은유a bigger concept-metaphor than bounded nations, located cities"(93)로서 '지구The Earth'를, 행성성을 향해 나아가도록 하는 지렛대로 삼자는 제안 또한 가능할 것이다. 이러한 스피박의 제안은 '농촌적인 것'에 대한 마르티의 소박한 환기를 넘어, 지구화를 아예 부정할 수는 없는 행성성을 위한 하나의 도약대로서 마르티의 '농촌적인 것'을 떠받치고 있는 듯한 '땅의 형상the figure of land'(93)에 주목하자는 것이다. 말하자면 "도시/국가 개념에 대한 대항텍스트 a countertext to the idea of city/nation"(94)를 제공하는 것으로서 농촌적인 것the rural, 지구the Earth라는 인식이 제시되고 있는 셈이다.

4) '행성성'을 암시하고 있는 마지막 예로서 칠레의 여성작가 디아멜라 엘티트의 『제4세계』(Eltit, 1995)라는 소설의 언어는 스피박에 따르면 은유(내부)와 현실(외부)을 서로 분리시키지 않았다는 것을 알고 있는 아동–분석가 child-analyst의 목소리를 흉내 내고 있다고 한다. 이 소설의 마지막 대목에 나오는 도시 묘사를 보면, 하늘로부터 온 돈은 하늘로 돌아가는 가운데 들판은 텅 비고 도시는 공허한 채 남반구 인종에 대한 경멸을 드러내고 있다. 소설의 이러한 묘사는 "칠레와 같은 어떤 장소뿐만 아니라 남반구 전체의 비참함으로서 '경제성장'의 공허한 약속에 관해 말하고 있다. 이것은 영토 제국주의 이후 벌어지는 영혼의 전쟁과도 같은 포스트식민주의가 아니며, 우리 컴퓨터들로써는 포착될 수 없는 어떤 지구성에 대한 인정이기도 하다."(Spivak: 90) 여기서 자서전이란 손쉬운 것이며, 증언들을 수집하는 자들이 별 볼일 없는 diamela eltit와 같은 수많은 칠레 여성들의 이야기를 듣고자 그들의 녹음기들을 갖고 기다리고 있어봤자 그것은 부적절할 뿐이다. 남반구 여자가 낳은 남반구 아이는 결국 팔리고 말 터인데 그 때의 코드명이 바로 '민주화'라는 이름이다.(90-1) 엘티트의 텍스트는 소위 민주화와 지구화 사이의 윤곽들을 흐리게 함으로써 오히려 행성적인 것의 윤곽들을 제시하고 있다.(91)

바로 이러한 행성성의 지평이야말로 전지구적 자본주의 가부장 체제에서의 지배적인 것을 끈질기고도 반복적으로 손상시키고 해제시킬 수 있는 가능성을 담보한다. 스피박의 주장대로 "지구적 자본이 승리를 구가하는 이 시대에 텍스트적인 것을 읽고 가르치는 가운데 책임성을 살아 있도록 지키려는 것은 일견 비실제적이다. 하지만 그것은 그토록 책임성 있고, 반응하며 응답할 수 있는 텍스트적인 것의 권리이기도 하다."(101-2) 이러한 텍스트 읽기는 소박한 문학 읽기를 넘어, '지구화'를 '행성성' 속에서 역전하고 전위하려는 끈질긴 노고를 감당하는 일환이다. 3장의 제목으로 '새로운 상상적 해석적 지평'으로서 '행성성'이 상정된 것도, 현 지구화 시대에서는 거의 불가능한 형상이라서 '역사istoria'라기보다 전자시학적인 '텔레포이에시스telepoiesis'에 대한 요청을 감당하기 위한 것이다.

이러한 요청에 부응하기 위해서는 유럽 혹은 서구의 감성과 지식 구도를 비판하고 넘어설 수 있도록 하는 '행성성planetarity'이 필요하다. 여기서 '행성성'이란 새로운 해석적 지평인데 인문학적 상상력의 발휘를 요청한다. 머프티는 한 로컬과 다른 로컬을, 한 국가를 다른 한 국가와 비교하던 수준을 넘어 지역, 국가, 권역, 대륙, 행성을 망라하는 차원에서 비교대상들을 새로 배열하기 위해서는, 즉 "우리의 학문을 위한 비교의 축을 유럽 혹은 서구로부터 행성으로 치환하고 재정렬하기 위해서는 우리가 전통적으로 지녀왔던 문화적 지적 범위와는 상당히 다른 것을 요청해야만 한다."(Mufti, 2005: 487)고 주장한 바 있다. 그러한 주장을 따르자면, 행성성의 지평은 서구적인 것 혹은 지구적인 것의 속박에서 벗어나 '행성'의 차원으로 넓혀지고 깊어진 인식을, 그래서 지구상의 모든 종들species 사이의 공존을 지향하는 감성을 열어줄 것이다.

따라서 우리의 새로운 해석적 상상적 지평으로서 '행성성'이라는 축이야말로 그동안 서구적인 것이 비교의 기준으로서 보편성을 부여받고 아시아적인 것은 특수자의 위치로 한정되도록 했던 서구중심적 구도를 넘어설 수 있게 한다. 그러한 지평에서는 '보편성'이라는 것 또한 미리 주어진 자의적이고 독단적인 것이 아니라 개방되고 공유되며 분담되는 것으로 개념화됨으로써, 아시아에 특유한 다양한 현실과 경험도 보편화 가능하고, 인류 전체와 공유 가능한 것으로 인지되도록 한다.(펭, 2001: 120) 이러한 행성성의 지평은 비단 인류만이 아니라 우주에 존재하는 온갖 종들 전체를 망라하며 온갖 이타성에 의한 오염을 불사하는 급진적인 개방을 함축한다. 이러한 이타성과 개방성을 가로막고 있는 지구화 시대의 인종학살 ethnocide과 언어학살 linguisticide을 보건대, 인종적 언어적 문화적 다양성은 생물다양성 biodiversity으로서 행성이 실존하는 데 필수적이다.

그렇다면 전 세계 사람들에 의해 공유되고 분담되는 보편성의 지대로서 '행성성'은 여전히 서구중심적인 현 '지구성'을 고쳐 쓸 수 있는 새로운 지평을 담보할 수 있다. 이 지평을 좀 더 구체화하기 위해서는 아시아의 비-영어권 포스트식민 로컬 역사들과 문화텍스트들에 대한 '지구적으로 인가된 무지'라는 현상을 비판적으로 인식하는 가운데 그것들에 대한 끈질긴 관심과 읽기와 공유가 요청된다.(Spivak, 2003) 또한 우리가 그러한 요청의 초점을 다양한 제국화들과 식민화들의 아시아적 형태, 민족주의의 재부상, 지구적 자본주의 가부장 체제와 벌이는 아시아의 젠더화된 하위주체들의 비판적인 문화정치적 협상에 둘 때, 서로 다른 여러 아시아 국가들의 경계를 가로지르며 존재하는 새로운 인식소와 감성을 겸비한 행위자성의 다양한 형태들을 발견하고 서로 연결할 수 있을 것이다. 그렇다면 '행성성'은 온갖 층위의 다양한 것들 사이의 상호접촉과 상호연결을 고무하는 가운데 '페미니즘적 상호참조 독해'라는 방법의 이론적 지평이 될 수 있다.

제 **3** 부

연구 혹은 읽기의 방법들

1

(비판적인) 다인종 다문화 페미니즘

1. 글을 시작하며

미국이 그 정점에 있는 지구화 시대에 '문화적인 것' '차이들'은 세계시장에서 동질화되고 있으며 서로 연결되지 못한 채 파편화되고 있다. 미국문화 읽기는 바로 그러한 현실에서 자신의 주체됨의 문제를 성찰하는 데서 비롯된다. 미국문화를 읽는다는 것은 문화를 일단 서사 narrative로 개념화하는 것이다. 미국문화 서사들은 백인 미국만이 아니라 토착 미국, 아프리카계 미국, 치카노 미국, 아시아계 미국 등의 영역들로 구성되어 있어 '다인종 다문화 multiethnic' 서사라고 불릴 수 있다. 제3부 제1장인 이 글에서는 미국의 다인종 다문화 서사들을 읽어내는 방법론적 기반으로서 먼저 '공통성과 차이의 문화정치학'을 제시하고자 한다.

이것은 화합하면서도 갈등을 일으키는 성, 인종, 계급적으로 많은 다양한 집단들을 서로 연결짓고 비교하는 데 필요한 입장이다. 이론적 기반으로서 제시되는 '비판적인 다인종 다문화 페미니즘' 관점은 인종과 계급과 젠더의 역학을 중시하며 반인종차별적·반자본주의적인 페미니즘적 사회정의를 실천하는 액티비즘 전통을 따른다. 그 전통에 따라 이 관점에서는 유색인종 하위주체subaltern 여성들의 분석적인 목소리들을 비중있게 다룬다.

이들이 다시 쓰는 미국 이야기는 미국의 공식 서사에서 누락되고 생략된 것들을, 중심/주변 사이의 상호작용하는 역동적인 장들을 부상시키면서 포괄적인 의미에서의 미국이라는 국가적 서사를 다시 쓰고 있기 때문이다. 유색인종 하위주체 여성들의 서사들은 다른 성, 인종, 계급 주체들의 서사들과 다양하게 얽혀 있기 때문에 따로 논의될 게 아니라 서로 연결되어 비교되는 가운데 함께 논의되어야 한다.

2. 왜 미국문화 읽기인가?

굳건하게 보이던 이데올로기와 민족국가의 장벽들이 무너져 내리고 있다. 국가들 사이의 경계를 무너뜨리며 종횡무진 움직이는 자본의 획일적인 영향 아래 모든 것이 동질화되는 동시에 파편화된다. 전 지구적 통합이 추진되는가 하면 인종·민족 간의 분리가 횡행한다. 이 이중적 양상을 관통하는 것은 인간과 자원에 대한 자본의 무차별적 통제이다. 이제 그 통제는 소위 제4세계(Spivak, 1999: 380-5; Mohanty, 2002: 511-4)에까지 뻗치고 있다.[1] 지구화라는 이 현상은 일찍이 아시아, 아프리카, 라틴 아메리카의 땅과 부족들을 둘러싼 서구 민족국가들의 군사적 쟁탈 논리에 의해 추진되어 왔다. 최근에 지구화라고 이름 붙여진 서구 자본주의의 발전은 비서구의 자연과 자원을 탈취하는 폭력적 행위로 점철된다. 그 암흑의 핵심에 특히 인종적으로 소수자인 여성들의 섹슈얼리티와 노동착취가 있다. 오늘날 화려한 자본주의 문화를 선도하는 서구 혹은 세계 시민사회는 바로 자연, 이민족, 여성의 식민화(Mies, 1986; Mies & Shiva, 2003)에 기반을 둔 '자본주의적 가부장 체제'라 규정할 수 있다.

최근에 더욱 가속화 중인 지구화는 물질적 정치적 실천이기도 하지만 인종화, 젠더화, 계급화로써 인종(민족)정체성을 복잡화하는 문화적 과정이기도 하다. 그 문화적 과정에서 가장 부상한 것이 바로 '다문화' 담론이다. 초국가적 유동성과 관련된 이 담론은 모든 문화적 다양성을 존중하는 것 같지만 세계 시장에서 문화적 차이들을 표준화하고 동질화하는 데 일익을 담당한다. 차이들은 서로 연결되지 못하고 파편화된다. 이렇게 다양성이 제대로 인정되지 않은 채 차이들이 지속되는 상황으로 말미암아, 인간과 자연 사이, 남성과 여성 사이, 전세계 여성들 사이에 상호연관성이 존재했던 곳에 분리가 심화되고 있다. 이러한 현실에서 왜 다시 미국문화 읽기인가?

이 물음은 지금 한국에 살고 있는 우리에게 미국문화 읽기가 왜 필요하며, 타자의 문화인 미국문화를 어떻게 읽어야 하는가 하는 두 가

---

1. 여기서 '제4세계'란 16세기부터 세계가 서구 자본주의의 제국주의적 흐름을 타게 되는데도 그 흐름과 동떨어진 채 자급자족하는 삶을 유지하며 서구 제국주의 문화와 접촉하지 않았던 산촌과 숲에 살았던 부족민들, 토착민들의 공동체를 가리킨다. 최근 다국적 제약회사들은 대대로 전해져온 약초에 관한 이들의 민간지식에 특허권을 설정하는 식으로 약탈을 일삼고 있다.

지 문제와 연결된다.[2] 지구화 시대의 문화논리, 혹은 문화적 과정의 정점에 미국이 있다. 그래서 전지구적 자본주의 가부장제 체제 하에서 미국문화 읽기란 앞에서 언급한 현실을 극복하려는 대항지구화[3] 운동을 위한 인식과 실천이라는 문제구성에서 비롯된다. '지금 이곳'의 현실에 대한 인식과 고려에서 출발하는, 또 아울러 주체의 주체됨에 대한 성찰에서 나온 문제설정, 즉 우리의 주체적인 문제의식 때문에 미국문화를 읽는 것이다. 그러한 맥락에서 미국문화 읽기는 미국(그들의) 문화/한국(우리의) 문화라는 이분법적이고 대립적인 주체/타자의 관계를 넘어서는 새로운 사고, 주체의 입지에 확실하게 서면서도 배타적이지 않은 읽기의 시각, 탈동일시를 꾀하면서도 대립이라든가 분리로 떨어지지 않는 창의적 발상을 요구한다.

미국문화는 지금 우리의 일상이 되고 있으며, 우리는 이미 미국문화의 일부를 이루고 있다. 미국문화에 구현된 주체의 원리인 개인주의나 자유 민주주의라는 사회구성의 원칙은 우리 안에 깊숙이 들어와 있다. 그래서 우리는 예컨대 이슬람 테러리즘을 야만이라고 비판하는 미국의 논조에 무의식적으로 동조함으로써 부지불식간에 서구 문명의 폭력을 지지하고 있기까지 하다. 그러한 우리의 내적 세계 구성 원리를 거부하고 그러한 야만에 동참하지 않기 위해서 미국문화를 새로 면밀

2. 이 두 가지 문제제기는 기존 미국문화 논의들에 부족한 이론적 방법론적 성찰을 촉구한다는 뜻을 지닌다.

3. '반대anti' 담론이 본의 아니게 초래하는 현 지구화의 역전된 합법화에 빠지지 않으면서, 비판적 대립적 입장을 포괄하면서도 규범/주류를 내파하는 운동성을 살려내기 위해 이 논문에서는 '대항지구화counterglobalization'(태혜숙, 2008b)라는 용어를 쓴다. 이 용어가 시사하는 문제의식은 특히 '자유주의적 다문화주의' 입장에서의 기존 미국문화 논의에 대한 비판을 담는다.

하게 읽을 필요가 있다. 이러한 문제의식에 따라 이 논문에서는 먼저 미국문화를 '서사 narrative'로 개념화하여 서사 읽기의 문화정치학을 제시하고, '다인종 다문화 multiethnic' 국가라는 미국 규정에 따라 새로 그려지는 〈미국문화의 지형도〉를 제시한 다음, '공통성과 차이의 문화정치학'과 '인종과 계급과 젠더의 역학'을 중시하는 '비판적인 다인종 다문화 페미니즘'을 새로운 미국문화 읽기에 필요한 관점이라고 주장하고자 한다.

3. '서사' 읽기의 문화정치학

지구화 시대 새로운 한국인의 내적 형성에 기여하는 것으로서 미국문화 읽기는 우리 역사와 문화의 구성과 직결된다. 한국의 상황에서 한국인으로서 미국문화를 이해하고 분석하는 것을 문화읽기라고 표현할 때, 그것은 구체적으로 어떤 의미를 갖는가? 우리가 타자의 문화와 접촉할 때 먼저 그 실제 사례를 말하거나 자료 및 텍스트를 소개하는 문화체험 단계, 다음 단계로 문자텍스트와 영상텍스트를 통해 다른 문화의 배경 지식을 습득함으로써 해당 문화의 내용과 표현을 이해하는 문화서술 단계, 앞의 두 단계에서 수행된 문화 내용의 기본적 의미에 대한 구체적인 이해를 바탕으로 그 맥락을 구성하는 문화체계 혹은 문화적 지식구조를 심층적으로 파악해내는 문화 읽기라는 세 단계로 진행된다. 세 번째 단계의 문화읽기는 문화적 지식능력의 습득과 함양, 문화적 주체의 분석적·비판적 사고력을 요청하는 것으로서 대상(목표) 문화의 다양한 텍스트들에 노출되어 그것을 통합적으로 사유할 수 있는 능력(김경한, 2007: 13)을 필요로 한다. 따라서 이러한 문화읽기란 그야말로 복합적인 사유능력을 요구하는 것이다.

이러한 사유능력을 갖고 미국문화를 읽는다고 할 때, 일단 문화는 서사 narrative로 개념화되는 셈이다. 서사로서 문화라는 개념은 **우리의 내적 형성에 관여하는 측면과, 서사들이 경합하는 장**이라는 두 측면을 갖는다. 먼저 서사로서의 문화는 우리의 내적 형성 작용에 핵심적인 역할을 한다. 서사란 주체가 자신의 경험을 기억하고 성찰하는 가장 기본적이고 가장 강력한 방식이다. 그러므로 미국문화를 수용/흡수하는 데서도 우리 자신의 주체적 힘이, 우리 나름의 문화적 주체성이 처음부터 개입된다. 안으로부터의 느낌에 의존하는 표현과 의미전달을 하는 서사형식에서는 감정과 체험의 리듬, 주어진 정보 또는 체험의 시나리오를 타자의 기준이 아니라 자기감정의 필요에 의하여 받아들이고 자기화한다. 따라서 너무 이질적이거나 우리의 내면을 침해하는 것 같은 외국 문화가 야기하는 소외문제는 흡수되는 자료 자체의 문제라기보다 주체적인 인식과 감각 활동 속에서 어떻게 다룰 것인가 하는 문제이다. 밖으로부터 오는 다른 주체의 원리나 가치 같은 것을 반성적 사유나 역동적 교감능력의 결핍으로 인해 이물질로 보고 바로 배격하거나 배제하는 주체에게는 좀 더 고양된 혹은 열린 지평으로 나아가지 못한 원초적인 개체적 주체성만 남는다.

따라서 **서사의 면밀한 읽기**야말로 주체적 자아 형성과정의 핵심을 이룬다. 주체적 자아란 사물과 세계를 수용하고 또 그것을 구성하는 터전이자 바깥 세계로 나가는 통로의 역할을 한다. 계속 열려 있고 움직이고 있는 순수한 활동으로서의 자아는 한 전통의 문화적 습관과 그 역사적 퇴적에 의하여 상당 정도 결정되지만 객관적 사물에 의해 지배된다기보다 사유 활동의 일부가 됨으로써 새로운 창조성을 발휘할수도 있고, 엄밀한 반성의 조건 하에 다른 주체화된 요소들과 결합하여 새로운 것으로 수정되기도 한다. 그래서 서사 텍스트의 꼼꼼한 읽기를 통해 읽는 나의 마음과 저자의 마음이 합쳐져 새로운 마음이 탄생한다.(김우창, 1998: 39) 한국인의 내면적 형성에 참여하는 외래(미국)문화의 참다운 의미는 바로 거기에 있다. 그렇지 않을 경우, 인간정신의 훈련은 이물질인 개념과 이념의 주입으로 끝나며 감각적인 온전한 몸의 수행[4]과 연결되지도 못한다.

문화를 서사로 개념화할 때, 문화는 또한 서사행위narration가 일상적으로 실천되고 서사적 결과물 narratives이 경합하는 공간이 된다. 한 국가와 민족의 역사적 경험에 대한 인식과 기억은 주체 입장에 따라 다르기 때문에 서사들은 경합하기 마련이며 어떤 특정 서사들만이 유통됨으로써 특정한 헤게모니가 구축되고 유지된다. 따라서 다양한 서사들의 경합과정과 경합의 결과들이 문화의 핵심을 이룬다. 이러한 문화 서사들은 정치적 대표에, 즉 특정 국가의 국민에 포함/배제되는 여부에 영향을 미치면서 또 그것을 변화시키는 재현의 힘을 갖는다. 지배적 민족에 기반을 둔 국가 헤게모니는 인종, 젠더, 섹슈얼리티와 긴밀한 관련 속에서 사회적으로 구축된다. 또한 그러한 헤게모니적 서사 공간은 특정한 지역, 특정한 역사적 시점에서 표면화된 의식구조뿐만 아니라 무의식적 욕망을 동시에 드러낸다.

민족과 국가는 끊임없는 서사행위와 실천을 통해 갱신되며 그 통일

---

4. 내면적 형성이 몸으로 수행되는 구체적인 양태는 음악 활동에서의 퍼포먼스, 영화에서 재현되는 다양하면서도 섬세한 몸동작들에서 살펴볼 수 있다.

성은 민족-국가의 주변부에 억압된 이질적 존재들에 의해 심문받는다. 민족-국가 서사는 "상징적 힘으로서 [스스로의] 통일성"을 재현하지만, "결코 우리[민족]의 외부나 그 너머에" 존재한 적이 없으며 "문화적 담론의 내부에서 출현하는" 다양한 내부-외부의 다른 서사는 그러한 통일성이 근본적으로 불가능한 것임을 드러낸다.(Bhabha, 1990: 1-4) 다시 말해, 사람들을 하나의 '우리'로 묶어주는 상징적 아교로서 민족-국가의 통일성은 언제나 일시적이며 사실은 통일성보다 혼종성을 그 실제 특징으로 한다. 민족-국가에 관한 서사들은 서로 경합 중일 수밖에 없으며 '상상의 공동체'의 구성된 경계는 가변적인 것이라서 민족-국가의 문화란 계속 재정의되는 과정을 겪는다. 그래서 한 민족-국가의 주변에서 부상하는 **대항서사들**에 주목할 필요가 있으며 그것들에 작동되는 **젠더화된 비대칭** 또한 유념해야 한다.

이상 살펴본 서사로서 '문화' 개념을 따른다고 할 때, 그 문화의 영역에 대해 언급할 필요가 있을 것이다. 문화 영역은 고정되어 있는 것이 아니라 계속 동요하고 변화하는 역동적인 것이다. 이를테면 예전의 **문화 영역**이란 일상세계를 초월하고 각 사회의 가장 최상의 지식과 생각을 담은 고도의 심미적 형태에 국한된다.(Arnold, 1864) 반면 최근의 문화연구 진영에서 주장하는 '문화'란 사회경제적 영역과 역사적 경험에서 비롯하지만 그것에 환원되기보다 상대적으로 독립된 형태로서 전문적/대중적인 영역을 망라하는 인식적·감성적 실천 행위를 의미하는 쪽으로 확대된다.(Williams, 1977: 17) 말하자면 최근의 문화영역은 일상 삶과 유리되거나 그것을 초월하는 것이 아니라 '일상 삶의 방식'과 밀접하게 연결되어 있으며 삶의 전 영역에 걸쳐 있는 것이다. 이렇게 확장된 문화 영역은 서구에서나 우리 문화 현실에서나 새로운 지배적 문화

형식으로 떠오른 **대중문화**를 문화 논의에 새로 배치할 것을 요구한다.

현재 미국의 다국적 독점자본은 전 세계를 대상으로 대중문화의 보급망을 장악하고 있고 문화 전반의 상업화를 주도하고 있다.(전규찬, 2007) 이 무차별한 상품화의 위험을 숙고하지 않은 채 현란한 할리우드 영화나 미국 대중음악 및 소설을 환호하고 즐기는 사이, 전 지구적 자본주의 가부장 체제에서 교묘하게 이루어지는 지배와 착취는 슬그머니 사라지고 만다. 20세기 후반부터 미국의 공식 담론이 된 **다문화주의**multiculturalism만 해도 문화를 정치경제와 분리시키는 끈질긴 자유주의 논리인 문화주의를 소비문화, 상품문화 시대에 적절한 형태로 재생한 것에 지나지 않는다. 그러므로 미국문화의 잠재력은 현 정치경제 논리에 대한 인식 하에 좀 더 치밀하게 규명되어야 할 것이다. 대중문화건 고급문화건 '문화적인 것'에 대한 관심은 정치적 관심을 약화하고 대체하는 경향이 아니라 비판적인 **문화정치학**을 표방해야 한다.

미국 학계에 파고든 다문화주의의 영향 아래 그동안 문화를 지배해온 백인남성과 다른 차이들의 정치Politics of Differences를 실현하는 유색인종 (여성)문화나 제3세계의 다양한 지역 문화들이 열렬히 환영받고 있다. 이제 백인남성의 가치에 동화하라고 하기보다 백인남성과 다른 차이들 자체의 가치와 희망을 마음껏 말하라고 한다. 그리하여 '용광로'가 아니라 '샐러드 접시'라는 미국의 표상에서 보듯, 온갖 인종적 소수자들의 문화적 차이들은 제대로 이해되기보다 그저 새로 버무려지는 가운데 상품으로 소비되는 징후가 역력하다. 포스트 냉전 시대에 표면적으로는 거의 모든 전 세계 국가들이 민주주의를 표방하는 사이, 동서 문화를 비롯해 여러 이방 문화들의 조화로운 민주적 공존을 너무 안이하게 가정하는 다문화주의 담론 자체가 착취와 지배를 무마

한다.(김성곤, 2004; 김상률, 2004, 2008)

이렇게 '문화적인 것'을 통해 한층 더 교묘하게 이루어지는 착취와 지배는 비교적 최근의 대중문화이건 오랜 위대한 전통의 맥을 고수하는 소위 '정전'[5]에 속하는 고급문화이건 문화 영역에 상관없이 3백 년의 미국문화 전반을 관통하고 있는 백인 부르주아 남성중심성을 날카롭게 포착해 낼 것을 우리에게 요청한다. 미국은 출발부터 다인종 다문화-multiethnic 사회였다.(Takaki, 1993) 다인종 다문화 국가로서 미국은 그 이질적 구성으로 들끓고 있다. 하지만 미국은 여전히 하나의 국민국가로 정의된다. 백인종이라는 지배인종이 구가하는 미국의 국가 헤게모니는 계급, 젠더/섹슈얼리티와의 관계 속에서 사회적으로 구축되어 지금도 그 효과를 발휘하고 있다. 그러한 문화적 과정을 비판적이고 윤리적인 문화정치 의식을 갖고 주시하노라면, 굳건한 백인성을 폭파할 수 있는 길이 보이기 시작할 것이다. 완강한 백인성을 폭파할 수 있어야 지구 곳곳의 여러 다른 인종적 문화적 집단들 사이의 연대와 제휴를 모색할 수 있고, (신)제국주의적 문화와는 다른 대안적 문화 형태를 실현할 수 있다. 처음부터 다인종 다문화 국가였던 미국에 포커스를 맞추어 다시 읽는 미국 문화에서 우리는 백인 부르주아 남성중심적인 현 지구적 다문화주의 추세와는 다른 방식의 지구화를 향한 자원과 에너지를 찾아볼 수 있을 것이다. 다인종 다문화적 미국 사회는 다른 어떤 사회보다도 인종과 문화의 역동적인 실험장이 되어왔기 때문이다.

여기서 '다문화'라는 규정대신 '다인종 다문화-multiethnic'라는 용어

5. 정전canon이란 종교에서의 경전처럼 위대하고 올바른 가치기준이나 규범을 제공하는 것으로, 미국문학의 정전에 속해온 작품들 다수가 백인남성 작가들의 것이었다.

를 사용하는 것은 다양성과 이질성의 단순한 인정에 그쳐온 '다문화' 혹은 '다문화주의' 담론에서 인종의 차원이 문화로 환원되고 있다는 판단에 따라 인종의 차원을 좀 더 생생하게 부각하기 위해서이다. '인종문화성'이라고 번역되는 에스니시티ethnicity라는 용어는 원래 그리스의 'ethnos'라는 용어에서 유래된 것으로 유태인이 아닌 이교도들, 비기독교인들의 집단과 사람들을 일컬었다. 이 용어는 생물학적 차이나 피부색에 따른 인간 차별을 의미하는 인종race의 본질론적 함의에 갇히지 않고 특정 인종 집단이 독특하게 구성해낸 문화적인 차이에 대한 인식을 담는다. 그러한 '인종문화성'은 시대마다 다양할 뿐만 아니라 위계적인 것도 아니다. 따라서 '에스닉ethnic'이라는 형용사는 소위 '소수인종'에만 적용되는 게 아니라 자기특권적인 백인 앵글로색슨족 집단에도 적용되는 것이다. 유럽계 백인 집단도 하나의 에스닉 집단에 불과한데 스스로 다수화·주류화하여 다른 에스닉 집단들을 지배하여 왔을 뿐이다. 그래서 이 논문에서는 '소수인종' 대신 '에스닉' 혹은 '인종문화'라고 쓴다.

백인을 비롯한 모든 인종 집단들 자체가 '에스닉'한 특성을 지니고서 미국문화 영역을 구성한다. 토착 미국Native America(인디언성, 홍색), 아프리카계 미국 African America(아프리카성, 흑색), 치카노 미국Chicano America(치카노성, 갈색), 아시아계 미국 Asian America(아시아성, 황색)의 네 가지 문화영역(Lee, 2003; 임진희, 2003; 박인찬, 2007)도 미국문화의 본질로 규정된 WASP White-Anglo-Saxon-Protestant 영역과 접촉하는 가운데 미국문화를 형성하여 왔다. 이 네 가지 문화 영역들은 WASP 영역과 갈등을 일으키면서도 결합되며 그러한 이중적 양상은 네 영역들 사이에서도 마찬가지로 나타난다. 미국문화를 구성하는 다양한 영역들은 사회적 복합성과 역동성을 갖고서 서로 상호작용하고 충돌하는 복잡한 과정을 거쳐 왔던 셈이다. 이 과정에 초점을 맞춤으로써 미국문화에 대한 좀 더 복합적이고 다층적인 읽기를 도모하는 것은 예전의 미국문화 읽기에서 얻지 못했던 통찰과 만나게 할 것이다.

4. 무엇을 어떤 그림 속에서 읽을 것인가?

1960년대 미국을 휩쓸었던 다양한 인종집단의 민권운동은 백인 헤게모니 때문에 불붙었다. 유럽계 백인이 아니어서 차별받아온 토착 미국, 아프리카계 미국, 치카노 미국, 아시아계 미국과 같은 여러 다른 인종문화 집단들은 60년대 민권운동에서 정치적 권리 증진과 문화적 주권을 주창하였다. 각 인종문화성에 근거한 이들의 민족주의는 인종차별주의에 대항하는 정치적 의식의 기반이 되며 인종적 연대를 위해 집단 내부의 동질성을 가정한다.(Yuval-Davis, 1999: 114) 이들의 저항적 민족주의는 새로운 독립국가의 수립과 같은 정치적 주권을 지향하는 것이 아니라 백인중심적 국가의 지배에 맞서 각 인종문화 집단의 주권과 자결권을 주창한다는 점에서 인종문화 민족주의다.

인종문화 민족주의에 따라 새로운 염원과 에너지를 담아내는 대항적 인종문화 서사들은 미국이라는 국가를 다시 쓰는 과정에서 백인종의 단일한 문화적 기준으로 다양한 인종들을 통합하는 것은 불가능함을 증언함으로써 미국문화를 재정의하는 작업에 착수한다. 또한 인종이라는 축에 이미 교직되어 있는 계급과 젠더에 대한 비판적 문제의식은 에스닉 엘리트 남성중심의 인종문화 서사들을 비판하면서 새로운 확장을 꾀하게 한다. 강력하게 젠더화하는 문화적 과정인 인종(민족)주의에 개입하고 협상을 벌이는 미국 유색인종 여성주체들의 다양한 서사들은 또 다른 종류의 열린 문화적 지점으로서 헤게모니적 백인국가를 다시 사유하게 하였다.(박미선, 2008: 34)

이렇게 토착 미국, 아프리카계 미국, 치카노 미국, 아시아계 미국문화 서사들은 주류 백인중심 문화서사들과 내내 경합하여 왔지만 타인종 혹은 혼혈성, 혼성성을 부정하는 백색 이데올로기, 백인성, 백인중심주의 가치지향에 의해 가장자리에 펼쳐져 왔다. 이 주변부 문화들이 주류 백인 문화에 대한 비판을 통해 열망하는 것은 새로운 가치지향, 가치체계, 문화체계를 통한 인종들의 새로운 질서를 세우는 일이다. 네 문화 역들은 (가부장적) 백인성을 기반으로 하는 미국이라는 국가에 대한 비판의식을 갖고 완전히 미국의 안도, 바깥도 아닌 채, 중심과 주변 사이의 경계선 위에서 아메리카라는 이름의 공간에 필적할 바람직한 공동체를 주장하고 상상할 수 있는 능력을 갖는다. 그러한 능력은 "다문화의 실현을 가로막는 미국 내부의 차별적인 현실과 지구화 과정에서 작동하는 미국의 제국주의적 유령과 그로 인한 폐해, 아픔과 모순을 포착하고 그에 대한 전망"(박인찬, 2005: 277-8)을 바탕으로 "미국의 건국 원칙에서 드러나듯 미국인들이 꿈꾸었지만 그들 스스로 파괴하고 지키지 않은 이상"(박인찬, 2006: 141-2)을 여전히 신뢰하는 것과 관련된다.

네 영역의 에스닉 남녀 주체들에 의해 다시 쓰인 미국이라는 국가의 서사들은 폭력과 차별로 얼룩진 인종적(민족적) 경계들의 완고함에 도전해 초대륙적 제휴들을 만들어 나가게 할 자원과 에너지를 담아내고 있을 것이다. 그렇다면 이 네 영역은 궁극적으로는 아시아, 아프리카,

라틴 아메리카 사이의 초국가적 연대를 구축하는 다리가 되어 평등과 상호존중을 토대로 하는 진정한 다원적 지구공동체의 미래상을 그려 주고 있을지도 모른다. 다인종 다문화 서사로서의 미국문화 읽기는 바로 이 미래상에 접근해 나가는 한 가지 방안이기도 하다.

이와 같은 미국문화 읽기에서는 토착 미국, 아프리카계 미국, 치카노 미국, 아시아계 미국의 다인종 다문화 서사들에 중요한 위치를 부여한다. 미국주의, 미국제일주의, 미국국가주의 속에서 미국사회는 지금도 계속 분열하고 변화하고 있는 중이며 다양한 인종과 문화의 전시장이자 역동적인 각축장으로서 실험을 거듭하고 있다. 하나의 주류 백색 코드에 저항하며 맞서 싸우는 소위 '주변부'의 지워졌던 목소리들은 끈질기게 살아남아 위협으로 작용하면서도 어떤 관점에서는 해방을 독려할 수 있는 잠재력을 갖는다. 그러므로 네 영역의 서사들이야말로 미국의 국가적 정체성, 공동체, 액티비즘과의 상호관련성에 대한 다양한 사유 지평을 생생하게 보여줌으로써 현 지구화가 야기한 문제들을 풀어나가는 실마리를 제공해줄 수 있을 것이다.

60년대 이후 지금까지 계속 이어지고 있는 토착 미국인, 아프리카계 미국인, 치카노 미국인, 아시아계 미국인들의 해방을 외치는 다양한 목소리들은 미국을 형성하는 복잡다단한 경험을 새롭게 기술하기 위한 방법들을 탐구하도록 자극을 주어 왔다. 이 자극이 21세기 우리에게 여전히 '운명'은 자국의 이익 때문에 전쟁을 일삼는 야만적인 국가가 아니라 면면히 건재해 온 '대륙의 문화들이 힘차면서도 아름답게 교차하는 곳'이 될 수 있다. 이 논문에서 제시하는, 미국을 구성하는 WASP 외의 다른 인종문화성들은 아메리카 대륙을 비롯해, 아프리카, 아시아 등의 대륙에 그 연원을 두고 있다. 따라서 토착 미국, 아프리카계 미국, 치카노 미국, 아시아계 미국의 민족주의는 그 뿌리를 대륙의 지리에 두고 있다고 할만하다. 그러한 장소에 대하여 사유하고 논평하는 다른 새로운 방법들을 지속적으로 찾아내는 데 필요한 것은, 유사성과 차이의 문화정치학(Cambell & Kean, 1997) 혹은 공통성과 차이의 문화정치학이다.[6] 공통성과 차이의 문화정치학에서는 미국 다문화들의 좀 더 완전한 그림을 그리기 위해 주변부의 목소리들에 귀 기울이는 비판적인 접근방식들을 중시한다. 이 접근방식들을 이루는 세부사항들은 다음과 같다. 지속적이고도 세심한 독해를 필요로 하는 문학적 예술적 생산 형식의 중요성을 계속 강조하면서도 엘리트 고급문화에 갇히지 않고 삶의 방식으로서 문화라는 폭넓은 개념에 따라 대중문화를 포괄하는 방식, 몇몇 이야기들이나 텍스트들이 다른 것들보다 더 커다란 확신과 반향이 있다는 질적 판단을 하면서도 좀 더 광범위한 문화 속에 엄존하는 서로 다른 양상들을 연결짓고 소통시킬 수 있는 가능성을 확장하는 방식, 내적인 분열들(차이들)이 미국 정체성의 관습적인 또는 확립된 개념규정들과 어떻게 연관되는지를 숙고하면서 지배적인 목소리도 참여시킬 수 있는 적합한 방식 등이다.

이러한 방식은 예컨대 정전 작가들의 작품들을 아예 배격하기보다 새로운 눈으로 다루고자 노래, 연설, 설교, 다큐멘터리, 영화, 음악과 만나게 하며, 수많은 목소리들, 다양하고도 각기 다른 이야기들 사이의 상호작용을 두루뭉술하게 조화나 화합으로 봉쇄하는 게 아니라 긴장, 갈등, 충돌, 모순을 세심하게 짚어냄으로써 실천될 수 있을 것이

---

6. 캠벨과 킨이 '차이의 문화정치학'이라는 용어 대신 '유사성과 차이의 문화정치학'이라는 용어를 쓰는 이유는 곧 밝혀질 터인데, 필자가 보기에 '공통성과 차이의 문화정치학'이 더 정확한 용어다.

다. 이와 같은 접근법을 통해 포커스를 두고자 하는 것은 특히 미국 주류문화의 가장자리로부터 발화되는 타자적 특성들에 내장된 대안적 사유방식, 새로운 대항형태이다.

미국의 국가적 정체성은 백인 부르주아 남성들 스스로 자임한 '명백한 운명'[7]이라는 미국 이데올로기 혹은 신화로서 규정되어 왔으며 나머지 다른 인종, 계급, 젠더에 속하는 사람들은 그러한 국가적 정체성으로부터 주변화되어 왔다. 그렇지만 그들은 미국이라는 국가의 정체성을 형성하는 데 각기 중요하게 공헌하여 왔다. 예외주의, 명백한 운명, 인종, 젠더, 생태학, 정체성의 이데올로기들이라는 주제들로써 각기 행한 역할을 논의하고 가시화하려는 주변화된 타자의 눈으로 미국문화를 다시 읽을 때, 미국의 건국 이야기를 비롯한 거대한 메타서사의 총체화 충동에 역행하는 다양성과 다원주의와 종속된 지식을 드러내어 좀 더 큰 미합중국이라는 공공영역을 구성해 낼 수 있을 것이다. 여기서 중요한 요소인 '인종'은 "적대와 연합의 혼합" "투쟁하는 상이한 목소리들의 혼합"(캠벨 외, 2002: 136)을 가리키는데 그러한 혼성, 혼종, 잡종, 경계지대는 분명 새로운 가능성을 지니고 있을 것이다. 인종이 서로 다른 개인들과 세력들 사이의 연합과 적대라는 대조적인 운동에서부터 공통성과 차이에 입각한 인종정치학이 확보될 수 있다. 그럴 때, 미국문화의 통합성보다는 복잡성과 내적인 분열을 인식하게 되고, 고정되고 단일한 게 아니라 복수적이고 다성적인 미국문화를 보게 될 것이다.

7. 존 오설리번John O' Sullivan은 1845년 *Democratic Review*에서 대륙으로 영토를 확장하는 것을 미국인에게 예외적으로 주어진 특별하고도 '명백한 운명'이라고 주장했다. 그 자세한 원문의 국내 번역본으로는 『사료로 읽는 미국사』(한국미국사학회, 2006: 134-7) 참조.

차이와 경쟁으로 구성되는 미국 정체성은 다층적인 불완전함을 갖기 마련이다. 그렇지만 백인 중심의 미국인들의 삶 속에, 예컨대 아프리카계 미국을 다시 위치시켜, 미국 내에서의 아프리카계 미국인의 입장과 힘을 숙고하는 가운데 이미 만들어진 미국에 흡수되는 데에 저항하고, 미국을 새로 만들 수 있는 힘을 제시할 수 있을 것이다. 예컨대 아프리카계 미국과 같은 "미국문화의 변두리에는 복합문화적이고 복합관점적이고 비판적인 인식방식이 존재한다. 사람들은 그러한 방식에서 새로운 관점들을 획득할 수도 있고 또한 위계질서가 가정되거나 부과되지 않은 채 차이를 견지하는 문화적 잡종성(민족성, 다원성과 관련되는)의 가능성을 포착할 수도 있다."(캠벨 외: 29) 바로 이 점이 미국문화의 강점이기도 하다.

그런데 주류 백인 문화와 아프리카계 미국문화 사이의 차이를 비롯해 토착, 치카노, 아시아계 미국문화가 지니는 주류와의 차이뿐만 아니라 주변부들 사이의 차이들도 서로 소통하지 못한 채 고립, 분산되어온 것이 사실이다. 차이들을 체계적으로 파악하고 대응할 수 있는 인식틀의 결여로 인해 차이에 대한 문제의식은 새로운 틀을 열어 주지 못한 채, 부분적인 비판으로 파편화되어 정당한 비판력을 제대로 행사하지 못한 것이다. 말하자면 차이, 다름, 문화적 특수성을 강조하다보니 '소통에 대한 믿음' '서로 공유할 수 있는 공통의 기반'을 상실한 채 의도치 않게 자기 게토화에 빠지는 것이다.(박인찬, 2006: 129) 그래서 차이를 드러내고 확인하는 것에 머무르지 말고, 차이들을 자리매김할 수 있는 인식틀과 또한 차이들을 소통시킬 수 있는 방법론을 필요로 한다. 다층적인 역사와 문화의 흐름들을 상호연결하고 폭넓게 조망하는 새로운 미국문화 읽기는 주류/비주류, 중심/주변, 다수/소수를 서로 연결시켜 비교·대조하며 재평가하는 데서 가능할 것이다. 처음부터 다인종 다문화 국가이던 미국에서 백인 헤게모니로 인해 배제당해 왔던 다른 여러 인종문화들의 자리와 관계를 그림으로 그려보면 다음과 같다.

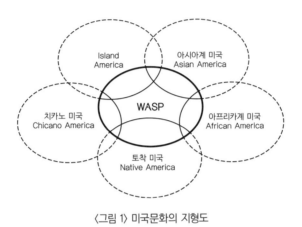

〈그림 1〉 미국문화의 지형도

이 그림에서 일단 Island America를 제외한 네 주변부 영역은 각기 주류 백인 미국(WASP) 영역과 연결되어 있으며 공통성과 함께 차이 또한 갖는다. 이러한 인식을 바탕으로 이 그림에서는 백인문화를 정전화한 '백인 정전 미국ᵃ ʷʰⁱᵗᵉ ᶜᵃⁿᵒⁿⁱᶜᵃˡ ᴬᵐᵉʳⁱᶜᵃ'을 미국 전체라고 정의하는 아메리카니즘을 비판하고 그것을 확장하기 위해 네 주변부 영역들에 관심을 갖되, 그 영역들 사이의 관계와 그 네 영역들과 백인종 미국 사이의 관계를 서로 중첩되면서도 차이를 갖는 것으로 설정하고 있다.[8] 이 그림의 중앙에 있는 WASP 미국의 국가주의적 서사는 전체 미국이라는 큰 그림에서 본다면 일부를 이룰 뿐이며, 하나의 에스닉한 것에 지나지 않는다. 백인 미국 집단은 다른 네 주변부 집단과 더불어 미국의 다문화성을 만드는 데 동참하여 왔던 셈이다.

이와 같은 상호 문화횡단의 역동적 과정을 거쳐 형성되는, 더 큰 미합중국 공공영역으로서 미국문화라는 틀 속에서 다양한 영역들이 서로 다른 목소리로 함께 내는 합주를 듣는 것이 지금 다시 미국문화를 읽는 의의가 될 것이다. 변주들을 통해 합주를 들을 수 있고 합주 속에서도 변주들을 들을 수 있는 능력을 함양하는 미국문화 읽기는 중심과 주변부의 위계적 경계를 허물고 진정한 다문화 사회로의 길을 제시한다.

토착 미국–아프리카계 미국–치카노 미국–아시아계 미국인들이 만들어온 다양한 인종문화 서사들에서 미국이라는 국가는 어떻게 다시 그려지고 있는가? 국가는 주로 문화적 소속과 연관되는 인종(민족)과 반드시 일치하지 않는다. 국가의 물질적 문화적 실천들의 압력 아래 살고 있는 다양한 주체들의 다인종 다문화 서사들은 국가와 인종(민족)을 어떻게 다시 써서 국가와 인종(민족)에 관한 우리의 상상계를 변화시킬 수 있을 것인가? 이러한 물음을 물으며 미국의 다인종 다문화 서사들을 읽는 것은 미국이 주도하는 전 지구적 자본주의 시대 국가들의 인종적 기획과 처음부터 밀착되어 있는 가부장적 압력으로 우리의 시선을 돌리게 한다.

---

8. 로버트 리Robert Lee는 『섬나라 미국 *Island America*』이라는 역域의 소설들을 소개하고 분석하고 있는데 자신의 책 부제에서는 이 부분을 넣지 않고 있다. 하와이, 푸에르토리코, 필리핀군도, 도미니크 공화국, 아이티와 같은 태평양의 많은 섬들로 된 이 영역도 앞으로 본격 거론되어야 한다고 보아 그림 속에 일단 집어넣었음을 밝혀 둔다. 진한 실선 동그라미가 미국의 주류 문화론자들이 주장하는 미국문화의 현황을 나타내며 다른 인종문화 서사들로 이 현황이 확산됨을 시사하기 위해 미국문화의 새로운 테두리를 점선으로 표시하였다. 또한 현재의 이 지형도가 망라하지 못한 아프리카계 미국과 치카노 미국, 토착 미국과 아시아계 미국, 치카노 미국과 아시아계 미국, 토착 미국과 치카노 미국문화 사이의 중첩은 네 역의 배치를 서로 바꾸는 동그라미로써 가능해진다는 점을 지적해 두고자 한다.

5. '비판적인 다인종 다문화 페미니즘'

미국문화에서의 인종과 젠더 문제를 핵심 의제로 부상시킨 것은 안젤라 데이비스 Angela Davis, 앨리스 워커 Alice Walker, 바바라 스미스 Barbara Smith, 오드르 로드 Audre Lorde, 벨 훅스 bell hooks, 패트리샤 힐 콜린즈 Patricia Hill Collins 등의 흑인 페미니스트들이었다. 흑인 남성들, 백인 페미니스트들과의 분리주의를 조장한다는 비판에도 불구하고 흑인 페미니즘 이론가들이 발전시킨 인종과 젠더와 계급의 교차성 이론은 미국문화를 읽는 데 없어서는 안 될 중요한 관점을 제공한다. 이렇게 문화사적으로 의미있는 작업을 해온 흑인 페미니스트들의 텍스트들이 대학 강단에서 많이 읽히면서 그 비판적 통찰은 무디어지기도 한다. 그러면서도 흑인성을 넘어 다른 다양한 인종들을 교섭시키는 다인종주의 페미니즘, 다문화주의 페미니즘을 형성해내는 견인차 역할을 한다. 이 절에서는 미국에서 논의되고 있는 다인종주의 페미니즘과 다문화주의 페미니즘의 한계를 인식하고 넘어서는 관점을 '비판적인 다인종 다문화 페미니즘'으로 정의하고서 그 내용과 입장을 살펴보고자 한다.

미국에서 다인종주의 페미니즘이라는 용어가 하나의 관점으로 사용된 것은 맥신 베카 진 Maxine Baca Zinn과 보니 손톤 딜 Bonnie Thornton Dill의 글에서이다. 그녀들은 인종의 축에 의해 구축되는 미국 사회의 '내부국외자 outsiders within' 라는 사회적 위치가 자아와 사회에 대한 독특한 관점을 제시하므로 다문화주의 페미니즘을 일단 미국의 다인종주의 multiracial 페미니즘으로 좁히자고 제안한다. 그렇게 하는 것이 새로운 페미니즘 흐름으로서 다문화주의 페미니즘의 대상과 방법을 윤곽짓는

데 유효하다고 보았기 때문이다. 다시 말해 그녀들은 "다른 구조화된 불평등들과의 상호작용을 통하여 젠더를 형성하는 하나의 권력구조인 인종을 강조하는 방법으로서 '다문화주의' 대신에 '다인종주의'라는 표현을 사용하는"(Zinn & Dill, 1999: 105) 셈이다.

그녀들이 밝히는 다인종주의 페미니즘의 구조적 전제들은 인종을 기본적인 사회적 분류, 권력구조, 정치적 투쟁의 초점으로 놓고 여성과 남성의 삶을 형성하는 근본적인 권력으로 취급한다는 것이다. 남녀만이 아니라 여성들 사이의 문화적이고 집단적인 차이도 인종적으로 계급화된 사회질서 내부의 상호작용을 통해 만들어진다. 그러므로 인종에 초점을 두는 인종주의 페미니즘적 분석은 피부색을 회피하는 언어에 맞서 "현재 미국사회에서 인종이 갖는 근본적이고 포괄적인 특성을 강조하고, 동시에 인종이 어떻게 기타 다양한 사회적 관계들을 형성하고, 다시 이 사회적 관계들에 의해 형성되는가"(Zinn & Dill: 105)를 확인하도록 해준다. 특히 유색인 여성들에 의한 다인종주의 페미니즘은 '인종과 젠더의 교차로 만들어지는 구조와 경험'을 분석하는 틀이 된다.

이러한 윤곽에 따라 진과 딜은 다인종주의 페미니즘에 필요한 젠더 개념의 이론화를 위한 일련의 분석적 전제들은 다음과 같은 여섯 가지 특징적 양상들을 갖는다고 주장한다. 1. 젠더는 상호관련된 일련의 불평등들에 의해, 서로 함께 혹은 상호 작용하는 일련의 체제들에 의해, 다시 말해 인종, 계급, 섹슈얼리티로 얽힌 구조에 의해 구성된다. 이와 같은 다수 체제는 동시성이라는 특성을 지니며, 여성이 젠더화되고, 인종화되고, 계급화되고, 성적으로 구별되는 자신을 경험하는 다중적 방식과 연관된다. 2. 다인종주의 페미니즘에서 강조되는 모든 차원의 사회생활에 있다는 위계의 교차적 특성으로 말미암아 여성과 남성은 사회질서 속에서 자신의 인종, 계급, 젠더와 섹슈얼리티에 따라 다른 형태의 특권과 종속을 경험한다. 3. 다인종주의 페미니즘은 지배와 종속의 관계적 특성을 강조한다. 4. 다인종주의 페미니즘은 사회구조와 여성의 주체적 힘 간의 상호작용을 탐색함으로써 유색인 여성들의 '역동적 저항력'이라는 공동 목표를 이루고자 한다. 5. 다인종주의 페미니즘은 입장 이론standpoint theory을 비롯해 다양한 이론적 도구들에 의존하는 가운데 지식생산자의 사회적 위치에 주의를 기울임으로써 소위 보편적이라는 것들의 허구성을 드러내면서 주변화된 위치의 유효성을 그동안 보이지 않던 사회적 관계를 가시화하는 데다 둔다. 6. 다인종주의 페미니즘은 계속 변화하는 다양한 여성 집단들의 산 경험들이 지니는 차이들을 종합하는 가운데 공통성과 차별성 모두에 민감한 비교연구의 중요성을 지속적으로 상기시키고, 다양성과 보편성 사이의 창조적 긴장을 유지하도록 한다.(107-9)

이상 살펴본 미국에서의 다인종주의 페미니즘 논의에서는 구조적인 문제로서 인종을 핵심 범주로 놓고 억압체계들의 교차성, 다중성, 중층성에 대한 인식과 유색인종 남녀들 사이의 서로 다른 억압과 차별에 대한 인식이 강조된다. 그런데 서로 얽혀 있는 억압체계들의 복잡성을 해명하는 작업과 연결될 수밖에 없는, 지구화 시대 사회조직의 근본 원리인 자본주의에 대한 인식이 빠져 있으며, 다문화들에 작동 중인 인종과 계급과 젠더의 역학에 대한 구체적인 분석 대신 억압체계들의 교차성이라는 수사가 반복되고 있을 뿐이다.

한편 다문화주의 페미니즘은 다인종주의 페미니즘에 비해 더 광범위하게 사용되고 있으며 90년대 이후 미국에 광범위하게 유포된 다문화주의에 바탕을 두고 있다. 그러므로 다문화주의 페미니즘에서는 어떤 다문화주의를 근간으로 하고 있느냐가 그 성격이나 지향성을 규정한다는 점에서 중요하다. 미국 학계를 주도하는 다문화주의자들로는 '시민권' 주제를 다문화주의와 연결시키는 윌 킴리카Will Kymlicka, '인정의 정치'를 주장하는 찰스 테일러Charles Taylor, '대화적 다문화주의'를 주장하는 세일라 벤하비브Seyla Benhabib 등이 있다.(태혜숙, 2008b: 206-20) 이들은 이상적인 자유주의 맥락에서 다양한 문화들의 차이들을 인정하며 그 진정한 인정을 위해 '지평의 융합'이나 '공통의 가치 기준'을 도모하는 것을 중시한다. 하지만 그러한 도모의 주체가 누구이냐가 다문화주의의 이론적 타당성을 판단하는 관건으로서 문제시되어야 할 것이다.

미국의 주류 다문화주의자들은 손쉽게 차이들을 나열하고 그것들의 비판적 가능성을 대충 전제한다. 그리하여 문화적 차이들이 주류에 의해 인정되는 순간, 더 이상 고립되지 않고 주류에 동화되거나 통합될 여지를 제공한다. 그들의 무난한 지향은 자본주의를 민주주의라고 신화화하는 관념론에, 이상적 자유주의에 근거하고 있다. 이와 같은 미국의 주류 다문화주의는 문화적 차이들의 비판적 잠재력을 길들이고 관리하기 위해 다원주의를 제도화하는 한 가지 형태이다.(모한티, 2005: 300) 또한 그것은 배제와 억압과 착취와 관련된 인종적 차이들을 문화적인 차이들로 환원시키고 물화시키며 본질화(Yuval-Davis, 1999: 116)한다.

기업화된 학계가 동원하는 문화적 상대주의 혹은 본질주의로서 다문화주의를 비판하는 입장은 맥라렌MacLaren, 킨첼로Kincheloe와 스타인버그Steinburg, 골드버그Goldberg에 의해 '비판적인 다문화주의'로 주장된다.(태혜숙: 220-1) 차이들의 평화로운 공존이나 적대적인 대치관계라는 이분법에 빠지지 않으면서 다문화 사회의 가능성을 탐색하는 비판적 다문화주의자들의 노력은 중요하다. 그렇지만 비판적 다문화주의 진영에서는 전지구적 자본주의 가부장 체제에 대한 체계적인 인식을 바탕으로 그 체제에 대한 비판적이고 대항적인 입장을 분명하게 명시하지 않는다. 그래서 제도화된 인종차별주의가 젠더에 특수한 방식으로 작동하는 경위를, 젠더 억압이 인종적 억압과 결합되어 유색인종 남녀에게 차별적으로 작동하는 방식들을 좀 더 구체적으로 해명하는 페미니즘 시각(Collins, 1999: 135)에도 제대로 착안하지 못한다.

이 글에서 주장하는 '비판적인 다인종 다문화 페미니즘'이라는 이론적 입장은 이와 같은 비판적 다문화주의자들의 한계를 극복하기 위한 것이다. 이 입장에서는 문화적 차이들의 잠재력을 중시하면서도, 배제와 억압과 착취와 연결되어 있는 차이들의 인종적 요소를 상기하기 위해 '다인종 다문화'라는 용어를 사용하며, 백인종 남녀와 다르면서 서로 얽혀 있는 유색인종 남녀의 삶과 경험을 작동시키는 인종과 젠더와 계급의 역학을 세심하고도 치밀하게 다루고자 한다. 그 역학은 국가 및 민족의 물질적 문화적 실천에서 가장 비가시화되어온 유색인종 하위주체 여성들의 다양한 위치와 관점들에 가장 잘 각인되어 있다. 그러므로 역사와 서사의 주체로서 그들이 백인종 헤게모니 문화와 국가와 벌이는 교섭양상들에 주목하는 것은 다중적 억압체계의 교차성을 구체적으로 해명하도록 하는 한 가지 방안이 된다.

유색인종의 현존 자체가 압도적인 도전으로 다가오는 현실에서 전지구적 자본주의를 계속 행진시키기 위한 촉매로 봉사하는 기업화된 미국 대학과 학계는 '시장에 기반을 둔 자본주의적 시민권'(모한티:

269)으로서 인종과 차이담론을 길들이고 관리하는 데 급급한 실정이다. 그러므로 이와 같은 소위 '강단 자본주의' 현실에서 페미니즘 기획은 인종화된 젠더, 젠더화된 인종이 구성하는 문화적 차이들과 차별들을 자본주의 비판과 연결시키는 실천이라는 맥락 속에 있어야 한다. 이 복합적인 차별의 물적 이데올로기적 토대인 현 전지구적 신자유주의 자본주의의 상업화와 식민화를 극복한다는 '공통의 이해관계'는 유색인종들끼리, 또 그들과 백인종들을 대화하게 하는 윤리적 기반이된다.

이와 같은 현 자본주의에 대한 비판적 인식에 근거한 유물론적 이해관계라는 항목은 '비판적인 다인종 다문화 페미니즘' 관점의 토대를 이룬다. 이 관점이 상정하는 '공통의 이해관계'는 '자본주의'를 '민주주의'라고 신화화하며 착취를 가리는 관념론적 다문화주의자들의 동화주의, 통합주의, 다양성 속의 조화와는 다른 지평에 있다고 하겠다. 공허한 자유주의와는 다른 지평에서라야 성, 계급, 인종적으로 '아래로부터의' 문화적 차이들은 탈정치화 탈역사화되지 않고, 대화와 공존이라는 이름 하에 암묵적으로 관리 가능한 것으로 순치되지 않을 것이다. 이와 같은 맥락에 있는 다인종 다문화 페미니즘이라는 이론틀은 '계급'을 하나의 분리된 실체로서가 아니라 인종과 젠더와 얽혀 있는 하나의 구성 요소로서 분명하게 인식하도록 한다. 계급은 인종과 젠더와 상호작용한다. 인종과 젠더는 계급의 구조적 이데올로기적 구성요소들이다.

이런 논의에 따라 계급과 인종과 젠더의 역학을 치밀하게 다루려는 '비판적인 다인종 다문화 페미니즘'은 미국이라는 국민국가 안에 있으면서 그 공식 서사를 비판하는 이질적인 이중적 위치에서 형성되는 역사적 경험들의 다중적 양상에 복합적으로 접근하게 한다. 미국의 인종들과 계급들 사이에서 그것들을 가로지르는 일련의 관계들에 주목할 때, 미국 남녀들의 다양한 문화들과 함께 그들 사이의 불평등한 권력관계가 드러난다. 그러한 관계 속의 미국 남성과 여성 사이의 차이 또는 차별을, 여성들 사이의 차이들 또는 차별들을 함께 작업하도록 해주는 기반이 바로 앞서 언급된 '공통의 이해관계'이다. 이 기반은 미국인들 사이의 다양한 인종문화적 차이들을 더 큰 역사적·정치적 비전과 연결하도록 해준다.

　미국문화란 서로 경합하는 다중적 서사들로 구성되어 있다. 백인지배의 다양한 형태들은 오늘날 대다수 남성들과 여성들의 경험을 틀짓는다. 토착 미국인들의 학살과 재위치화, 아프리카계 미국인의 노예화와 그 노동착취, 1848년 이후 멕시코 땅 점유와 치카노의 예속, 아시아계 미국인들에 대한 법적 제재 등은 인종, 계급, 젠더의 축에 따라 다양하게 구성되는 집단 혹은 공동체의 미국 남녀들에게 영향을 끼쳐왔다. 그 영향의 촘촘한 망들이 미국이라는 국가의 커다란 서사를 엮어가는 양상을 '비판적인 다인종 다문화 페미니즘' 관점에서 심도 있게 설명하노라면 처음부터 다인종 다문화 국가였던 미국의 새로운 가능성을 포괄적으로 입증해낼 수 있을 것이다.

　그러한 입증을 위해 '비판적인 다인종 다문화 페미니즘'은 현재 진행 중인 진보적인 반인종차별적·반자본주의적·페미니즘적 사회정의를 실천하는 데 전념하는 액티비즘이라는 정치적 전통에 따라 사회 변화를 위한 의식 있는 행위주체로서 여성들을 중시하고 구조적 제약과 일상적으로 협상하고 문화적으로 교섭하는 여성들의 정체성들을 검토하는 데 주안점을 둔다. 60년대 이후 90년대에 이르기까지 진전되어

온 미국문화 읽기에서 보듯, 유색인종 하위주체 여성들은 더 이상 상징이나 대상, 피해자로 머물지 않는다. 미국이라는 국가의 내부에 있는 것 같지만 바깥으로 밀쳐져 왔던 이들이 견지하는 이중적 시각에는 지배적 인종, 성, 계급 주체들이 구현할 수 없는 사유와 감성이 내포되어 있다. 그러므로 유색인종의 하위주체 여성들의 서사적 실천들을 더 많이 발굴하고 더 비중 있게 다루는 것은 여전히 중요하다. 이들이 다시 쓰는 미국 이야기는 미국의 공식 서사들에서 누락되고 생략된 것들을, 중심/주변 사이에 상호작용하는 역동적인 장들을 부상하게 함으로써 미국이라는 국가적 서사를 다시 써낼 수 있도록 하기 때문이다.

그렇지만 '비판적인 다인종 다문화 페미니즘'이 중시하는 유색인종 하위주체 여성들의 서사들은 다른 성, 인종, 계급 주체들의 서사들과 다양한 관계 속에 얽혀 있기 때문에 **따로 논의될 게 아니라 서로 연결시켜 다른 서사들과 비교되는 가운데 함께 논의되어야 한다.** 미국 다문화들 사이의 접촉과 변형에 대한 포괄적인 연구가 진척되어야 할 이 시점에서 '비판적인 다인종 다문화 페미니즘'은 그러한 연구를 제대로 진척시키는 구심점이 될 수 있다. 다음에 짧게 언급할 미국문학 읽기의 사례가 그 가능성을 시사할 것이다.

6. 결론: 다인종 다문화적 상상을 확대하는 아카이브를 위해

앞서 나온 〈미국문화의 지형도〉에 그려져 있는 네 영역들 중에 예컨대 아시아계 미국문화를 백인남성이 만난 '황인종' → 아시아계 미국 남성 → 아시아계 미국 여성을 각각 보여주는 『콜드 마운틴 *Cold Mountain*』 → 『노노 보이 *No No Boy*』 → 『여성전사 *The Woman Warrior*』라는 미국 소설을 서로 연결짓고 비교해 보면 다음과 같다. 『콜드 마운틴』(Frazier, 1997)은 미국 남북전쟁 중에 중서부 농촌 지역들 출신인 다양한 인종과 계급의 남녀들의 삶을 그리고 있는 백인 남성 작가의 작품이다. 남북전쟁의 참상과 비합리성에 반대해 탈영한 백인 남성 주인공은 고향을 향해 걸어가는 길에 백인남성들에 의해서는 목숨을 잃을 뻔한 궁지에 처하는 반면, 백인 하위주체 여성, 인디언 소녀, 황인종 남성 노예 등의 도움을 받는다. 19세기 중반 미국 사회에서 성, 계급, 인종적으로 하위에 속하는 다양한 주변부 주체들은 노예해방이라는 미명 하에 치러지는 남북전쟁에서 백인 엘리트 남성중심의 국가주의와 내부 식민화를 꾀하는 제국주의에 의해 희생되면서도 남부지역을 지키고 생존해 나간다. 『콜드 마운틴』에서 황인종 남성 노예는 이름도 없고 그저 잠깐 나오지만 19세기 중반 미국 사회의 한 구성원으로서 작품에 그려지고 주인공을 귀향하도록 하는 큰 힘이 된다. 국가적 서사를 다시 써낼 수 있게 하기 때문이다.

그러한 황인종 미국 남성의 내면세계를 접할 수 있게 되는 것은 『노노 보이』(Okada, 1957)라는 작품에서이다. 제2차 세계 대전 시 일본의 진주만 공격이 있은 후, 수 세대 미국에 살아온 일본계 미국인들은 미국 정부의 결정에 따라 자신들의 거주지로부터 추방되어 중서부 사막 지대에 수용된다. 이러한 정책으로 인해 일본계 미국인들은 엄청난 박탈감, 소외, 분노, 절망을 체험하게 되며 일본인도 아니고 미국인도 아닌, 이중부정의 상태에서 존재감을 상실하게 된다. '노노 보이'는 제2차 세계 대전에 미국인으로서 참전하기를 거부하지만 그렇다고 일본인도 아닌, 일본계 미국 젊은이를 칭한다. 『노노 보이』에서 섬세하게 재현되는 아시아계 미국 남성의 선택과 고뇌는 세계 평화를 수호하기 위해 제2차 세계 대전에 참전한다고 미국이 선전한 국가 이데올로기의 허구를 꿰뚫어 본 데서 기인한다.

『노노 보이』에서 피상적으로 나오는 말없던 아시아계 미국 여성은 『여성전사』(Kingston, 1975)에서 유색인종 미국 여성으로서의 혼종적인 자기 목소리를 당당하게 내고 있으며 그렇게 되기까지 겪었던 그녀의 고통과 혼란을 잘 드러내고 있다. 『여성전사』의 자전적 주체-화자인 '맥신'이라는 중국계 미국 여성의 복합적이고 매개적인 위치는 중국도 미국도 아닌 새로운 지역을, "나는…내가 속한다고 생각되는…그런 곳을 몇 군데 찾았어요."(Kingston: 47)라고 말하는 데로 나아가며, "여기 있는 차이나타운보다 더 큰 곳"(109)을 상상하고 찾도록 한다. '중국계 미국'이라는 새로운 지대의 문화적 의미를 탐색하는 『여성전사』는 미국을 유럽이주민들의 나라로 구성하면서 아시아계 이주민을 억압해온 헤게모니적 역사기록을 통해 망각의 바다였던 태평양을 다시 기억해야 할 정치적 공간임을 분명하게 드러낸다.(박미선, 2008: 50) 그동안 미국적 삶에 연연하느라 망각했던 비미국적 혹은 아시아적 삶의 가치를 다시 기억해내고 남성중심적인 인종문화 민족주의가 강요해온 젠더화된 침묵을 깨는 주체가 아시아계 미국 여성 작가들의 문화서사에 의해 부상한다.

『여성전사』에 나오는 자전적인 아시아계 미국 여성 화자는 제2차 세계 대전과 중국 내전 때문에 태평양을 가로질러야 했고 낯선 곳에서 살아남아 언어로써 싸우는 여성전사/예술가의 탈민족적 탈국가적 탈인종적 열망으로 가득하다. "우리가 더 이상 한 줌의 땅에 연연해하지 않는다면 우린 행성에 속하는 사람들 아닌가요? 또 우리가 서있게 된

이 자리가 어느 곳이건 다른 어떤 지점만큼이나 우리에게 속하는 것이 잖아요."(Kingston: 107)라는 화자의 목소리는 초국가적 공간을 열어 준다. 이 목소리에 주목하는 것은 미국문화를 전지구적 자본주의 가부장제 질서에 대항하는 초국가적 연대의 운동이라는 맥락에다 새로 위치시키려는 시도를 염두에 두고 있기 때문이다. 『여성전사』는 태평양을 상기하며 횡단하는 초국가적 공동기억의 서사가 되며, 아시아계 미국과 아시아 국가라는 두 세계에 사는 독자들을 적극적으로 이어주는 문화서사의 공간이 된다. 한국 독자들의 『여성전사』 읽기가 유의미하게 되는 것도 바로 그 때문이다.

이렇게 아시아계 미국 작품들을 백인남성 정전과 연관시키며 '비판적인 다인종 다문화 페미니즘' 관점에서 읽어본 결과, 백인우월주의, 백인성, 인종화, 제국주의, 전쟁에 반대하고 거기에 저항하는 공통의 문화정치적 의식을 읽어낼 수 있었다. 이 공통의 의식 혹은 이해관계야말로 인종주의, 제국주의, 군사주의, 성차별주의와 연루되어 있는 미국 주도의 현 지구적 상상계와는 다른 상상계가 구현된 문화생산물들을 발굴하고 연결하게 하는 근거가 된다. 이 공통성을 근간으로 세 작품은 서로 연결되고 비교되며 함께 읽힐 수 있다.

이러한 읽기 작업은 미국이라는 국가의 흥미진진한 드라마에서 주변으로 처져 왔던 타자들의 문학을 다인종 다문화 서사로서 미국문화 범주의 내부에 위치시킴으로써 백인종의 미국 정전과 연결되도록 한다. 백인 정전으로 규정된 미국a white canonical America의 가장자리에 처져 왔던 아시아계 미국문학 영역은 이제 더 이상 주변부에 머물지 않고 중요하고 의미있는 문학 활동의 장으로 부각된다. 그리하여 백인 미국문화에 대한 지식뿐만 아니라 미국 황인종의 역사와 문화 지식을 또한 갖고 있는 아시아계 미국 영역은 미국문화의 새로운 테두리를 긋는 데 당당한 일원으로 참여할 수 있게 될 것이다.

다인종 다문화 국가로 출범한 미국은 서로 불일치하는 문화들이 병존하며 각기 다른 소리들을 내면서도 서로 보충하는 역동적인 과정을 겪어 왔다. 그런데도 백인성만을, 즉 단일하거나 고정된 것으로서 문화와 정체성을 고집하는 제한된 관점에 집착하는 것이야말로 스스로를 불리한 위치에 처하도록 한다. 오히려 미국 유색인종의 문화적 위치는 세상을 보는 다른 방식들과 다른 시각들을 포용할 줄 알도록 하여 지구상에 살아남을 가능성을 더 크게 한다. 다시 말해 인종문화성을 불변의 본질이 아니라 모순과 경합 속에서 분주하게 살아 움직이게 하는 인간의 역동성으로 받아들인다면, 그것은 미국을 변화시키는 원동력이 될 수도 있다. 미국의 다인종 다문화성을 인정할 때, 공동으로 함께 내는 목소리들의 다양한 양상과 종류와 정도를, 그 목소리들 사이의 겹침과 연관을 포착할 수 있을 것이다. 그때 미국 자체가 이데올로기, 정치, 인구통계학을 포용하고자 하는 서로 경쟁하는 해석들의 주제가 되고, 다인종 다문화적인 상상을 영원히 확대하는 아카이브가 된다.(Lee, 2003: 14) 한국의 독자는 이 아카이브를 통해 새로운 상상력과 비전에 다가가기 위해 미국문화를 다시 읽는다. 거기서 '비판적인 다인종 다문화 페미니즘'은 중요한 역할을 할 것이다.

2

문화연구의 방법론으로서 '젠더번역'

1. 번역과 젠더의 만남이라는 문제설정

인류의 역사는 다양한 민족어들 사이의 소통을 넓혀온 과정이라고 해도 과언이 아니다. 그 소통의 양식으로서 번역은 인류의 문화를 진전시키는 데 본질적이고 필수적인 것이다. 그런데도 번역의 중요성과 가치는 오랫동안 제대로 탐색되지 못했다. 번역을 두 텍스트 간의 옮김이라는 좁은 의미로 규정하거나 원문을 모방하는 부차적인 것에 지나지 않는다는 오랜 관념이 지배적이었기 때문이다. 그러나 20세기 후반에 재조명된 발터 벤야민의 번역 개념은 데리다 J. Derrida의 언어 개념에 영향을 미치고, 그 언어관은 바바 H. Bhabha, 스피박 G. Spivak, 영 R. Young과 같은 포스트식민 이론가들의 문화 이해에 다양하게 활용된다. 이제 번역은 일대일로 텍스트를 번역하는 협소한 수준을 넘어 특히 식민주의로 점철된 인류의 역사와 문화라는 광의의 부문을 해명하는 범주로 확장되고 있다. 20세기 후반에 재정의되기 시작한 번역은 다른 언어로 된 텍스트 간의 번역을 넘어서 국가와 문화의 경계를 넘는 문화들 간의 접촉, 교류, 변형 양태를 가리키는 '문화번역' 개념으로 확장, 심화되고 있는 중이다. 이러한 '번역의 문화적 선회'와 함께, 번역에 대한 재정의, 재개념화 작업의 중요성은 최근 우리 사회에서도 점차 인식되고 있다.

번역은 언어, 문화와 연결되어 있으며 언어, 문화와 연속체를 이룬다. 언어는 각 민족의 문화를 이룩해가는 근본이며 계속해서 새롭게 번역되는 와중에 있다. 따라서 번역은 모든 언어와 민족이 감수해야 하는 몫이다. 그런데 언어-문화-번역은 또한 권력과 정치의 문제이기도 하다. 16세기 이후 근대 유럽의 팽창과 식민주의라는 역사적 맥락에서 폭력적이고 일방적인 방식이기는 했지만 타자들의 언어와 사상 사이의 접촉과 교류가 가능하게 되었다. 그러한 과정 중에 서구적 근대성을 구성하고 이동시키고 확산시키는 기제로서 번역은 대대적으로 수행되기 시작했다. 서구의 식민지들은 제국의 언어로 표상된 서구=근대에 무임승차하여 정신 또는 사상의 식민화로 빠지거나, 그 식민화를 벗어나는 일환으로 번역을 통한 타언어와의 만남 자체를 거부하는 자민족중심주의를 견지하기도 했다. 그런데 이 두 가지 방향은 동전의 양면 같이 겉모습에서만 다를 뿐 식민주의에 뿌리를 박고 있다는 본질에서는 같다. 식민지의 제도와 일상과 언어에 이미 속속들이 착근되어 있는 식민주의는 '자국어중심주의'를 선포한다고 해서 일거에 지워지는 것이 아니기 때문이다.[1]

---

1. "우리들이 일상적으로 쓰는 수많은 개념어들이 근대 일본이 막대한 노력을 기울여 번역한 말이라는 것을 밝히는 데 인색한" 우리 학계의 경향에는 "일본을 증오하면서도 동시에 선망하는 이율배반적인 심리학이 작동"하고 있고, "번역을 경시하는 풍조"(정선태, 2007: 160)는 우리 학계의 뿌리 깊은 식민주의를 잘 보여준다.

번역과 식민주의는 애초에 분리될 수 없는 역사적 배경을 바탕으로 한다. 유럽 제국주의 맥락에서 식민화의 기제로 활용된 번역은 피지배 민족을 계몽한다는 명분으로 여러 측면에서 피지배민족의 언어에 불평등한 권력을 행사한다.[2] 따라서 번역은 "주로 국경을 기준으로 언어와 문화들 간의 경계를 가르고 구분하면서 근대적 정체성의 범주를 구성하고 규범화"하는 핵심 기제이자, 그 정체성을 규율하고 통제하는 '체제'이기도 하다.(박선주, 2012: 305) 그렇지만 번역에는 식민적 폭력에 저항한다는 정치성 또한 내포될 수 있다. 번역은 유럽에 의해 비유럽에 가해지는 일방적인 규제 하에 놓이기도 하지만 또한 유럽을 향해 비유럽의 '전복적인 협상력'을 발휘하는 과정에서 새로운 의미를 창출하기도 한다. '자국의 것'과 '이국적인 것' 간에 있는 결코 넘어설 수 없는 차이(리쾨르, 2006: 87)의 도전 앞에 인간은 자아의 선입견을 고수하고자 하는 자기동일성의 회로에서 벗어나 전 세계의 수많은 이질적인 것들과 대면하게 되며, 자아를 성찰하고 비판하는 자기발견과 쇄신의 기회를 열어갈 수 있다. 이러한 가능성은 식민지와 제국의 관계에서도 여전히 열려 있다.

번역의 가능성에 대한 이러한 인식은, 번역을 원전(원저자)과 번역(번역가)에 오랫동안 전제되어 온 일방적인 위계관계 대신 "평등한 협업과 연대, 결속의 관계"(박선주: 293)로 보자는 주장을 낳기도 한다. 그러나 번역에 깊이 연루되어 있는 식민주의 역사의 구속력에 더 각을 세울 필요가 있다. 예컨대 한국의 식민지 근대만 봐도 일본을 통해 서구의 근대적 의식과 사상을 흡수함으로써 그것을 독립과 변화의 동력으로,

---

2. 그 불평등은 약간 도식적이기는 하지만 ① 양적인 면에서 피지배문화가 지배문화를 더 많이 번역하며, ② 지배문화는 피지배문화를 신비화, 타자화하여 식민적 차이를 배제하며, ③ 지배문화는 자체의 구미에 맞는 피지배문화의 작품을 번역하며, ④ 피지배문화의 작가가 성공하려면 지배문화의 요구에 부응하는 경향으로 나타난다(Robinson, 1997: 32).

즉 서구적 근대를 넘어서는 새로운 사회 구성을 위한 가치형성력으로 전환시킬 여지를 갖는다고 손쉽게 상정할 수 없다. 왜냐하면 한국의 식민지 근대 지식인들이 일본의 서양 번역에 기대어 근대적 사고능력을 형성하는 과정에는 한국어가 아니라 일본어를, 그것도 중국어로부터의 중역重譯으로 점철되어 있는 일본어를 통한 식민사의 채널이 처음부터 내장되어 있었고 "우리의 사유 자체가 이미 일제 번역어들에 의해 유도되고"(황호덕, 2007: 164) 있었기 때문이다. 그렇다면 "식민담론 위에 설립된, 그러나 그 설립 지점을 간과하곤 하는 '우리말로 생각하고 쓰기'라는 언설"(황호덕: 165) 자체부터 심문해야 할 것이다. 이 언설은 "한국이라는 시스템의 전체성이 어떠한 외부와 연결되고 투쟁하며 재조정되어 왔는가에 대한 매우 현실적 물음"(165)을 요청한다.

우리는 이 물음에 대한 답을, 국한문체로 된 『대한국국제大韓國國制』 (1899),[3] 『대한민국헌법』(1948년)에 엄연히 자리 잡고 있는, 오늘날과 같이 한글화된 한국인의 삶에서도 상위언어체계로서 무시할 수 없는 문화적 무게를 지닌 한문자漢文字라는 "일종의 은폐된 기원"(166)을 인식하는 데서 찾을 수 있다. 황호덕은 "한문으로부터 파생한 문체를 중심으로 하여, 한문적인 사고와 감각, 세계관까지를 포괄적으로 문

---

3. 『대한국국제』의 국한문체를 진일보한 것이며 그 용어는 일본의 명치헌법의 영향을 받은 점을 지적한 유진오는 한문에 대한 부정적 관점과 일제문화의 청산이라는 당위를 염두에 두고 있다. 그런데 유진오가 중심역할을 한, 1948년의 대한민국헌법은 과도정부 사법부의 미국인 고문인 우드월의 헌법안 The Constitution of Korea을 상당 부분 번역한 것인데 이 헌법 역시 일본식 용어 투성이의 국한문체를 택하고 있다. 이 두 헌법이 일본어로부터 영어로의 이행인 것처럼 보이지만, 대한국국제 "第1條 大韓國은 世界 萬國의 公認하는 自主獨立 帝國(제1조 대한국은 세계 만국의 공인하는 자주독립 제국)"이라는 규정에 나오는 명사 대부분이 서구 원천을 갖고 있으며 근대 일본이 생산한 번역어일 뿐이다. 그런 점에서 "한자로 표상된 언어의 내포 안에는 식민자의 언어로서의 일본어와 함께, 그러한 근대 일본어를 산출한 상위언어로서의 서구어"(황호덕: 171)가 이미 각인되어 있다.

제 삼는"(169) 한문맥漢文脈을 제안하며 "한문맥의 문화적 권위에 의존해 작성된 국한문체의 헌법 안에 일본어와 구문맥歐文脈의 질서가 내포되어 있다는 사실"(171)을 복합적으로 상기한다. 그렇다면 한국 학계는 '일본어와 구문맥의 질서가 내포된 한문맥'이라는, 우리말의 역사적 구성에 개입된 원초적 폭력을 문제 삼으면서 최근에 더욱 가속화되고 있는 영어의 폭력에도 대처해야 하는 상황에 직면해 있는 셈이다.

이렇게 복잡한 상황 속에 처한 한국어뿐만 아니라 지구상의 많은 소수 언어들은, 언어 본연의 창조적 활력을 상실한 채 기계적인 소통의 도구로 전락한 영어의 강력한 위협으로 인해 영영 사라질 위험에 처해 있다.(에반스, 2012) 글로벌 영어의 위협에 맞서기 위해 언어들 간에 문화들 간에 바람직한 소통과 교환을 다양한 방식으로 수행하여 새로운 해석들을 적극 퍼뜨리는 번역은 자기갱신의 계기를 만들어 내는 저항과 보존의 공간으로서 적극 구축되어야 할 것이다.[4] 이러한 맥락에서 "번역에 대한 이해와 대응은 지구화 시대에 삶의 질을 보전하고 확장하는 가장 중요한 계기 중의 하나"(윤지관, 2007: 22)로서, 인류의 문화를 향상시킬 수 있는 잠재력을 담지한다. 이러한 지평에 자리잡고 있는 번역은 그 목표를 '의미의 등가성'에 따른 의미의 단순한 옮김에 두지 않을 뿐만 아니라, 가변적이고 불완전하더라도 의미들 사이의 끊임없는 만남, 충돌, 협상을 통한 21세기적 가치창출에 두도록 한다. 이러한 가치화 작업에 임하는 번역은 언어불평등, 계급불평등, 인종불평등, 젠더불평등이라는 문제를 사회화하는 작업과도 연결된다.

---

4. "한 언어가 죽으면 가능한 세계도 함께 죽는다…파괴된 공동체의 내몰린 생존자들이 한 줌밖에 안 되더라도, 그들에 의해 여전히 사용되는 그 한 언어는 현실의 발견 및 재창조와 그 나름의 꿈의 가없는 가능성을 그 속에 간직하고 있다"(Steiner, 1997: xiv).

전 지구에 팽배하는 영어 제국주의로 인한 소수언어들의 말살과 그에 따른 인종불평등이 가속화하는 현실의 역사적 기원과 현황을 자국어로 이해하고 또 그 이해를 다른 언어로 번역하는 것은, 그 현실에 대한 인식을 공유하고 확장하는 문화적 실천을 수행하는 일이기도 하다. 그렇다면 그러한 문화적 실천의 맥락과 번역은 어떤 관계 속에 있는지를 먼저 살펴볼 필요가 있을 것이다. 번역과 문화의 관계는 벤야민의 번역 개념에서 출발해 데리다를 거쳐 바바의 '문화번역' 개념이 진전되는 과정을 살펴봄으로써 파악될 수 있다. 그런데 거기에는 젠더라는 문제의식은 빠져 있다. 20세기 후반에 우리의 지식과 인식 형성에 필요한 인식소로서 제시된 '젠더'가 번역과 어떤 관계 속에 있는가라는 문제제기는, 번역이 젠더와 만나야 하는 이유를 규명함과 동시에 번역과 젠더는 어떻게 만나야 할 것인가 하는 물음을 내포한다.

포스트식민주의 이론과 연계되어 있는 〈번역연구〉와 페미니즘 이론에 의해 출발된 〈젠더연구〉는 따로 진행되다가 〈문화연구〉를 통해 가깝게 만나면서 두 영역의 연결을 시도하는 연구들(Simon, 1996; Flotow, 1997)이 나온 바 있다. 이러한 연구 동향에 관심을 갖고 "번역과 젠더를 만나게 하고 교차시키는 방법론"(박선주: 293)을 검토해본 결과, 그 방식은 1) 원전과 번역, 생산과 재생산, 창조와 모방이라는 틀에서 번역을 부차화, 여성화, 젠더화하여온 과정, 즉 번역에 젠더정체성이 부여되어온 과정을 가리키는 '번역의 젠더화 gendering translation' 2) 텍스트 속에서 번역되는 대상으로서 '젠더'의 주요양상에 초점을 맞추는 '젠더의 번역 gender in translation'으로 나누어진다. 여기서 '번역의 젠더화'는 그 역사적 과정을 보건대 비판받아야 하고 극복되어야 할 단계이다. '젠더의 번역'은 텍스트 속에 기입되는 젠더화된 정체성의 다양한 양상들에 초점을 둠으로써 어디까지나 읽히는 대상으로서의 젠더적 측면, 즉 '번역된 젠더'의 양상에 국한된다. 그렇다면 번역을 젠더화해 온 역사적 현실에 대한 비판을 바탕으로, 번역되는 대상이나 주제로서의 '젠더화된 정체성'에 머물지 말고, 번역 자체의 방법론적 틀을 재구성하는 데 필수적인 요소로서 '젠더'를 적극적으로 위치시키는 '젠더번역 gender-translation' 같은 것을 상정하여 볼 수 있을 것이다.

이런 생각에 따라 2절에서는 벤야민, 데리다, 바바의 번역 논의를 살펴보고 3절에서는 그들에게서 생략된 '젠더' 논의 중에서도 먼저 번역이 젠더화되어온 역사적 과정, 즉 '번역의 젠더화'를 짚어본 다음, 번역되는(읽히는) 대상으로서의 젠더를 중점적으로 다루는 '번역된 젠더'의 양상을 살펴본다. 4절에서는 '번역의 젠더화' '번역된 젠더'라는 방식의 만남이 지닌 한계를 극복하는 일환으로 실제 번역(읽기)의 예를 통해 '젠더번역'의 이론적 윤곽을 도출하여 본다. 5절에서는 문화연구의 방법론으로서 '젠더번역'의 이론적 의의와 남은 문제를 언급해 보겠다.

2. 번역에서 문화번역으로: 벤야민에서 바바까지

벤야민은 「번역가의 과제」라는 글에서 예술 작품의 수용자를 위한 의미전달이라는, 통상적인 번역의 목적을 부인한다. 벤야민에게 번역은 원문의 의미를 그대로 모방하고 반복하는 작업, 즉 "원문의 의미에 동화"(벤야민, 1983: 257)되어 가는 작업이라기보다 "애정을 가지고 그리고 디테일한 부분까지 원문의 표현방식을 번역 언어 속에 체화"(벤야민: 257)하는 가운데 언어적 경계를 확장하고 심화하는 것이다. 다시 말해, 벤야민은 번역이라는 것을 간파하지 못할 정도로 목표 언어로 완벽하게 읽히는 번역물을 생산하는 게 아니라, 번역 중인 언어들의 '번역 불가능한 것(이국성 foreignness)'을 '잔여적 차이'로서 기입하는 행위를 번역이라고 본다. 유동적이고 움직이며 고정된 경계가 없는 언어 자체의 변형 행위에 관여하는 그러한 번역은 "두 죽은 언어 사이의 메마른 균등화"를 꾀하지 않으며 "인간과 민족들 간의, 그리고 인간과 사물들 사이의 궁극적 소통을 향한 좀 더 깊은 인류의 욕망"(윤성우, 2007: 19)을 실현한다.

벤야민은 이 욕망을 실현하는 '순수 언어'를 번역을 통해 찾을 수 있다고 본다. 번역가의 책무라고 흔히 이해되어온, 수용자를 의식한 단순한 의사소통, 메시지 전달, 의미의 본원을 벤야민이 비판하는 것도 번역의 목표를 '순수 언어'를 성취하는 데 두기 때문이다. 두 언어 간의 번역을 통해 옮겨져야 하는 것은 "거듭 지속적으로 새로워지고… 가장 때늦게 그리고 가장 포괄적으로 자신을 전개하는"(벤야민: 247-8) 원작품의 생명이다. 다시 말해 벤야민의 번역은 원문과 동일한 어떤 것을 반복하는 것이 아니라 "원문의 어떤 것을 증폭하고 쇄신할 그 무엇"(윤성우: 183)을 목표언어에 담아냄으로써 차이를, 새로움을 기입하는 것이다. 그러한 번역은 원본 텍스트의 조화로움을 깨뜨린 이후의 잔해들에 주목하는 가운데 "승리자의 항아리 속에 담을 수 없는 어떤 것"(정혜욱, 2010: 45)을 간파하여 새로운 언어로 옮겨냄으로써 폐쇄적이고 악순환적인 자기동일성에서 벗어날 수 있는 기회를 열어준다.

벤야민에 의해 새로운 차원에서 논의되기 시작한 번역은 차연 différance, 흔적, 타자 등과 함께 데리다의 사유에서도 중요한 주제로 자리잡고 있다. 데리다에게 언어의 의미형성 과정은 기표가 기의를 찾아 나서지만 둘의 만남은 계속 실패하는 과정의 연속이다. 시간 차이와 공간 차이로 말미암아 그 시도는 언제나 좌절한다. 따라서 기표는 자신을 다른 기표에 끊임없이 이양함으로써 기의와의 완벽한 만남을 시도하지만, 이 이양의 과정 속에서 언어는 은유와 비유에, 인용과 번역에 자신을 개방할 수밖에 없다.(정혜욱: 55-9) 데리다에게 기표와 기의 사이의 간극은 오히려 다양한 번역가능성을 열어주는 것으로 전환된다. 그렇게 개방된 번역은 하나의 언어에서 다른 언어로의 '변형'(데리다, 1992: 20)을 가리킨다.

언어의 변형으로서 번역이 갖는 의미를 문화의 차원으로 넓히는 작업은, 번역을 식민주의 및 포스트식민주의 상황과 연결시키는 바바에 의해 수행된다.[5] 바바에게 번역은 원본을 단순히 모방하는 것이 아니라 '새로움을 세계로 입장시키는' 방식이다. 여기서 '세계'는 주로 제3세계에서 제1세계로 이동한 이주민들의 세계인데 식민지 문화와 제국문화가 섞이는 혼종적인 공간을 가리킨다. 바바는 제3의 혼종적인 문화공간이 갖는 의미를 규명하기 위해, 서로 다른 문화들을 번역 대상으로 놓고 분석하는 문화들의 번역 대신 '문화번역cultural translation'이라는 개념을 제시한다.

'문화번역' 개념에 대한 가장 포괄적이고 세련되며 영향력 있는 규정은 바바의 「새로움이 세계에 입장하는 방식: 포스트모던 공간, 포스트식민 시간, 문화번역의 시도」[6]라는 글에 나온다. 이 논문의 제사

---

5. 니란자나(Niranjana, 1992)는 번역을 차연의 형식에 머무르게 하지 않고 문화적 저항의 수단으로서 강조하지만 주로 식민주의 맥락과 연결시키고 있다.
6. 바바의 『문화의 위치』 중 마지막에서 두 번째로 실려 있는 글(Bhabha, 1994: 212-35)의 제목("How newness enters the world: Postmodern space, postcolonial times and the trials of cultural translation")이다.

題詞는 "번역은 동일성과 유사성의 추상적 개념들이 아니라 변형의 연속체를 통과한다"[7]는 벤야민의 유명한 구절이다. 바바는 번역의 사후 삶after-life이라는 벤야민의 개념을 생존sur-vivre, survival으로 또 '경계에서 살아가는 행위the act of living on borderlines'로 번역하는 데리다를, 루쉬디Rushdie식 이주성과 혼종성이라는 전적으로 새로운 맥락에다 놓는다. 루쉬디는 이주민의 새로운 삶에 대한 꿈속에다 '경계에서 살아가는 행위'를 번역해 넣는다. 이러한 문화번역이야말로 두 언어, 두 문화 사이에서 '창발적 틈새' '힘을 주는 혼존성의 조건'을 가능하게 한다.[8] 그 원동력은 바바의 이주민에게 끝내 살아남는, 지배문화에 결코 동화될 수 없는 '잔여적 차이'에 있다. 바로 이 '잔여적 차이'가 차이들을 단순히 혼합하거나 융합하거나 해소하는 동질화를 막아주며, 변형 중인 언어들의 새로움을 세계에 입장시킨다.

바바의 '문화번역' 개념은 한 언어를 다른 언어로 변형하는 실천으로서의 '번역'을 문화적 변화와 상호작용을 위한 좀 더 일반적인 방법으로 이전한다.(Young, 2012: 157) 바바에 이르러 번역은 두 다른 언어와 문화로부터 나온 텍스트들을 "인간의 이주성의 과정과 조건"(Trivedi, 2012: 5)으로 맥락화하는 방법이자 "이주민들의 행위들을 기술하는 하나의 개념"(Young: 161)으로 다시 발명된다. 트리베디는 번역의 개념과 실천에서 언어적 요소를 제거한 바바의 '문화번역'을 "도

---

7. "Translation passes through continua of transformation, not abstract ideas of identity and similarity"(Bhabha: 212).

8. 이 중요한 대목의 원문은 다음과 같다. "…it[hybridity] is the dream of translation as 'survival' as Derrida translated the 'time' of Benjamin's concept of the after-life of translation, as sur-vivre, the act of living on borderlines. Rushdie translates this into the migrant's dream of survival; an initiatory interstice; an empowering condition of hybridity"(Bhabha: 226-7).

착문화에서의 이주민들의 파열된 삶의 경험을 기술하는 용어"(Bhabha: 5)로 보며, 영은 "출발문화가 아니라 도착문화를 변형하는 어떤 것"(Young: 163)으로 본다.

과거 인류학에서의 문화번역은 1세계 인류학자가 다른 문화의 특수성을 파괴하는 권력과 전유의 담론이었다. 반면, 바바의 포스트식민 담론에서 말하는 문화번역에서는 제3세계 '토착민'이 새로운 이주자가 되어 자신의 문화를 새 주인host 공동체 속에into 번역해 넣는다. 바바에게 문화의 변형 주체는 이주민이며, 이제 지배문화가 이주민에 의해 문화적으로 번역된다. 이주민의 문화번역은 이주민에 의해 대면되는 헤게모니 문화에 개입하는 것이다. 거기서 일어나는 혼종화는 "상충하는 당대 문화들의 권력 역학 내부에서 개입하고 상호작용하는 행위능력적인 과정"[9]을 포함한다. 그렇다면 이주민 문화번역의 핵심적인 양식으로서 '혼종화'는 포스트식민시대의 새로운 주체형성을 정체성identity뿐만 아니라 행위능력agency과도 결부시킨다. 그런 점에서 바바의 '문화번역'은 '차연의 형식' 또는 '은유로서의 번역'이라는 지평을 넘어설 뿐만 아니라, 이주민의 주체화 양식에 그치지 않고 지구화 시대의 서발턴subaltern, 다중, 프레카리아트precariat와 같은 다양한 주체화 및 그 행위 양식들로 확장될 수 있을 것이다. 그런데 이렇게 의미 있는 '문화번역'의 가능성에도 불구하고, 오늘날 문화번역에 필수적인 인식소로서 '젠더'의 문제의식은 여전히 배제되고 있다. 이제 번역 혹은 문화번역을 젠더와 만나게 해야 할 시점이다.

---

9. "an agential process of intervention and interaction within the power dynamics of conflicting contemporary cultures"(Young: 160).

3. 번역의 젠더화 Gendering translation와 번역된 젠더 Translated Gender

　　　　　　　　사실 그동안 번역과 젠더는 '번역의 젠더화'와 '번역된 젠더'라는 두 가지 방식으로 만나 왔다. 여기서 먼저 '번역의 젠더화'란, 원전과 번역본 사이에 함의된 위계적 불평등 관계를 젠더화로 이해해온 유럽의 역사적 과정에서 명백하게 드러난다. 원전-번역본의 젠더화된 관계는 원전에 충실하지 못한 채 번역가의 재량을 지나치게 발휘한 허영심에 빠진 번역본을 '아름답지만 정조 없는 여자 les belles infidéles'라고 칭한 비유에서 단적으로 나타난다. 이렇게 성별에 근거한 번역의 젠더화는 원전과 번역본 사이의 이분법적 경계를 내면화, 본질화함으로써 그 경계를 더욱 심화시킨다. 그리하여 원전-번역본에 부여된 젠더정체성과 성역할은 더욱 뚜렷하게 고착되고, 원전-번역본이라는 언어/문화적 정체성의 차별구조는 끈질기게 지속된다.(박선주, 2012: 293) 원전과 번역본 사이에 "본질적이고 생물학적 차이가 설정되면 각각의 범주가 갖는 성격과 역할은 분명해지고, 또 범주와 범주 사이의 서열은 손쉽게 조율 통제"(박선주: 302)되기 때문이다.

　그러한 차별구조에 따라 여하한 창조적 가능성은 부정된 채 원본의 모방, 차용에 지나지 않는 것으로 규정된 '번역'은 두 텍스트, 두 문필가에 국한되지 않고, 유럽의 팽창과 제국주의라는 역사적 맥락 속에서 구성되고 이동되고 확산되는 근대성 전반에 적용된다. 유럽과 비유럽, 제국과 식민지라는 두 공간 사이에서 제국에는 합리적이고 이성적인 '생산'의 남성 공간이, 식민지에는 비합리적이고 무질서한 '재생산'의 여성공간이 은연중 할당되는 젠더화가 수행되어 왔다.(297) 그리하여 유럽과 비유럽의 구별과 차이는 역사적 맥락에서 이해되지 않고 본질화되며, 유럽에 부여된 남성성은 유럽중심주의를 견고하게 유지하는 기제가 된다. 이러한 젠더화는 유럽과 비유럽 사이의 불평등한 권력구조 사이에서도 일어났던 다양하고도 복잡한 교류의 면면을 단순화하며, 두 시공간 사이의 권력에 대한 저항, 담합, 공모를 둘러싼 풍부한 의미와 영향의 파장 또한 은폐하는 결과를 빚는다.

유럽 중심으로 진행된 번역의 젠더화와 관련된 역사적 과정을 자세히 분석한 박선주의 논의에 따르면, 번역의 젠더화로써 야기된 단순화와 은폐보다 더욱 중요한 점은 '유럽적 젠더 개념의 보편화'이다. 유럽과 비유럽의 권력관계 속에서 비유럽으로 이동하는 유럽-원전들이 훨씬 많았고, 그 유럽-원전들에 각인되어 있는 젠더구분이나 성정체성을 이해하여온 유럽의 방식은 비유럽의 언어, 문화, 인식체계에 덧씌워지게 된다. 이렇게 편향된 번역이 계속 진행됨에 따라 결국 지극히 유럽적인(특수한) 젠더 개념이 지구 어느 곳에서나 동일하게 찾아볼 수 있는 지극히 보편적인 것으로 자리잡게 된다. 그러한 보편화야말로 비유럽-원전에 분명히 존재하여온 특수한 젠더화의 양상들을, 유럽적 어휘와 인식체계에 없거나 이해하기 어렵다는 이유로 번역과정에서 과감하게 삭제하도록 하였던 것이다.

이렇게 유럽과 비유럽 사이의 불균등한 힘의 논리에 따른 번역과정을 통해 세계 곳곳으로 이동된 '젠더'는, "유럽적 젠더 개념의 전지구적 동질화"라고 할 만한 결과를 낳았다. 이런 동질화는 "영어, 프랑스어, 독일어와 같은 인도-유럽어 문화권에서 일어난 젠더화의 성격과 정도가 마치 비유럽 지역에서도 늘 똑같이 존재해 왔다는 (잘못된) 인식, 즉 젠더는 전 세계 어느 곳에서건 보편적이고 동일한 것이라는 사고"(307)를 형성했던 것이다. 여기서 우리는 '젠더' '젠더화'라는 용어에 배여 있는 또 하나의 유럽중심주의라는 페미니즘의 한계를 목도하게 된다.

이 한계를 비판하고 극복하기 위해 성정체성 혹은 '여성' 범주 자체에 대한 문제화를 통해 젠더정체성을 보편적이라거나 생물학적 자명성에 따른 고정된 것으로 보아서는 안 되며, 문화, 계급, 인종, 종교 등 다양한 요인과 특수한 맥락을 중시하는 차이의 페미니즘, 즉 포스트식민 페미니즘이 대두한다. 포스트식민 페미니즘에서 정체성을 구성하는 여러 축에 따라 여성들 사이의 차이들을 주시하자는 것은 "젠더개념의 동질화, 젠더범주의 보편화"(308)를 경계하게 하면서 '여성'이라는 정체성 범주 자체의 근간에 있는 해석과 재현의 한계, 다시 말해 '번역 불가능성'이라는 개념에 착안하게 한다. 그렇지만 그동안 익히 지적되어 왔듯이, 차이들 사이의 위계와 얽힘에 대한 정밀한 규명 없이 그저 나열되는 차이들의 강조는 젠더 범주, 특히 '여성'이라는 범주에 대한 이해 자체를 가로막아 왔다. 따라서 한편으로 무수한 차이들을 지우고 포섭하며 유럽적 젠더를 획일적으로 강요하는 구도와, 다른 한편으로 차이들을 인식한다고 하면서 그저 무분별하게 확장하는 구도 둘 다를 경계해야 할 것이다. 이러한 경계심을 유지하고 이분법적 구도의 난국을 헤쳐 나가게 하는 기반은, 유럽에서나 비유럽에서나 가부장적 의미체계가 표방하는 '남성성' '여성성' 자체가 역사적 구성물이며, "남성적 언어/담론이란 여성뿐만 아니라 남성조차도 자기 안에 있는 다양한 젠더적 성향을 삭제하고 재단해야만 들어갈 수 있는 배제적 담론 공간"(311-2)이라는 점을 명확하게 인식하는 것이다.

이렇게 번역의 젠더화 과정에 대한 비판적인 역사적 이해를 통해 얻어진 인식을 바탕으로, 이제 번역과 젠더가 만나는 또 하나의 방식으로서 젠더의 번역, 즉 작품 속에서 번역되고 있는 젠더라는 '번역된 젠더^{Translated Gender'}의 양상을 살펴볼 차례이다. 이 양상은 젠더 혹은 젠더화된 정체성의 재현에 대한 작가의 의미부여를 중심으로 잘 파악될 수 있다. 예컨대 벵골 여성작가 마하스웨타 데비^{Mahasweta Devi}의 「젖어미 *Stanadayini, Breast-Giver*」에 대한 가야트리 스피박의 비평은[10] 영국의 식민지였던 벵골이라는 나라가 독립 후 처한 곤경을 민족주의 시각에서 그린 알레고리라는 작가의 발언에서 출발한다. 3장 후반부에서는 데비에 의해 번역된 젠더를 읽어내는 스피박의 논의를 살펴보고자 한다.

스피박은 작가의 의도에 따라 벵골과 같은 제3세계의 서발턴 subaltern[11] 여성 삶을 통해 보여주고자 한 젠더화된 정체성의 양상을 다음과 같이 지적한다. 1960년대 벵골을 배경으로 하는 「젖어미」의 주인공은 자쇼다^{Jashoda}라는 서발턴 여성이다. 그녀의 남편은 브라만 신분인데 가난한 계급이어서 노동을 해야 하는데도 사원에서 빈둥거릴 뿐이다. 그런데 남편이 할다르^{Haldar}라는 부유한 집의 막내아들의 차에 치여서 다리를 못 쓰게 되자 자쇼다가 생계를 책임져야 하는 상황에 몰린다. 젖먹이를 양육하는 자쇼다에게서 계속 나오는 젖이 필요하던 할다르 가는 자쇼다에게 유모라는 일거리를 주고, 자쇼다는 식구들을 먹여 살릴 수 있게 된다. 자쇼다는 자기 아이들과 주인 집 아이들까지 수없

---

10. 가야트리 스피박, 『다른 세상에서』(2008)의 제14장 "하위주체의 문학적 재현: 제3세계 여성 텍스트," 485-544 참조. 스피박은 벵골어로 된 소설을 영역하였으며 13장에 그 소설의 한글 번역본 「젖어미」(448-77)가 실려 있다.

11. 실체, 실질을 가리키는 substance의 sub와 대타성 alternity의 altern이 합성된 subaltern 이라는 용어는 프롤레타리아트라는 남성노동자 중심의 계급 개념에 기반을 둔 주체 이해를 수정하고 확장한다. 오늘날 공장 노동자들, 농민들, 농업노동자들, 부족민들, 빈민들, 이주민들, 난민들, 프레카리아트들을 망라하며 지구 곳곳에 편재하게 된 서발턴들은 사회의 실체이자 실질을 구성하는데도 타자의 위치로 밀려지고 '하위'가 되어 보이지 않는 '서발터너티' 상태에 있다.

이 젖을 먹이다 보니 유방암에 걸리게 되는데 남편도, 자쇼다의 아이들도, 주인집 아이들도 자쇼다를 외면해 버리며 외롭게 홀로 죽어간다.

벵골 가부장적 이데올로기에 의해 형성된 여성인 자쇼다는 "당신은 남편이고 힌두교의 지도자랍니다. 내가 잊어버리고 아니라고 말한다면 나를 바로잡아 주어야지요. 결국 고통은 어디에 있는 것일까요?… 열매를 맺는 나무도 고통을 느끼겠지요?"(스피박, 2008: 460)하고 말한다. 자쇼다는 전통적인 성별 노동분업도 받아들인다. "남자가 돈을 벌어오고 여자는 밥상을 차리는 거죠."(스피박: 467) 그런데 이렇게 젠더화된 정체성 이해는 '라이온시티드'라는 벵골 여신에 대한 만연된 믿음에 의해 견고하게 유지된다. 어느 날 자쇼다가 자신을 쳐다보는 할다르 집안의 막내아들에게 "행운아이신 우리 도련님, 도련님이 제 남편 다리를 치는 바람에 이 모든 일이 일어나게 되었지요. 그건 누구의 뜻이었을까요?"(463) 하고 묻자, 막내아들은 라이온시티드라고 답한다. 이 대목에서 보듯, 시선의 주체는 주인집 막내아들이고, 젖을 주고 있는 자쇼다는 그 시선의 대상일 뿐이다.

그런데 암에 걸려 외롭게 죽어간 자쇼다는 「젖어미」의 결말에서 "몸으로 나타난 신"(483)이라고 언급된다. 자쇼다는 거룩한 아들에게 젖을 먹이는 신성한 (양)어머니로 신비화되고 치환된 채, 지배적인 여신 라이온시티드의 의지를 선포하는 존재인 할다르에 의해, 또 남편과 아들들에 의해 내내 착취되었을 뿐이다. 자쇼다는 자신보다 성, 계급의 축에서 우위에 있는 모든 사람들에게 몸과 노동을 내내 바쳤지만 그 점은 생략된다. 억울하게 병들어 죽은 자쇼다를 육신을 띤 신이라고 미화하는 결말은, 젠더화된 서발턴 여성의 몸과 노동을 은폐하는 전형적인 남성 민족주의 태도를 그대로 드러낸다. 이러한 태도는 벵골에 특수한 성정체성이나 행위능력의 새로운 지평을 보여주기는커녕, 젠더화된 정체성 이해를 벗어나지 못하고 있다.

　이상과 같은 벵골 단편소설 읽기를 통해 본 '번역된 젠더'는 작품에서 읽히고 번역되는 대상으로서 젠더화 과정에 주안점을 둔 것이다. 그렇다면 이러한 번역과 젠더의 만남에서 방점은 젠더라기보다 여전히 번역에 주어져 있다. 그런 점에서 '번역된 젠더'는 앞서 살펴본 '번역의 젠더화'와 견주어 볼 때, 번역중심이라는 면에서 크게 달라진 바 없다. 벵골 단편 소설에 이렇게 번역된 젠더는 벵골어와 같은 소수 언어로 된 '텍스트의 특별한 부름'에 반응하는 "가장 친밀한 읽기행위"(스피박, 2006: 338)라는 번역 층위와는 거리가 멀다. 스피박이 번역의 이런 층위를 강조하는 것은, '텍스트의 특별한 부름'을 제대로 파악하는 인식적 감성적 반응능력, 읽기능력literacy도 전혀 없이 현재의 영어헤게모니에 지배되어 종종 자신들의 무지한 선의를 3세계 텍스트들에 발휘하는 메트로폴리탄 페미니스트들의 손쉬운, 무차별적, 신식민주의적, 동화주의적 번역물이 서구 출판계에 만연하고 있기 때문이다. 스피박은 번역되는 텍스트의 언어와 역자의 언어는 서로 공유할 수 없는 다른 언어학적 구성 체계를 갖고 있으며 원전의 수사학적 본성은 물론, 수사학적 침묵까지도 고려한다는 관점을 무엇보다 중요하게 여긴다. 바로 그러한 관점에서 스피박은 작가의 결을 거스르며 벵골 소설들을 계속해서 새로 번역하며 다시 읽는다. 바로 그러한 스피박의 복합적인 읽기 과정은 '젠더번역'이라는 이론적이고 방법론적인 지평을 창안하게 한다.

4. '젠더번역 Gender-Translation' 이라는 이론적 방법론적 지평

　　　　　　　4절에서는 번역과 젠더의 만남을 번역 중심성을 견지하면서 젠더, 젠더화를 끌어들이는 수준에서 더 나아가 젠더로써 재구축되는 번역, 번역으로써 재구축되는 젠더라는 양방향의 상호간섭적 읽기로서 '젠더번역'의 이론적 방법론적 지평을 스피박의 읽기로부터 도출하여 보고자 한다. 마하스웨타 데비는 자신의 단편 소설에 대해 민족주의적 우화라는 맥락을 스스로 천명했지만, 다른 여러 의미들이 텍스트를 배회하고 있으며 텍스트에 각인되어 있다. 그렇게 복합적으로 얽혀 있는 다양한 의미층위들이야말로 벵골 단편소설의 영어번역 또는 한글 번역에 '새로움'을 기입할 수 있게 하며, 벵골 서발턴들의 다른 세상에서 협상중인 특이한 젠더화 과정들을 읽어내게 하는 방법론으로서 '젠더번역'을 주장할 수 있게 한다.

　「젖어미」에 대한 스피박의 분석은 3절 후반부에서 언급된 '번역된 젠더'의 양상과 함께 다른 한편으로 1) 기존 젠더관계의 외부에 있으면서 그 젠더화를 전복하고 넘어서는 숲에 사는 아줌마들의 세상, 2) 여성 기관을 제공하는 사람이라는 소설 제목 자체의 특수성, 3) 여성의 성적 쾌락과 관련된 주방 아줌마 이야기, 4) 지식의 대상이 아니라 지식의 장소로서 여성 육체라는 네 가지 의미영역을 규명하고 있다. 바로 이 새로운 의미영역들이야말로 잔여적 차이로서, '젠더번역'의 수행적 실천을 가능하게 하며 '젠더번역'의 이론적 방법론적 가능성을 예시한다.

　「젖어미」의 맨 앞부분인 제사[12]에 나오는, 어머니 없이 기존 혈연관계

12. "나의 아줌마들은 숲에서 살았다. 숲 속에다 자기들 집을 지었다. 아줌마는 얘야, 부드러운 사슴 고기가, 빵 한 조각이 여기 있으니 먹으라고 말한 적이 한 번도 없었다"(스피박, 2008: 448).

와 가부장적 관계를 넘어서 있는 세계의 양어머니는 자쇼다와 같은 젠더화된 서발턴 벵골 여성의 비참한 최후라는 결말을 거스르는 전혀 다른 틀을 제시한다. 텍스트의 제사에 나오는 첫 단어는 어머니가 아니라 아줌마들, 그것도 결혼관계에 의해서가 아니라 혈연이 기입되기 이전 단계에 머물러 있는 아줌마들, 자연과 문화의 경계에 머물며 반간—숲과 촌락을 찬양하는 이름—에 사는, 이름 없는 부모의 자매들을 일컫는다.(스피박, 2008: 540-1) 어머니로서의 실패를 자세히 이야기하는 자쇼다의 서사와 다른 한편에서 전개되는, 신기한 양아줌마들의 대항서사는 기존 젠더화를 넘어서며 기왕의 자본주의적 가부장 체제 내부의 외부를 각인함으로써, 유럽의 젠더화된 정체성 이해를 중심으로 '번역된 젠더'의 양상을 둘러싼 우리 해석의 안정된 일관성을 위협한다.

다음으로 소설 제목(Breast-Giver)은 수동적으로 젖을 물리는 유모라는 단어에 통상 함축되어 있던 의미망들을 해체하고 전복한다. 상품화된 노동력이자 소외된 생산수단인 유모의 젖가슴은 특정한 젠더구분과 젠더역할을 지속시켜 왔다. 그러한 유모라는 일상적인 용어 대신 '젖가슴을 베푸는 자'라는 신조어는 젖가슴을 주체적으로 세상에 제공하여 세상을 양육하는 사람이라는 주체화 양식을 내포함으로써 여성을 강고하게 둘러싸고 있는 기존의 젠더화된 정체성 자체를 비틀고 흔든다. 이 신조어의 격렬함으로 말미암아 '암'은 서발턴 여성 유모에 국한되지 않고, 젠더화된 서발턴 전체의 억압을 나타내는 기표가 된다. '암'은 젖가슴을 제공하는 사람을 소모시키고, 타자들은 그 젖가슴에 얹혀 기생하며 먹고산다. 그리하여 이 소설은 여성기관을 여성에 특수하게 있는 것으로 부분화하는 대신, 젖가슴을 제공하는 자와 그 젖가슴을 소모시키고 희생시키는 암을 형상화함으로써 젠더화된

남성성 혹은 여성성 이해에 국한된 유럽적 젠더인식을 넘어서는 특이한 벵골 세계를 그려준다.[13]

또한 주변적인 것이라고 젖혀질 법한 주방 아줌마 이야기는 좁은 의미에서의 여성의 열락悅樂, jouissance이 갖는 불가사의함이라는 의미영역을 제시한다. 할다르 집안의 부랑아 막내아들이 주방 아줌마를 덮쳤고, 그 후 음식을 잔뜩 갖다 주곤 하면서 엄마한테 말하지 말아달라고 하는데 "말할 게 뭐가 있는데?"라고 아줌마가 되받아친다. 그런 성행위에 대해 아줌마가 무심하게 대하니까 오히려 막내아들은 굉장히 황당해한다. 이러한 무심함이 지닌 이상한 힘을 그려주는 「젖어미」의 측면에 착안하는 것은 유럽적 젠더관계에서의 섹슈얼리티 관념을 훌쩍 뛰어넘은 작품의 특이한 결을 새로 번역해내는 셈이 된다.

마지막으로 유럽적 젠더관계라는 고정된 틀을 흩어버리는 듯한 「젖어미」의 특수한 젠더화 과정들은 유럽의 역사보다 훨씬 더 큰 역사에 민감하도록 만들어준다. 유럽에 결박되지 않은 더 큰 역사 속에서 자쇼다의 육체는 앎의 도구 수준이라기보다 지식의 장소가 된다. 자쇼다의 육체는 젖을 먹이고 양육하는 유모노릇이 실패했다는, 탈식민화에 관한 음험한 지식을 드러내는 장소로서의 역할을 수행하기 때문이다. 바로 이 역할로 말미암아 유럽 페미니즘의 핵심인 소위 음핵 오르가즘[14]의 특이성과는 거리가 먼 초과로서 '암'이 소설 속에 재현되는 것이다.

더 나아가 자쇼다의 육체는 성적 대상이나 여성의 개인적 소유물에 그치지 않고 유럽제국주의나 제3세계 민족주의보다 더 큰 다른 역사

13. 따라서 소설 제목(Breast-Giver)를 '젖어미'라고 번역한 것은 오역이며 벵골의 특이성을 제대로 전달하지 못한다.

14. 특히 프랑스 페미니즘에서 주장된, 남성중심의 쾌락 원리와 다르며 그것을 허물어뜨릴 수 있는 여성 특유의 욕망 구조를 가리킨다.

속에서 그동안 말할 수 없었던 무수한 타자들이 말할 수 있을 법한 장소의 역할을 한다. "'아이에게 젖을 물리면 어머니라고, 말짱 거짓말이야,' …자쇼다의 젖가슴에 몰려오는 고통은 수많은 입들과, 수많은 눈들과 함께 그녀를 계속 조롱하고 있었다."(스피박: 47)는 비밀스런 문장은 바로 그 무수한 타자들의 타자로부터 말하기를 기록한다. 이로써 「젖어미」는 "(남성의) 정신에서의 초월가능성이 아니라 (여성의) 육체에서의 타자의 (비)형상화를 통해 [지식의 한계를 둘러싼 지식의 역설에 대한] 여성의 접근을 긍정"(530-1)하는 새로운 층위의 의미와 해석을 퍼뜨리는 효과를 거둔다고 하겠다. 이와 같은 스피박의 읽기는 남녀관계를 유럽적 젠더 개념과는 다른 인식체계로써 이해하는 비유럽 텍스트를 발굴하여 유럽적 '젠더'가 벵골 소설에서 어떻게 전위되고 번역되고 있는지를 밝힘으로써 거기 내장되어 있는 젠더에 대한 새로운 인식들을 가시화하는 작업으로 나아간 셈이다.

5. '젠더번역'의 개념화와 남은 문제들

벵골 단편 소설에 대한 스피박의 읽기 혹은 번역에서 젠더는 '번역된 젠더'에서와 달리 그저 읽히는 대상 수준이 아니라 읽기/번역에 처음부터 간섭하는 인식소(혹은 방법론적 틀)로서 자리매김된다. 사실 번역에 대한 논의가 본격적으로 이루어지고 번역이론이 활성화되기 이전에, 번역은 창조에 못 미치는 아류로 이차적이며 여성적인 무가치한 것이라는 관념과 함께, 서로 다른 언어와 문화가 동등하게 교환된다는/될 수 있다는 인식, 즉 등가성equivalence이라는 관념에 주로 기반을 두고 있었다. 그러나 앞서 벤야민을 비롯해 데리다, 바바의 이론을 통해 진전된 최근의 번역 논의를 통해 살펴보았듯이, 서로 다른 두 언어와 문화는 등가적이지 않으며 서로 다른 언어와 문화들 사이의 교류도 등가적이지 않다. 유럽에 대한 비유럽의 '등가성'이라는 것 자체가 번역과 떼려야 뗄 수 없는 식민주의로부터 만들어진 것에 지나지 않기 때문이다.

그렇다면 번역은 서로 다른 언어/문화의 등가를 찾아 "원래 의미를 그대로 '옮기는' 행위라기보다, 언어/문화 간의 불균등한 권력관계로부터 가치를 협상하고 '창출'해내는 행위"(박선주: 312)로써 이루어질 것이다. 이러한 가치창출 행위로서 번역은 그 핵심 범주로서 '젠더'의 의미와 가치를 처음부터 끌어안으면서 그동안의 유럽 제국주의, 또 그 역전된 형태인 제3세계 민족주의라는 역사적 과정을 통해 비유럽 언어 체계에 덧씌워진 유럽적 '여성성'과 '남성성'을 불완전하고 가변적인 것으로 노출시킨다. 그러한 측면에서의 '젠더번역'은 번역에 젠더라는 문제틀을 체계적이고도 지속적으로 개입시키는, 말하자면 번역을 젠더로써 재구축하는 것이다.

이처럼 '젠더번역'의 한 가지 방향으로서 번역에 대한 젠더의 지속적 간섭은 젠더를 통해 번역을 심문하는 것이다. '젠더번역'은 그동안 제대로 번역되지 못한 것에 대한 침묵을 거부하고 단일한 일방적인 읽기가 배제한 결들을 포착하기 위해 젠더라는 이론적 틀로써 그 결들을 본격적으로 풀어헤치는 읽기를 수행하는 방법론이다. 그러한 '젠더번역'은 해당 번역물에서 은폐되고 침묵된 부분을 체계적으로 드러냄으로써 번역이라는 문화적 행위의 의미와 가치를 풍부하게 하는 방법론이 될 수 있다.

그것과 동시에 '젠더번역'의 또 다른 한 가지 방향은 번역을 통해 원본을 반복, 모방하는 가운데 젠더 자체를 질문함으로써 젠더 인식의 차이를 새로움으로서 기입하고자 한다. 말하자면 젠더를 번역으로써 재구축한다. 번역으로써 재구축되는 젠더의 새로운 공간은 뒤늦은 모방 중에 그 아이러니하고 전복적인 요소를 담아냄으로써 문화적 차이를 각인하는 '창발적 틈새initiatory interstice'가 된다. 이 틈새야말로 무엇인가를 창출하는 힘을 갖는 제3의 공간으로서 21세기적 가치창출에 임하는 새로운 인문적 주체의 형성을 촉진할 수 있을 것이다.

이렇게 양방향으로 왕복하는 문화적 실천으로서 '젠더번역'은 수동적, 사물화된, 부차적, 반복적 읽기가 아니라, 치열하고도 전복적이며 격정적인 읽기를 수행한다. '젠더번역'은 격렬한 문화적 번역행위와 부단한 젠더라는 인식소를 결합시키는 방법론을 일컫는다. 젠더와 번역의 밀접한 상호침투, 역동적인 상호횡단, 치밀한 상호교차를 적극 모색하는 '젠더번역'은 단순히 젠더화된 정체성gendered identity의 양상을 드러내는 데 그치지 않고 젠더화된 행위능력gendered agency의 작동과정을 해명하고 거기에 개입하는 데로 나아갈 수 있다. 그러한 방향성을 갖는 '젠더번역'은 현 지구적 자본주의 가부장제 사회에서 요청되는 문화연구의 방법론으로서, 새로운 문화주체를 생산하는 데 기여할 수 있는 읽기와 실천의 방법론으로서 제안될 수 있을 것이다.

그 제안을 좀 더 유효하게 만들기 위해 '젠더번역'은 1) 젠더라는 용어가 섹슈얼리티를 배제하지 않도록 하는 문제, 2) '젠더번역'이라는 용어에 계급적 인종적으로 특수한 젠더화 과정에 대한 인식을 반영하는 문제, 3) '젠더번역'을 통해 계급불평등, 인종불평등, 종불평등이라는 현실인식을 사회화하는 문제, 4) 소수 언어들을 집어삼키는 글로벌 영어에 의해 사멸되고 있는 지구상의 많은 토착어들을 생존시켜 언어 불평등을 해소하는 문제 등을 늘 함께 안고 나아가야 할 것이다. 그러한 문제들의 지평을 구체화하기 위해 남녀관계를 유럽적 젠더 개념과는 다른 인식체계로써 재현하는 비유럽 및 유럽 텍스트들을 발굴하고 번역하고 새로 읽어내는 문화연구는 더욱 활성화되어야 할 것이다.

이 글은 문화연구의 방법론으로서 '젠더번역'을 제안하고 그 이론적 방법론적 윤곽을 그려보는 것을 목표로 삼았다. 그 작업을 위해 먼저 '번역'을 원본에 의존하는 부차적인 것으로 보는 경향들을 비판하고, 발터 벤야민, 자크 데리다, 호미 바바, 로버트 영의 문화/번역 이론들을 검토하였다. '문화번역'의 맥락에서 그들의 진전된 논의에도 불구하고, 젠더의 문제틀은 일관성 있게 생략되어 있다. 이러한 문제의식을 바탕으로 먼저 번역과 젠더를 연결하는 두 가지 방식인 '번역의 젠더화'와 '젠더화된 번역'을 살펴보았다. 그 결과 '번역의 젠더화'는 그 역사적 현상을 비판하는 데 머물고 있으며, '젠더화된 번역'은 고려중인 텍스트들에 나타나는 젠더화된 정체성의 양상들을 언급하는 것으로 끝난다는 한계를 확인하였다. 이러한 한계들은 '젠더번역'과 같은 새로운 개념을 창안하도록 우리를 자극한다. 이 개념은 젠더라는 인식소를 번역에 집요하게 개입시킴으로써 '젠더'와 '번역'을 동시에 비판적으로 재구축하는 이론적 방법론적 지평을 우리에게 제시한다.

3

비교주의 독해에서
페미니즘적 상호참조 읽기로

1. 아시아 담론과 인터-아시아 문화연구의 부상

앞서 제2부 제1장에서 시사하였듯이 단일 민족-국가 틀을 넘어 '아시아'라는 지평을 강조하는 세 가지 담론들은 1) 90년대에 한국에서 동아시아 논의를 촉발한 『문학과 지성』, 『창작과 비평』과 같은 저널들, 2) 90년대에 아시아에서 개최되었던 두 번의 아시아 문화연구 관련 국제학술대회를 바탕으로 2000년에 창간된 『인터-아시아 문화연구 Inter-Asia Cultural Studies』, 3) 2007년 이후 본격화된 성공회 대학교 동아시아 연구소의 저널 작업 및 〈문화로서의 아시아: 사상 제도 일상에서 아시아를 재구성하기〉라는 공동 연구 프로젝트를 통해 가시화된다.

이렇게 아시아 담론을 형성해온 세 흐름은 서로 영향을 주고받으면서 비판적이고 문화적인 아시아 담론 형성에 주요하고 의미있는 역할을 해왔다. 특히 『인터-아시아 문화연구』 진영은 아시아 국가들 사이의 평등하고 상호 호혜적인 새로운 관계맺음을 표상하는 '인터-아시아' 개념을 제시하고 실천함으로써 괄목할 만한 이론적 정치적 성취를 이루었다. 그러나 다양하고 이질적인 아시아의 권역들이라는 지평에서 보면, 지금까지 여전한 한국의 동아시아 중심 논의는 동아시아라는 특정 권역을 아시아라고 상정하는 한계를 지닌다.

90년대부터 아시아인들에게서 일어나기 시작한 아시아 담론은 경제적 발전의 측면에서만 과도하게 부각되는 아시아의 측면, 특정 권역의 일방주의, 서구/아시아의 이분법 등을 비판한다. 그리하여 이것들에 빗금을 치는 형태로 비판적 의식을 유지하는 문화정치적 공간으로서 '아시아'라는 범주가 새로 제안된다. 그런데 이와 같은 아시아 담론은 아시아 국가들 중에서 강국들로 된 동아시아 혹은 동북아시아, 동남아시아라는 특정 권역에 치중해 전개되는 바람에 반동 정신을 현 지구화 시대에 적정하게 구현하지 못한다.[1] 그러한 전개는 광대한 아시아 대륙의 다른 여러 권역들을 배제하고 있으며 강한 국가중심 사유를 여전히 벗어나지 못하고 있다. 그러므로 아시아를 특정 권역들로 한정하지 말고 남반구 대륙들 사이의 연계라는 맥락에 놓고 북반구보다는 남반구의 입장 또는 위로부터가 아니라 아래로부터의 시각을 분명하게 하면서 탈식민의 이론과 실천에 '아시아'라는 지평을 열고 '아시아'라는 범주를 개입시켜야 할 것이다.

아시아의 범위 문제, 아시아를 구성하는 국가들 사이에서도 엄청난

---

1. 1990년대 이후 지금까지 한국에서 열린 수많은 동아시아 관련 국제학술대회 발표문들, 기존 학술지들에 실린 아시아 관련 논문들, 『창작과 비평』, 『황해문화』, 『문화/과학』 등 진보적인 저널에 실린 글들 대다수가 이 글에서 주장하는 아시아 대륙 사유에 미치지 못한다.

이질성과 다양성이 존재한다. 그렇다고 할 때, '아시아'가 고정된 단일한 정체성이 아니라 지속적으로 헤쳐 모여 할 수 있는 기표임은 분명하다. 그런데 제2부 제1장에서 시사한 바와 같이 최근 아시아 담론의 부상은 주로 경제적인 측면에서 두각을 나타내는 몇몇 아시아 국가 중심이라는 한계가 있으므로 이러한 현상에 비판적 거리를 둘 필요가 있다. 이러한 현상에서 벗어나는 길은 제3세계로서의 '아시아'를 함축하는 비동맹 중립노선의 또 다른 발전의 길[2]임을 파악할 수 있게 된다. 현재 아시아 담론을 주도하는 동아시아 담론의 아시아적 관계상에 대한 인식은 매우 제한되어 있다. 따라서 아시아라는 권역과 관련된 지구화에 대한 개념을 분명히 하는 것이 필요하다.

아시아를 이루는 49개 나라들은 지리적으로 광대할 뿐만 아니라 문화적으로도 아주 다양하다. 따라서 그동안 지배적인 동아시아 담론에 의해 가려지거나 축소되어온 아시아를 새롭게 바라볼 필요가 있다.

'아시아'라는 단어는 민족국가들과 주체들 사이를 움직이며 그 사이를 흘러 다닌다. 그때 '아시아'란 하나의 고정된 실체가 아니라 일련의 변화하는 실천 집단체다. 이 '아시아'는 경계들을 가로지르는 공통성과 유사성을 지니면서도 동일한 하나는 아니다. 그것은 결코 전체화될 수 없으며 아시아 혹은 아시아에 진지를 둔 지식인들과 하위주체들에 의해 형성되는 특정한 관심사들과 적절한 문제틀로써 동아시아, 동북아시아, 동남아시아, 남아시아, 아시아 태평양, 중앙아시아, 서아시아 등으로 구획될 수밖에 없다. 그러면서도 국가들이나 지점들을 서

---

2. 여성주의 입장은 아니지만 이 점에 대해 자세히 조망하고 있는 글로는 백원담(2007: 73-97) 참조. 이 논의는 냉전 이후 시대로 확장되어야 하되, 미국과의 동조 속에서 농민, 농촌에 대한 억압 및 착취를 자본주의화의 기본 구조로 택하고 있는 중국 상황을 고려하는 것은 아시아 맥락에서의 맑스주의의 변형과 관련해서 주요한 사안이다.

로 연결하여 상호참조하는 작업은 여전히 필요하다.

이러한 작업은 연결과 상호참조의 축들을 어떻게 형성할 것인가 하는 문제를 제기한다. 냉전 시대 아시아 지역학 연구에서 사용된 비교적 방법의 진정한 초점은 민족국가였고 "비교하려는 불가피한 충동은 지정학적 특권에 기초한 기준들에 따른 전략과 뒤섞여 있었다."(Harootunian, 2002: 39)[3] 이 지정학적 특권은 바로 서구적인 것이었으며 그것은 아시아와 서구 사이의, 또 아시아 국가들 사이의 '공존의 관계'나 '차이-속의-함께 함'을 배제시켜 왔다.[4] 이 배제된 것을 추적하는 가운데 연결과 상호참조의 새로운 기준을 구축하려면 무엇을 어떻게 할 것인가?

머프티는 '지구적 비교주의global comparativism'를 제안하면서 "우리의 학문을 위해 비교의 축을 유럽 혹은 서구로부터 행성planet으로 치환하고 재정렬하기 위해 우리가 전통적으로 지녀왔던 문화적 지적 범위와는 다른 것을 요청해야만 할 것"(Mufti, 2005: 487)이라고 주장한다. 필자는 우리의 해석적 상상적 지평으로서 행성성planetarity이라는 축에 일단 동의하지만 비서구 식민국가들 뿐만 아니라 비-영어권 탈식민 텍스트들에 대한 '지구적으로 인가된 무지'를 먼저 비판할 필요가 있다고 생각한다. 우리는 그 텍스트들에 관심을 기울임으로써 아시아의 국가적 경계들을 가로지르는 문화적 표현들을 생산적으로 연결하고 상호참조할 수 있고 다중적(서구제국주의, 일본제국주의, 중국 중화주의가 겹쳐진) 식민화들의 아시아적 형태를 파악해낼 수 있고, 복잡하게 얽혀

3. 서구의 지정학적 특권으로 인한 기준이 아시아와 서구의 관계를 그림자, 유령, 때늦은 모방, 복사판, 파생담론, 재생산 등으로 표상하게 하였다.

4. '공존의 관계a relationship of coevalness'는 하루투니언의 글(Harootunian, 2002)에서, '차이-속의-함께 함togetherness-in-difference'은 앙(Ang, 2001)에서 따옴.

있는 식민주의의 잔재, 민족주의의 재부상, 지구적 자본주의 가부장제의 힘들과 문화정치적 협상을 벌이는 아시아 여성들을 좀 더 본격적으로 가시화할 수 있을 것이다.

그때 언어들, 분과학문들, 문화들, 역사들 사이에서 그것들을 여성주의화하는 번역과정, 젠더화하는 번역과정/작업은 아시아 여성들 사이의 교차지점들과 분기점들, 병행들과 불연속성을 추적하고, 근접성과 파열의 지점들을 보여주고, 차이와 더불어 동일성을 찾고 동일성 내부의 차이를 찾는 등 상호관계의 선을 다중화하는 과제들로 이루어진다. 이러한 과제들은 우리로 하여금 우리가 따로 떨어져 작업할 때 쓸 수 없었던 복합적이며 정밀한 방법들로써 문제들을 새로 제기할 수 있게 한다. 바로 그러한 역동적인 과정들이야말로 다양한 차이들이 서로 상충하면서도 협상을 벌이는 풍부한 공간을 열어보이게 할 수 있다.

아시아 포스트식민 국가들을 '포스트식민적 민족문화'를 추구하는 "하나의 특정한 물질적 포스트식민 구성체"로 보는 작업(Watson, 2005: 14)에다 아시아의 포스트식민 국가들의 서너 지점들 사이를 왔다 갔다 하며 움직이는 수평적 접근이라는 용어를 붙일 수 있다. 이 수평적 접근법은 포스트/식민적 차이를 지워왔던 수직적 접근과는 대조되는 방식이다.

이와 같은 접근법은 수평적 상호관계를 바탕으로 아시아 내부로부터 실행되도록 한다. 그리하여 동양 대 서양, 미국 대 비미국, 서구 대 아시아 식으로 서로를 타자화하거나 아시아를 '제3세계'로 동질화시키지 않으면서 먼저 아시아 내부로부터 서로 소통하고 이해하는 가운데 **이질성을 품고 함께 탈식민, 탈제국, 탈냉전을 향해 움직이는 아시아 상상을 향해 나아갈 수** 있게 할 것이다.

창간호가 나온 2000년부터 지금까지 『인터-아시아 문화연구』는 아시아에 진지를 둔 지식인들에 의해 지속적으로 발간되고 있고 아시아 대중문화, 소비문화, 아시아의 새로운 정치경제적 쟁점들, 섹슈얼리티, 월드컵 등을 폭넓게 다루고 있다. 이 저널의 편집인 천꽝싱Kuan-Hsing Chen은 『인터-아시아 문화연구』 창간 취지문에서 "냉전 이후 아시아에서의 정치·경제적 변동은 탈식민화를 향한 새로운 사회운동과 더불어 비판적 문화연구 등 대안적 지식생산의 가능성을 열어주었다. 그런데 이러한 목표를 실제 구현하려는 실천적 지식인들 사이의 소통과 교류를 위한 적절한 수단은 부재한 형편이었다. '아시아 문화연구' 기획은 비판적인 아시아 주체성들의 구성 및 재구성을 향한 부단한 운동의 일부로서 자리매김된다"고 밝히고 있다. 천꽝싱에 따르면 『인터-아시아 문화연구』는 "좀 더 협동적이고 집단적이며 비교적인comparative 실천"(Chen, 1998: 4)을 통해 "지금도 우리의 현재를 적극 형성 중인 식민적·제국적 문화 상상을 탈구하여"(Chen: 3) 지역적, 권역적, 지구적 수준 모두에서 정치적, 사회적, 문화적 담론과 인식에 기여하고자(xii) 시도하여 왔다. 그렇다면 그 기여의 수준이 어떠한지 지금까지 진행된 『인터-아시아 문화연구』의 작업을 점검해볼 필요가 있겠다.

우선 필자는 인터-아시아 문화연구가 내걸고 있는 비판적 기치에도 불구하고 지역 지식인들의 남성 흐름male stream이라는 주류mainstream에 편승하고 있다는 느낌을 받는다. 그래서 『인터-아시아 문화연구』의 기획은 그다지 비판적이거나 탈식민적인 것으로 보이지 않는다. 그러한 판단을 하게 되는 두 가지 근거를 들자면, 첫째, 자본주의, 가부장제, 이성애중심주의, 자인종중심주의, 신식민주의 등과 같은 지배의 공통구조들을 모두 함께 열거하며 말하는 습관, 두 번째, 식민적 동일시를 극복하는 해결책으로서 탈식민적 동일시postcolonial identification를 위해 제시되는 '비판적 조합주의a critical syncretism'가 그것이다. 이제 천꽝싱과 관련하여 이 두 가지 논점을 좀 더 자세히 살펴보자.

『인터-아시아 문화연구』 창간호에 실린 천꽝싱의 권두논문 「탈식민화의 문제」에서 그는 지리적, 민족국가적, 권역적 경계들을 가로지르는 중심범주들로서 "젠더, 섹슈얼리티, 인종, 종족성ethnicity, 계급"(7)을 설정하면서 우리 주체성의 구축에 연루된 식민주의적 동일시를 깨뜨리기 위해 '비판적 조합주의'가 필요하다고 주장한다. 그의 설명에 따르면 '비판적 조합주의'는 "식민적 권력관계들, 가부장제, 자본주의, 인종주의, 쇼비니즘, 이성애주의, 민족주의적 외국인 혐오증 등에 의해 역사적으로 구축된 경계들과 분리적 포지션들을 넘어서기 위해서 타자들의 요소들을 자아의 주체성 속에다 적극 내면화하는, 타자들 되기"(25)이다. 천꽝싱에게 이러한 '넘어서기'의 이론적 기초는 "이제 더이상 그저 편협한 유형의 계급정치에 기반을 두지 않고 게이와 레즈비언, 양성애 및 트랜스 섹슈얼, 여성주의자, 노동, 농부, 환경, 선주민aboriginal, 반인종주의, 반전 집단의 범좌파적 사회운동이 함께 작업해야 할"(28) 새로운 종류의 맑스주의이다.

여기서 이해하기 어려운 점은 왜 천꽝싱은 자신이 비판하는 "민족주의, 토착주의, 문명론nationalism, nativism, and civilizationalism", 또 맑스주의의 서구적 인식소 및 이론의 기저에 있는 가부장적 무의식을 비판적으로 성찰하지 않는가 하는 점이다. 그의 이론적 시야에는 맑스주의의 틀을 여성주의적으로 재구축할 실제적 여지를 거의 남겨두고 있지 않다. 이것은 그 자신이 가부장제에 기반을 두고 있는 현 단계 지구적 자본주의가 유지하는 현 국가체제에 본의 아니게 영합하고 있음을 뜻한다. 서로 병행하거나 등가적이거나 다원화된 억압의 축들을 쭉 계속해서 나열하는 태도는 억압적이고 착취적인 지구적 구조들에 도전하고 식민적인 문화적 상상을 탈구하는disarticulate 작업을 진척시키기 힘들게 만든다. 여기서 감지할 수 있는 것은 자화자찬격인 대항성과 그것과 똑같이 자기 잇속을 챙기는 진보성이다.

여성주의 관점에서 보자면 가부장적인 것the patriarchal은 식민적 문화 상상에 핵심적인 것이다. 그래서 아시아 남성 이론가들의 심리와 상상적 지평의 가부장적 구조를 깨뜨리지 않고는 현재의 지배적인 상상을 넘어선다는 것은 어불성설이다. 그러므로 아시아에 진지를 둔 남성이론가들은 일상 삶 속에 깊숙이 스며들어 있는 현 단계 가부장적 상상에 대한 자기성찰을 필요로 한다. 가부장적 기제는 식민주의의 잔재들, 민족주의의 재부상들, 지구적 자본주의의 힘들과 처음부터 이미 결부되어 있고 우리 삶의 구조들에 광범위하게 포진되어 있다. 이 부분을 끊임없이 비판적으로 성찰하는 데서부터 자기변혁으로 나아갈 때라야 가부장제 기제와 맞물려 있는 불균등한 제국주의적 지구화에 맞서는 인식 틀을 갖추어나갈 수 있을 것이다.

사실 『인터-아시아 문화연구』는 여성주의적 관심사들과 범젠더적 운동들을 향해 표면적으로는 열린 구조를 갖고 있다. 하지만 그렇다고 해서 그 이론적 오리엔테이션이 여성주의적인 것으로 자동적으로 만들어 지지는 않는다. 『인터-아시아 문화연구』는 여성주의를 일반적인 하나의 중대한 범주로서가 아니라 그저 여성 및 여성주의자들, 성적 소수자들을 다루어줄 식민화의 한 부문으로서 포괄하고 인정한다. 『인터-아시아 문화연구』가 여성주의 연구 및 트랜스/젠더연구를 간헐적으로 끼어 넣고 전시하는 이유는 그 영역들이 이 저널의 진보성 및 급진성을 입증하는 데서 구색 맞추기 역할을 톡톡히 해내고 있기 때문이다. 필자는 여성주의에 저항했던 서구(영국)문화연구와 달리 아시아에서의 문화연구는 여성주의를 초석으로 삼고 있다는 주장(Niranjana, 2007: 211)에 결코 동의하지 않는다. 이 저널의 기본 틀인 변형되지 않은 맑스주의를 통해 고스란히 재생되는 아시아 남성주의를 실제로 변혁시켜 이론과 문화연구에 반영해 보려는 어떠한 실질적인 노력도 없이, 여성연구에 대해 이렇게 선심 쓰는 수용은 문제적인 것으로 아시아적 인식구조와 상상의 새로운 형성을 가로막는 장애물이 된다. 여성주의 의제들과 관심사들을 요란하게 포용하는 태도는 아주 종종 상당히 동화주의적이고 전유적인 것이기 때문이다.[5] 그리하여 이 저널이 애초에 내건 운동성, 진보성은 상당 부분 퇴색하고 만다.

젠더는 특별한 경우들이나 사례들에서만 중요한 요소가 되는 것이라기보다 일반적인 비판적 분석도구이자 범주이다. 젠더는 근대·탈근대 세계 체제 자체의 제반 시스템(자본주의, 민주주의)을 지탱하고 구성하는 범주로서, 주체화의 역사적 과정에 대한 탐구에서 또 신자유주의 세계체제의 지배와 착취 연구에서 반드시 필요한 분석영역이다. 사실 세계체제의 식민주의, 제국주의, 자본주의, 민주주의, 신자유주의 자체가 재생산(자원, 인간, 노동력의)에서의 거래가 아니고 무엇이겠는가? 이러한 문제의식으로 연결된 하나의 연합된 장으로서 〈아시아 여성주의 문화연구〉를 구축할 수 있다면, 현 아시아 남성중심의 지식생산에 좀 더 효과적으로 개입해 그 틀을 바꾸어내는 선봉장 역할을 할 수 있을

---

5. 듀크 대학에서 1993년부터 발간되기 시작한, 아시아 각국의 문화정체성을 조명하는 *Positions*, 1999년에 시작된 다언어 국제저널로 아시아의 식민지 근대성을 주로 다루어온 *Traces*에서도 마찬가지로 이러한 경향이 드러난다.

것이다. '젠더'를 일반적인 범주이자 개념으로서 다시금 상기하고 부각시킬 때 말이다.

남반구 시각과 아래로부터의 시각에 따라 아시아-아프리카-라틴아메리카 대륙 사이의 연계를 지향하는 트리컨티넨탈리즘의 맥락을 따르는 '아시아 대륙-사유'는 동아시아 중심의 제한된 아시아주의를 탈피해 서아시아와 중앙아시아로 우리의 인식지평을 넓혀 다양한 이슬람들을 전면적으로 재배치하는 복수화된 아시아라는 관점을 가능하게 한다. 이 관점은 아시아의 다양한 하위지역들을 부각한다.(노동, 생태, 섹슈얼리티 범주의 문제의식들을 결합하는 적녹보라 패러다임.)

민족 혹은 국가의 층위에서 하는 사유nation-think가 그동안 우리의 인식 지평을 틀지워 왔다. 민족국가-사유는 우리의 인식과 행위 양태를 민족주의, 국가주의에 머물게 하며 사실 지구상의 온갖 문제와 분쟁은 민족주의와 국가주의에서 비롯된다고 해도 과언이 아니다. 이러한 폐해를 벗어나기 위해 제안되는 초민족적 초국가적 연구transnational studies는 신자유주의적 지구화를 이끄는 구미(Euro-American 유럽과 북아메리카, 서구)의 북반구 국가들에 의한 세계시민주의와 연루됨으로써 민족과 국가의 특정한 힘을 무마시킨다. 그렇다면 1492년 이래 장구한 식민주의와 제국주의에 의해 구미에 종속되어 온 아시아-아프리카-라틴아메리카 대륙의 연계선 상에서 실행되는 아시아 대륙 사유는 우리의 인식지평을 새로 탐사하는 데 대안적 방향이 될 수 있다. 로버트 영은 탈식민주의의 역사적 지리적 발화지점들로서 세 대륙의 연계가 갖는 의미를 좀 더 분명하게 부각하기 위해 탈식민주의 대신 트리컨티넨탈리즘tricontinentalism(Young, 2001; 김택현, 2005)이라는 용어를 쓰자고 제안한 바 있다.

남반구 세 대륙의 탈식민 지향과 실천을 드러내는 트리컨티넨탈리즘의 맥락에 있는 '아시아'는 과거 반둥 회의[6] 때 채택된, 아시아 국가들을 제3세계로 부르면서 반식민주의 민족해방을 부각하지 않는다. 반둥 회의 때의 반식민 민족주의로는 복수주의적pluralist이며 상상적이고 문화적이며 정치적인 새로운 대륙주의 사유에 입각한 아시아 담론을 활성화하리라고 더 이상 기대할 수 없기 때문이다. 이제 우리는 아시아를 우리 자신의 권역적 정체성에로만 환원시키려고 하기보다 복수성 속에 있는 하나의 대륙으로 생각하고자 시도해야 한다. 하나의 통합된 기원을 지닌 이름에 대한 소망을 거스르기 위해 아시아에 복수형 '들'을 붙이는 것은 매번 다른 역사, 언어, 관용어구를 앞으로 나오게 하며 우리에게 고국과 다른 여러 권역들의 이질성과 복수성을 감지하도록 한다.

우리가 소위 기원의 민족 혹은 실로 기원의 대륙을 주장할 때, 그것을 어떤 획일적인 정체성을 일관되게 담는 저장소로 시사하는 게 아니다. 아시아를 다시 상상하기 위해 유럽 대륙 중심성을 수정하는 대륙-사유를 필요로 하지만 그렇다고 아시아의 여러 권역을 통합시켜줄 포괄적이고 일반적인 문화적 매트릭스가 존재한다고 상정해서도 안 된다. 사실 다른 여러 아시아들의 다양한 공간과 역사를 탐구해 본다면, 거기에는 어떤 변치 않는 공통된 기반이 있다기보다 서구 근대성의 논

---

6. Bandung conference는 제2차 세계 대전 후 정치적으로는 독립했으나 경제적으로 문화적으로 여전한 서구 열강의 지배를 벗어나기 위해 아시아와 아프리카의 29개 독립국 대표들이 모여 1955년 4월 18일부터 4월 24일까지 현안을 논의했던 인도네시아의 도시 이름을 가리킨다. 당시 회의 때 라틴아메리카 국가들은 경비 때문에 참석하지 못했지만 경제적 문화적 식민성을 극복하기 위한 반식민 민족주의에 동의하였다. 포스트식민 시대가 지구화로 다시 규정되고 있는 요즈음, 반둥회의 때와는 다른 대륙주의를 필요로 한다.

리 속에서, 또 지구화 논리 속에서 살고 그 논리에 적응하고 그것을 변용시켜 나가야 하는 포스트국가적 개인들의 새로운 역할에 의해 함께 묶이는 공통된 운명 같은 것이 있을 뿐이다. 이러한 시점에서 아시아라는 '이름'을 부르는 것은 어떤 실재적인 공간을 부른다기보다 앞서 언급한 아시아 권역의 일방주의와 함께 아시아계 디아스포라 헤게모니에도 빗금을 치는 하나의 비판적인 입장을 천명하는 셈이다.

사실 '유라시아Eurasia'라는 명칭이 보여주듯 유럽과 아시아 사이의 경계는 불분명했고 그 경계는 역사적 과정 속에서 끊임없이 변화되어 왔다. 그러다가 16세기를 기점으로 유라시아 대륙의 북서쪽 모퉁이에 불과했던 유럽은 아메리카 대륙으로부터 탈취해온 자원들을 자본화하는 자본주의 제국들로 변모해 가면서 '아시아'는 유럽제국들을 위한 본격적인 자원 침탈지로 구획되어 갔다. 16세기 이래 서구 자본주의 근대화 과정과 다른 길을 걸었던 몽골 제국, 러시아 제국, 오스만 제국의 역사적 문화적 인식소적 의미는 유럽중심주의적 역사기술과 세계 지도그리기에 의해, '이성의 지리학'[7]에 의해 왜곡되거나 축소되었다. 그리하여 아시아의 제국들이 누볐던 중앙아시아와 서아시아라는 권역들은 서구 근대성과 자본주의의 지배 속에 식민화되는 과정을 겪으며 변방으로 밀려났고 영국, 프랑스, 미국과는 다른 제국적 차이들뿐만 아니라 식민적 차이들을 동시에 갖는 독특한 지대를 형성하게 된다.(Mignolo, 2007)

그동안 서아시아의 이슬람, 중앙아시아의 이슬람, 남아시아의 이슬

---

7. 서구가 중시하는 '이성'은 그곳의 지리에 바탕을 둔 제한적인 것임을 강조하는 용어가 '이성의 지리학'이다. 유럽남자들의 역사기술과 세계구획을 가능하게 한 서구적 이성과 인식소는 유럽제국주의의 동반자였던 셈이다.

람, 중국계 이슬람, 북아프리카계 이슬람과 같은 다양한 이슬람 형태들은 우리의 인식 지평에 들어오지 못했다. 그렇지만 이슬람 분야에는 러시아, 프랑스, 영국이 중앙아시아에서 거대한 권력게임을 하고 있었던 거의 천년에 이르는 지정학적 서사가 부착되어 있다. 이 점을 주시한다면 유럽, 아프리카를 포괄하면서도 특이하게 아시아적인 국제성 같은 것이 이슬람의 특징적인 면모임을 파악할 수 있다. 서로 경쟁하며 흩어져 살아온 이슬람들의 국제성을 주변부 이슬람들이 누려온 역설적인 자유를 해명하는 관건으로 조망할 수 있을 때, 테러리스트 이슬람이라는 일방적인 구미 판본을 벗어날 수 있다.(Spivak, 2008: 232) 서구 중심적 역사기술과 인식소로써 가장 크게 왜곡되어 왔던 이슬람을 자기충족적인 획일적 예외라고 아시아에서 배제할 것이 아니라 아시아의 복수성에 입장하는 또 다른 역사적 항목으로 대할 필요가 있다. 이슬람을 아시아 상상에 재배치하여 아시아를 좀 더 풍부하게 바라보는 작업이야말로 아시아를 재개념화하는 것이다. 이 재개념화에서는 서구의 기독교적 자유주의적 자본주의적 근대성과 다른, 러시아/소비에트, 중앙아시아, 코카서스의 동구Eastern 기독교와 사회주의 근대성의 면모들이 중요해진다.

2. 탈식민 페미니즘과 적녹보라 패러다임

　　　　　　앞에서 탈식민 페미니즘은 그 주요 지점으로서 '아시아'라는 범주에 착안하되 남반구 시각의 트리컨티넨탈리즘에 기반을 둔 아시아의 복수화라는 맥락과 결부되어 있어야 한다고 했다. 그러한 탈식민 페미니즘의 이론적 지평(맥락)에서 젠더는 인종 및 계급과 처음부터 이미 결부되는 것으로 개념화되어야 한다. 그 어느 때보다 복잡하게 얽히고 점점 더 심화되고 있는 성/인종/민족/세대/계급/종차별[8] 문제는 전 대륙, 전 지구 차원을 망라하며 복합적이고 다층적인 차별을 한층 더 강화하는 방향으로 나아가고 있다. 이렇게 심각한 차별과 착취 문제를 해결하기 위한 이론적 지평은 노동, 환경, 여성 부문에 각기 제한되어온 맑스주의, 생태주의, 페미니즘 이론을 연결하는 적녹보라 패러다임을 필요로 한다. 그런데 그동안 탈식민 페미니즘은 인종(민족)-젠더의 측면을 주시하는 가운데 계급(노동, 적색)과 생태(녹색)와 대체로 단절되어 왔다. 이러한 단절을 해소하기 위해 인종-젠더의 문제의식에 맑스주의와 생태주의를 투입시키고 스며들게 해야 한다.

적녹보라 패러다임은 노동과 자본, 생태와 환경, 젠더와 섹슈얼리티라는 각 세 축을 만나게 하는 복합적이고 역동적인 이론체계다. 적녹보라 패러다임으로써 재구축되는 탈식민 페미니즘의 이론적 지형에서는 생태주의의 관념론과 보편주의, 더욱 폭력적이고 착취적인 자본주의가 교묘하게 조정하는 인간과 자연의 양상, 계급구조 및 인종주의와 밀착되어 불평등을 야기하는 섹슈얼리티/젠더 체계에 대한 심도 있는 통합적 분석들을 생산하는 가운데 그 내용을 구체화할 것이다.

적녹보라 패러다임으로 재구축되는 탈식민 페미니즘에서는 젠더/섹슈얼리티가 페미니즘 전공자들만 특별히 관심을 갖는 제한적인 것에 머무르거나, 일부 현상에만 적용 가능한 특수한 틀이 아니라 하나의 일반적인 틀로서 자리를 잡게 된다. 젠더/섹슈얼리티는 특별한 경우들

---

8. 종차별이란 인간중심주의에 따라 동물, 곤충, 식물, 미생물 등 인간 외의 무수한 종種들을 차별하는 것을 말한다.

이나 사례들에서만 중요한 요소가 되는 제한적인 것이 아니라 일반적인 비판적 분석도구이자 범주이기 때문이다. 그래서 이 범주는 우리의 인식소를 이루는 기초로서 제 자리를 잡도록 해야 할 것이다.

젠더/섹슈얼리티는 서구적 근대·탈근대 세계 체제 자체의 제반 시스템(자본주의, 민주주의, 군사주의, 가부장제)을 지탱하고 구성하는 범주로서, 주체화의 역사적 과정에 대한 탐구에 또 신자유주의적 지구 체계의 지배와 착취 연구에 반드시 필요한 분석영역이다. 15, 6세기부터 지금까지 전 지구의 영토 구획과 민족국가 형성에 개입된 식민주의, 제국주의, 자본주의, 민주주의, 신자유주의 자체가 재생산(자원, 인간, 노동력의)에서의 거래를 그 핵심으로 하고 있기 때문이다. 이 점을 인정하고 인식한다면 세계 체제는 그냥 세계 체제가 아니라 지구적 자본주의 가부장 체제라고 불러야 할 것이다.

지구적 자본주의 가부장 체제라는 세계체제의 근간에, 이 체제가 양산하고 있는 빈곤과 차별의 근간에 자본주의, 군사주의, 제국주의가 있다. 이 문제를 풀어나갈 수 있는 대안적 사상을 구축하는 데서 적녹보라 패러다임은 '노동과 생태와 만나는 페미니즘' '생태와 노동을 아우르는 넓혀진 페미니즘'을 구성하는 기본 틀이 된다. 적녹보라 패러다임으로 재구축되는 탈식민 페미니즘은 '여성'을 넘어설 뿐만 아니라 공간적 한계도 넘어, 국제적 활동의 준거점을 서구에서 찾는 서구중심성을 탈피하기 위한 구체적인 움직임을 표명하는 아시아-아프리카-라틴아메리카의 트리컨티넨탈tricontinental 액티비즘을 추동한다.

트리컨티넨탈 액티비즘을 도모하는 이론적 자원으로서 탈식민 페미니즘의 새로운 지형은 현재의 일방적이고 착취적인 지구화와 다른 지구적 세상을 만들어내는 데 동참하는 것이다. 그러기 위해 예컨대 유엔을 통한 지구적 페미니스트 연대라는 위로부터의 인권 논리를 따르는 데 연연하지 않고, 아시아의 다양하게 젠더화된 하위주체들 gendered subalterns의 경험과 삶의 터전인 한국에서 출발하되 아시아의 하위 지역들에 시선을 돌려 그 지역들을 서로 연결하고 횡단하면서 대조, 참조할 것이다. 서로 다른 여러 아시아 지역들뿐만 아니라 더 나아가 아프리카, 라틴아메리카의 지역들의 역사들과 언어들/문화들이 대화하고 소통하는 장으로서 탈식민 페미니즘의 새로운 지형도는 현재의 헤게모니적 인식소와 사유를 근본적으로 비판하는 다른 인식소와 사유의 지평을 열어줄 수 있다. '아래로부터의 시각'을 중시하는 탈식민 페미니즘에 따른 아시아 연구의 목표는 궁극적으로는 젠더화된 하위주체들의 대항집단성을 부상시키는 것이다.

그렇게 하기 위해서는 남반구에 속하는 아시아의 종속된 하위문화들을 주변부 범주가 아니라 하나의 일반적 범주로서 논의할 필요가 있다. 또한 그렇게 하려면 문화상대주의의 피상적인 다양성에 사로잡힌 다원주의적 해석, 남반구의 문학/문화에 대한 획일적인 오리엔탈리즘적 남성주의적 해석이 간과했던 사유, 인식, 가치, 관점을 발굴해낼 수 있어야 한다. 이 작업은 북반구에서 소비되는 영어번역물에 내재된 영어 일방주의를 벗어나는 국제적이며 다언어적인 문화 공간에 대한 인식을 또한 요구한다. '횡단적 참조 방법'이 제시하는 아시아의 언어들과 문화들에 대한 '국제적인 다언어적 시각'은 아시아 연구를 다원화한다. 다원화된 아시아의 문화정치적 현실을 서로 병치시키며 새로 독해하는 과정은 적녹보라 패러다임으로써 재구축된 탈식민 페미니즘을 하나의 일반적인 인식 체계로서 자리 잡을 수 있게 할 것이다. 그 과정에서 다른 언어를 통한 다른 윤리의 지평이, 형식적인 보편 권리 개념과는 전적으로 다른 지반에 서 있는 책임과 정의라는 윤리의 지평이 시사될 수도 있다. 이러한 맥락에서의 새로운 페미니즘적 독해는 지구화에 대항하는 능력의 저장소로 우리를 인도한다. 그러한 읽기의 실제 예를 다음 장에서 제시할 것이다.

3. 페미니즘적 상호참조 독해의 사례:
한국-베트남-라이베리아-티베트

이 제3부 3장에서는 제1부 1장에서 제시된 수평적 접근의 세 가지 방향 중에서 첫 번째인 아시아의 하위지역에서 출발하되 그것을 아시아의 다른 하위지역들과 연결하고 하위지역들을 아프리카의 하위지역들과 연결하고 상호참조하는 방식에 따라, 한국, 베트남, 라이베리아, 티베트의 하위지역들을 읽어보기로 한다. 한국 외에 다른 국가들은 아시아, 아프리카 국가들 중에서 하위국가들에 속한다.

한국의 경우, 거대 기업 삼성이 구성하는 최상층의 북반구에 가려 보이지 않는 하위지역의 하위주체로서 온양에 있는 삼성전자 반도체 공장의 고졸 여성노동자의 경험에서 출발한다. 그녀의 저항과 죽음은 베트남 전에 참전한 한국남성들의 혼혈 한인 2세들, 또 라이베리아에 남겨진 한국 건설 남성노동자들의 혼혈 한인 2세들의 삶과 연계되는 가운데 전쟁-자본-남성의 굳건한 연쇄 고리에 맞서 살아남은 아시아와 아프리카의 젠더화된 하위주체들의 '생명들'을 부상시킨다.

이들의 삶과 경험은 불행한 사고로 두 아들을 잃은 티베트의 부모가 자처한 고통과 성찰의 순례와 연결된다. 티베트 부모는 행성성의 지평에서 우주만물들의 가치와 연계성을, 살아있는 모든 것들의 소중함을 깨닫고 척박한 티베트의 사회적 상황에서 다시 삶을 향해 나아가고자 한다. 필자는 이러한 개요를 세부적으로 뒷받침할, 각 지역의 역사와 문화에 대한 사회과학적 논의는 개괄 수준에서 논의되도록 하고, 언어, 사유, 상상력으로서의 인문학적 통찰을 중점적으로 작동시키고자 한다.

2010년 3월 31일 오전 11시경, 한국의 독점 재벌 기업이자 전지구적으로 거대 기업인 삼성전자 반도체 공장(온양) 노동자 박지연씨가 급성 백혈병으로 투병하다 세상을 떠났다. 지연씨는 강경 여상 3학년에 재학 중이던 2004년 12월에 가정형편상 대학 진학을 포기하고 온양 공장에 입사해 반도체 검수 업무를 맡았다. 그 업무는 고열로 가열된 납용액과 화학약품에 반도체 본체를 핀셋으로 넣었다 꺼내고 엑스레이 기계로 제품을 검사하는 일이었다. 일이 많아 '1일 2교대'로 일할 때는 한 달에 130여 만 원을, 일이 없어 '1일 3교대'로 일할 때는 한 달에 100여 만 원을 받았다. 그러던 중 입사한 지 2년 7개월만인 2007년 7월에 속이 울렁거려 찾은 병원에서 '급성골수성 백혈병'이라는 진단을 받았다.

박지연씨는 2008년 9월에 운 좋게 골수이식수술을 받은 뒤 잠깐 호전되다가 다시 심해져 스물 셋의 꽃다운 나이에 끝내 눈을 감고 말았다. '꿈의 공장'이라 불리는 삼성전자 반도체 공장에서 일하던 중 백혈병으로 사망하거나 투병 중인 사람은, 반도체 노동자의 건강과 인권 지킴이 〈반올림〉에 따르면 22명에 달한다. 그러나 삼성전자는 단한 명의 산업재해도 인정하지 않았다. 그에 따른 소송단이 꾸려지기는 했지만 삼성 측은 산업재해를 취하하면 치료비를 대준다고 회유하는 태도로 일관하고 있다.

삼성은 노동자의 건강을 위협하는 반도체 공장이라는 환경을 잘 관리할 책임을 지고 병에 대한 사후대책에 최선을 다하기는커녕 회사 이미지의 손상을 막기 위해 문제를 무마하는 데 급급했다. 이렇게 노동자들의 희생을 바탕으로 삼성전자는 2010년, 2011년 1분기에 사상 최대의 실적을 기록했다. 앞의 자료를 제공한 『한겨레』, 『미디어충청』, 『시사인』 외에 대다수 언론들은 한 여성노동자의 안타까운 죽음을 기사로 내보내지도 않았고 잠깐 기사를 올렸던 몇몇 언론은 금방 그것을 삭제했다. 개발국가이자 산업국가인 대한민국에서 예전에 기업은 국가와 함께 했다면, 요즘 삼성이라는 기업은 국가 위에서 온갖 탈법과 위법과 무책임을 일삼는 또 하나의 거대한 공화국으로 올라섰다. 삼성 공화국을 떠받치는 논리는 철저하게 효율성 위주로 최대 이익을 거둠으로써 전횡적인 권력과 지배력을 강고하게 하는 것이다. 여기에 인간의 존엄성과 생명에 대한 존중이라는 가치가 끼어들 자리가 전혀 없다.(이후 유족들의 끈질긴 법정투쟁으로 마침내 삼성전자는 박지연씨가 사망한 지 10년이 지난 2018년 7월 어떤 내용이든 간에 법원의 조정결과를 수용하겠다는 입장을 발표하여 삼성전자 반도체 공장의 백혈병 발병에 따른 산업재해 문제는 해결의 실마리를 찾게 되었다.)

이와 같은 개발국가의 논리는 전쟁국가 대한민국의 논리와 연결되어 있다. 베트남 전쟁이 끝난 지 43년이라는 세월이 흘렀다. 중국, 프랑스, 일본의 식민 지배를 받았던 베트남은 1965년부터 1975년까지 무려 십년 동안 전쟁을 치렀다. 미국과 사이공 정권은 자유민주주의를 내세워 월남을 지켜내려고 했고 베트콩은 사회주의를 고수하며 남북을 통일시키고자 했다. 미국의 원조에 의존해 경제개발을 추진하던 대한민국의 박정희 정권은 정치적, 경제적인 이유로 월남 참전 국군들의 수당을 미국으로부터 달러로 받기로 하고 10년 동안 35만 명을 파병해 10억 달러 정도를 벌어들였고 이 돈으로 제2차 경제개발 5개년 계획을 실시했다. 군인들 외에 수많은 군속들, 기술자들, 산업 전사들이 전쟁터에서 외화를 벌어들였다.

10년 동안 약 70만 명의 한국 남성들이 베트남을 드나들었고, 베트남 여성들과의 사이에 수천 명의 한인 2세들이 태어났다. 미국, 오스트레일리아, 프랑스는 2세들을 국가 차원에서 데리고 갔지만 한국은 그런 조치를 전혀 취하지 않았고 월남에 있던 한국 군인들과 근로자들은 전쟁터를 탈출하는 데 급급했다. 이렇게 해서 베트남에 남겨진 '라이 따이한'이라 불리는 한인 2세들은 적국의 자식들이라고 호적도 갖지 못하고 정식 교육도 받을 수 없었으며 결혼하기도 힘들어서 대다수가 비참하게 살고 있다. 그들의 숫자도 정확하게 파악되지 않아 대략 5천 명에서 2만 명 선이라고 한다.[9]

1992년에 베트남과 수교한 이후 대한민국의 김대중 정권은 한국의 참전으로 입힌 피해에 대해 베트남 정부에 공식 사과하였지만 라이 따이한에 대해서는 공식적인 언급도 조치도 취하지 않았으며, 민간 차원에서만 라이 따이한들을 돕기 위한 노력들이 진행 중이었다. 2011년까지만 해도 라이 따이한들에게 지속적인 관심을 갖는 한국인은 김영관 목사, 월남전 당시 파병 군인이었다가 호치민 시에 6년째 거주하면서 라이 따이한들의 아버지를 찾아주는 일을 하는 김성찬씨, 월남전 당시 민간인 기술자였다가 89년부터 라이 따이한들을 돕고 있는 정주섭씨

9. http://opentory.joins.com/index.php. 베트남과의 92년 수교 이후에 베트남에 많이 들어간 한국남성과 베트남 여성 사이에 태어난 2세들도 IMF 위기 등 경기가 좋지 않자 한국 사업가, 근로자, 기술자들이 대거 귀국하는 바람에 버려지게 된다. 이들은 '신라이 따이한'이라고 불린다.

(조인석, 1995: 89) 외에는 거의 없었다.

현지에 남아 있는 베트남 여성들은 행상으로 생계를 겨우 유지하면서 한인 2세를 키우고 대다수 재혼하지 않은 것으로 나왔다. 이들의 삶에 대한 기록이나 자료는 인터넷에서도 거의 찾기 힘들며 한국 학계에서 발행하는 동남아시아 관련 학술지에서는 전혀 나오지 않는다. 인터넷에 올라와 있는 CBS 자료에 따르면 베트남 여성들은 여전히 한국 남성이 돌아오기를 기다리고 있으며, 라이 따이한들은 그들을 찾아주지 않는 한국인 아버지를 원망하기보다 그리워하며 자신들의 존재를 알리고 인정받고 싶어 했다.

2010년 9월 24일 금요일 밤 11시 50분에 방송된 〈김혜수의 W〉[10]라는 해외 시사 프로그램의 타이틀은 '슬픈 대륙의 아이들 1부'였다. 여기서 슬픈 대륙은 아프리카이고 이 프로그램에서 조명된 국가는 라이베리아[11]였으며 취재된 아이들은 한국 남성과 라이베리아 여성 사이의 사생아들이었다. 한국 남성은 라이베리아에 진출했던 한국 건설회사의 근로자들이었는데 현지 여성과의 관계에서 낳은 사생아들을 그냥 두고 혹은 알지도 못한 채 귀국한 후에 아무런 연락도 취하지 않았고 라이베리아 어머니 쪽에서 한국으로 연락을 취할 길도 없었다고 한다.

10. 이 프로그램의 기획 의도는 가벼운 화제성, 짧은 뉴스, 부정기적 다큐 일변도인 해외 시사 프로그램을 좀 더 심층적인 정규 해외 시사 프로그램으로, "과거보다 진일보된 세계를 그 겉모습만이 아닌 배후의 질서와 변화의 맥락까지 파악하는 데 도움을 줄 수 있는 프로그램"으로 만드는 데 있었다. 그런데 MBC는 시청률 저조를 이유로 이 프로그램을 10월에 폐지하기로 결정함으로써 진행자뿐만 아니라 많은 시청자들이 인터넷으로 안타까움을 표명한 바 있다.

11. 미국에서 해방된 흑인 노예출신들에 의해 건설된 국가로, 1847년에 아프리카 최초의 흑인공화국으로 출범하여 안정된 상태를 지속해 왔다. 미국에서 해방된 소수의 흑인 노예출신들은 라이베리아로 귀환한 이후 동 지역의 흑인 원주민들의 지배자로 군림하였고 1980년 이래 군벌들의 갈등으로 내전에 시달리고 있다.

대한민국의 경제발전을 가능하게 했던 또 하나의 축인 토건국가의 논리는 이렇게 아프리카 대륙 땅에 버려진 한국계 사생아들로 현실화된다. 이 프로그램에 나오는 한국계 사생아들은 한국인 아버지들의 어쩔 수 없는 상황을 이해하고자 애쓰며 원망하는 마음도 품지 않고서 다만 자신들의 존재를 알아주기를 바란다. 라이베리아에 왔던 다른 국가 남성들은 라이베리아에 둘 수밖에 없는 자신의 아이들에게 교육비와 생활비를 보내주는 최소한의 책임을 진다고 한다.

최소한의 관심과 배려도 없는 상황에서 라이베리아 어머니들은 물질적인 생활의 어려움은 물론이고 자신의 가족들에게서도 냉대를 받지만 아이들을 버리지 않고 키운다. 남반구의 가난한 국가인 베트남 여성들과 라이베리아 여성들은 자신들이 낳은 생명을 힘들지만 어떻게든 키워내려고 한다는 점에서 비슷하다.[12] 더욱이 여승무원이었던 라이베리아의 한 여성은 아이와 함께 한국에 와서 친자 확인 소송을 해 아이의 호적을 찾는 행동을 한다. 아이의 양육 분담 문제 이전에 그렇게 아이의 존재부터 정당하게 만드는 것이 옳다고 보았기 때문이다.

베트남, 라이베리아 여성들이 험난한 삶 속에서도 지켜온 생명에 대한 존중과 돌봄은 티베트 인들에게서도 볼 수 있다. KBS 〈인사이트 아시아 Insight Asia〉에서 제작한 다큐멘터리 〈차마고도茶馬古道〉[13] 2편 '순

---

12. 아시아, 아프리카에 편재하는 한국계 2세, 3세 아이들을 책임지기보다 방치하는 대한민국은 저출산을 크게 걱정하면서도, 지금도 많은 아이들을 송출하는 해외 입양 구조를 바꾸려고 하지 않으며 임신중절 불법화에 연연해왔다.

13. 2006년 4월부터 2007년 8월에 걸쳐 제작되었고 2007년 9월부터 2007년 11월 말까지 6부작이 방송되었다. 가장 높고 험하며 장엄하고도 아름다운 길인 차마고도는 중국 서남부 운남 사천에서 티베트를 넘어 네팔, 인도까지 이어지는 장대한 문명교역로이자, 실크로드보다 200여년 앞선 인류 역사상 최고로 오래된 문명, 문화, 경제교역로 5000여 km를 말한다.

례의 길'에 나오는 50대의 한 티베트 부모는 오체투지, 즉 온 몸을 땅바닥에 던지며 매일 6km 정도를 이동하는 순례에 나서 총 7개월 정도 소요되는 2,100km의 대장정을 감행한다. 이 순례에 임하는 인간은 한 없이 낮아져 땅과 우주의 미물들과 함께 하느라 이루 말할 수 없는 고통을 감내하며 고행을 수행해야 한다. 티베트 고원의 온도가 영하 2, 30도 밑으로 내려갈 때, 순례자들은 가장 큰 고통과 마주한다. 설원의 산을 오르고 사람을 찾을 수 없는 평원을 지날 때, 순례자들은 자신의 운명을 부처에게 의탁한다. 땅에 부딪혀 생긴 이마의 멍이 굳은살로 변할 때 쯤 그들의 오체투지도 속도를 더한다. 이런 극한의 고통 속에서도 이들은 왜 순례를 하는 것일까?

이 티베트 부모는 꽤 부유한 형편에 남부럽지 않게 살고 있었는데 큰 아들이 시비에 휘말려 죽은 지 얼마 되지 않아 작은 아들이 교통사고로 죽자 그 상실의 고통과 아픔을 견딜 수 없어 원망과 번뇌 끝에 자신들의 삶을 돌아보고 성찰하게 된다. 이들은 타인들에게 피해를 입히지도 고통을 주지도 않으면서 재산을 모아 부자로 잘 살아왔다고 여겨 왔는데 이제 다시 생각에 생각을 거듭하다 보니 자신도 모르는 사이에 업을 쌓은 것은 아닌지, 그동안 진심으로 부처를 섬기고 이웃을 배려했던가 하는 물음을 묻고 또 물으며 모든 재산을 처분하여 사원에 시주하고 순례 길에 나선다.(KBS 차마고도 제작팀, 2007: 285)

티베트 부모는 이런 결단을 내리기까지 힘들었지만 길에 나서니 마음이 편해지고 부처와 이웃의 모습이 제대로 눈에 들어오는 것 같았다고 한다. 이마에 피멍이 들수록 몸은 가벼워지고 마음은 깨끗해졌다. 그래서 이제 길 위에서 부모는 곳곳에서 말할 수 없는 고통을 받고 있을 수많은 사람들의 평안과 행복을 기원했다. 타인을 위한 지극한 기도는 어느 새 자신의 마음 깊은 곳을 충만한 기쁨으로 차오르게 했다. 그것은 지금껏 경험해보지 못한 기쁨이었고. 길 위에서 보내는 하루하루는 날마다 새로워졌고 이제 이들에게 슬픔과 번뇌는 더 이상 남아 있지 않았다.(KBS 차마고도 제작팀: 286) 마침내 이들은 티베트의 성지 라싸 Lassa에 도착해 10만 배 절을 한 다음, 새로운 마음과 몸으로 삶을 다시 시작하고자 한다. 자식을 잃은 고통과 아픔 때문에 부모 자신의 삶을 지탱할 수 없어 모든 재산을 버리고 순례에 나설 수밖에 없었던 티베트 부모는 삶에서 가장 근본적으로 소중한 가치를 체득한다. 자연과 세상의 모든 작은 것들에 대한 존중과 정성스럽고 지극한 마음을 깊은 곳에서부터 일구어낸 셈이다.

티베트 부모와 비교할 수 없을 정도로 엄청난 부자인 삼성 공화국의 부모는 2005년 11월 19일 새벽에 자살한 셋째 딸의 죽음을 놓고 공화국의 이미지를 위해 교통사고라고 거짓말을 했다가 『뉴욕 타임스』기사가 나가고 국내 인터넷과 YTN 보도에서 자살인 정황을 언급하자 27일에 "윤형씨는 교통사고가 아니라 자살했다"고 발표했다. 삼성 쪽은 자살 이유를 "막내딸로 처음 가족과 떨어진 유학 생활에 적응하기 힘들었을 것으로 추정되고, 아버지 이건희 회장이 국내의 여러 일로 고민하는 모습을 보면서 스트레스를 받았던 것으로 보인다"(『한겨레』, 2005. 11. 28)고 말했다. 『한겨레』신문기사에서도 언급되지만 이것은 그다지 설득력이 없고 집안의 반대로 벽에 부딪친 남자친구와의 결혼문제가 사실상 더 깊은 자살 이유로 보인다. 삼성 회장의 딸은 보통 그냥 딸이 아니므로 평범한 집안의 사랑하는 남자와 결혼할 수 없었기 때문에 막다른 선택을 한 것으로 보인다.

이와 같은 논의는 개발, 전쟁, 토건 국가인 한국의 문제를 아시아 지역들 중 베트남이나 티베트 같은 소수 국가의 문화와 비교하는 맥락에 놓고서 그것을 아프리카의 라이베리아와 연결 짓는 대륙-사유를 실행한 예다. 문헌 자료의 부족으로 신문기사들, 다큐멘터리, 시사 프로그램을 단편적으로 엮어본 이 논의는 여러모로 미진하기 짝이 없다. 하지만 모든 것을 성공과 물질이라는 블랙홀로, 서구 자본주의적 가부장적 근대성으로 빨아들이는 현재의 삶을 타파할 수 있는 삶의 방식과 가치를 다시금 조망하게 하리라고 본다.

이렇게 아시아 지역들을 연결하고 참조하는 글쓰기, 읽기, 연구를 실행하는 것은 예기치 못한 병행들, 반향들, 가능한 연결들을 새로 보여준다. 이것들을 통해 연구자는 현 지구화에 대항하게 하는 다른 인식소, 다른 논리를 길어 올리려는 마음들과 만나게 된다. 그러한 만남은 행성의 공동 행위자로서 인류 공통의 운명에 의해 서구와도 연결될 수 있다.[14] 그리하여 '행성'의 축을 상상 속에 그리면서 아시아의 하위 지역들을 연결하고 참조하는 연구로 넓혀지고 깊어진 탈식민 페미니즘 연구결과물은 그저 연구에 그치지 않고 우리의 감성과 온 존재를 바닥에서부터 흔드는 작품이 될 수 있을 것이다.

이상과 같이 탈식민 페미니즘의 지형도를 새로 그려본 바, 일국의 관점을 넘어 아시아라는 대륙-사유를 필요로 하며, 그 사유를 남반구 시각과 아래로부터의 시각에 따라 아시아-아프리카-라틴아메리카 대륙 사이의 연계를 가리키는 트리컨티넨탈리즘의 맥락에서 하자고

14. 유럽 땅에서 일어난 두 차례의 야만적인 전쟁의 가혹함을 견디지 못하고 자살한, 영국 페미니즘 작가 버지니아 울프Virginia Woolf의 『자기만의 방』 1장 마지막 부분에 나오는 "하루의 논쟁과 인상들, 분노와 웃음과 함께 그 날의 구겨진 껍데기를 말아서 울타리 밖으로 내던져 버려야 할 시간에…푸르고 광막한 하늘에는 수천 개의 별들이 반짝이고 있었습니다…모든 인간 존재가 잠들었고 말없이 수평으로 엎드린 채 있었습니다." 참조.

주장하였다. 아시아의 이러한 맥락화는 동아시아 중심의 제한된 아시아주의를 탈피해 서아시아와 중앙아시아로 우리의 시선을 돌리는 가운데 다양한 이슬람들을 전면적으로 재배치하는 '아시아의 복수화'라는 관점과 또한 연결된다. 필자는 이러한 맥락화에 의해 아시아의 다양한 하위지역들이 부각된다고 보고, 그 지역들에 대한 연구를 적녹보라 패러다임으로써 좀 더 진전된 탈식민 페미니즘 인식을 바탕으로 하자고 주장하였다.

본문의 말미에 제시된, 이 실제 분석의 예는 분석적 엄밀함에서 미비하며 적녹보라 패러다임을 품는 탈식민 페미니즘 인식이 깊이 있게 배여 있지도 않다. 그 분석은 이슬람을 새로 배치하는 아시아 상상과도 여전히 동떨어진다. 하지만 한국-베트남-라이베리아-티베트를 연결하고 상호참조해 보는 가운데 다른 세상을 위한 소중한 가치와 필요한 인식소를 제시한다는 목표를 미약하나마 성취하였다고 본다. 그 가치와 인식소를 사회적인 것으로 만드는 데 기여하기 위해 인터넷 자료나 영상 다큐멘터리, 해외 시사 프로그램 외에 많은 자료들을 발굴하고 새롭게 연결하고 복합적으로 횡단적으로 참조하는 다양한 연구 작업들이 이어져야 한다. 그럴 때, 우리의 연구와 지식이 아시아의 여러 지역들에서 또 세계의 여러 지역들에서 일어나야 할 변화를 촉진하는 창의적인 것이 될 것이다.

제**4**부

영화적 재현과 겹쳐 읽는 영미 소설

1

『버마 시절』과 버마(영화 〈비욘드 랑군〉)

1. 조지 오웰과 아시아(버마)

조지 오웰George Orwell의 『동물농장』과 『1984』는 우리에게 많이 알려져 있지만 그의 『버마 시절』은 제대로 알려져 있지 않은 편이다. 아버지가 인도 총독부 아편국에서 일하고 있었던 1903년에 오웰은 인도의 뱅골 주 모티하리Motihari에서 태어났다. 오웰의 할아버지는 인도군대에 복무했고 외할아버지는 버마에서 목재상을 하며 벼 농사를 지었다. 오웰은 8세 때 부모를 따라 영국으로 갔고 이튼스쿨 장학금을 받고 교육을 받았으나 대학 진학이 여의치 않자 식민지에서의 삶을 대안으로 삼고 랑군의 인도 제국경찰에 합류하기 위해 1922년에 영국을 떠났다. 그는 인도의 한 주州였던 버마에서 1927년까지 제국경찰로 근무했고 1928년 1월 1일자로 사임했다.(박홍규, 2003: 66-7)

작가가 본명 에릭 아서 블레어Eric Arthur Blair 대신 조지 오웰이라는 필명을 쓰기 시작한 것은 1933년이며, 1934년에 발간된 『버마 시절』은 그의 첫 번째 소설이다.[1] 이 소설은 6년간의 버마 생활을 통해 작가가 보고 느끼고 경험한 것을 고스란히 반영하고 있다. 1920, 30년대에 제국 영국의 영토는 엄청나게 확장되었지만 쇠락의 기미가 깊어가고 있었다. 영국 제국의 쇠퇴는 너무 방대한 영토를 제대로 관리하기 힘들었던 형편과 함께 식민지들에서 가열차게 일어나고 있었던 반식민 민족주의 운동 때문이었다. 『버마 시절』은 이러한 제국 운영의 비효율성과 식민지의 민족주의 양상을 작가의 경험을 바탕으로 생생하게 그려준다.

식민지 버마의 삶에 대한 오웰의 기본적인 입장은 반제국주의인데 그렇다고 버마 토착민들을 옹호하는 것은 아니다. 영국 남성 제국주의자들은 식민 통치를 위해 제국적 남성다움을 과시하며 젠더 역학을 가동시킨다.(Gopinath, 2009: 21) 그렇게 서로 얽혀 있는 인종과 젠더의 역학을 따르자면 식민지 버마에 거주하는 영국 및 버마 남녀는 1) 영국 남성 2) 영국 여성과 버마 남성 3) 버마 여성이라는 위계 하에 있게 된다. 이 위계를 따르자면 식민주의에 이미 침투되어 있는 가부장제 하의 영국 여성들은 '제국의 타자들'로서 버마 토착 남성들과 비슷한 위치에 놓이게 된다. 말하자면 '제국 권력을 구조 짓는 젠더 역학' 혹은 '인종과 젠더의 역학'을 작품을 읽는 주요한 틀로서 제기하는 것은 오웰의 반제국주의 입장에 내재된 남성중심성을 해명하게 하면서 '아시아 여성의 재현'이라는 문제틀 혹은 이론적 개념을 부각시킨다.[2]

---

1. 소설에 나타나는 영국 제국주의자들과 토착 버마인들 둘 다 부정적으로 묘사되어 있다. 그래서 『버마 시절』은 영국에서도, 버마에서도 출판되지 못하고 미국 하퍼**Harper** 출판사의 A Harvest/HBJ Book에서 출간된다. 1989년에 집권 군부 세력은 공식 영어 국명을 버마에서 미얀마로 바꾸었다. 민주화 운동을 하는 사람들은 버마라는 국명을 계속 사용하고 있으며, 이 글에서도 그렇게 한다.

이 글에서는 영국의 식민 지배를 받았던 버마의 북부 하위지역sub-region 카우크타다Kyauktada를 다룬 『버마 시절』을 '아시아 여성의 재현'이라는 관점에서 살펴본다. 먼저 2절에서는 소설에 그려져 있는 버마 자연과 문화의 양상들을 살펴보고, 3절에서는 소설에 등장하는 주요 영국 및 버마 남녀들의 인식 및 행위능력에 제국주의 이념과 가부장제 이데올로기가 침투하는 양상을 살펴본다.

4절에서는 『버마 시절』에서 가장 부정적으로 재현된 버마 토착 여성의 한계를 넘어 민족주의 의식을 갖고 행동하는 버마 여성이 영화 〈더 레이디 The Lady〉에서 재현되는 양상을 살펴본다. 〈더 레이디〉는 20세기 후반의 버마 현실을 다루고 있지만 그 현실은 오웰의 『버마 시절』에 그려진 식민현실들과 연장선상에 있다. 영화는 버마의 진정한 독립과 민주주의를 위해 헌신하는 여성 지도자뿐만 아니라 그녀와 함께 하는 많은 다양한 버마 민중을 보여주고 있다. 그런 점에서 『버마 시절』을 〈더 레이디〉와 겹쳐 읽어보는 것은 '아시아 여성의 재현'이라는 문제틀의 유효성을 입증할 수 있을 것이다.

2. 『버마 시절』에 나타난 버마의 자연과 문화

1) 버마의 자연: 기후와 풍경

아열대 지역인 버마는 답답하고 갑갑한 무더위, 이따금 약하게 불어

---

2. 아시아 여성학 혹은 아시아 여성연구라는 분야에서 핵심 주제는 '아시아 여성들의 구체적인 경험적 양상들'이었으며 '아시아 여성의 재현' 자체를 하나의 의미 있는 이론적 관점으로 적극 제시하지는 않았다.

오는 바람, 야자수, 이글거리는 짙푸른 하늘로 대변된다. 버마의 기후와 풍경에 대한 자세한 묘사는, 특히 2장과 5장에 잘 나타나 있다. 소설의 주요 배경인 상^上 버마의 카우크타다 읍은 4월인데도 "긴 한낮의 살인적 더위"(1: 7)[3]를 예고하며 아침부터 공기가 답답했고 야자수 위로 이글거리는 짙푸른 하늘에는 독수리 몇 마리가 날개를 활짝 편 채 선회하고 있었다.

2월에서 5월까지의 태양은 성난 신처럼 하늘에서 이글거린다. 그러다가 갑자기 서쪽에서 몬순 기후가 갑작스러운 스콜의 형태로 몰려왔다가 옷, 침대보, 심지어 음식까지도 모조리 축축하게 만들 만큼 모든 것을 집어삼키는 끊임없는 폭우의 형태로 변한다. 지독한 습기를 머금은 날씨도 무덥다. 이 계절이 되면 정글의 낮은 지대는 늪지로 바뀌고, 논에 갇힌 물에서는 썩은 쥐에서 풍기는 것 같은 지독한 냄새가 나며, 책과 구두에는 곰팡이가 피었다…벌거벗은 버마 사람들은 야자수 잎으로 만든 챙 넓은 모자를 쓰고 무릎까지 물이 고인 논에서 물소를 몰면서 쟁기질을 했고, 여자들과 어린이들은 초록색 모를 세 포기씩 떼어내 진흙 속에 눌러 심었다…비는 7월과 8월 동안 거의 쉬지 않고 내렸다…비는 시들시들하다가 10월에 끝이 났다…들판은 다시 마르고, 벼는 익어 갔으며, 버마의 어린이들은 돌차기 놀이를 하고 시원한 바람을 맞으면서 연을 날렸다. 이때는 짧은 겨울이 시작되는 시기로 상 버마의 날씨는 영국의 유령이라도 나타날 듯 음산한 분위기를 띤다.(5: 90-1)

3. *Burmese Days*의 한국어 번역본으로는 『식민지의 사계』(장윤환 옮김, 청람, 1980), 『제국은 없다』(박경서 옮김, 서지원, 2002), 『버마 시절』(박경서 옮김, 열린 책들, 2010)이 있다. 이 글에서는 마지막 번역본을 사용하고 있으며, 인용의 출처는 본문 중에 장 및 쪽수를 표기함.

1910년에 주도州都로 승격된 카우크타다 읍은 발전의 요충지로서 법원, 병원, 학교, 교도소가 세워졌고, 황갈색을 띤 광장, "언덕배기 중간쯤에 흰색 담으로 둘러싸인 영국인 공동묘지" "함석지붕을 얹은 자그마한 교회" "1층짜리 우중충한 목재 건물"인 유럽인 클럽이 있었다. 이 유럽인 클럽은 "영국 권력의 중심지로 정신적 요새라 할 수 있으며, 원주민 관리들과 부자들이 들어가고자 헛되이 갈망하는 열반의 세계이기도 했다."(2: 24) 오른 쪽 너머에 푸른 보리수나무 숲이 보였고 사원의 첨탑이 그 숲에 솟아올라 있었다.

　오전 10시쯤만 되어도 버마의 "날씨는 이미 참을 수 없을 정도로 더웠다…바깥의 작열하는 열기가 창문에 달아 놓은 대나무 발까지 스며들어 눈을 따갑게 만들고 머리를 지끈지끈 아프게 했다…대지의 열기는 후끈 달아올라 마치 오븐 속에서 호흡하는 것 같았다."(2: 47) 그런데 "낮 시간이 지나 어둑어둑한 저녁이 되면 사람들의 무료함은 극에 달하고 미쳐 죽고 싶을 지경까지 이른다. 일, 기도, 독서, 음주, 대화, 이 모든 것들은 이 시간을 보내는 데 전혀 소용없다. 오로지 모공을 통해 땀을 흘리는 것 말고는 달리 수가 없었다."(4: 76) 이러한 환경 속에서 작가는 버마의 자연 풍경들을 '악몽'이라며 그 악몽을 없애기 위해 소설을 써야 했다고, "동양을 다루는 모든 소설에서 풍경이야말로 그것의 진짜 주제"(Orwell, 1989: 101)라고 말한다. 이러한 작가의 고백은 "제국의 문학에서…외래 자연에 대한 설명들은…소유와 통제의 비유들로 표현되는 경향을 지닌다."(Kerr, 1997: 150)는 주장과 일맥상통한다. 다시 말해 『버마 시절』에서 그려지는 자연 세계는 어쩔 수 없이 식민주의와 관련되어 있다. 그래서 영국 백인 남성 존 플로리John Flory라는 목재상을 주인공으로 하는 『버마 시절』은 버마 지역 사람들의 의식 세계나 자연관과는 거의 무관하며 플로리라는 주인공의 유럽적 의식과 지각으로 보고 느끼는 자연 풍경을 묘사할 뿐이다.(Kerr: 151) 여기서 유럽적 의식과 지각이란 철도, 선박과 같은 기계 문명의 산물들과 근대적 법체계로써 버마의 무질서하고 어지러운 풍경을 서구식으로 질서 지우는 데 맞춰져 있다.

그런데 목재상으로서 버마에 체류하는 가운데 제국의 목적은 식민지 야만국의 '문명화'가 아니라 자원의 강탈임을 알게 되고 영국 제국주의를 비판적으로 보게 된 플로리에게 버마 자연은 적대와 폭력만이 아니라 통합, 밀접함, 즐거움을 가져다주기도 한다. 대체로 유럽인들에게 정글은 적대적이고 낯설며 불편하고 위험한 제어하기 힘든 장소이다. 그런데 4장에서 보듯 유럽인 클럽의 영국 백인들의 혐오스런 세계를 벗어나고, 버마 여성을 정부로 두고 있는 자신에 대한 혐오를 벗어나기 위해 플로리는 버마 자연을 찾는다. 반야생의 망고 나무, 관목 숲, 지빠귀 새들, 난초, 라임나무 숲과 꽃들, 많은 넝쿨들이 달라붙어 있는 보리수나무들과 만나다보면, 플로리는 더 이상 동양의 풍경에 적대적이지 않고 그 속에 섞여 들어가 버마 숲을 자신의 서식지로 경험한다.[4] 그렇지만 그러한 평안과 위로는 제국주의적 현실로부터 일시적인 도피일 뿐이다.

한편 『버마 시절』의 여주인공인 엘리자베스에게 버마 자연은 거의 전적으로 홉스적이고 괴물적인 혼란으로 가득한 곳이다. 그녀는 뿔로 위협할 것 같은 커다란 물소를 정글 경계에서 만나 비명을 지른다. 온순한 얼굴을 하고 움직이지 않는 물소는 인간에게 아무런 해도 끼치

---

4. 이것은 외래 자연을 '위로부터 또 외부로부터'가 아니라 '아래로부터 또 내부로부터' 보는 시선의 변화를 가리킨다. 커(Kerr: 12)에 따르면 레오나드 울프Leonard Woolf의 『정글의 한 마을』(1913)은 실론과 같은 식민화된 공간을 소유물이 아니라 토착적 서식지native habitat로 대하는 좋은 예라고 분석한다.

지 않지만 엘리자베스는 자연과 인간의 적대적 관계라는 유럽의 자연사 이론에 따라 물소를 킬러로만 보며, 버마의 자연을 사냥이라는 행위를 즐기기 위한 배경이자 총으로 정복하는 대상으로만 볼 뿐이다. 이러한 엘리자베스를 위해 플로리는 사냥 여행에서 평화로운 비둘기들과 표범을 쫓아 죽인다. 말하자면 플로리는 백인 여성을 위해 기꺼이 식민지 자연을 사냥하는 역할을 자처하는 셈이다. 그렇다면 그가 잠시나마 친밀한 소속감을 느꼈던 버마 자연은 이성애적 구도에서는 백인 제국주의자의 지배와 정복 대상으로 정향되고 있을 뿐이다.

2) 버마의 문화: 시장과 축제

『버마 시절』에 나타난 버마 문화의 양상은 버마 시장과 축제를 통해 잘 그려져 있다. 버마 시장과 거기서 공연되는 뻬pwe 춤을 익히 보아 왔고 그 문화적 의미에 대해 잘 이해하고 있었던 플로리는 엘리자베스와 함께 구경하면 더욱 재미있고 기분 좋을 거라고 기대감에 설렌다. 그런데 막상 시장에서는 "냄새들이 물결처럼 차례차례 밀려왔는데 처음에는 인도 재스민의 넌더리나는 달콤한 향기가 나더니, 그 다음에는 오물 냄새가 아니면 뭔가가 썩어 들어가는 악취가…풍겨 왔다."(8: 127) 약간 떨어진 곳에서 요란한 북소리가 들려 왔는데 이 소리는 시장에서 벌어지는 버마의 전통 축제 중에 주요한 행사인 뻬 공연에서 나는 것이었다.

이때 아수라장을 만들 것 같이 굉음을 내면서 음악이 울려 퍼졌다. 귀에 거슬리게 빽빽거리는 피리 소리, 캐스터네츠처럼 생긴 악기에서 나는 딸랑거리는 소리, 거칠게 쿵쿵거리는 북소리, 그리고 무엇보다 한 남자가 찢어질 듯 고함을 내뱉고 있었다…두 남자가 날이 휘어진 칼을 손에 쥐고 무대 위에서 춤을 추고 있었다.(8: 138)

이 토착 음악 소리는 역사극과 촌극을 합친 일종의 버마 연극 뻬를 위한 것이다. 플로리는 이 연극에서 공연되는 뻬 춤의 역사와 의미에 대해 엘리자베스에게 열정적으로 설명한다. 엘리자베스는 플로리의 말을 귀담아듣기는 했지만 불편하기도 하고 겁이 나기도 했고 "왜 그는 나를 이곳 원주민들의 무리 속으로 데리고 와 이 끔찍하고 야만스러운 장면을 보여주고 있는가?"(8: 143)라고 의아해 하며, "이곳에 온 것 자체—냄새나는 원주민들과 어깨를 서로 부딪친다는 것—가 그녀의 기분을 몹시 상하게 만들었던"(8: 145) 터여서 좀 더 구경하자는 플로리에게 화를 내며 빨리 가자고 한다.

그런데 플로리는 11장에서 다시 엘리자베스를 시장으로 데리고 간다. 11장에 그려진 버마 시장은 근대적으로 위생처리된 깨끗하고도 질서 지워진 말끔한 공간이 아니라 야만적이고 소란스러우며 혼잡하고 더러운 잡동사니로 들끓는 공간이다. 무엇보다 시장은 "거대한 가축 우리" 같았고 안에는 "야자수 잎 끝을 서로 얽어서 낮게 지붕을 인 가게들"이 즐비해 있었다. 시장 구경이 재미있을 거라는 플로리의 말에 엘리자베스는 의구심을 품으며 마지못해 그를 따라가는데 "왜 이런 〈원주민들〉 속으로 끌고 들어가 그들의 더럽고 역겨운 모습을 보여주며 관심을 가지라고 강요하는 걸까?"(11: 172)라는 의문을 품는다. 이곳저곳을 가리키며 설명해 주는 플로리를 따라가며 엘리자베스는 고약한 냄새(마늘, 건어물, 땀, 먼지, 이니스, 정향나무, 심황 등의 냄새), 소란스런 소리(두 여자의 고함소리), 인파와 더위 가운데 공기가 역겨워

숨이 막혔다. 시장에는 기묘하고 천해보이는 상품들이 그득했다.

붉은 바나나, 바다가재 크기의 연보랏빛 새우, 다발로 묶여 있는 건
어물, 진홍빛 칠레 고추, 돼지의 허벅다리, 배를 쪽 갈라서 햄처럼 말린
오리고기, 푸른 코코넛, 코뿔소 풍뎅이의 유충, 잘라 놓은 사탕수수 조
각, 작은 칼, 래커 칠을 한 샌들, 비단 롱지, 알약 형태로 된 최음제, 높이
가 1미터도 넘는 토기 항아리, 마늘과 설탕으로 만든 중국 사탕 과자,
초록색과 흰색으로 말아 놓은 담배, 황동 불상, 하트 모양의 구장 잎, 병
에 놓은 크루센 소금, 가발, 붉은 점토로 만든 조리 용기, 소 발굽, 종이
를 반죽해서 만든 인형, 주술에 쓰이는 악어가죽 등이 보였다.(11: 173)

또한 일찍이 버마 북부에 자리잡고 식료품을 팔고 있는 중국인 상
인 리 예이크Li Yeik의 가게에 이르러 엘리자베스는 "크기가 인형 신발
정도밖에 되지 않는 붉은색 나무 신발"(11: 178)을 신은 두 중국여성을
보고서 흉측하다고 말한다. 그러자 플로리는 엘리자베스에게 중국의
오랜 전족 전통을 말해주며 중국인의 눈으로 볼 때 저들의 작은 발은
야만적인 것이 아니라 아름다운 것이라며 다음과 같이 말한다.

그들은 상당히 문명화되었어요. 다시 말하자면, 내 생각에 저들은 우
리보다 더 문명화되어 있어요. 미美라는 것은 취향의 문제에요. 이 나라
[버마]에는 여자의 긴 목을 숭배하는 팔라웅이라는 종족이 있지요. 그 종
족의 소녀들은 둥근 황동 고리를 목에 거는데, 점차 더 많은 고리를 목에
걸어 결국 기린처럼 긴 목이 되죠. 그것은 스커트 뒤를 볼록하게 하기 위
해 허리에 대는 버슬이나 크리놀린과 별반 다를 게 없는 거예요.(11: 176)

작가 오웰의 인식이 반영된 이러한 견해는 영국은 문명, 버마는 야만이라는 제국주의적 인식 틀을 뛰어넘는 비판적 통찰을 보여준다.

엘리자베스는 자신에게 차를 대접하고 부채질을 해주는 두 버마 소녀들의 환대에 대해서도 편하게 대하지 못하자 중국인들도 냉랭함을 느끼며 그녀의 우아함과 이국적인 아름다움을 무서워하기 시작한다. 게다가 벌거벗은 어린아이가 기어 와서 흰 얼굴을 보고선 그만 겁에 질려 울음을 터뜨리고 마룻바닥에 오줌을 싸는 모습에 엘리자베스는 끔찍해 하면서 전혀 문명화되지 못한 정말 혐오스러운 사람들이라고 힐난한다.(11: 179) 이처럼 엘리자베스는 플로리와 상반되게 버마 시장이나 축제에 대해 야만적이고 끔찍하다고만 느낀다. 그녀는 플로리와 영국적인 테니스 단식 경기, 브리지 게임과 담소, 축음기, 개, 테니스 라켓을 둘러싼 진지한 대화를 전혀 나눌 수 없자 같이 있어도 짜증과 불편함을 느낄 뿐이다.

결국 엘리자베스에게 버마 원주민들은 "검은 얼굴을 지닌 열등한 족속으로 〈피지배민〉"(10: 161)일 뿐이었고 끔찍하고 동물처럼 거칠게 보여 적개심을 불러일으킬 뿐이었다. 또한 버마 남자들은 매력적이고 몸매도 참 매끈하다며 또 "갈색 피부는 흰 피부보다 더 자연스럽다고 세계 전체를 놓고 보면 흰 피부가 오히려 더 이상하다"(10: 162)고 하며 유라시아인Eurasian 5인 프랜시스Francis와 새뮤얼Samuel과 대화를 나누는 플로리에 대해 불만족스러움, 불건전함을 느낀다. 엘리자베스가 보기에 혼혈아로서 비열하고 비굴하며 타락한 그들에 대해 플로리는 동정할 뿐만 아니라 유럽 백인 선교사를 아버지로 둔 "그들의 존재에 대한 우리의 책임"(10: 167)을 언급하기 때문이다. 이렇게 엘리자베스와 플로

5. 유럽인과 아시아인 사이의 혼혈을 가리킨다.

리 사이에 나타나는, 버마 문화를 둘러싼 세계관의 엄청난 차이는 『버마 시절』에 나오는 여러 영국 및 버마 남녀 인물들의 관계에서도 드러난다. 이 관계를 좀 더 구체적으로 이해하기 위해 3장에서는 영국 및 버마 남녀들을 분석해 볼 것이다.

3. 영국 및 버마 남녀들의 인물 분석

카우크타다의 인구는 대략 4천명인데 수백 명의 인도인들, 수십 명의 중국인들, 일곱 명의 유럽인들, 두 명의 유라시아인들과 나머지 버마인들로 되어 있다. 3장에서는 이들 중에 유럽인 클럽에 드나드는 영국 남녀들, 식민화된 버마인들, 반제국주의적 민중과 버마 토착 공동체 여성들을 '인종과 젠더의 역학'이라는 견지에서 살펴보고자 한다.

1) 영국 남녀들

(1) 플로리, 맥그리거, 베랄

『버마 시절』에 개입된 '인종과 젠더의 역학'은 유럽인 클럽에서 타인종은 배격되지만 영국 여성은 영국 문명의 구현체로서 그 통합적 구성원 자격을 갖는다는 데서 드러난다. 그런데 영국 여성은 유럽인 클럽의 주요 의사결정에 대한 투표권은 없다. 이렇게 제한된 회원 자격은, 여성은 남성과 동등하지만 다르다는 논리를 따르는 것이고, 그나마 그것도 백인 여성에 국한된 것이다. 이렇게 인종적 노선을 배타적으로 고수하면서 여성에게 남성과 동등한 의사결정 권한은 주지 않는, 인종주의적이고 남성주의적인 유럽인 클럽은, 영국적 '신사다움'이나 '사심 없음'이라는 개인적이고 윤리적인 미덕과 통합되어 있던 "제국적인 영국 남성성의 와해를 가리키는 지표"(Gopinath: 213)이다.

주인공인 목재상 플로리는 35세로, 중간키에, 검고 뻣뻣한 머리칼과 검은 콧수염, 햇볕에 탄 얼굴색을 하고 있는데 초췌한 얼굴에 뺨이 푹 들어갔으며 눈가는 처진 편이었다. 가죽 끈이 달린 대나무 지팡이와 플로라는 검은 개를 데리고 다녔다. 그의 가장 특징적인 면모는 "눈에서부터 입 가장자리까지 그의 왼쪽 뺨을 타고 흐르는, 초승달처럼 생긴 흉측스러운 모반이었다. 왼쪽에서 보면 모반은 커다란 멍—짙푸른 색깔이기 때문에—처럼 보여 그의 얼굴은 마치 한 대 얻어맞아 슬픔에 잠긴 모습 같았다."(1: 24) 그는 이것을 사람들에게 보이고 싶지 않아 얼굴을 비스듬히 돌리곤 했다.

모반 때문에 놀림 받으며 값싼 삼류 공립학교에서 "야만인과 같은 얼간이"(5: 89)로 졸업한 후 스무 살도 채 안 되어 버마에 왔던 플로리는 휴가차 고국을 방문하는 길에 제1차 세계 대전이 터졌고 군복무를 기피했다. "플로리 같은 경우, 동양이 이미 그를 타락시켰기 때문에 군대를 기피한 것이었다. 그로서는 위스키, 하인, 그리고 버마 여자들을 연병장에서의 무료한 훈련이나 지독한 행군과 맞바꾸고 싶지 않았던 것이다."(5: 92) 술과 나쁜 음식으로 27세 때 피부염을 심하게 앓은 뒤 "그의 젊음은 끝나가고 있었다. 열병, 외로움, 음주로 점철된 8년 동안의 동양 생활이 그를 끝장낸 것이다."(5: 92) 그 후 해가 바뀔 때마다 그는 더 외로웠고 더 비참한 심정이 들었다. 그런 가운데 여전히 그의 중심을 차지하는 것은 "자신이 소속되어 살고 있는 제국주의에 대한 더욱 더 심한 증오"(5: 92)였다.

플로리가 십년이나 살게 된 버마는 이제 그의 모국, 고향이 되었다. 책을 제외하곤 유럽과 아무런 관계도 없게 된 플로리에게 하나의 탈출구는 "버마에서 삶을 함께 나눌, 그의 내적이고 개인적인 삶을 공유하고 같은 기억을 함께 나눌 사람을 찾는 것"(5: 98)이다. 그런데 유럽인 클럽 회원이자 목재소장이며 순한 생김새에 술을 좋아하는 래커스틴Lackersteen의 조카 딸 엘리자베스와 만난 이후, 자신의 식민지 삶을 공유할 엘리자베스에 대한 플로리의 상념은 무기력한 그의 삶에 생기와 희망을 불어넣었고 엘리자베스에게 청혼할 용기를 주었다. 그러나 플로리의 청혼은 때마침 지진에 의해, 또 "한 달에 7백 루피밖에 안 되는 봉급으로 술을 퍼마시는 보잘것없는 플로리!"(17: 263)가 버마 여자 마 흘라 메이Ma Hla May를 첩으로 데리고 있다는 사실을 조카딸에게 알려준 숙모 래커스틴 부인에 의해 미루어진다.

엘리자베스에 의해 매몰차게 거부당한 플로리는 분노와 비통함을 느끼면서도 다음과 같은 냉철한 자기 인식에 도달한다.

오랫동안 플로리는 강둑에 서 있었다…그는 이제 더 이상 화낼 기운도 없었다. 왜냐하면 이런 상황에서 흔히 나타나는 끔직한 자기 인식과 자기혐오를 느꼈을 뿐 아니라 그 일로 인해 결정적인 치명타를 맞았다고 깨달았기 때문이었다. 버마 여인들의 끝없는 행진, 다시 말해 유령들의 군단이 달빛을 받으면서 끝없이 그의 옆을 스쳐 지나가는 듯했다. 맙소사, 저들은 얼마나 될지! 천 명은 아니고 적어도 백 명은 되겠지… 얼굴이나 이름은 거의 기억하지 못했다. 신들은 정의롭고 우리가 쾌락 때문에(정말로 좋았지!) 저지른 악들을 갖고 우리를 고문할 형틀을 만

든다. 플로리는 구원받을 가능성이라곤 없이 자신을 더럽혔고 이것은 정당한 형벌이었다.(17: 263-4)

이후 플로리는 엘리자베스와의 재회에 다시 희망을 걸어보지만 교회에 나타나 플로리의 흉한 과거를 폭로한 마 흘라 메이로 인해 그의 희망은 물거품이 되고 절망과 좌절에 빠져 권총 자살을 하고 만다. 그런데 25장에서 언급되듯, "버마에 거주하는 유럽인들에게는 자살 사건이 흔했으며, 그리 충격적인 일도 아니었다."(25: 377) 다시 말해 대다수 중하층 계급 백인 남성들의 식민지 삶은 몹시 힘들었고 비참했기 때문에 자살이 많았던 것이다.

플로리는 강력한 지배자라는 자기 이미지를 결핍한 대신 '자비로운 식민주의자'로서 자신을 규정한다. 그는 제국주의와 제국적 남성다움의 잘못을 익히 알며 그것에 죄의식을 느끼는 인물로 여성과 식민지인들에게 제국 권력을 행사하기보다 그들의 보호자로서 식민적 자비로움을 행사하고자 한다. 이러한 플로리의 자기 이미지는 여성과 토착민들을 보호받을 필요가 있는 약한 존재들로서 감지하도록 한다. 그러나 그는 엘리자베스, 마 흘라 메이, 베라스와미Veraswami라는 토착 버마 의사를 지배하지도 보호하지도 못하며 오히려 버마 고위 관료 우포 킨U Po Kyin과 메이의 공격을 받음으로써 제국적 권위를 혼란에 빠뜨린다.(Wimuttikosol, 2008: 91-3) 말하자면 플로리는 여성들과 토착민들을 주체가 아니라 그저 보호받아야 할 대상으로만 봄으로써 그 위험한 측면을 인지하지 못한다. 플로리는 식민지배의 현실에 관념론적이었고 제대로 된 식민주의자도, 한 가정을 제대로 이루는 남편도 되지 못한 셈이다.

반면 부국장 맥그리거Macgregor는 제대로 된 식민주의자이면서 제대로 된 남편으로서 결혼에도 성공하여 그럴 듯한 가정을 이룬다. 그는 뚱뚱하고 말이 많고 거북이 같다고 조롱 투로 묘사되고 있으며, 무섭고 강력한 식민주의자 이미지와는 거리가 있지만 "토착민들과 백인 여성들에게 식민적 가부장적 권력을 행사할 의무를 지닌 완벽한 식민주의자 모델"(Wimuttikosol: 84)이다. 우선 그는 토착민들이 제국에 충성한다면 친절하게 대해 주며 토착민들의 반란에 대해서도 곧장 폭력으로 그들을 제압하기보다 먼저 대화를 시도하는 '문명화된' 방법론을 채택한다. 이러한 맥그리거의 자비로운 식민주의적 자아는 관용을 베풀며 유연한 면을 지니는 것 같지만, 그러한 측면은 결국 식민지를 효과적으로 지배하기 위한 교묘한 전략이기도 하다. 맥그리거는 토착 소년의 눈을 멀게 한, 유럽인 클럽의 또 다른 회원인 엘리스Ellis[6]의 범죄에 대해 아무런 조치도 취하지 않으며 엘리스를 벌주겠다고 나서는 토착민들에게 격분한다. 맥그리거의 궁극적으로는 '인종차별주의적인 인간다운 모습'(Lieskounig, 2012: 55)을 보면 토착민의 권리에 대한 그의 존중은 형식적인 것에 지나지 않으며 식민주의자들이 정한 테두리를 고수하고 있을 뿐이다.

한편 귀족 신분의 베랄Verrall은 식민주의자의 문명화라는 짐을 지

---

6. 엘리스는 극렬한 인종차별주의자이며 여성을 "팔려고 내놓은 냉동고기"라고 비하하며 "여자의 이름을 진흙탕 속에 처박아 넣고 먹칠을 하는 것"(8: 149) 만큼 큰 즐거움을 주는 일은 없다는 성차별주의자이다. 그는 버마인을 친구로 두고 있는 플로리더러 흑인의 피가 섞인 혼혈처럼 보이고 겁쟁이라고 뒤에서 욕한다. 하지만 버마인은 흑인이 아니고 황갈색 피부색의 인종이다. 엘리스처럼 타인종을 극단적으로 배타시하는 사람은 백색 이외의 모든 색을 구분 없이 검은 색이라고 싸잡아 말한다. 이렇게 일방적이며 경박한 면모야말로 극단적인 인종차별주의자의 특징이기도 하다.

고 있지 않은 상층 계급 백인 남성으로서 중하층 중간 계급에 속하는 카우크타다의 식민지배자들에게 그들의 지위가 위신 있는 것이 아니라 삶에서 다른 길이 없어 어쩔 수 없이 맡게 된 노동임을 상기시킨다.(Wimuttikosol: 106) 말하자면 베랄은 토착민들이나 여성들을 지배하지도 보호하지도 않는, 무책임하고 바람직하지 못한 지배자인데 식민주의자 맥그리거의 남성적 장점인 여성에 대한 책임감도 전혀 찾아볼 수 없다. 그는 중하층 계급 출신의 영국 백인 남성들을 무시하며 유럽인 클럽에는 얼씬도 하지 않으며 푸카 사히브pukka Sahib[7]라는 제국주의자의 전형과도 거리가 멀다.

그런데 베랄이 카우크타다의 변변찮은 식민주의자들에게 불러일으키는 열등감은, 버마 토착민들과 백인 여성들에 대한 그들의 식민권력과 가부장 권력을 더 열심히 고수하도록(Wimuttikosol: 107) 만든다. 그래서 유럽인 클럽에 드나드는 대다수 중하층 계급 남성들은 자유주의적인 영국적 미덕의 개인적 윤리적 측면이 떨어져 나간, 푸카 사히브의 '에스노-민족적 코드'(Gopinath, 2009)만을 구가할 뿐이다. 이처럼 푸카 사히브 코드에 대한 중하층 영국 백인 남성들의 일방적인 투여는 결국 식민지 희생자들에 대한 인간적인 관심이라는 최소한의 자유주의적 미덕도 견지하지 못하도록 한다.(Rossy and Rodden, 2007: 2) 바로 그 점에서 작가와 이 소설의 '양가적인 반제국주의'(Gopinath: 214)가 야기되며, 영국 제국이 창조한 대륙들, 나라들, 사회들, 문화들, 민족들의 네트워크에 대해 '지구적으로 사유한'(Vynckier, 2014: 9) 오웰의 글로벌 비전이 문제적인 것으로 된다.

7. '위대한 주인 나라'라는 뜻으로, 식민지 인도의 원주민들이 백인 지배자들을 높여 부르는 말이다.

(2) 래커스틴 부인과 엘리자베스

래커스틴 부인은 서른다섯 살 정도에 얼굴은 예뻤지만 "양복점에 비치되어 있는 복장도(圖)의 모델처럼 윤곽이 밋밋하고 늘어진 모습"(2: 38)이었다. 그녀의 목소리는 늘 한숨과 섞여 불만스러운 투였지만 남편을 정글에 혼자 보내지 않고 함께 가서, "물방울이 뚝뚝 떨어지는 텐트 속에서 모기와 싸우고 깡통 음식을 먹으면서 공포를 견딜 만큼 당차기도 했다."(2: 38) 또한 그녀는 버마 하인들의 게으름과 뻔뻔함에 대해 끔찍하게 여기며 고국의 하층민처럼 하인들의 질이 떨어진다(2: 39) 여기고, 아픈 척 하며 인력거를 끌지 않으려 하는 버마 하인에게 곤장을 때려야 한다며, 개혁 분위기 때문에 토착 버마인들에 대한 영국인의 권위가 떨어졌다며 좋았던 시절은 다 갔다고 말한다. 게다가 래커스틴 부인은 임금을 미루거나 안 주는 방식으로 하인을 통제하려는 졸렬한 방식을 아무런 부끄러움도 없이 주장한다. 그녀는 식민지의 나이든 마님 burra memsahib의 전형을 보여준다.

6장에서 처음 등장하는 엘리자베스는 "여자치고는 키가 컸고, 몸은 말랐으며 라일락 색 면 드레스를 입고 있었다…스무 살은 훨씬 넘었을 것 같고…둥근 거북딱지로 만든 안경을 쓰고 머리카락을 짧게 자른 모습"으로 "섬세하고 뚜렷한 달걀형으로, 그렇게 아름답진 않지만 버마에서는 충분히 아름답게 보이는 얼굴"(6: 111)이었다. 제1차 세계 대전이 끝날 무렵에 경기를 심하게 타는 차 중개인으로서 큰돈을 벌었지만 현실감이 없는 아버지와 "있지도 않은 예술적 기질을 핑계 삼아 자신의 의무를 게을리 하는, 자기 연민에 빠진"(7: 122) 어머니 슬하에서 2학기 동안 학비가 상당히 비싼 기숙학교에 다니며 부자들과 어울렸던 짧은 기간이야말로 그녀의 가치관을 영원히 결정지었다. 즉 "선(그녀의 표현대로라면 〈사랑스러운〉 것이란 부자들, 우아한 사람들, 귀족들과 동의어 관계이며, 악(〈야만적인〉 것)이라는 것은 가난뱅이들, 하층민들, 노동자들과 동의어 관계라는 것이었다."(7: 123) 아버지가 갑자기 죽고 어머니와 함께 파리로 간 엘리자베스는 프랑스 은행 지점장 집의 영어 방문교사로 일하면서 그의 성희롱에 괴롭힘을 당했으며 어머니의 예술가인 척하는 태도 때문에 예술과 지식인을 증오했다. 그런데 어머니도 갑자기 죽고 버마로 오면 여왕처럼 환영받을 거라는 숙모의 말에 따라 엘리자베스는 버마로 왔다.

엘리자베스는 플로리와 함께 했던 사냥 여행을 통해 버마의 들꿩, 비둘기, 표범, 호랑이를 접하며 플로리의 흥미로운 사냥 이야기에 엘리자베스는 갑자기 존경심과 함께 플로리를 나름대로 잘생겼고 늠름하다고 생각할 정도였다. "사냥에 대한 것이라면 아무리 사소한 것이라도 그녀는 전율을 느꼈다. 그렇지만 〈책과 예술과 시시껄렁한 시 이야기 대신 사냥 이야기만 하면 좋을 텐데〉"(14: 218)라는 구절에서 단적으로 드러나는 그녀의 취향은 깊이와 신중함보다 외면적 행위 위주의 것이다. 이러한 엘리자베스의 취향은 베랄과 함께 하는 즐거운 승마의 세계와 가까운 것이며, 자신의 인생에 베랄이 말을 가져다 주었다는 사실 때문에 그와 사랑에 빠지게 된다. 그녀는 말을 멋지게 타는 그의 모습에서 "승마술과 근대 생활의 매력적인 기운"을 느꼈으며, "햇볕에 그을린 그의 얼굴과 단단하고 곧은 몸을 통해 모든 낭만, 다시 말해 기병대 생활의 활기차고 당당한 태도"(19: 286)가 마음에 들었기 때문이다.

그러나 멋지고 웅장한 기병대의 세계에 마치 자신이 속한 것처럼 좋아하다가 베랄에게 차인 엘리자베스는 다시 플로리에게 희망을 걸어보지만 그의 어둡고 타락한 과거가 드러났을 때 "너무나 흉측하고 경직되고 늙어 보여 마치 해골 같았던"(24: 366) 플로리의 얼굴에서 살아 꿈틀거리는 것 같은 모반을 보면서 수치스럽고 참기 힘든 증오에 휩싸인다. 버마 삶의 "부패, 외로움, 자기 연민"(24: 369)을 알아달라고 플로리가 애원하지만 엘리자베스는 "교회에서 보았던, 흉측한 모반이 있는 누렇고 번쩍거리는 그의 얼굴을 떠올리자 그가 죽어 버렸으면 하는 마음이 들 정도"(24: 371)였고 나병 환자나 미친 사람을 대하듯 그를 증오하며 냉정하게 뿌리친다.

우기가 절정이었을 때 돈 한 푼 없이 결혼도 하지 못한 채 영국으로 돌아가기로 결심한 엘리자베스에게 맥그리거씨가 청혼했다. 엘리자베스는 그의 청혼을 기꺼이 받아들였고 그들은 매우 행복했다. 맥그리거씨는 더 인간적이고 온화한 사람이 되었고 엘리자베스는 돋보이는 이전의 태도로 '중간 관리자 부인의 분수에 맞게 살아가는 법', 즉 〈마님〉의 직분을 성공적으로 수행했다.(25: 382) 다시 말해 나이는 많지만 안정된 남자와의 결혼이 제공하는 〈마님〉의 직분을 자신의 젊음을 대가로 사들인 엘리자베스의 선택은, 식민지 버마의 중하층 영국 여성이 보여주는 특수한 젠더적 양상인 셈이다.

2) 식민화된 버마 주체들

(1) 우 포 킨과 베라스와미

하급 치안판사에서 부국장 대리로 승진하는 데 골몰한 우 포 킨은 50대 버마 남성인데, 주름 없고 넓적한 얼굴에 배는 나왔지만 나름대로 균형 잡힌 풍채를 갖고 황갈색 눈에 짧게 자른 머리카락을 하고 있다. 버마가 영국과의 세 차례 전쟁(1824-1885)에서 패배한 시점인

1880년대에 만달레이Mandalay에 총을 차고 진군하는 영국 군대를 황홀하게 바라보면서 그가 택하는 삶의 방식은 강자에게 빌붙는 것이다. "영국 편에 서서 싸우는 것, 다시 말해 그들에게 아첨하는 기생충이 되는 것이 어릴 때부터 그의 주된 야망이 되었다."(1: 8) 어른이 된 그에게 중요한 것은 식민지의 어느 도시에서나 영국 권력의 중심지로 정신적 요새라 할 수 있는 유럽인 클럽의 회원이 되는 것이다. 특히 버마에 있는 유럽인 클럽 중 유일하게 원주민 회원이 없다는 사실이 카우크타다 클럽의 자부심이었기 때문에 그 클럽의 회원이 되는 것이야말로 최고의 출세였다.

식민지인들의 지도자층에 속하는 그는 민족적 자존심 같은 것은 일찌감치 놓아버린 채, 식민지로서 왜곡되고 훼손된 버마 현실에 약삭빠르게 순응하고 출세하는 데 급급할 뿐이다. 그는 자신보다 낮은 위치에 있고 약자인 버마 민중에게 온갖 편법(뇌물, 매수, 위증, 협박, 갈취)을 써서 부를 축적한다. 그의 대표적인 처세술은 "안전하게 양측으로부터 동시에 뇌물을 받은 뒤 엄격한 법적 근거에 따라 판결을 내리는 것"(1: 10)인데 그것은 피상적이고 형식적인 공평성을 따를 뿐이다. 그는 식민지의 고위직 관리이자 상층에 속하는 사람으로서 버마 민중의 길잡이가 될 만한 지성과 성찰 능력을 보여주기는커녕 교활하게 잔머리를 굴리는 우둔함을 지니고 있을 뿐이다. 종교(불교)에 대한 그의 태도도 정신적 영적인 것이 아니라 쥐나 개구리로 환생하는 것을 막고 남성 인간의 모습으로 환생하리라는 명확히 물질적인 목적을 성취하기 위한 수단일 뿐이다.(1: 7-8)

우 포 킨은 자신의 출세에 방해가 되는 버마 의사이자 교도소장인 베라스와미를 치기 위해 맥그리거 부국장 밑에서 일하는, "꽤 쓸모 있는 끄나풀"이자 "창의력은 떨어지지만 열심히 일하는 훌륭한 서기"(1: 13)인 수석 서기 바 세인Ba Sein을 첩자로 포섭한다. 바 세인은 흘라 페 Hla Pe라는 견습 서기에게 『버마 애국자』라는 신문에다 맥그리거가 원주민 여자에게서 낳은 아이들을 무책임하게 방치한다는 익명의 폄하 기사를 쓰게 한다.(1: 8-10) 우 포 킨은 영국인의 명예와 권위를 실추시키는 동시에 이 익명의 기사를 쓴 사람이 베라스와미라는 추문을 퍼뜨려 뇌물을 받지 않는 깨끗한 버마인의 신망을 허물어뜨림으로써 일석이조를 노린다.(1: 10-12) 그렇게 베라스와미를 모략하는 우 포 킨에게 좋은 분인 의사를 왜 괴롭히려는 것이냐고 아내가 묻자 우 포 킨은 "여자가 이런 바깥일에 대해 뭘 알아? 그 의사가 내 일을 방해하고 있단 말이야. 우선 그는 뇌물을 받지 않아. 그러면 내가 곤란해진다."(1: 21)며 여성의 지성과 이해 능력을 무시하는 전형적인 가부장적 태도를 보인다. 부와 권력을 가질 만큼 가졌는데, 행복은 돈에 있는 게 아닌데 왜 그런 짓을 해야 하느냐는 아내의 반박(1: 15)에 헛소리 말고 살림이나 잘 하라고 우 포 킨은 명령한다. 그는 최고의 영예와 권세를 누렸지만 내세를 위해 탑도 쌓을 새 없이 뇌졸증에 걸려 말 한 마디 못하고 죽는다.

버마 지식인에 속하는 베라스와미는 작은 체구에 쇠테 안경 속의 둥근 두 눈은 무엇이든 믿을 정도로 선해 보였으며 형편없는 검은 구두를 신고 다녔고, "목소리는 열정적이었으나 흥분을 억제하지 못하는 스타일"(3: 50)이었다. 그는 버마인들을 무관심과 미신에 빠져 있는 타락한 인종이자 하위 계층이라고, "동양인들의 끔찍스러운 나태함"(3: 58) "동양의 비참함"(3: 60) "비굴함과 노예근성, 무지함"(3: 60) "동양인의 교활함"(3: 62)을 지적하며 동양인들이 무관심과 미신에 빠져 있다고 본다. 반면 그는 법과 질서, 발전과 문명을 이끄는 "영국의 정의와 영국의 지배에 의한 평화"(3: 56)를, 도로 관개 사업을 하고 기근을 없애고 콜레라, 천연두, 나병, 성병을 퇴치하고 병원, 학교, 경찰서를 세워 버마의 근대를 꾀한 "근대적 진보의 추동"(57)을 찬양하며 "영국인들에 대한 광적일 정도의 존경심"(3: 54)을 드러낸다.[8]

　3장 말미에서 베라스와미는 자신의 인격을 깎아내리고 공직의 경력을 파멸시키려는 우 포 킨의 음모와 계략에 대한 걱정을 드러내며 플로리와 같은 영국 신사는 인간의 탈을 쓴 교활하고 잔인하며 포악한 악어와 같은 우 포 킨이 어떤 인물인지 짐작조차 하지 못할 것이라고 말한다. 플로리도 세간에 떠도는 말만 믿고 우 포 킨을 버마 관료의 모범이라고 어리숙하게 알고 있다. 베라스와미는 유럽인들이 동양인들의 싸움에 끼어들어 봤자 쓸데없다는 것을 알면서도 플로리가 자신을 도와주리라는 미련을 버리지 못한다. 결국 그는 우 포 킨의 권모술수에 의해 "잔악무도한 악당"(25: 378)이 되고 만다. 그는 보조의사로 강등되어 만달레이 종합병원으로 전근되는데 박봉에다 별 볼일 없는 이류 클럽에 가입해 〈교양 있는 대화〉를 나누는 데 계속 집착했던 식민화된 무기력한 토착 남성 지식인의 전형을, 그 인종적 남성적 실패를 보여준다.

(2) 마 킨과 마 흘라 메이

　우 포 킨의 아내 마 킨은 남편의 높은 지위에도 불구하고 소박한 버마 여성인데, 45세에 연갈색 피부에 마르고 창백하며 원숭이 모양의

---

8. 돈메츠는 동양의 타락, 비겁, 나태, 변덕, 방탕, 탐욕, 부패는 버마 토착민들에 고유한 것이 아니라 서구 제국주의적 팽창의 결과라고 주장한다(Dönmez, 2012: 9).

얼굴 생김새(1: 14)를 하고 있다. 그녀는 전혀 유럽화되지 않은 여성이며, 뜨개질을 하고 바구니를 머리에 이고 시장에 가는 평범한 시골 여인처럼 하고 다니며 탑에 가서 열심히 정성껏 기도를 한다. "유럽식 습관을 많이 배우지 못한 소박한 여자"(1: 20)인 그녀는 버마의 변화하는 환경과 전혀 상관없는 구식의 '시골 아낙네' 모습인데 남편에게 행복은 돈에 있는 게 아니라며 "공덕 쌓는 일"(1: 21)에 정성을 기울이라고 말한다. 그렇지만 버마 토착 관료의 소박하고 현명하며 올바른 아내는 남편에게 아무런 영향도 미치지 못할 정도로 우 포 킨은 압도적이다. "만달레이 빈민가의 벌거벗은 소년에서 도둑질하는 서기를 거친 부패한 관리"(12: 193)로 유럽인 클럽에 들어가겠다는 그의 야망은 마침내 마 킨의 선한 마음조차 굴복시킨 셈이다.

플로리가 3백 루피를 주고 샀던 마 흘라 메이는 플로리의 하인 코슬라의 남동생을 애인으로 숨겨 놓은 채 하는 일 없이 빈둥빈둥 노는 첩살이를 좋아했고, 화려한 옷을 입고 고향을 방문할 때는 백인의 아내의 지위를 과시했고 마을 사람들에게 플로리의 합법적 아내 행세를 했다.(4: 73-4) 그녀의 행색은 다음과 같이 묘사되어 있다.

그녀의 나이는 스물 두셋 정도 되었고 키는 150센티미터 가량 되었다. 푸른 색 수가 놓인 중국 공단으로 만든 롱지와 금 구슬이 달려 있는 풀 먹인 모슬린 잉지를 입었고, 감아 올린 흑단처럼 새까만 머리카락에는 재스민 꽃이 꽂혀 있었다. 마치 인형 같아 보였다. 밋밋한 얼굴은 구릿빛 달걀형에, 눈이 작았다. 작고 가냘프며 곧은 몸은 나무에 얕게 새긴 돋을새김처럼 윤곽이 거의 없었다. 그래서 흡사 이국적으로 생긴 인형, 다시 말해 예쁘기는 하지만 괴기스러운 인형 같아 보였다. 그녀가 방에 들어

오자 백단향과 코코넛 기름 냄새도 함께 들어왔다.(4: 71)

엘리자베스와의 관계를 위해 플로리가 백 루피를 주고 쫓아버렸던 마 흘라 메이는 옷 사는 데 돈을 다 써버리고 극도로 초라하고 비천하고 비굴한 매춘부 모습으로 다시 플로리에게 나타난다. 그녀는 상스러운 비명을 지르며 "백인의 아내로 지내던 자신이 고향의 아버지 집에서 너무 못생겨 결혼도 못하고 있는 늙은 여자들과 함께 벼를 찧는 수치를 당하도록 자신의 젊음을 빼앗아 갔고 자신을 망쳤다"(13: 207)고 플로리를 원망한다. 마 흘라 메이가 이렇게 흐느껴 울며 소동을 피우는 것은 "오로지 나태한 생활을 하고 값비싼 옷을 입으며 다른 하인을 마음대로 부리던, 한때 그의 정부로서 누렸던 지위에 대한 아쉬움"(13: 210) 때문이었다.

17장 말미에 "해골처럼 추하고 도전적인 모습"으로 다시 등장한 그녀는 슬리퍼를 벗어 들고 호전적인 자세로 플로리를 협박하며, 24장에서 엘리자베스가 있는 교회의 문간에 또다시 나타나 귀에 거슬리는 소리를 내며 플로리를 자신을 파멸시킨 겁쟁이라며 자기를 똥개처럼 굶어죽도록 내쫓았다고 소리를 지른다. 제국-식민지의 권력관계에서 가장 하위에 있는 토착 식민지 여성의 이러한 행동은 식민지 여성의 섹슈얼리티를 전유하는 제국 남성들의 남성주의라는 젠더적 특성을 적나라하게 드러내면서 이중적이고 위선적인 백인 제국주의자를 부정적인 형태로나마 고발하는 행위능력을 보여주는 셈이다.

이후 마 흘라 메이는 다 시든 얼굴과 몸으로 만달레이에 있는 매음굴에서 일했으며 "플로리에게서 뜯어낸 돈을 한 푼도 저축하지 않은 것을 후회"(25: 380)하며 지냈다. 이러한 마 흘라 메이의 비참한 종말은 버마의 정신과 문화를 상실하고 제국주의에 기생하며 편안한 물질적 삶에 식민화된 여성주체를, 영국 제국주의 하의 식민지 버마 가부장제 사회에서 가장 약자인 하층 계급 여성의 타락과 노예화를 잘 보여준다. 『버마 시절』에 재현된, 식민화된 버마 하층 계급 여성 마 흘라 메이는 영국 제국주의와 버마 가부장제의 결탁에 의해 빚어진 한 가지 결과라고 하겠다.

3) 반제국주의적 버마 민중과 토착 공동체 여성들

(1) 고등학생들의 반격 및 카우크타다 주민들의 집단적 행위능력

앞에서 제국주의를 찬양하며 모방하는 식민화된 버마 남녀들을 살펴보았다. 하지만 『버마 시절』에 이런 버마인들만 나오는 것은 아니다. 영국 제국주의의 지배 하에 약자로서 버마 토착민들은 제국주의적 법을 어기지 않는 선에서 경멸과 조소, 야유와 조롱이라는 방법으로 제국주의에 반대하고 비판하는 의식을 교묘하게 표출했다. 이러한 표출을 일상적으로 접하는 영국 제국주의 관리들은 지배자이면서도 어떻게 할 수 없었고 불편하고 갑갑할 수밖에 없었다.

누런 얼굴—근본적으로 몽골 계 얼굴에서 나타나는, 위협적일 정도의 경멸로 가득한, 금화처럼 매끄러운 얼굴—의 어린 원주민 고등학생들은 그들에게 조소를 퍼붓고, 때로는 뒤에서 하이에나와 같은 묘한 웃음으로 야유했다. 인도 거주 영국 관리들의 생활은 결코 즐겁지 않았다.(2: 46)

특히 어린 고등학생들이 학생 신분이라는 이점을 갖고 더욱더 제국주의자들을 교묘하게 괴롭히는 것은 약자로서 취할 수 있는 저항 방식의 효력을 익히 알고 있었기 때문이다.

버마 고등학생들이 나름대로 할 수 있었던 이러한 일상적인 저항은 앞서 살펴본 우 포 킨이라는 식민화된 버마 관료의 여러 반민족주의적 행태와 대조된다. 이 매판 관료는 자신의 출세를 위해서는 가짜 반란까지 유도해 그 반란을 진압하는 공로를 세우는 데 급급하기 때문이다. 20장에 드러난 통가 마을의 반란은 우 포 킨과 그의 심복 바 세인의 술수에 의한 것이었다. 우 포 킨의 첩자들은 그에게 매수된 가련하고 불쌍한 사람들이 통가 마을 근처의 정글에 모여 있다고 우 포 킨에게 전했고 우 포 킨은 순경들과 급히 통가로 달려가 "일곱 명의 반란자들만이 모여 있던 정글의 황폐한 오두막집"(20: 300)을 급습했다. 또한 바 세인은 반란 소문을 퍼뜨려 맥그리거, 웨스트필드Westfield 총경, 베랄 중위뿐만 아니라 민간 경찰, 50여 명의 토민병을 통가로 가도록 했는데 가보니 반란은 이미 끝나 있었다는 것이다. 그 사이 지역 산림국장으로 스물 대여섯 살 정도 되어 보이며 피부가 깨끗한 금발의 젊은이 맥스웰Maxwell이 도망치는 반란자 중 한 명한테 소총을 발사해 그 반란자는 죽었고 마을 사람들은 맥스웰에게 심한 적대감을 가지게 되었다.

그런데 이런 와중에 또 다른 반란이 정말로 일어난다. 유럽인 클럽에 모여 있던 백인들은 유럽인 클럽의 원주민 회원 선출 문제로 또다시 언쟁을 벌이고 있었는데 맥스웰 휘하의 산림 감시원 중 한 명인 버마인이 농부들로 보이는 네 명의 다른 사람들과 함께 배에서 "미라처럼 천으로 싸인, 길이가 2미터쯤 되어 보이는 물건"(21: 317)을 내려놓았다. 그것은 맥스웰의 시체였고 "그가 총을 쏘아 죽였던 자의 친척 두 명이 단검으로 그의 몸을 거의 두 동강 내버린 것이었다."(21: 318) 버마인들에게 보복을 당한 맥스웰의 죽음은 백인들에게 "도저히 용서할 수 없는 일" "끔찍한 행위로 신성모독에 비견되는 일"(22: 319)이었고 카우크타다에 엄청난 충격을 주었다.

맥스웰의 장례식은 치러졌고 유럽인들은 다소간 기분이 울적했는데 엘리스는 미온적인 법을 욕하며 복수심에 불타 진짜 반란이라도 일어나 총으로 앙갚음할 기회를 얻어 버마인들을 살육해 시체를 산더미처럼 쌓아놓고 싶어 한다. 그 때 엘리스는 도로를 내려오는 고등학교 남학생 다섯 명을 보게 된다.

엘리스는 사악한 누런 얼굴들이 일렬로 다가오는 것을 보았다. 끔찍할 정도로 부드럽고 어리고 계집애처럼 생긴 얼굴들은 그를 보고 의도적으로 건방지게 씩 웃었다. 백인인 그를 놀려 먹으려고 하는 것 같았다. 아마 그들도 살인 사건 이야기를 듣고—모든 학생들처럼 민족주의자라도 된 듯이—그것을 하나의 승리로 간주했을 것이다. 엘리스 옆을 지나칠 때 그들은 얼굴을 쳐다보고 다시 웃음을 지어 보였다. 법이 그들 편에 있다는 것을 알고 있기 때문에 그들은 대놓고 그를 약 올리려 했다. 엘리스는 화가 부글부글 끓어오르는 것을 느꼈다.(22: 324-5)

엘리스가 왜 비웃느냐고 다그치자 한 소년이 "아저씨가 관여할 일 아니에요"라고 대꾸하고 순간 이성을 잃은 엘리스는 지팡이로 그 소년의 눈을 쳤고 눈을 정통으로 맞은 소년은 비명을 지르며 넘어졌고 다른 네 명이 엘리스에게 달려들자 엘리스는 지팡이를 마구 휘둘러 대며 겨우 빠져 나왔다. 눈을 맞은 소년은 눈이 안 보인다고 비명을 질렀고 나머지 소년들은 도로 보수용으로 쌓아둔 붉은 흙더미로 달려가 엘리스에게 고함치며 흙을 던졌다. 무슨 일인가 해서 순경들이 나오자 소년들은 겁이 나 도망을 쳤고 엘리스는 소년들에게 복수할 생각에 이 소동을 목격한 두 명의 서기와, 한 명의 사환에게 소년들이 아무 이유 없이 엘리스를 공격했다고 맥그리거에게 거짓말을 하도록 시킨다.

그 날 저녁, 클럽에 유럽인들이 모여 있는데 바깥에는 "20여 명의 버마 사람들이 손에 몽둥이와 단검을 들고 모여 있었다, 울타리 바깥에는 수많은 군중이 도로를 꽉 메우고 저 멀리 광장 너머까지 운집해 있었다. 그야말로 인산인해였다. 족히 2천명은 되어 보였다."(22: 329) 반란 중인 버마 사람들은 엘리스를 내놓으라고 맥그리거씨에게 요구하지만 맥그리거씨가 무례한 놈들이라고 욕하는 바람에 이내 돌팔매질이 시작되었고 맥그리거씨도 얼굴에 정통으로 돌을 맞고 쓰러졌고 피를 흘렸다.(22: 330-1) 플로리는 클럽 옆의 강을 힘들게 헤엄쳐서 경찰 초소로 가 도움을 청하고자 하는데 초소에는 아무도 없었고 도로 쪽으로 뛰어가 보니 버마 군중이 공격받고 있었다.

경찰, 군인, 민간인 등 다 합쳐 150여 명이 곤봉만 들고 후미에서 군중을 공격하고 있었다. 하지만 그들은 완전히 파묻혀 버렸다. 군중은 너무 밀집해 있어 마치 한데 모여 소용돌이치는 거대한 벌 떼 같아 보였다. 경찰은 우왕좌왕하는 버마인들 틈새를 필사적으로 파고들려 했지만 몸이 서로 꽉 붙어 곤봉을 사용할 수도 없었다.(22: 336)

그렇지만 이러한 버마 군중의 반란은 군중 속에서 겨우 빠져나와 초소에 도착한 플로리가 토민병들에게 군중의 머리 위를 겨냥해 발사하라고 명령하고 총이 발사됨으로써 "군중은 즉시 물줄기가 바뀐 강물처럼 클럽에서 밖으로 썰물처럼 빠져나가고 있었던 것"(22: 339)이다. 이로써 몇몇 버마 고등학생들에 의해 촉발된 버마 민중의 반란은 영국 제국주의의 강력한 무기에 의해 별 성과 없이 끝나고 만다. 하지만 그러한 반란 장면은 널리 퍼진 불만족, 독립에 대한 염원, 반란의 에너지(Slater, 1973: 64-6)를, 버마의 곳곳에서 일어날 반란을 통한 버마인들의 반제국주의적 행위능력을 예시한다고 하겠다.[9]

(2) 뻬 축제에서의 여성 무용수와 숲 속 촌락 공동체의 토착 문화능력

버마 시장에서 뻬 춤을 추는 여성 무용수는 유럽인들을 위해 특별히 빨리 불러온 고수로, "무대 뒤에서 쭈그리고 앉아 담배를 피우고 있던 한 소녀"(8: 140)이다. 그녀는 열두 개의 높다란 북을 쳐대는 소리에 맞춰 춤을 춘다. 그것은 고상하고 보기 좋은 춤이라기보다 좀 기괴한 모습이다.

리듬에 맞추어 고개를 끄떡거리고 팔꿈치를 비트는 동작이었다. 마치 끼워 맞춘 목각 인형이 회전목마 위에서 움직이는 것 같아 보였다. 그녀의 목과 팔꿈치가 돌아가는 모습은 목각 인형처럼 정확했고 놀랄

---

9. 버마에서 판사로 일했던 콜리스 Maurice Collis의 작품 『버마에서의 재판들 Trials in Burma』 (1938)과 『숨겨진 버마 속으로 Into Hidden Burma』(1953)는 『버마 시절』에 비해 영국 지배에 더욱 적극 도전하며 버마를 재형성하고자 하는 버마인들의 행위능력을 보여주고 있다 (Keek, 2005: 35-9). 사야 센 반란 Saya Sen Rebellion이라고 불리는 일련의 버마 농민 봉기들은 1930년 12월에서 1932년 말까지 지속되었는데 천 명 이상의 농민 사상자를 내었다(위키피디아 백과사전 참조).

정도로 유연했다…그녀는 이쪽저쪽에서 뛰어오르더니, 아래로 몸을 던져 왼발을 뒤로 빼고 무릎을 꿇고 앉아 몸은 앞으로 굽히고 두 팔은 벌려 비틀면서 이상한 모습으로 춤을 추었다. 머리 또한 북장단에 맞춰 움직였다.(8: 141)

그런데 버마 사람이 아니면 좀 이상하게 보일 수도 있는 이 뼈 춤에 대해 버마 문화를 익히 접하고 알아온 플로리는 그 진정한 의미를 우리에게 다음과 같이 알려준다.

꼭두각시처럼 몸을 앞으로 굽히는 저 이상한 동작과, 마치 코브라가 머리를 세워 공격 자세를 취하는 것처럼 팔꿈치에서부터 양팔을 비틀어 돌리는 모습…은 무시무시하고 심지어 일종의 사악한 혐오스러움을 자아내기까지 하죠. 그리고 저 춤 속에는 불길한 무언가가 있습니다. 모든 몽골족에게는 마성의 기운이 있지만, 가까이에서 보면 그 이면에 있는 수 세기 동안 축적된 예술과 문화를 읽을 수 있소. 저 소녀가 만들어 내는 모든 율동은 수많은 세대를 거치면서 연구되고 전수되어 온 것들이죠…저 무용수가 팔을 비틀어 돌리는 모습에 버마의 모든 삶과 정신이 집약되어 있다고 볼 수 있습니다.(8: 142)

식민지 아시아에 대한 편견이 깊은 사람이라면 이렇게 독특하고 고유한 버마 문화의 정수를 쉽사리 수긍하기 힘들 것이다. 플로리는 오랜 버마 생활 가운데 뼈 춤을 계속 보아 오면서 무시무시하고 사악하며 혐오스럽고 불길한 가운데 뿜어져 나오는 신비한 마성 같은 묘한 느낌이야말로 오랫동안 기예를 닦은 데서 나오는, 독특한 버마 문화의 정수임을 감지하고 있는 셈이다. 반면 버마에 온 지 얼마 되지 않은 데다 야만적인 동양이라는 편견을 지닌 엘리자베스는 플로리의 말을 제대로 이해하지 못하고 버마인들 고유의 문화능력을 혐오하고 무시할 뿐이다. 『버마 시절』이라는 영국소설을 통해 우리는 버마의 토착문화능력을 접한다.

한편 4장에서 (유럽인들은 물론 버마인들도 없는 곳에서) 플로리는 길을 잃고 숲 속에서 헤매게 된다. 그 때 소달구지를 끌고 지나가던 어떤 버마 남자가 친절하게도 달구지의 고삐를 놓고서 정글을 뚫고 들어가 단검을 휘둘러 넝쿨을 베어내느라 한참을 고생한 후에 오솔길로 통하는 길을 냈고 플로리를 태워 어느 정글 마을에 내려준다. "초가지붕을 한 초라한 오두막집 20여 채 정도로 이루어진…지금은 사라져 버린 〈네그루의 보리수나무〉를 뜻하는 〈나웅레빈〉"(4: 80) 마을에는 몇 그루의 대추야자 나무가 있었고 백로 떼가 날아가고 있었다.

나이 든 촌장이 집에서 나와 플로리와 인사를 나누는데 "뚱뚱하고 얼굴이 누런 여인 하나가 롱지를 겨드랑이 아래까지 걷어 올리고 오두막집 주변에서 개 한 마리를 쫓고 있었다. 그녀는 개를 대나무 막대로 때리면서 웃고 있었고 개 또한 비실비실 웃는 듯"(4: 80)하는 장면이 벌어진다. 이렇듯 오두막 집 주위로 재미있다는 듯이 개를 쫓아다니는 아낙네의 모습은 모두에게 웃음을 띠게 하며 적대와 경계를 무너뜨리고 평화와 위로를 준다. 플로리가 물을 찾자 똥개를 쫓던 그 뚱뚱한 여인이 플로리에게 연한 녹차를 대접한다.

플로리는 〈나웅레빈〉 마을에서 환영받고 촌장과 만나 대화를 나누며 차를 대접받은 후 다시 힘을 얻고 축복을 느낀다. 이곳은 식민 지도를 벗어나 있는 목가적인 곳으로 두려움도, 고뇌도, 번민도, 통제도 없이, 살아 있는 모든 것을 환대하는 살아있는 유기적 공동체이다. 플로리는 식민 역사의 행위주체로서 수혜자이자 희생자라는 자신의 역할을 망각하고 싶어, 또 그 식민적 현재로부터 도피하기 위해 버마 숲을 찾았기 때문에 이러한 친절과 환대라는 버마 토착 공동체의 문화능력을 더욱 통렬하게 감지하는 셈이다. 조지 오웰이라는 영국 백인 남성의 인식과 지각이 제국주의적 틀을 넘어 낯선 식민지 지역들에 살아 숨쉬는, 버마토착 공동체의 오랜 생명력을 놓치지 않았기 때문이다.

그러나 이러한 생명력이 버마의 근대화와 독립에 전반적으로 어떠한 의미를 지니는지 오웰의 작가적 인식은 더 나아가지 못했으며 결과적으로 버마 토착민들의 반제국주의적 행위능력이라는 의제는 그의 인식 반경에 적극 부상하지 못한 채 남아 있다. 오웰의 이러한 한계는 자신의 양가적인 반제국주의에 깃든 남성주의 입장을 묵인하게 하면서 버마의 독립과 민주화 운동에 적극 나서는 버마 남녀들의 행위능력에 대한 재현을 소설의 공백으로 남도록 한다. 영화 〈더 레이디 The Lady〉는 『버마 시절』의 이러한 공백을 소설이 아닌 다른 재현 매체를 통해 21세기 시점에서 메우고 있다. 그런 점에서 4장에서는 〈더 레이디〉를 살펴볼 것이다. 이 글에서 '아시아 여성의 재현'이라는 문제틀로써 소설과 영화를 동일선상에서 논의하고 있는 것은 영문학 연구를 문학 영역에 국한시키기보다 문화연구라는 더 넓은 맥락과 소통시키는 길을 열어가기 위한 시도이기도 하다.

4. 『버마 시절』의 공백을 보충하는 〈더 레이디〉 읽기

2012년 9월에 프랑스의 뤽 베송 감독의 〈더 레이디〉라는 영화가 출시된다. 영화 제목이자 '레이디'라고 지칭되는 여성은 버마 독립의 영웅 아웅 산 Aung San 장군의 딸 아웅 산 수 치 Aung San Suu Kyi이다. 1945년 태생인 그녀가 두 살이었을 때, 네 윈 Ne Win[10]의 군부 독재 정권에 의해 아버지가 죽음을 맞이하며 그 후 그녀는 주로 영국에서 남편 마이클 에어리스와 두 아들과 지낸다. 그녀는 옥스퍼드 대학 및 런던대학교 대학원 박사를 마친 후 1988년에 어머니의 병간호를 위해 귀국했다가 버마의 민족민주동맹NLD National League for Democracy 사람들과 함께 1988년 8월 8일 아침 8시에 일어난 8888항쟁을 주도하게 된다. 1989년부터 그녀는 가택 연금 상태에 처하게 되고 오랫동안 가족과 떨어져 지낼 뿐만 아니라 여러 차례 단식 투쟁의 고통을 감내한다. 1990년 총선에서 민족민주동맹이 59%를 득표해 의회 의석 80%를 장악했지만 선거는 무효화되고 군부는 정권 이양을 거부한다. 아웅 산 수 치는 1991년에 노벨 평화상 수상자로 지명되는데 가족이 대신 상을 받으며 2010년 11월에 가택 연금에서 마침내 풀려난다.[11]

아웅 산 수 치 역을 한 배우 양자경과 뤽 베송 감독은 영화의 초점인 아웅 산 수 치라는 특별한 여성을 잘 그려내기 위해 그녀뿐만 아니라 감옥에 갇힌 수십만 명의 기록을 찾아보고 석방된 사람들의 증언

---

10. 아웅 산 장군과 함께 독립 운동을 했던 사람인데 1962년에 군사 쿠데타를 일으켜 군부정권을 장악한 독재자로서 엄청난 부정부패 및 경제 파탄을 초래했고 버마 국민들은 폭압과 가난 속에서 연명한다. 이에 맞서 반군부 민주항쟁이 일어나고 많은 버마인들이 희생된다.

11. 이후 〈더 레이디〉에 관련된 사항들은 주로 www.cine21.com에 공개된 내용을 참조하되 이 글의 목적에 맞게 재구성하였음을 밝혀둔다.

등을 조사하며 아웅 산 수 치의 존재와 버마 현실을 전 세계에 알리고 자 애썼다. 그 중 쉐다곤 파고다 연설 장면은 민족민주동맹의 선두에 아웅 산 수 치가 서서 버마 전 국민에게 새로운 희망의 메시지를 전달 한 것으로 유명하다. 그 촬영을 위해 연단에 오르는 여배우의 곁에 15 명 정도의 민족민주동맹 사람들이 실제로 출연함으로써 실감을 더했 고 촬영 팀은 추방의 위험을 무릅쓰며 그 장면을 찍었다.

아웅 산 수 치가 가택연금이라는 채찍, 해외망명이라는 당근, 군사 정부에 대한 타협적 변신을 은근히 요구하는 정치적 압박 등에 굴복 하지 않고 남다른 강인함과 용기를 갖고 힘든 상황을 헤쳐 나갈 수 있었던 것은 그녀 자신의 독특한 사명감에서 비롯되었을 것이다. 오랫 동안 영국에서 살다가 어머니의 병간호 때문에 귀국하게 된 아웅 산 수 치가 접하게 된 버마는 영국으로부터 독립한 지 40년이 지났는데도 식민지 상태와 별 차이 없는 군부통치 하에 가난과 억압으로 얼룩져 있었다. 이러한 버마 상황을 목격하게 된 그녀는 일신의 안온한 삶 대 신 버마의 민주화라는 과제에 사명감을 갖고 헌신하는 삶을 향해 나 아가기로 결정한다. 그러한 선택과 행동은 부친의 암살로 인해 못다 이룬 버마 민주화를 향한 운명적인 그러면서도 역사적인 사명감에서 비롯된 것일 터이다.

영화 〈더 레이디〉를 통해 아웅 산 수 치는 그러한 사명감 앞에 어떠 한 위협에도 굴복하지 않는 용기와 단호함을 견지하면서, 인간으로서 감내하기 힘든 세월을 견뎌내며 부드러우면서도 강인한 '철의 난초'로 거듭 난다. 아웅 산 수 치라는 한 버마 여성의 인간적 내공과 행위능력 이 지닌 비범함은 『버마 시절』에 나오는 마 킨, 마 흘라 메이, 숲 속 공 동체의 소박한 버마 여인들의 성격과 자질들과 다르며, 사회적 민족적 차원에서 오랜 시간을 거치는 가운데 성숙되어 실현되는 것이다. 수 치의 삶이 지닌 이런 특별함은 또한 남편의 헌신적인 도움(영국인으로서 상대적으로 자유로운 그는 그녀를 대신해 민주화 인사들의 안전을 위해 국제사회에 도움을 요청하고, 아내를 노벨상 후보에 올리며, 두 아들의 뒷바라지까지 책임진다)이 없었다면 발휘되기 힘들었을 것이다. 물론 남편의 외조는 〈더 레이디〉가 프랑스와 영국의 합작 영화인 탓에 버마 민주화에 미친 유럽의 긍정적인 영향력을 부각하는 데 일조하는 측면도 있다. 하지만 영화에 그려진 8888 항쟁 장면에서 보듯 아웅 산 수 치라는 특별한 버마 여성은 각성된 수많은 다른 버마 여성들, 대학생들, 스님들, 시민들, 군인들과 함께 재현되고 있다. 버마 민중이라고 할 그들과 함께 하는 비범한 버마 여성을 영화 〈더 레이디〉를 통해 접하는 것은 소설 『버마 시절』의 커다란 공백을 채워주면서 21세기 아시아와 여성의 삶에 대한 비전을 새로 구상하도록 우리를 고무하고 자극한다.

이렇게 본 글에서 시도하여 본, 버마와 관련된 소설과 영화를 서로 참조하고 보충하며 교차시키는 확장된 형태의 문화 읽기는 아시아(버마)에 대한 더욱 풍부하고 깊이 있는 이해를 도모하고 촉진할 것이다. 그러한 읽기는 제국주의적 남성주의적 틀을 극복하게 할 '아시아 여성의 재현'이라는 문제틀을 문학연구, 문화연구, 아시아 여성연구 분야를 가로지르는 주요한 이론적 입지점으로 부상시킨다. 또한 이 문제틀을 기반으로 오늘날 21세기 지구화 시대에 버마의 카우크타다를 넘어 아시아의 다른 하위지역들과 그곳의 남녀들에 관한 관심을, 아프리카 및 라틴아메리카 대륙의 하위지역들과 그곳의 남녀들에 대한 관심과 연결시키는 트리컨티넨탈 연구tricontinental studies라는 영역도 열어갈 수 있을 것이다.

이 글에서는 영국의 식민 지배를 받았던 버마의 북부 하위지역 카우크타다를 다룬 『버마 시절』(1934)을 '인종과 젠더의 역학'에 따라 읽어본다. 그러한 읽기는 오웰의 반제국주의 입장에 내재된 남성중심성을 드러내는 가운데 '아시아 여성의 재현'이라는 문제틀을 부각한다. 이 문제틀의 유효성을 입증하기 위해 먼저 소설에 그려져 있는 버마의 자연과 문화를 살펴본다. 그 결과, 버마적인 것은 '야만적'인 것이자 위로를 주는 것으로 재현되고 있다. 이러한 배경 하에 주요 영국 및 버마 남녀 인물들을 그들의 인식 및 행위능력에 제국주의 이념과 가부장제 이데올로기가 상호 침투하는 양상을 중심으로 살펴본 결과, 특히 인종적으로 또 성적으로 약자인 버마 토착 여성들이 가장 부정적으로 제시되고 있음이 밝혀진다. 소설에서의 이러한 부정성과 한계를 넘어 민족주의 의식을 갖고 행동하는 버마 여성을 재현하고 있는 영화 〈더 레이디〉(2012)를 『버마 시절』과 함께 상호보충적으로 읽어보는 것은 '아시아 여성의 재현'이라는 문제틀의 이론적 유효성을 입증해 준다.

2

『빌러비드』와 콩고(영화 〈빌러비드〉)

1. 『빌러비드』와 콩고

1) 서론 : 왜 '아프리카의 재현'인가?

그동안 토니 모리슨Toni Morrison의 소설들은 주로 미국 흑인 여성 혹은 아프리카계 미국 여성의 정체성, 여성적 글쓰기, 새로운 서술 전략 등의 주제 하에 연구되어 왔다. 『빌러비드Beloved』의 경우, 아기 유령의 존재에 함축된 역사적 의미나 어머니-딸의 관계(이귀우, 1997; 이명호, 2008[2003]; 김애주, 2008; 김미현, 2008), 흑인 남성성(이명호, 2007; 김경숙, 2013) 등의 주제가 포스트모더니즘 기법들의 구사라는 맥락에서 논의되곤 하였다. 그러나 '아프리카계 미국'이라고 통상 불려온 'African-America'에서의 '아메리카'는 미국이라는 단일 국가에 국한되는 게 아니라 그보다 훨씬 더 오랜 역사를 갖는 광범위한 지리적 공간을 가리킨다. 그러므로 『빌러비드』와 관련된 그동안의 연구주제들은 대륙들의 교섭이라는 확장된 시야 속에서 '아프리카계-아메리카 African-America'의 의미를 본격 탐색하는 데로 나아갈 필요가 있다. 이러한 문제의식은 『빌러비드』에서 '아프리카적인 것'이 아메리카와 만나면서 어떻게 변형되는지, 또 그러한 변형 과정에서 재구성되는 아프리카계-아메리카 남녀들의 역할은 무엇인가 하는 연구주제를 제기한다.

이 글에서 문제로 삼는 '아프리카계-미국'이라고 축소된 국민국가 범주를 열어젖혀 아메리카 대륙에 자리를 잡은 '아프리카적인 것'의 양상과 의미를 탐구하기 위해서는 먼저 유럽 대륙의 식민지였던 아메리카 대륙과 아프리카 대륙을 동시에 상기하는 한편, 아메리카성 Americanness, 아프리카성 Africanness과 같은 용어를 염두에 둘 필요가 있다. 우선 토니 모리슨은 자신의 정체성을 "젠더화되고 섹슈얼화되어 있으며 전적으로 인종화된 세상에서의 아프리카계-아메리카 여성 작가"(Morrison, 1993: 4)라고 규정한다. 그러면서 그녀는 아프리카 대륙에서부터 아메리카 대륙으로 강제로 끌려왔던 아프리카인들의 4백년간의 현존에 대해 아무런 인식도 보여주지 않는 미국정전 문학을 비판하며, "아프리카니스트 현존 Africanist presence과 분리되어 있는, 설명 불가능한 특정한 '아메리카성'으로부터 우리 국민문학의 특징들이 나온다."(Morrison: 5)는 가정을 비판한다. 모리슨에게 "실재적 혹은 주조된 아프리카니스트 현존이야말로 아메리카성에 대한 작가들의 감각에 중요한"(6)만큼, 아프리카계-아메리카 문학의 특징은 오히려 이 '아프리카니스트 현존'으로부터 규정되어야 하는 것이다.

이 논점을 좀 더 구체화하고자 모리슨은 '아메리카계-아프리카주의 American Africanism'라는 용어를 사용한다. 이 용어에서의 '아프리카주의'란 아프리카에 관한 더 큰 범주의 지식을, 또 미국에 거주해 왔던 아프리카 사람들과 그들의 다양성과 복잡성을 시사하기보다 "아프리카 사람들에 대한 유럽중심적 지식을 수반하는 견해들, 가정들, 독법들, 오독들의 그 전체 범주뿐만 아니라 아프리카 사람들이 나타내게 된 지시적이고 함축적인 흑인성"(6)을 가리킨다. 말하자면 모리슨이 사용하는 아메리카계-아프리카주의는 "아프리카주의의 아메리카 브랜드"(8)인 셈이며, 아메리카주의를 통해 아프리카성을 이해하는 것이 아니라 아프리카주의를 통해 아메리카성을 이해하는 태도를 일컫는다. 그런데 아메리카 대륙의 신생국인 미국에서는 아프리카주의를 따로 떼어 놓고서 아메리카적 일관성을 조직하는 방식으로 새로운 문화헤게모니를 작동시켜 왔던 셈이다.

이런 비판적 인식에 따라 모리슨의 서사들은 "아프리카니스트 현존 중에서도 중서부 아프리카 지역들로부터 나온 전통적인 우주론들 중에 중간 항로 기간 중에 살아남은 것들"(Jennings, 2008: 1)을, 북미경험에서는 상실된 혹은 기독교가 모호하게 만들어버린 흑인적이라고 할 만한 전통적인 우주론적 기입들을 주시한다. 그 기입들은 서아프리카 '콩고 족의 우주도표 Kongo´s cosmogram' 혹은 요와 Yowa라는 것에서 비롯해 카리브 해에 먼저 뿌리를 내렸다가 북, 중, 남아메리카 대륙들의 다양한 공간들로 문화적 이동을 했던 '원 내부의 십자가 the cross within a circle'라는 상징을 중심으로 한다. 이 상징에서 '십자가'는 기독교에서의 십자가와 우주의 자연물인 나무 형상을 동시에 나타내며, '원'은 일출, 정오, 일몰, 자정이라는 네 계기를 반복하는 가운데 서로 반대되는 것들의 통합, 균형, 화해를 지향하는 자연과 우주의 순환 궤도를 표상한다. 다시 말해 원형 중심의 아프리카 우주론에다 나무 혹은 십자가 형상을 집어넣은 이 상징은 유럽 기독교의 영향에 압도된

게 아니라 그 영향을 독자적인 방식으로 반영하고 변형한 셈이다.

'원 내부의 십자가'는 『빌러비드』의 여주인공 시이드Sethe의 아프리카 태생 어머니 맘Ma´am의 가슴 밑에 새겨져 있었는데 이 부분은 그동안 거의 주목받지 못했다. 제닝스에 따르면 이 표식은 후세대를 "인도하는 아프리카의 풍부한 전통적인 우주론들"(Jennings: 4), "확인 가능한 중서부 아프리카의 전통적인 종교적 기입들"(5)이자, "아프리카계－아메리카 삶과 문화에서의 실재적이고 간파될 수 있는 현존들"(5)로서 21세기 독자들에게 유의미한 어떤 메시지를 전한다. 그 메시지란, 아프리카 조상들을 기억하고 그들에게 경의를 표하라는 것이다.[1] 그렇다면 아프리카 우주론들은 유럽 문명과 기독교에 의한 공간적 박탈과 불연속성 속에서 가족을 상실하고 망각하는 와중에도 아메리카 대륙에서 살아남은 아프리카주의들을 드러내는 출발점으로서 의미심장하게 간주되어야 할 것이다. 그렇게 살아남은 아프리카주의들이야말로 그동안 기억되지 못한 아프리카 조상들을 재현하게 하여 후손들로 하여금 조상에게 경의를 표할 수 있는 계기를 제공하기 때문이다.

이런 맥락에서 모리슨의 소설들에 살아남아 있는 중서부 아프리카 전통들에 초점을 맞추며 『빌러비드』를 다시 읽어볼 필요가 있을 것이다. 무엇보다 『빌러비드』를 '아프리카의 재현'이라는 문제틀로 읽는 것은, 중간항로로 말미암아 중서부 아프리카의 종교 제도들이 회복할 수 없이 허물어지는 바람에 아프리카인들은 자신들의 신앙과 실천들을 전면적으로 포기했다는 기존 가정을 반박하며 아프리카의 전통 종교들 중에 살아남은 것들이 유럽 기독교와 병치되어온 점을 부각한

---

1. 모리슨은 글쓰기를 "조상의 경험을 기억하고 공동체 의식을 표현하는 정치적 행위"(Morrison, 1984: 344)라고 말한 바 있다.

다.(Jennings: 16) 아프리카계–아메리카 소설로서 『빌러비드』에 재현되고 있는 '원 내부의 십자가'라는 상징이야말로 기독교와 교차되는 아프리카를 나타내며, 그동안 아프리카를 압도해왔던 유럽적인 것들과 아메리카적인 것들의 지배와 우선성을 물리치도록 한다.

　이러한 생각에 따라 이 글에서는 『빌러비드』에 재현된 중서부 아프리카의 전통적 우주론들을, 모리슨 인물들의 주체성들과 그 공동체적 역할들을 해석하기 위한 기준으로서 제안하고 그 기준에 따라 작품을 분석하여 보고자 한다. 이러한 분석 틀은 아프리카적인 것이 아메리카와 만나면서 일어난 의미의 변형을, 아메리카주의를 통해 아프리카성을 이해하는 것이 아니라 아프리카주의를 통해 아메리카성을 이해한다는 맥락을 따른다. 그 맥락에 따라 『빌러비드』에 나타난 '아프리카의 재현'이라는 주제를 다루기 위해 먼저 2절에서는 특히 『빌러비드』의 제2부 후반부(200-17) [2] 에 재현된, 4백년간 침묵된 중간항로 이야기를 통해 본 '아프리카적인 것'과 그 의미를 아프리카 조상들을 매개하는 맘과 낸[Nan]의 행적을 통해 살펴본다. 3절에서는 중간항로 중의 죽음과 고통을 뚫고 살아남은 아프리카 남녀들과 그 후손들이 19세기 초 중반에 미국 남부 농장의 노예로 살면서 재형성하는 '아프리카적인 것'을 살펴본다. 4절에서는 미국 노예 해방 이후 1870년대 오하이오 주 신시내티 124번지에 출몰하는 유령적 존재이자 마녀, 또 아프리카 조상들의 매개자이자 현존이기도 한 빌러비드를 통해 드러나는 아프리카성의 의미를 탐색하여 볼 것이다. 이와 같은 논의들을 통해 결

---

2. 이 글에서는 소설의 영어 판본으로 *Beloved*(A Plume Book, 1988)를, 그 역서로는 김선형의 번역본 『빌러비드』(들녘, 2003)를 사용함. 해당 출처는 필요한 경우에 (영어본 쪽수; 번역본 쪽수) 형태로 밝힘.

론에서는 『빌러비드』에 재현된, 아메리카 대륙과 교섭하는 '아프리카적인 것'의 의미가 제시될 것이다.

2. 4백년간 침묵된 중간항로 이야기를 통해 본 '아프리카'

　　　　　　　　『빌러비드』는 중간항로를 거쳐 끌려간 노예무역의 희생자들인 아프리카 흑인들을 상징하는 "6천만 명과 그 이상Sixty Million and More"이라는 말로 그 첫 페이지를 시작한다. "6천만 명과 그 이상"이라는 권두언은 역사에 제대로 기록되지 못한 채 망각된 이들을 상기하고 애도하기 위한 것이다. 여기서 '중간항로Middle Passage, 中間航路'란 신대륙 개척에 필요한 노동력을 확보하기 위해 아프리카 대륙의 흑인들을 강제로 붙잡아 노예선에 실어 지나가야 했던 대서양 횡단 항로를 가리킨다. 브리태니커 백과사전에 따르면 콜럼버스의 신대륙 발견 이후 1518년경부터 19세기 중반까지 수많은 아프리카 성인 남녀들과 아이들은, 주로 영국인·네덜란드인·포르투갈인·프랑스인이 승무원으로 일하는 노예무역선에 빽빽이 실린 채 적대적인 부족민들의 습격, 노예폭동의 조짐, 전염병, 해적선이나 적함의 공격, 악천후 등 계속되는 위험을 무릅쓰고 몇 달 씩 항해를 계속 했다. 중간항로를 항해하는 동안 노예폭동을 방지하기 위해 남자노예들을 몇 명씩 짝을 지어 족쇄를 채우거나 아예 갑판에다 족쇄로 묶어두기도 했다. 1699-1845년 사이에 중간항로를 항해한 노예 무역선들에서 55건의 선상폭동이 일어났다는 기록이 남아 있다. 브리태니커 백과사전에서 노예선의 구체적인 상황은 다음과 같이 기술되어 있다.

가능한 한 많은 노예를 실어 나르기 위해 노예들을 수평으로 1줄로 눕히고 각자에게는 평균 183×41㎝의 공간만이 할당되었다. 똑바로 일어서거나 몸을 돌리는 것이 불가능했기 때문에 많은 노예들이 그러한 자세로 죽었다. 악천후와 적도상의 무풍해역이 이어져 항해가 지연되면 하루 2번씩 배급되던 끓인 쌀, 기장, 옥수수가루 또는 감자 스튜 식사와 식수가 크게 줄어들었으며 극도의 영양실조와 그로 인한 질병이 뒤따랐다. 낮 시간에는 날씨가 좋을 경우 노예들을 갑판 위로 올라가게 해서 운동을 하거나 '노예춤'(강제로 앉았다 일어났다 하면서 뜀박질하는 몸동작)을 추게 했다. 이때에 양심적인 선장들은 승무원들을 독려해 노예들의 거처를 청소하게 했다. 그러나 날씨가 나쁠 때는 환기가 되지 않는 비위생적인 선창 내의 숨이 막힐 듯한 열기와 지독한 냄새로 사망률이 매우 높은 열병과 이질이 발생하곤 했다. 중간항로에서 전염병과 자살, '고착 우울증', 폭동 등으로 인한 사망자의 비율은 13% 정도로 추산되고 있다. 수많은 시체와 죽어가는 아프리카인들은 바다 속에 내던져졌으므로 서진西進하는 노예선 뒤에는 으레 상어 떼가 따랐다. 중간항로는 신대륙에 주요한 노동력을 공급했으며 국가 간 노예무역상들에게 엄청난 수익을 안겨다 주었다. 이와 동시에 자신들이 살던 곳에서 강제로 붙잡혀온 아프리카인들에게는 엄청난 육체적·정신적인 고통이 따랐다. 인간의 고통에 대한 노예무역 상인들의 비정함은 중간항로의 특징이 되어버렸다.

　어느 날 갑자기 유럽 백인들에게 강제로 붙잡혀 중간항로를 항해하다 목숨을 잃은 수많은 아프리카인들의 원혼들은 대서양과 아메리카 대륙의 곳곳을 배회하고 있을텐데 아무도 그들을 기억하지도 애도하지도 않는다. 노예무역의 희생자들인 아프리카 흑인들은 노예로 붙잡히지 않으려는 도주와 노예로 붙잡혀서 노예선이 정박하는 항구로 끌려가서 억류소에 머무는 동안 50%가 사망하고, 노예선을 타고 중간 항로를 항해하는 동안에 승선한 노예 중에서 25%가 사망하고, 아메리카 항구에 도착한 후 길들이기 또는 현지 적응과정에서 25%가 사망하였다고 한다.[3]

『빌러비드』 제1부의 도입부에 나오는, "이 나라에 죽은 깜둥이 원한이 서까래까지 들어차지 않은 집이 하나라도 있는 줄 아니?"(5; 15)라는 대목도 억울하게 죽은 아프리카 인들의 원혼들을 우리에게 상기시킨다. 6천만 명 이상의 살아남지 못한 자들을, 망각되고 지워지고 침묵되고 억압된 존재들을 기억하고 애도하고자 하는 글쓰기로서 『빌러비드』는 그들을 재현하여 살리는 가운데 '아프리카적인 것'을 새롭게 부상시킨다. 특히 제2부 후반부에 나오는 흑인 어머니 시이드와 두 자매 빌러비드와 덴버가 나누는 대화와 코러스(200-17; 338-66)는 중간 항로 중의 참혹한 죽음과 고통과 함께 그 전에 아프리카 땅에서 누렸던 평화, 행복, 즐거움에 대한 기억을 또한 살려내고 있다. 그리하여 이들의 이야기와 합창은 '우주적인 모계의 삼위일체'(Washington, 2005: 183)를 보여주면서 역사 속에서 사라진 존재들의 고통과 기쁨을 함께 나누는 집단적 기억의 공동체로서 아프리카로 우리를 인도한다.

먼저 빌러비드가 시이드에게 말을 거는 대목(210-3; 355-60)에서 맨 처음 하는 이야기는 잎사귀에서 꽃을 따 둥근 바구니에 담는 엄마의 얼굴을 보면서 행복해하며 계속 그럴 수 있기를 바라는 딸의 모습을 그리고 있다.

---

3. 노예무역에서 발생한 노예사망률에 대해서는 Klein 외(2001: 93-118) 참조.

나는 빌러비드, 엄마는 내 거야. 엄마가 잎사귀에서 꽃을 떼어 둥근 바구니에 담는 게 보이는데 잎사귀들은 필요가 없나봐…나와 엄마는 따로 떨어져 있지 않은 걸…엄마의 얼굴은 내 얼굴 엄마의 얼굴이 있는 데 가고 싶어 엄마 얼굴을 바라보고 있으면 얼마나 말 못하게 좋을까…내가 원하는 얼굴을 가진 여자가 저기 있네…엄마는 귀고리를 원해 엄마는 둥근 바구니를 원해 난 엄마의 얼굴을 원해 기가 막히게 근사해.(355-7)

I AM BELOVED and she is mine. I see her take flowers away form leaves she puts them in a round basket the leaves are not for her I am not separate from her her face is my own and I want to be there in the place where her face is and to be looking at it too a hot thing(210)

그런데 항해 중에 엄마가 만나 사랑을 나눈 남자가 죽자 따라 죽으려는 듯 엄마도 물속으로 떨어지는 상황이 다음과 같이 그려지고 있다.

내 얼굴 위의 남자는 죽고 그의 얼굴은 내 얼굴이 아냐…피부가 없는 인간들이 우리한테 오줌을 마시라고 갖다 줘 밤이면 아무것도 없거든…(355)…우리는 모두 사체를 남겨놓고 저승으로 가려고 애쓰고 있는데 내 위의 남자는 결국 해냈지 영원히 죽어버리는 건 힘들어…남자의 이는 어여쁜 하얀 점들 누군가 떨고 있어 여기서도 느껴져 사체를 남겨놓고 떠나려고 사력을 다하고 있는데 작은 새가 바르르 떠는 것 같은데 떨 만한 공간도 없으니 그래서 그는 죽을 수도 없는 걸 내 위의 죽은 남자는 치워지고 나는 그의 어여쁜 하얀 점들이 그리워.(356) 나는 죽지 않고…태양이 내 눈을 감기는데 죽을 수 있었던 사람들은 한 무더기로 쌓여 있고…죽은 이들이 쌓여 만들어진 작은 시체의 언덕…(357) …피부가 없는 사람들이 시끄러운 소음을 내면서 내 남자를 쿡쿡 밀어 던져버리네…우리 목에는 쇠고리가 채워져 있고 그녀는 뾰족한 귀고리나 둥근 바구니가 없어 그녀는 내 얼굴을 하고 물속으로 풍덩 떨어져…(359)

the man on my face is dead his face is not mine the men without skin brings us their morning water to drink we have none we are all trying to leave our bodies behind the man on my face has done it it is hard to make yourself die forever his teeth are pretty white points someone is trembling i can feel it over here he is fighting hard to leave his body which is a small bird trembling there is no room to tremble so he is not able to die my own dead man is pulled away from my face I miss his pretty white points I am not dead the sun closes my eyes those able to die are in a pile the little hill of dead people the men without skin push them through poles she has nothing in her ears if I had the teeth of the man who died on my face I would bite the circle around her neck bite it away the woman with my face is in the sea a hot thing(210-1)

이렇게 시공간의 한계를 넘어 중간항로 이야기를 하는 빌러비드는 꽃을 따던 엄마를 시끄러운 총의 연막 때문에 잃어버리며 엄마가 물속으로 뛰어 들어가 버리는 바람에 또 잃어버린다. 엄마 손에 죽어 원한에 찬 빌러비드는 마침내 신시내티 124번지로 엄마를 찾으러 와서 "나를 보고 웃어주는 저 얼굴은 미소 짓는 내 얼굴이다. 그녀를 다시는 잃어버리지 않으리라. 그녀는 내 것"(214; 362)이라고 말한다.

인간 삶의 최초의 끈끈한 애착관계를 강제로 차단당한 채 '중간항로'로 내몰린 아프리카 흑인들은 그 "엄청난 외상적 충격, 삶을 저당잡힌 죽음"(이명호, 2008[2003]: 216)을 견뎌내기 위해 그 기억을 억압하고 침묵하는 방식을 택하여 왔다. 그동안 백인들 역시 중간항로 이야기를 억압하고 회피하여 왔다. "자유와 평등이라는 미국의 기획을 붕괴시키는 검은 유령에 대한 두려움"(219)을 대면할 힘과 용기가 없었기 때문이다. 이러한 미국역사의 암흑을 뚫고자 기억할 수도 재현할 수도 없는 외상적 사건을 재현하기 위해 『빌러비드』는 "우회적이고 순환적인 서술방식"(217), "파편화된 기억의 조각들을 병치시키는 방식"(218)을 택하며 웃으면서 꽃을 따고 있는 근사한 엄마의 얼굴을 통해 6천만 명 이상의 참혹한 죽음 이전의 평화로운 '아프리카'를 제시한다.

시이드의 어머니 친구이자 유모인 낸은 시이드의 어머니 맘과 함께 저 멀리 바다(대서양)를 건너온 이야기를 시이드에게 다음과 같이 말해준다.

"낸은 시이드에게 어머니와 자신은 바다에서부터 함께였다고 말해주었다. 두 사람 다 선상의 선원들에게 여러 번 당했다고"…"너만 빼고 아이들을 전부 내던져버렸단다. 선원한테서 얻은 아이 하나는 섬에다가 버리고 왔지. 다른 백인들의 아이들도 다 버려 버렸다. 이름도 없이 내다버렸어. 너한테는 네 아버지였던 흑인의 이름을 어머니가 지어주었단다. 그 남자의 몸을 두 팔로 껴안아주었지. 다른 남자들은 절대로 두 팔로 껴안지 않았다. 절대. 절대. 너한테 말해두지만. 정말이란다. 꼬마 아가씨 시이드야."(112)

She told Sethe that her mother and Nan were together from the sea. Both were taken up many times by the crew she threw away on the island. The others from more whites she also threw away. Without names, she threw them. You she gave the name of the black man. She put her arms around him. The others she did not put her arms around. Never. Never. Telling you. I am telling you, small girl Sethe.(62)

이 대목을 통해 우리는 아프리카 조상들의 매개자이자 현존으로서 낸과 맘은 참혹한 중간 항로를 항해하면서도 인간다움을 소중하게 지켜냈던 아프리카 흑인들의 가치관과 그것에 따른 존재양식을 확인할 수 있다. 여기서 아프리카 조상 이야기를 함으로써 아프리카를 상기하는 모리슨에게 '조상'이란 "반드시 혈연의 부모라기보다 후손에게 지속적으로 관심을 갖고 후손을 인도하는 자비로운 현존"(Jennings: 82)인데 그러한 조상의 부재는 인간의 삶에 엄청난 파괴와 혼란을 야기하는 위협적이고도 끔찍한 것이다. 오랫동안 제대로 기억되지 못한 아프리카 조상의 재생을 소설의 핵심 목표로 삼는 모리슨에게 『빌러비드』야말로 "중간항로 중에 살아남지 못해 우리가 그 이름조차 모르는 이들을 위한 기도, 추념, 고정적인 제식"(82)과도 같다. 아메리카 대륙으로 가는 길에 죽었다고 추정된 "6천만 명과 그 이상의 사람들"에게 헌정된 이 소설은 그 후손들한테는 아프리카 조상에 대한 경배인 셈이다.

이렇게 아프리카 조상들의 매개자들이자 현존들로 재현된 낸과 맘은 아프리카 태생이면서 중간항로에서 살아남은 자들로서 "아프리카와 아프리카계–아메리카의 교차로에 있으면서 세대를 이어주는 교량들"(96)이다. 먼저 한 팔의 유모인 낸은 시이드를 돌보면서 면화 농장이나 쌀 농장에서 혹독한 노동도 했던 여성인데 아이와의 직접적인 상호접촉을 제한 당했던 맘의 과거 이야기를 들려주는 인물이다. 제닝스에 따르면 '낸'이라는 이름은 서아프리카의 아칸 Akan어에 그 기원을 두고 있는 나나 Nana를 줄인 것으로, 요루바 족의 삶과 죽음을 관장하는 신성화된 존경 받는 조상을 가리킨다.(96) 그 이름에 걸맞게 낸은 스위트 홈으로 시이드가 팔려가기 전에 시이드를 이끌어준 자비로운 안내자이자 조상의 현존이다. 어린 시이드는 낸의 아프리카 토착어를 제대로 알아듣지 못했지만, 낸은 아이에게 필요한 삶의 자양분과 위로를 제공하는 살아 있는 어른으로서, 아프리카로서 시이드에게 말을 걸어줌으로써 아프리카성을 아메리카 대륙에 전승시키고 구현하는 셈이다.

3. 19세기 초 중반 미국 노예농장에서의 '아프리카적인 것'

3절에서는 중간 항로 중에 살아남은 시이드의 어머니 맘과 유모 낸이 대략 19세기 초반에 함께 일했던 어느 미국 남부 농장에서의 삶을 통해, 그들의 뒤를 이어 시이드, 시이드의 남편 할리 Halle, 폴 디 Paul D, 식소 Sixo 등이 함께 일했던 1840, 50년대 켄터키 주의 스위트 홈 Sweet Home 농장에서의 삶을 통해 '아프리카적인 것'이 아메리카 대륙의 터에 어떻게 자리를 잡아가는지를 살펴볼 것이다.

먼저 낸과 맘의 공간 이동에 대한 텍스트의 실마리를 따라가 보면 서아프리카 고향 땅에서 영국 혹은 프랑스령 카리브 해(그 여정 중에 맘은 백인 승무원의 강간으로 낳은 아이를 버린다)로, 남 캐롤라이나 혹은 루이지애나로 움직인다. 자신이 태어난 장소에 대해 캐롤라이나와 루이지애나 사이를 오락가락 하는 시이드의 어릴 적 기억(Carolina maybe? or was it Louisiana?: 30)은 벼농사에 능숙한 서아프리카인들이 미국 남부에서 주로 벼 경작에 투입되었던 상황과 맞아떨어진다. 그 노동이 얼마나 혹독했던지 서아프리카 태생의 노예 노동자들이 캐롤라이나에서 다수가 되자 반란과 도망은 빈번하게 발생했고 그에 따라 감축된 쌀 생산과 식민지의 재정압박은 도망노예를 엄격하게 다루도록 만들었을 것이다. 결국 그래서 맘을 비롯한 많은 서아프리카 태생의 노예들이 교수형에 처해졌던 것으로 보인다.

『빌러비드』 제1부 중에 원한에 차 저승으로부터 돌아온 빌러비드가 시이드에게 "당신 여자, 머리도 안 빗어주나?"라고 질문하는 대목이 나온다. 이 질문에 대해 시이드는 빌러비드에게 다음과 같이 답한다.

내 여자, 우리 어머니 말씀이니? 머리를 빗겨준 적이 있대도, 기억이 나질 않아. 들판에서 일하는 모습 몇 번밖에 본 적이 없거든. 그리고 쪽물을 들일 때 한 번 봤지. 아침에 눈을 뜨면, 벌써 줄 서서 일하고 계셨어. 달빛이 휘영청 밝으면 달빛을 받고 일을 하셨지. 일요일이면 나무토막처럼 주무셨어. 아마 내게 젖을 물린 건 2-3주쯤일 거야. 다른 사람들도 다 그랬으니까. 그러고 나서 다시 논으로 돌아가셨고 나는 젖 물리는 일을 하는 다른 여자의 젖을 빨았어. 그러니 네 말에 대답을 하자면, 그런 적은 없단다. 그런 일은 없었을 거야. 한 번도 머리를 만져주거나

하신 적은 없어.(109)

My woman? You mean my mother? If she did, I don't
remember. I didn't see her but a few times out in the fields and
once when she was working indigo. By the time I woke up in the
morning, she was in line. If the moon was bright they worked by
its light. Sunday she slept like a stick. She must of nursed me two
or three weeks—that's the way the others did. Then she went
back in rice and I sucked from another woman whose job it was.
So to answer you, no. I reckon not. She never fixed my hair nor
nothing.(60)

농장에서 일하느라 맘이 딸 시이드의 머리를 빗겨준 적이 한 번도
없었다는 것은 어머니와 딸 사이의 정을 나누고 교감할 가장 기본적
이고도 일상적인 인간적인 행위로부터 철저히 배제되어 있었음을, 머리
빗기기뿐만 아니라 모녀 사이에 그 외의 여러 다정하고 친밀한 행위들
도 전혀 없었음을 말한다. 이렇게 어머니와 딸 사이의 피폐한 관계 속
에서 어린 시이드가 기억하는 어머니의 한 가지 행동은 다음과 같이
그려져 있다.

한 가지 해주신 게 있긴 하다. 나를 번쩍 안고 훈제공장 뒤로 돌아가
셨지. 그 뒤에서 앞섶을 열어 보이시더니 젖가슴을 한 손으로 들고 가
슴 밑을 보여주셨어. 갈비뼈 바로 위 피부에 둥근 원과 십자가 화인火印
이 찍혀 있었어. 거길 가리키시면서 '자, 이게 네 엄마다. 이게 네 엄마야'
그러더니 '지금 이 낙인이 찍혀 있는 사람은 나밖에 없단다. 나머지는

다 죽었어. 내게 무슨 일이 생겼는데 얼굴을 알아볼 수가 없으면, 이 표식으로 알아볼 수 있을 거야'라고 말씀하셨어.(110)

One thing she did do. She picked me up and carried me behind the smokehouse. Back there she opened up her dress front and lifted her breast and pointed under it. Right on her rib was a circle and a cross burnt right in the skin. She said, 'This is your ma'am. This,' and she pointed, 'I am only one got this mark now. The rest dead. If something happens to me and you can't tell me by my face, you can know me by this mark.'(61)

시이드가 어머니와 동질감을 느끼고 싶어 자기한테도 그 표식을 해달라고 하자 맘은 시이드의 뺨을 때린다. 또한 낸은 죽은 어머니의 표식을 시이드가 미처 확인하기도 전에 시이드를 교수형 당한 흑인들의 시체 더미로부터 떼어내 어딘가로 데리고 갔으며 시이드가 도무지 알아들을 수 없는 이야기들을 들려주곤 했다.

낸은 시이드가 제일 잘 알고 있는 여자였다. 낸은 항상 주위에 있으면서 아기들을 돌보고 요리를 하곤 했는데, 한쪽 팔은 온전했지만 다른 팔은 절반이 잘리고 없었다. 게다가 남들이 쓰지 않는 말을 쓰곤 했다. 그 당시에는 무슨 뜻인지 알아들을 수 있었지만 나중에는 기억나지도 않았고 지금 와서 다시 말해볼 수도 없는 말들. 시이드는 아마 그 때문에 스위트 홈에 오기 전의 일들이 거의 기억나지 않는 모양인가 보다고 생각했다. 노래하고 춤추던 사람들과 얼마나 북적대는 곳이었던가, 그 정도 뿐. 낸이 해준 이야기들을 시이드는 까맣게 잊었고, 무슨 말로 어떻게 해주었는지도 잊어버렸다. 어머니가 말하던 언어였을 텐데, 그 말은 영영 돌아오지 못하리라. 하지만 그 메시지는?사라지지 않고 남아 있었다.(111-2)

Nan was the one she knew best, who was around all day, who nursed babies, cooked, had one good arm and half of another. And who used different words. Words Sethe understood then but could neither recall nor repeat now. She believed that must be why she remembered so little before Sweet Home except singing and dancing and how crowded it was. What Nan told her she had forgotten, along with the language she told it in. The same language her ma'am spoke, and which would never come back. But the message?that was and had been there all along.(62)

이 대목에서 보듯 시이드는 어머니의 언어, 즉 아프리카 말을 영영 기억하지 못했지만 그러한 어머니의 언어가 담고 있던 메시지는 여전히 자신에게 남아 있다고 여긴다. 그 메시지 때문에 맘이 교수형을 당한 것이라면 결국 '원 내부의 십자가' 혹은 나무 모양의 표식에 깊이 결부된 아프리카 혹은 아프리카적인 것이 무엇을 재현하며 어떤 의미를 지니는가 하는 점이 해명되어야 할 것이다.

시이드의 어머니 몸에 새겨진 '원 내부의 십자가 혹은 나무'라는 표식은 중서부 아프리카의 우주론적 전통들과 믿음들을 각인한다. 그러므로 당시 미국 남부 백인 사회는 그 표식을 몸에 새기고 있는 흑인들을 아프리카 문화의 뿌리를 근절하기 위해 교수형에 처했을 것이다. 아프리카의 부족 문화들에 비해 월등하고 선진적인 문명사회를 표방하고 선도하고자 하는 미국이라는 국가에서 미국화, 백인화를 거부하고 미개하고 야만적이라고 매도되는 아프리카적인 것을 소중하게 끝까지 간직하고자 하는 태도는, 극형을 받아 마땅할 만큼 부정적이고 수치스런 행위로 매도될 법하다. 그래서 '원 내부의 십자가'에 대한 시이드의 회상은 "얻어맞은 따귀와 원이 그려진 십자가 바로 뒤 그녀의 마음의 틈새로 스며들어온, 사적이고 수치스러운 이야기"(62; 111)라고 묘사되어 있다. 하지만 그 표식은 사적인 것도 수치스런 것도 아니며, 아메리카 대륙에서 끈질기게 살아남은 우주론적 기입들을 통해 '아프리카적인 것'을 형상화한다는 점에서, 또 결국 시이드의 기억 속에 맘과 아프리카를 생생하게 살아 있도록 함으로써 '조상과의 상호성'을 지속시킨다는 점에서 중요한 문화적 의미를 지닌다고 하겠다.

1840, 50년대에 시이드는 스위트 홈이라는 농장에서 폴 디, 그의 형제들, 할리, 식소 등과 같은 남성들과 함께 노예로 일한다. 이 미국 남부의 젊은 흑인 노예들에게 '나무'란 아프리카의 조상들에게 그랬던 것처럼 그저 인간을 위한 수단이나 상품이 아니라 형제와도 같이 인간과 함께 정을 나누고 인간과 밀착된 어떤 존재이다. 언제라도 기분 좋게 나무와 형제애를 나누기라도 하듯, 폴 디는 나무 하나를 '형제'라는 이름으로 부르면서 그 나무 아래서 자신의 형제들, 할리, 식소와 함께 앉아 쉬곤 했다. 폴 디에게 스위트 홈에 있던 나무들은 예뻤을 뿐만 아니라 두 팔을 벌려 사람을 환영하는 듯했고 믿을 수 있었고 가까이 할 수도 있었고 마음만 먹으면 말을 걸 수도 있었다.

폴 디는 되도록이면 항상 같은 자리에서 [점심을 먹었으면 했는데] 스위트 홈에는 주변의 농장들에 비길 수 없이 예쁜 나무들이 많았기 때문에 자리를 고르는 일이 참 힘들었다. 그는 나무 한 그루를 선택해 '형제'라고 이름 붙여주고 그 밑에서 가끔은 다른 폴들과 함께, 하지만 대체로 식소와 함께 앉아 식사를 했다.(43)

Always in the same place if he[Paul D] could, and choosing the place had been hard because Sweet Home had more pretty trees than any farm around. His choice he called Brother, and sat under it, alone sometimes, sometimes with Halle or the other Pauls, but more often with Sixo.(21)

스위트 홈의 착실하고 효자인 할리라는 청년이 마침내 시이드에게 청혼을 하고 그녀와 결혼하기로 하자, 오랫동안 형제처럼 지내온 다른 흑인 남성들은 할리를 부러워한다. 두 남녀가 옥수수 밭에서 보낸 첫날 밤에 대한 시이드의 기억은 다음과 같이 묘사되고 있다.

옥수숫대가 부러져 할리의 등에 깔렸던 일, 시이드의 손가락이 붙잡았던 것들 중에 옥수수 껍질과 수염도 섞여 있었던 기억이 그녀에게 떠올랐다. 그 수염은 얼마나 느슨했던가. 즙은 얼마나 꼭꼭 갇혀 있었던가…빳빳한 칼집 같은 껍질을 벗겨 내리면, 쫙 찢어지는 그 소리를 들을 때마다 시이드는 옥수수가 아플 거라는 생각이 꼭 들었다…치아와 젖은 손가락들이 아무리 기대에 부풀었다 한들, 그 소박한 기쁨에 온몸이 흔들리던 기억을 말로 형용할 수는 결코 없으리라. 옥수수 수염은 얼마나 느슨했던가. 얼마나 곱고 느슨하고 자유로웠던가.(53-4)

she(Sethe) remembered that some of the corn stalks broke, folded down over Hall's back, and among the things her fingers clutched were husk and cornsilk hair. How loose the silk, How jailed down the juice···. The pulling down of the tight sheath, the ripping sound always convinced her it hurt···. No matter what all your teeth and wet fingers anticipated, there was no accounting for the way that simple joy could shake you. How loose the silk. How fine and loose and free.(27)

스위트 홈에서 폴 디와 그의 형제들과 식소는 이러한 할리와 시이드를 질투하기도 하지만 서로 형제처럼 지내며 고통과 기쁨을 함께 나눈다. 인간과 자연 사이의 밀착된 관계가 인간과 인간 사이의 연대와 유대로 이어진 셈이다. 그래서 노예 시절인데도 흑인들은 여전히 자유로움을 느낄 수 있었던 것이다. 시이드는 그 시절의 흑인 남녀들의 춤과 노래를 다음과 같이 회상한다.

오, 하지만 노래하던 그들의 모습이란. 오, 하지만 춤을 추던 그들의 모습이란. 게다가 가끔 그들은 영양의 춤을 추기도 했다. 아주머니들과 함께 남자들도 춤을 추었다. 그 여자들 중 한 사람이 어머니였다. 그들은 변신하여 뭔가 다른 존재로 탈바꿈하였다. 사슬에 묶이지 않은 어떤 존재. 그녀 자신보다 더 그녀의 맥박을 제대로 이해하는, 두 발을 요구하는 존재. 그녀 자신의 뱃속에 들어 있던 바로 이 녀석[덴버]처럼.(60)

Oh but when they sang. And oh but when they danced and sometimes they danced the antelope. The men as well as the ma'ams, one of whom was certainly her own. They shifted shapes and became something other. Some unchained, demanding other

whose feet knew her pulse better than she did. Just like this one
in her stomach.(31)

시이드는 자신의 어린 시절에 보았던, 가부장적인 모습이나 성차별
같은 것은 전혀 없이 함께 춤추고 노래하며 자연스럽게 어울리던, 그
시절 흑인들의 정체성에 감탄한다. 이러한 흑인 삶의 양상들은 아프리
카에서 유래한, 완전히 파괴되지 않고 끈질기게 이어져온 공동체적 확
대가족의 면모를 재현하는 것이기도 하다.

그런데 학교 선생이라는 새 주인 밑에서 백인 사내들에게 젖을 빼앗
기고 채찍으로 맞는 바람에 시이드의 등에는 나무 모양의 혐오스러운
상처가 새겨져 있었다. 이 나무는 인간과 교감하고 연대하는 것이 아
니라 혐오스럽게 솟아오른 살덩이의 흉터에 불과했으니 가너^{Garner} 시
절의 나무와는 전혀 딴판이었던 셈이다. 자기 아이에게 젖을 주지 못
하고 젖을 빼앗긴 흑인여성의 원통함과 애통함은 시간이 지나도 사그
라질 줄 모르는데 나무 모양으로 새겨진 몸의 흔적은 그 상처를 더더
욱 뼈아프게 계속 상기시킨다.

한편 스위트 홈 농장의 노예 일원인, 검푸른 피부 빛을 띤 식소 역시
폴 디와 유사하게 콩고 족의 '원 내부의 십자가'에 함축된 나무 이미
지와 통하는 '브라더'라는 나무에 밀착되어 있다. 그는 밤마다 그 나
무 아래서 춤을 출 정도이다. 그는 그렇게 함으로써 아프리카의 전통
적 과거를 살고자 한 셈이다. 그는 셈하고 쓰는 법을 가르쳐주겠다는
가너 씨의 요청도 거절하며 '영어로 말하기'도 부인한다. 말하자면 식
소는 미국적 현재를, 아프리카계-아메리카 인이 되는 것을 아예 거부
한 셈이다. 그는 미국의 노예화에 저항하는 전투적인 남성성을, 이웃

농장에 있는 연인 팻시Patsy를 만나기 위해 삼십 마일을 밤새 걸어가 기어코 여성성을 보듬는 남성성을 동시에 보여준다. 식소는 학교선생에게 붙잡혀 불에 타 죽으면서도 팻시와의 관계를 통해 이어질 후손의 존재가 자신의 불멸성을 보장해 준다며 승리의 웃음을 짓는다. 이러한 식소는 아프리카 조상의 현존이라는 역할에서부터 살아 있는-죽은 조상의 역할로 넘어간 셈이다. 그 불멸의 역할을 실현하는 식소는 유럽식민주의를 넘어서는 아프리카 우주론의 힘을 재현한다.

4. 1870년대 신시내티 124번지와 아프리카성

1865년에 남북 전쟁이 끝났고 흑인 노예들은 해방되었지만 124번지 주변은 여전히 어지러웠고 처참했다. 린치와 채찍질은 더 심하게 계속되었고 살이 타는 냄새로 악취가 났다. 3절에 나오듯, 1874년인데도 백인들은 여전히 제멋대로 날뛰고 있었다.

마을 전체의 흑인들이 몰살을 당하기도 하고, 켄터키에서만 1년에 87건의 린치 사건이 벌어졌다. 네 개의 유색인 학교가 불에 타 무너지고 말았다. 어른들이 아이들처럼 채찍질을 당했다. 아이들은 어른들처럼 채찍질을 당했다. 흑인 여자들은 한 무리의 선원들에게 강간을 당했다. 사유재산은 박탈당하고, 모가지는 덜컥덜컥 부러졌다.(305)
Whole towns wiped clean of Negroes; eighty-seven lynchings in one year alone in Kentucky; four colored schools burned to the ground; grown men whipped like children; children whipped

like adults; black women raped by the crew; property taken, necks broken.(180)

이러한 사회 분위기는 흑인들 속에 백인들이 깊숙이 심어준, 아프리카의 미개함을 연상시키는 '밀림'을 둘러싼 인종차별적인 뿌리 깊은 편견 탓이었다.

백인들은, 겉으로 어떻게 행동하든 시커먼 피부는 무조건 그 밑에 밀림을 숨기고 있다고 여겼다…. 백인들에게 자신들이 얼마나 신사다운지, 얼마나 영리하며 얼마나 다정한지, 얼마나 인간적인지 설득시키느라 힘을 소진하는 흑인들이 많아지면 많아질수록 흑인들끼리는 당연하다고 생각하는 자질들을 백인에게 설명하느라 힘을 빼면 뺄수록, 흑인들 마음속의 밀림은 더 깊어가고 더 빽빽하게 얽혀 갔으니까. 하지만 그 밀림은 예전에 살던(살만하던) 세상에서 올 때 흑인들이 가지고 온 것이 아니었다. 그것은 백인들이 흑인들 속에 심어준 밀림이었다. 삶 속에서, 삶을 통해서, 삶 이후에도, 밀림은 퍼져나가 결국은 창조주인 백인들마저 침범하고 말았다.(198-9)

Whitepeople believed that whatever the manners, under every dark skin was a jungle…. The more coloredpeople spent their strength trying to convince them how gentle they were, how clever and loving, how human, the more they used themselves up to persuade whites of something Negroes believed could not be questioned, the deeper and more tangled the jungle grew inside. But it wasn't the jungle blacks brought with them to this

place form the other (livable) place. It was the jungle whitefolks
planted in them. And it grew. It spread. In, through and after life,
it spread, until it invaded the whites who had made it.(336-7)

　백인들이 보기에 빌러비드를 살해한 시이드의 행위도 바로 그 밀림
탓이라는 것이었다. 노예해방 이후에도 끈질기게 지속되는 그 어두운
'밀림'은 법적인 제도적인 해방만으로는 해결되지 않았고 끈질기게 살
아남아 인종차별 없는 새로운 세상을 만들어가는 것을 가로 막았다.
그런 뿌리 깊은 인종차별적 현실 앞에서 베이비 석스는 지쳐 갔다. 그
리하여 흑인 여성의 자긍심을 개인적으로 표출하던 '존경 받는 공동체
의 원로'로서, 종파에 얽매이지 않는 설교자[4]로서, 흑인들에게 위안을
주던 현명한 어른으로서, 또 균형 잡힌 조상적 현존으로서 베이비 석
스의 지위는 폐기되고 말았다.

　그 사이 1870년대의 124번지는 빌러비드의 유령에 의해 접수된 채,
그 유령의 지배 하에 있었다. 공적 역사의 모순과 균열이 각인되어 있
는 124번지를 배회하는 유령적 존재 빌러비드는 미국 정전 소설의 틀
에서 보면 재현될 수 없을 뿐만 아니라 "재현되지 못한 부재이자 잉
여"(이명호: 222)이다. 그런데 현실 세계에서는 부재하지만 여전히 현
존하는 '유령적 존재'로서 빌러비드는 또한 미래로서의 빌러비드이기

---

4. 소속된 공식 교회도 없고 공식 설교자 직함도 없는 평신도 여사제로서 베이비 석스는 나
　무로 둘러싸인 숲 속 공터에서 매주 토요일 오후마다 거기 모인 신시내티 흑인들에게 육
　체를 사랑하라고 설교한다. 사람들은 웃고 소리치며 울다가 부둔 교에 영감을 받은 링
　샤우트, 즉 동쪽에서 서쪽으로 가는 태양의 움직임에 따라 각자의 발자국을 천천히 땅에
　확실하게 남기는 춤을 추었다. 시계 반대 방향으로 회전하는 이 춤의 패턴은 콩고 족의
　우주도표의 기하학적 형태를 따르고 있었던 셈이다.

도 하다. 유령은 과거의 위협으로부터 출현하는 만큼 어떤 계기가 주어지는 순간, "과거는 현재를 위협할 수 있고 그러므로 미래와 연결된다."(김미현, 2008: 224) 내세로부터 말하는 살아 있는-죽은 조상으로서, 영원한 조상을 매개하는 신시내티의 조상 현존으로서 베이비 석스가 다시 힘을 발휘하는 것도 유령적 존재로서 빌러비드라는 과거에 의해 위협받는 현재를 극복하고 미래를 향해 나아가도록 하기 위함이다. 유령에 내재된 그러한 미래성은 "현재 존재하지 않는 것이 새로운 모습으로 존재할 가능성을 위해 함께 일할 수 있는 공동체의 비전"(김미현: 233)을 또한 열어줄 수 있다.

그런데 빌러비드라는 유령적 존재에 부가되어 있는 '마녀 이미지'의 의미 또한 해명될 필요가 있다. 제닝스에 따르면 마녀 이미지의 빌러비드가 지닌 '비종교적 역할', 즉 비기독교적 역할이야말로 "아프리카 전통과 (무)의식의 잔재"(Jennings: 6)를 드러낸다. 말하자면 아프리카 대륙의 흑인들은 백인들과 달리 악을 일방적으로 배격하는 것이 아니라 삶의 제4차원으로 받아들여 악을 중화시킴으로써 악으로부터 살아남고자 한다. 유럽 대륙에서 아메리카 대륙으로 이주한 백인 남성들이 신대륙에서의 특출한 여성들을 '마녀'라고 사냥하며 처단했던 것은, 그녀들이 기독교에 반하는 전통적 믿음들과 실천들을 지속하고 보전하는 수단이었기 때문이다.

절대적인 선God과 절대적인 악Devil의 이분법에 몰두하는 기독교 신앙은 일면적이고 배타적인 삼위일체를 믿었다. 반면 고대 중세 우주론에서는 수동적이고 여성적인 흙과 물과 같은 원소들이 적극적이고 남성적인 공기와 불이라는 원소를 조절한다는 양가적이면서 포괄적인 사위일체quaternity 사상에 따라 서로 대립하면서도 균형을 이루는 원소들의 포괄적인 통합을 중시했다. 서아프리카 콩고족의 '원 내부의 십자가'야말로 기독교 에토스가 유일한 신앙체계가 아님을 상징적으로 나타내기 위해 태양의 네 계기(일출, 정오, 일몰, 자정)를 우주론적으로 각인시킨 것이었다. 따라서 "아프리카의 전통적인 우주론들은 신, 신들, 조상들이라는 더 높은 종교적 힘들 속에서 선악을 혼합한다. 이 종교적 힘들은 축복과 저주 둘 다를 배포하는데, 해를 끼치면서도 보호할 수도 있는 마녀들의 행위능력이야말로 인간적으로 촉발되는 악을 설명해"(8) 주는 셈이다. 그렇다면 아프리카의 전통적인 마술 실천가들5은 도덕적인 악을 저지르는 주요 행위자들이기도 하다. 그러한 아프리카의 전통적 마녀처럼 사람들의 영혼 혹은 정신을 먹어치우는 마술을 실천하는 빌러비드는 "중서부 아프리카의 전통적인 존재와 앎의 방식들을 강화하는"(63) 흑인성의 면모를 담지한다.

빌러비드의 영혼(귀신)은 폴 디에 의해 124번지에서 쫓겨나고 빌러비드의 마녀 같은 육신은 신시내티 시장의 축제에서 젊은 여성의 육신으로 현현된다. 폴 디는 그러한 육신의 빌러비드에게 성적으로 육체적으로 고착된다. 빌러비드와의 육체적 관계를 통해 폴 디는 젊은 시절에 누리지 못했던 관능적 쾌락의 절정에 이르고 붉은 심장red heart에 대한 자신의 헌신을 외치는데 그때 번쩍이며 동요하는 붉은 빛은 '벌써-기는 아기'의 서럽고 외로운 또 질투심 많은 여성 귀신의 현존을 나타낸다. 따라서 이러한 귀신의 면모는 잠자는 남자와 정을 통하는 여성 귀신이라는 '서구화된 이미지의 마녀 형상'과는 거리가 멀며, 영혼/정신을 먹어치우는 마술을 수행하는 아프리카의 전통적인 마녀 이미지에

5. 중서부 아프리카 지역의 마술 실천가들 중 여성은 반도키bandoki라는 명칭으로 불린다.

더 부합한다.(67) 결국 빌러비드의 마녀 이미지에서 '아프리카적인 것'이란 '먹기eating'라는 지배적인 비유를 통해 정신과 육체의 분리불가능성을 가리키는 셈이다.

그런데 음식을 먹으며 또 시이드의 생명을 갉아먹으며 자신의 [마녀 같은] 육신에 활력을 불어넣는 빌러비드를 그 악행으로부터 몰아내고 살아 있는–죽은 조상들the living-dead ancestors이라는 제 자리로 돌아가게 만드는 것은, 함께 힘을 합친 신시내티 마을 공동체의 서른 명의 여성들이다. 신시내티의 아프리카계 아메리카 여성 공동체는 억울하게 죽어야 했던 빌러비드의 한을 달래는 한바탕의 굿을 통해 빌러비드를 애도하고 제 자리로 돌려보냄으로써 새로운 삶의 기반을 마련하고 바람직한 미래를 기약하고자 한다. 바로 이러한 면모야말로 서구 페미니즘과 다른 아프리카나 여성주의 특유의 공동체성을 드러낸다. 그렇지만 아프리카계 아메리카 여성 공동체가 힘을 합쳐 함께 치른 의식은 어디까지나 피해자 집단 내부의 것이었을 뿐, 빌러비드에게 진 빚을 가해자들로 하여금 갚게끔 한 것은 아직 아니다.

하지만 "내 안을 만지고 내 이름을 불러 달라"는 빌러비드의 엄중한 요청에 부응하기 위해서는 우선 아프리카계 아메리카 여성의 집단성을 구축하는 노고가 감당되어야 한다. 이 열린 미래 속으로, 열린 세상 속으로 들어가기 위해 그 문턱에 서 있는 존재가 바로 덴버이다. 덴버는 '공동체의 아이'(Wyatt, 1993: 483)로서 공동체의 힘에 의해 파괴적 모성으로부터 해방되어 한 개인의 개별화를 꾀하고 나아가 외부세계와 연결을 맺고 역사 속으로 또 미래 속으로 나아가는 존재이다.(Dimitrakopoulos, 1992: 55) 그러한 덴버로부터 시작될 수 있을 법한, 보장은 없지만 도래할 가능성으로서 아프리카계 아메리카 여성의 집단성은 더 나아가 아시아계 아메리카 여성의 집단성, 라틴계 아메리카 여성의 집단성과 함께 할 때, 진정 풍성하고 힘찬 아메리카 문학의 지형도를 새로 그려낼 수 있도록 할 것이다. 또한 그 지형도로부터 아프리카계 아메리카 남녀의 경험을 재개념화하고 아프리카계 아메리카 문학을 재위치화하는 작업(Seddon, 2014: 49)은 21세기 지구공동체의 미래상을 촉발하는 데 중요할 것이다. 그 작업은 모한티의 주장대로 더 이상 과거에 얽매이지 않고 포스트식민 미래를 기약하는 문화기획(Mohanty, 2001: 19)이기도 하다.

5. 결론: 아메리카 대륙에서 '아프리카적인 것'의 의미

이 글에서는 『빌러비드』를 미국 흑인 여성소설이라는 기존의 국가중심 범주를 벗어나 아프리카 대륙과 아메리카 대륙의 문화적 교섭이라는 시야 속에 놓고서, 21세기 지구화 시대의 새로운 가치 지향을 '아프리카의 재현'이라는 주제를 통해 살펴보았다. 그 결과, 먼저 아메리카 대륙에서의 망각을 딛고 살아남은 특정한 아프리카 우주론들을 소설의 해석적 미학적 전략들로 사용하고 있는 모리슨의 면모를 부각할 수 있었다. 또한 그러한 면모를 통해 (가부장적) 백인성을 기반으로 하는 미국이라는 국가를 넘어 '아메리카'라는 이름의 공간에 필적할 만한 바람직한 공동체를 '아프리카'로부터 주장하고 상상할 수 있는 능력을 여성들로부터 벼리어 낼 수 있다는 점을 주시할 수 있었다.

그러한 상상력의 함양은 비단 아프리카로부터 뿐만 아니라 아시아로부터 또 라틴아메리카로부터도 가능할 것이다. 그렇다면 이 글에서 규정하고자 한 '아프리카적인 것'의 의미는, 폭력과 차별로 얼룩진 인종적 경계들의 완고함에 도전해 초대륙적 제휴들을 만들어나갈 수 있는 자원과 에너지를 탐색하는 작업, 또 평등과 상호존중을 토대로 대륙들이 연대하는 지구 공동체의 미래상을 그리는 작업이라는 지평 속에서 더욱 확실해지고 확장될 수 있을 것이다.

그러한 미래상에서는 대륙의 문화들이 힘차게, 그러면서도 아름답게 교차하는 장소들이 가시화될 것이다. 그 상상적 혹은 실재적 장소들에서는 하나의 지배적인 북미 아메리카 코드에 저항하며 맞서 싸우는 소위 '주변부'의 (지워져 왔던) 아프리카, 아시아, 라틴아메리카 목소리들이 끈질기게 살아남아 위협으로 작용하면서도 어떤 관점에서는 해방을 독려할 수 있는 잠재력들을 분기시킬 수 있다. 또한 그 타자적 특성들에 내장된 대안적 사유 방식들로부터 새로운 대항 형태들이 모색될 수도 있을 것이다. 그렇게 할 수 있으려면 각 대륙의 다양하고도 각기 다른 이야기들 사이의 차이, 긴장, 갈등, 충돌, 모순을 복합문화적인 관점에서 체계적으로 파악하고 대응할 수 있는 인식틀을 세심하게 구축해 나가야 할 것이다.

그 인식틀에서 핵심적인 사안은, 『빌러비드』에 재현된 '강요된 이주'와도 연계되어 있는 현 지구적 자본주의 가부장 체제에 의한 '자발적 이민'의 증가로 최근에 미국에 더욱 많이 도착한 흑인(유색인종) 이민자들의 경험들을 대륙들의 역사라는 지평에서 새롭게 의미화하는 작업이다. 이 글에서 다룬 소설을 비롯해 영화, 그림, 인터넷 매체 등의 여러 다양한 재현 양식들은 소위 하이픈 그어진 복합문화의 지평 속에서 각 대륙의 특정한 장소들, 해당 지역들의 토착 남녀들, 이주민들의 독특한 삶의 방식들을 최근에 더욱 활발하게 묘사하고 있다. 그 묘사들에 재현된, 21세기 지구화 시대의 문화적 혼성화 현실에 필적할 특정한 장소적 이미지들, 감성과 감각, 인식적 지평들을 중층적으로 읽어내는 과제는 여전히 영미문학 연구자들의 몫일 것이다.

『빌러비드』와 아프리카의 재현

이 글은 현 지구화 시대에 새로운 가치지향을 탐색한다는 견지에서 아프리카의 재현이라는 이슈를 통해 『빌러비드』를 검토한다. 그 작업을 하기 위해 먼저 『빌러비드』라는 소설은 〈흑인 여성 소설〉 범주에 국한되지 않고 아프리카와 아메리카 대륙들 사이의 문화적 협상이라는 지평으로 확장될 필요가 있다. 그리하여 아프리카의 우주론들을 해석적 미학적 전략들로서 활용하는 모리슨의 양상이 주지되며 바람직한 공동체들의 가능성들이 아프리카계-미국여성들의 위치로부터 정교하게 펼쳐진다.

(서부 및 중앙) 아프리카 우주론들의 주요 상징은 시드Sethe의 아프리카 태생 어머니인 맘Ma'am의 가슴 아래 새겨진 '원 내부의 십자가a cross within a circle'이다. 이 상징은 시드뿐만 아니라 덴버Denver와 빌러비드Beloved에게 아프리카로서 말한다. 그리하여 『빌러비드』에 재현된 아프리카성Africanness의 의미는 견고한 인종적 경계들에 맞서는 상호대륙적인 연계들을 증진시키고 평등과 존중에 기초를 둔 지구적 공동체들의 미래를 상상하는 퍼스펙티브 속에서 정의될 수 있고 확장될 수 있다.

3

『제인 에어』와 자메이카(영화 〈제인 에어〉)

1. 들어가는 말: 맑스주의와 포스트식민주의

　　　　　　　오늘날 '전 지구적 자본주의 가부장 체제'에서 많은 사람이 겪고 있는 고통은 500여 년 전 1492년에 시작된 저 장구하고 폭력적인 유럽 식민주의의 역사, 인종주의를 제도화한 노예제의 참혹한 역사, 다른 대륙들의 영토와 토지를 탈취하고 자연과 여성의 몸들을 수탈한 역사에 기인한다. 그 오랜 식민 역사로 인해 서구와 비서구는 서로 섞이고 중첩되며, 복잡한 문화와 사회구성이 전 지구에 편재하게 된다. 이제 서구나 비서구, 북반구나 남반구 할 것 없이 지구의 곳곳에 온갖 고통과 억압과 착취가 난무한다. 식민시대 이후라고 하는 포스트식민 상황이 이런 만큼, 그 상황에 대한 비판적 인식을 진척시키려는 이론적 정치적 입장이 생겨났으며, 그것은 '탈식민주의' 혹은 '포스트식민주의'[1]라고 불린다. 포스트식민 이론에서는 '직접 통치에 의한 지배라는 최초의 의미에서의 식민주의'가, 전 지구화 시대에 '헤게모니를 장악한 경제 권력의 지구적 체제는 더 나중 의미에서의 제국주의'와 함께 지속적으로 파생시키는 문화적 정치적 효과들, 상이한 공동체들의 상이한 지식형태들이 포괄적으로 연구된다.(영, 2005: 113)

　이러한 입장과 지향을 갖는 포스트식민주의 이론은 19세기 영국에서 태동한 자유주의 이론 및 혁명적 맑스주의의 산물이자, 19세기와 20세기에 걸쳐 줄기차게 일어난 반식민 민족해방운동들의 정치적 문화적 결과이며, 제2차 세계대전 후 대다수 독립한 구식민지 아시아, 아프리카, 라틴아메리카 대륙의 주체들이 맑스주의의 유럽중심주의를 비판한 결과이기도 하다. 유럽중심주의 비판은 유럽의 변방인 프라하에서 시작된 구조주의를 이어받은, 마그레브 Maghreb 2 출신 지식인들에 의해 1960년대 파리에서 형성된 포스트구조주의로써 새롭게 실행되기 시작한다. 따라서 유럽 포스트구조주의는 텍스트 분석에만 치중하는 미국식 포스트구조주의와는 다르다. 유럽 포스트구조주의는 마르티니크 출신인 파농의 인식뿐만 아니라 마오주의의 이론적 자극을 각인하고 있기 때문이다. 구식민지들의 반식민적 문화지리와 연계되어 있는, 데리다와 같은 프랑스－마그레브적인 Franco-Maghrebian 지식인들은 자기 해체의 위험을 감수해야 하는 유럽중심주의의 극복을 유럽 포스트구조주

---

1. 'Postcolonialism'이라는 용어는 탈식민주의, 포스트식민주의, 후식민주의 등으로 번역되어왔다. 이 글에서는 탈식민의 이론적 운동적 지향을 중시하면서도 후식민시대의 복잡한 조건을 부각하기 위해 '포스트식민주의'가 사용되지만, 그것은 '트리컨티넨탈리즘'으로 지양될 것이다.

2. 북서 아프리카에 위치한 리바아, 튀니지, 알제리, 모로코, 모리타니 5개국을 포함하는 지역을 가리키며 과거 프랑스령이다. 마그레브는 아랍어로 '해가 지는 지역' 또는 '서쪽'이란 뜻인데, 아프리카와 남서유럽과 중동이 접속된 독특한 문화를 형성하고 있다. 알제리 혁명의 성공은 식민지와 제국 양쪽의 지식인들에게 큰 영향을 미친다(라코스트, 2011).

의의 가장 중요한 화두로 삼았다. 이 화두를 다루기 위해 일단의 유럽 지식인들은 서구 사유와 이론에 관철되고 있는 이분법적 대립 구조를 집요하게 파고든다. 유럽 포스트구조주의는 자아/타자, 서구/비서구, 남성/여성의 대립에서 비롯된 억압과 착취를 해결하고자 대립항의 후자를 주장하는 것은 대안이기는커녕 오히려 그 구조 자체를 온존시킨다는 점을 논증하며, 유럽중심주의를 제대로 비판하고 극복하는 방향을 탐색한다. 이러한 방향에서 정치와 지식의 탈식민화를 모색하는 포스트식민주의의 이론적 기원이자 출발점은 어디까지나 맑스주의의 반식민 해방 사상이다. 그렇지만 반식민 해방운동의 맑스적 기원들은 파리의 포스트구조주의라는 이른바 고급 이론과 접합될 뿐만 아니라 식민지의 해방운동 맥락에서 '지역화'(하영준, 2009)됨으로써 변형되고 확장된다.

포스트식민주의의 계보를 이런 방식으로 짚어보는 것은 유럽의 식민지였던 아시아, 아프리카, 라틴아메리카 세 대륙의 국지적 조건들에 상응하며 그 "특정한 역사적 조건들에 부응해서 지속적으로 자신을 변형할 수 있는 유연한 마르크스주의"(영: 24)를 상정하게 한다. 이 마르크스주의는 자체에 내재된 유럽중심주의를 비판하면서도 유럽중심주의의 역전된 형태인 제3세계주의로 빠지지 않는 새로운 해방의 정치학이라는 지평과 공명한다. 그러한 지평에서는 대문자(유럽) 주체의 일면적이고 일방적인 표상과 정치는 비판되고, 서구의 '이론'과 비서구의 '실천'이라는 진부한 대당도 부정된다. 예컨대, 반식민 해방운동이 도달한 지적 성취로서 마오주의의 서구 비판은 제3세계를 넘어 유럽의 심장부로 이동하여 포스트구조주의를 이론적으로 자극함으로써, "유럽 맥락에서 문화적으로 전화된 마오주의"(안준범, 2008: 11)라는 형태를 띠게 된다. 다시 말해 마오주의의 농민투쟁은 산업화된 나라들의 특정한 경제적 계급에 국한되지 않는, 대지의 억압받는 자들 모두를 향한 시야를 열어줌으로써 후기식민지와 제국을 막론하고 편재하는 계급, 인종, 젠더의 측면에서 하위를 점하는 소위 '서발턴 정치subaltern politics'에 대한 사유를 촉진한다. 그렇게 성립된 새로운 형태의 이론으로서 포스트식민주의는 "보편성을 참칭하고 헤게모니를 부당 전제해왔던 대문자 주체의 질곡에서 벗어나, 계급, 젠더, 인종의 서로 환원될 수 없는 이질적인 사회적 관계들의 안에서 생산되는 주체-형식들을, …저 지배적인 사회관계의 전복을 도모하는 저항적인 주체-효과를 이론적으로 지지할 수 있는 담론"(안준범: 11)의 요구에 부응하는 것이었다.

특정 역사적 지리적 조건 속에서 또 포스트구조주의의 통찰에 따라 '변형되고 확장된 맑스주의'에 기반을 둔 포스트식민 비판 기획은 맑스주의와 포스트식민주의를 외재적인 대립관계로 놓는 것을 거부하며, 포스트식민적인 것을 맑스주의의 역사와 분리할 수 없는 것으로 놓는다. 그러한 포스트식민 비판 기획은 맑스주의를 단순히 거부하거나 부인하는 게 아니라 맑스주의에 비판적으로 개입하여 맑스주의를 전화시키고 보충하고자 한다. 그러한 포스트식민 이론 구성은 가장자리에 위치한 주변부의 문화적 경험을 가시화하는 데 그치지 않고, "서구의 정치적 지적 학문적 헤게모니와 그 객관적 지식의 프로토콜에 대항할 수 있는 더 일반적인 이론적 입장으로 발전시키는 계기"(영: 126)를 진척시킨다. 말하자면 그러한 포스트식민 비판은 서구의 내부와 외부에서 동시에 또 전 지구적으로 전개되는 비판적 입장인 셈이다.

'백색' 맑스주의, 앵글로색슨 맑스주의라고 할 서구 맑스주의의 유럽중심주의가 마오, 파농, 체 게바라 등 세 대륙의 다양한 이론가 및 활동가들의 혁신적인 작업으로 극복되는 과정에서 새로운 지식과 운동의 급진적 형태들이 생겨났다.[3] 그 형태들은 20세기 후반에 주로 유색인종 지식인들에 의해 '포스트식민주의'라는 이름으로 학문적 제도 안에 진입하게 되어 지식생산의 판도를 크게 변형시켰다. 거기서 특기할 점은 변형되고 확장된 맑스주의적 역사기술만이 아니라 그 역사를 당대의 문화에 대한 이론적 설명과 결합시키는 계기를 마련했다는 것이다. 포스트식민주의의 학문 제도적 기원이 역사뿐만 아니라 문화 및 문학 분과[4]에 있었던 것도 그 분과들이 식민주의의 효과로 고통받은 사람들에 의해 식민주의가 경험되거나 분석되는 복잡한 문화적 과정들에 주시함으로써 주체에 관한 새로운 지식 형태들을 제시하여 주었기 때문이다.

프라하학파나 마그레브 출신 이론가들이 주로 내어놓은 소위 고급 이론들의 급진적 유산은 탈식민화된 국가들에서 서구로 이주한 세 대륙 출신 저자들에 의해 제시된 관념들 및 전망들과 결합되는 가운데 활기차고 혁신적인 사유를 분명 자극하였다. 그런데 지난 30여 년 동안 전 세계의 학문 체제를 휩쓸었던 불명료하고 난해한 "포스트식민 이론의 어휘의 혼합적인 지형"(영: 130), "몹시 파편적이고 혼성적인 이론적 언어"(133)는 문제가 된다. 바로 이 문제 때문에 아마드 A. Ahmad

---

3. 로버트 영은 그 형태들의 발생 경위를 유럽 대륙의 지정학적 공간을 아시아, 아프리카, 라틴아메리카 대륙의 지정학적 공간과 연결시켜 광범위하게 탐색함으로써, 현실참여적인 이론적 노동의 새로운 형태를 보여주며, 서로 다른 형태의 지적 참여와 행동주의 사이의 의미 있는 결속을 제시한다.

4. 예를 들면 역사 분과는 맑스주의의 서구중심주의를 이론적으로 본격 비판하기 시작한 '인도 서발턴 연구 집단'의 연구에 의해 시작되었다. 그리고 문화연구는 스튜어트 홀 Stuart Hall의 이론화 작업에 의해, 문학 분과는 『제국의 반격 The Empire Strikes Back』이라는 책을 시작으로 확립되어 나갔다.

나 딜릭 A. Dirlik과 같은 정통 맑스주의자들은 포스트식민주의를 이른 바 후기 자본주의의 전 지구적 지배를 위한 서구의 문화전략인 포스트 모더니즘의 아류나 변종이라고 전적으로 거부한다. 그리하여 그들은 비서구 혹은 제3세계만의 독자적인 해방논리를 서구/비서구를 서로 명확하게 구분되는 대립적 실체로 파악하는 논리 안에서 찾게 된다. 16세기 이래 자본주의적 지구화의 불가피한 결과로 인해 서구가 세계 도처에 퍼져 있는 것과 마찬가지로 비서구 또한 유럽 문명의 심장부들에까지 번져있다. 그러므로 우리는 우리 모두의 안에 있는 비서구는 물론 서구의 흔적들을 동시에 볼 수 있도록 서구와 비서구의 구분 자체를 분산시키고 서구와 비서구가 서로 개방하여온 흔적들을 탐색해야 할 것이다.(사카이, 2001) 이러한 흔적들의 탐색은 서구와 비서구의 구분을 없애자는 것이 아니라 서구와 비서구의 관계를 혼성화 맥락에서 파악하자는 말이다. 혼성화 주장을 따르는 포스트식민주의는 비서구만이 아니라 서구 자체에서도 복잡하고 복합적인 지배효과들을 발휘해온 식민주의와 제국주의의 인식론적 정치적 문화적 구조물들을, 지구화 시대 식민주의와 제국주의의 복잡한 양상들을 다룬다. 그렇다면 맑스주의적 제국주의론에 관심이 있는 논자들은 포스트식민주의를 처음부터 배제하기보다 포스트식민주의와 대화하고 이제 그것을 주요한 의제로 다룰 시점이다.

그런데 한국의 맑스주의 연구 진영에서는 대체로 포스트식민주의에 무관심하며, 다루는 드문 경우에도 이론 생산의 복잡한 역사적 맥락에 대한 깊은 관심을 갖고 포스트식민주의를 제대로 다루기보다 그 이론적 잠재력을 부인하는 것으로 일관한다.(방인혁, 2011) 이러한 태도는 맑스주의와 포스트식민주의를 외재적인 대립 관계로 보고, 맑스주의 역사와 분리될 수 없는 포스트식민 이론의 양상을, 혹은 맑스주의와 포스트식민주의 사이의 생산적인 긴장을 외면하는 데서 연유한다. 포스트식민 이론은 맑스주의의 유럽중심주의를 비판하고 단절해나가는 지점들이다. 그래서 포스트식민주의와 맑스주의의 관계는 내재적이면서도 "불안정한 갈등과 균열의 관계"(안준범: 9)이기도 하다. 이렇게 양자의 관계를 설정하는 것은 포스트식민주의와 맑스주의에 대한 새로운 통합적 이해를 낳게 한다. 이러한 문제의식에 따라 이 글에서는 맑스와 포스트구조주의의 변증법적 접합을 수행해온 로버트 영Robert Young과 가야트리 스피박 Gayatri Spivak의 포스트식민주의 논의에 기대어, 포스트식민주의의 다른 이름인 '트리컨티넨탈리즘'을 제안하고 그 이름의 유효성을 『제인 에어Jane Eyre』라는 19세기 중반 영국 소설 읽기를 통해 입증하고자 한다.

2. 아시아적 생산양식 논의와 트리컨티넨탈리즘

사실 포스트식민 이론과 비판은 맑스의 분석에 직접 의존하는 것은 아니며 레닌, 마오, 아민 등의 맑스주의적 제국주의적 분석과, 에드워드 사이드, 호미 바바, 가야트리 스피박의 맑스주의에 대한 포스트구조주의적 재독해에 의존한다. 2절은 사이드, 바바, 스피박의 포스트식민주의 논의를 '백인의 신화들'에 반격하는 다양한 위치와 방법이라는 맥락에다 자리매김한 후에, 아시아, 아프리카, 라틴 아메리카 대륙의 위치에서 발화되는 포스트식민 이론과 운동의 역사를 '트리컨티넨탈리즘 tricontinentalism'이라고 명명한 로버트 영의 논의에 그 기반을 둔다. 탈식민 이론과 운동의 지정학적 변형과 확장에 관심을 갖는 영과 대조적으로 스피박은 맑스의 텍스트를 작동시키는 논리에 내재된 모순과 난점을 '아시아적 생산양식' 개념으로써 드러내기 위해 텍스트 자체의 내부 논리와 규약을 철저하게 파헤치는 독법을 보여준다. 이 독법 과정에서 스피박은 사미르 아민Samir Amin의 텍스트(『불균등 발전Unequal Development』) 논리와 공명하며 그의 논리를 활용한다. 여기에서는 아민과 공명하는 스피박을 경유해, 맑스주의의 역사라는 맥락에서 포스트식민주의를 '트리컨티넨탈리즘'으로 전위하는 영의 기획을 살펴볼 것이다.

1830~1840년대 영국에서 조성되었던, 노예무역에 반대하는 인도주의적 관점은 자유주의적 반식민주의에 근원을 두고 있다. 자유주의적 반식민 분위기 속에서 맑스는 식민화와 식민지라는 용어를 착취나 억압보다 정착의 의미로 주로 사용했다. 그러나 맑스는 19세기 내내 이루어진 식민팽창 및 식민무역(시장, 원료, 투자)의 증대로 말미암아 영국 부르주아 남성들이 전 지구적 규모에서 경제적 사회적 체계 전체를 혁명적으로 변화시킬 만큼 충분한 자본을 축적할 수 있었다고 지적한다. 맑스의 이러한 인식 단계에서는 특별히 식민지 해방 프로그램 같은 것은 제시되지 않는다.(영: 185-7) 그런데 맑스가 식민지의 정치적 역할에 관해 주요한 변화를 보여주는 것은 "아일랜드가 해방되어야 영국 노동자계급이 해방될 수 있다"라는 논의를 통해서이다. 맑스의 아일랜드 논의에서 민족주의 주장이 비로소 출범하는 셈이다. 그렇지만 맑스는 '아시아적 생산양식'을 유럽 자본주의의 기술력과 상업적 능력으로 인해 결국 사라질 것이라고 진단한다. 맑스의 논의는 역동적인 유럽 문명 민족/정태적인 아시아 야만 민족 사이의 명백한 문화적 구별

을 따르고 있다.(189-90) 결국 맑스는 영국 식민주의와 자본주의가 동양적 전제주의 하에서 카스트로 고통을 받으며 수동적으로 살고 있는 인도 주민들의 비천하고 정체되고 단조로운 삶을 무너뜨리게 하였다고 평가한다. 그러므로 맑스에게 식민주의는 나쁘기도 하고 좋기도 한, 이중적인 것이었다.(197-200) 말하자면 맑스는 반식민주의와 유럽중심주의 둘 다를 지니고 있었다.

스피박은 이러한 맑스에 대해 어디까지나 "유럽자본주의의 유기적 지식인"(스피박, 2005: 146)이라고 규정하고서 해체적 반박과 탈물신화의 정신으로써 맑스를 다시 읽기 위해 사미르 아민과 같은 맑스주의자의 텍스트를 참조하고 견주어보는 가운데, 맑스의 난점을 파헤친다. 스피박은 맑스 텍스트를 바깥에서 읽는 것을 철저히 배격한다. 그러한 태도는 맑스 텍스트를 틀 짓는 내부 논리나 규약을 파악하지 않은 채, 맑스 텍스트의 핵심 논의와 개념을 피상적으로 재단해버림으로써 비난하는 데 그치게 하기 때문이다. 그러므로 일단 맑스 텍스트의 안으로 들어가 그 텍스트를 규정짓고 있는 논리와 규범에 대한 이해를 심화하는 과정을 통해야만, 그리하여 맑스의 텍스트를 작동시키는 논리 자체를 열어젖혀야 해당 텍스트의 모순과 난점을 명확하게 드러낼 수 있다.

스피박은 그러한 해체적 혹은 포스트구조주의적 읽기의 지렛대로서 '아시아적 생산양식'을 유효적절하게 작동시킨다. 사실 여기서 '아시아'는 아시아 대륙에 국한되는 게 아니라 비유럽, 즉 봉건 유럽의 외부에 있던 모든 역사적 영역을 가리키며, "봉건주의-자본주의 회로의 외부를 표시하는 전前 역사적 혹 의사지리적인 공간/시간 속에 거주하는 이름"(스피박: 136), 유럽 중심적 생산양식과 다른 차이를 갖는 이름

이다. 그래서 스피박에게 '아시아적 생산양식'이라는 이 차이의 이름은
① 맑스주의의 핵심인 '생산양식'이라는 설명 범주에 내재된 유럽중심
주의라는 한계들을 가시화한다(148), ② 역사를 (유럽적) 생산양식으로
설명하는 틀 내부의 단층선fault line을 가시화해낸다(153), ③ 유럽중심
적인 '동일자'의 회로에 복무하는 용어인 '아시아적 생산양식'을 비틀
어서, 그 회로를 부술 수 있는 '아시아'가 될 수 있도록 아시아를 새
로 이론화하려는 욕망을 담아낼 수 있다(132)고 해석된다. 이와 같은
스피박의 독법은 '아시아적 생산양식'을 "서구 자본주의의 침입에 대
한 토착적인 저항형태를 가리키는 이름"(영: 189)으로 읽는 독법과 달
리, 애초에 서구 자본주의 형태와는 다른 형태로 작동 중인 생산양식
을 부각한다. 스피박은 맑스의 텍스트를 '아시아적 생산양식'이라는
지렛대로써 돌려본바, 맑스의 이론화는 유럽중심적인 동일자의 회로를
아시아를 비롯한 다른 대륙에까지 강요하려는 유럽 남성의 욕망을 드
러내며, 그러한 욕망은 "결함 있는 [유럽 자본주의] 발전을 자축할 수
있도록 역사를 서사화하는 유럽 중심적 전략"(스피박, 2005: 146)이라
는 분석을 도출한다.

맑스의 유럽중심주의를 단적으로 드러내는 '아시아적 생산양식' 비
판은 더 나아가 아시아를 새로 볼 수 있게 하는 지점을 함축하고 있
다. 스피박은 이 지점을 사미르 아민(Amin, 1976)의 '공납제 생산양식'
개념에서 구축한다. 스피박에 따르면, '공납제 생산양식' 개념은 '아시
아적 생산양식'을 교정한다기보다 이 생산양식의 주요자원이 공납이
라는 사실을 부각시키는 것이다. 그래서 아민은 자본주의의 내적 논리
를 사회주의에서 공산주의로의 '지양'에 놓는 목적론적 서사보다 '전
지구적 제국주의'라는 조류를 자신의 분석 논리로 삼는다. 이것은 '지

배'를 가장 추상적인 논리적 심급인 경제적인 것의 단순한 하부텍스트로 간주하기보다, '착취'뿐만 아니라 '지배'의 전체 격자를 우리의 분석도구로 만들 수 있는 가능성을 허용한다.(스피박: 143) 아민은 전 지구적 역사의 좀 더 포괄적인 특징을 상상하면서 '아시아적 생산양식'을 '실패한 자본주의'가 아니라, 거대한 공납제 생산양식으로써 '성공한 제국주의'로 재각인한다. 아시아의 '강한 봉건주의'에 비해 유럽의 농노생산양식은 '약한 봉건주의'이며, 이 '약한 봉건주의'에 의한 유럽 봉건주의의 실패한 혹은 약한 예들을 위험을 감수하며 보충하는 것이 바로 유럽자본주의라는 것이다.

아민을 거쳐 스피박에 의해 파악된, '아시아적 생산양식'의 차이는 "약점(유럽의 농노생산양식인 '약한 봉건주의')을 차단하는 강점(성공한 강한 봉건주의, 즉 거대한 공납적 생산양식들)으로부터 발생"(146)하는 적극적인 것이다. 결국 '아시아적 생산양식'에 대한 스피박의 독법은 "아시아적 생산양식 논의에서 전前자본주의적 제국적 문명들의 비상한 성과들은 일반적으로 무시되는 반면, 이 문명들에 맞서는 자본주의의 역동적인 사회적 성취들은 이 성취들 때문에 치른 대가에도 불구하고 항상 강한 어조로 언급되는"(146) 유럽 백인 남성 이론가의 논리구조 자체를 밝혀낸다. 유럽 남성의 심층적 논리구조는 결함 있는 유럽 자본주의의 진전을 합리화하느라 유럽의 외부를 제대로 보기보다 무시하고 배제하게 한다.

아시아에 대한 스피박의 이러한 읽기는 포스트식민주의를 맑스주의의 역사라는 맥락에서 '트리컨티넨탈리즘'으로 전위하는 로버트 영의 기획과 맞닿아 있다. 스피박은 맑스의 텍스트 내부를 치밀하게 탐사하는 가운데 맑스에게서 핵심적인 '생산양식' 개념의 타당성 자체를 허물어뜨리는 '아시아적 생산양식'의 작동기제를 드러내줌으로써 유럽 중심주의를 넘어서는 입지점을 사유하도록 자극한다. 영의 기획은 그 입지점을 서구의 바깥인 아시아를 비롯한 아프리카, 라틴아메리카라는 세 대륙의 좀 더 장소적이고 지리적인 지점들에서 발화되어온 목소리들에다 두는 것이다. 그런데 그 목소리들을 듣고 응답하기 위해서는 세 대륙에서 맑스주의가 감당해야 했던 일종의 번역작업을 재발견하여야 했다.

유럽에서 태동하였지만 다른 대륙의 다른 장소들에서 문화적 변환을 겪는 맑스주의로서 '트리컨티넨탈리즘'에서는 대문자 주체나 대문자 역사가 아니라 다수의 주체들, 때로는 양립 불가능한 차이의 전망들과 긴장들 속에서 나오는 다수의 역사들이 탐사될 것이다. 거기서는 유럽이라는 이름과 결부된 단일한 포괄적 서사가 아니라 "일련의 어긋나는 다수의 역사들의 서사"(안준범, 2008: 9)가 대두한다. 이러한 서사들은 여전히 맑스주의에 입각해 있지만, 그것은 "문화적으로 전화된 혼성적이고 이질적인 담론"(안준범: 13)으로서 변형된 맑스주의이다. 이 서사들이 발화되는 지리적 위치가 서구의 바깥인 아시아, 아프리카, 라틴아메리카 대륙이라는 점에서 영은 '트리컨티넨탈리즘'이라는 용어를 제안한 것이다. 그동안 써왔던 '제3세계'라는 용어는 제1과 제2와의 관계에서 위계상 하위라는 위치를 배당받게 하고, 빈곤, 채무, 기아로 연상되는 부정적인 느낌을 주며, '남반구'는 대륙들 간의 차이를 뭉뚱그리는 싱거운 동질화 위험을 지닌다. 대신 '트리컨티넨탈리즘'이라는 용어는 각 대륙의 독특한 정치적 문화적 위치와 함께 대륙들 사이의 연계까지 함축함으로써 그 국제주의적 전망을 정확하게 포착해낸다(영: 23-4)는 것이다.

트리컨티넨탈리즘의 출현을 알리는 사건으로서 1966년 1월 쿠바의 아바나에서 열린 '아프리카 아시아 라틴아메리카 민중의 트리컨티넨탈 연대회의'를 들 수 있다. 이 연대회의에서 세 대륙 민중의 연대기구가 결성되고, 『트리컨티넨탈』이라는 저널이 발간되며, 비서구 세 대륙 전체의 국제적 초민족적 해방운동의 장이 열린다. 아바나 회의 이전에도 코민테른이 국제혁명운동을 주도하던 1920년 바쿠 '동방민족대회'와 독립 후인 1955년의 '반둥회의'에서 보듯, 서구의 식민주의와 제국주의에 대항하는 국제적인 연대가 시도되었다. 하지만 1966년 연대회의는 소련이나 중국에 종속되지 않고 사회주의나 맑스주의 전통의 급진적인 반제국주의와 결합되어 있던 비서구의 대륙 전체가 처음으로 한데 모였다. 그러면서 여전히 잔존하고 있는 식민주의와 제국주의에 대항하는 공통의 해방운동전략을, 전 세계 피착취 민중의 국제적 연대를 이루었다.(김택현, 2005: 755-6)

'트리컨티넨탈리즘'은 아시아, 아프리카, 라틴아메리카 등 세 대륙의 포스트식민 세계에 여전히 압박을 가하고 있는 현 정치적 경제적 문화적 제국주의 지배체제의 지속적인 작동에 능동적으로 개입하고 저항하는 이론적 정치적 입장을 가리킨다. 서구 식민주의와 제국주의에 저항해온 트리컨티넨탈 운동의 오랜 역사와 전통에 따라, 남반구 대륙에서 형성된 이와 같은 지적 정치적 전통들과 지역들의 문화자원들은 활용, 강화, 발전되어 일단의 지식과 가치들로 재구성될 때, 서구 이데올로기들을 일반적으로 비판하는 자원이 된다. 트리컨티넨탈 혁명가들과 이론가들의 반식민 실천과 비판적 분석에 잠재된 트리컨티넨탈 지식과 전략은 서구와 세 대륙, 서구와 비서구라는 이분법을 따르지 않으며 "서구와 세 대륙의 폭력적인 역사적 상호작용의 혼성적 산물"(영: 131)로서 새로운 형태의 이론 생산을, 정치적 문화적 생산을 가능하게 한다.

　이와 같은 혼성적인 정치적 문화적 생산물의 한 영역으로서 소설은 트리컨티넨탈 지식과 전략을 찾는 데서 유용한 매개물이 될 수 있다. 3절에서는 한국의 독자에게도 잘 알려져 있는 『제인 에어』라는 19세기 영국 소설이 재현하는, 식민지에서 발화되는 목소리들을 은폐하고 차단하며 망각하고자 하는 제국의 백인 남녀 목소리들과, 그것들을 교란시키는 식민지인들의 목소리를 함께 읽어보는 가운데, 트리컨티넨탈 지식과 전략의 지형을 그려보려고 한다.

3. 『제인 에어』에 나타난 라틴아메리카 – 아프리카 – 아시아

1) 계급 – 인종 – 젠더의 역학

　『제인 에어』는 유럽 자본주의의 발전을 선도하던 영국의 격동기에 노동자계급이 일으켰던 인민헌장 운동Chartist Movement의 파장을 투표권 확대라는 선거법 개정안으로 무마한 시점인 1847년에 샬로트 브론테 Charlotte Bronte(1816-1855)에 의해 발표되었다. 런던에서 북서쪽으로 제법 멀리 떨어진 산간벽지에서 태어나 살았고 하위중간계급 lower middle class 에 속하는 여성작가에 의해 쓰인 『제인 에어』가 서구와 식민지, 즉 유럽 영국과 라틴아메리카인 자메이카 사이의 뒤엉킨 역사뿐만 아니라, 서로 멀리 떨어져 있는 자메이카 – 마데이라 – 인도 사이의 대륙적 연계⁵ 도 보여준다는 점은 놀랍다. 사실 『제인 에어』에 재현된 식민지와 식민지인들의 분량 자체는 미미하다. 그렇지만 트리컨티넨탈리즘 관점에서 이 소설을 다시 보면, 자메이카, 마데이라, 인도와 관련된 것들은 작품의 구조상 핵심적이다. 이러한 작품 구조는 유럽 식민주의로 말미암아 뗄래야 뗄 수 없는 서구와 비서구의 혼성 과정에서 비롯된다. 인식론적 정치적 문화적 구조물로서 식민주의는 비서구 식민지만이 아니라 서구 자체에도 복잡하고 복합적인 지배효과를 발휘하여 다양한 주체성들을 구성한다. 비서구와 서구를 막론하고 식민주의라는 구조물은 식민주의적 정체성이나 식민화된 정체성을 일방적으로 강요하기도 하지만, 그 정체성들 내부에 때로 균열을 일으키거나, 정체성의 구성 원리 자체를 해체하거나 그 구성요소들을 재배치하여 당대의 지배적인 권력/지식/담론의 질서를 흐트러뜨리기도 한다.

『제인 에어』는 이러한 복잡한 주체화 과정들을 풍부하게 재현한다. 이 과정들을 제대로 읽어내기 위해서는 무엇보다 계급, 젠더, 인종의 틀은 물론, 젠더-인종, 인종-계급, 계급-젠더의 틀에서도 더 나아가는 '계급-인종-젠더의 역학'을 가동시킬 필요가 있다. 이 역학은 계급과 인종과 젠더의 상호구조화 관계에 대한 복합적인 인식을 가리킨다. 포스트식민주의 이론과 비평에서 주로 상정되는 계급-인종의 틀은 젠더의 문제의식을 배제함으로써 남성중심주의라는 혐의를 벗어나기 힘들다. 포스트식민주의 이론과 비평을 구축하는 데서 주요한 역할을 하여온 유색여성 페미니즘은 젠더-인종의 틀에 국한됨으로써 계급 문

---

5. 자메이카는 카리브 해에 속하며 논자에 따라서는 라틴아메리카와 엄밀히 구분하기도 한다. 그렇지만 '라틴아메리카와 카리브 해'라는 표현으로 라틴아메리카와 구분하는 카리브 해의 특성과 라틴아메리카와의 연계성을 살리는 논법에 따라 여기서는 라틴아메리카 대륙의 범주에 넣기로 한다. 포도주 재배와 사업으로 유명한 마데이라Madeira는 리스본 서남쪽 혹은 북서 아프리카 해안 쪽에 위치한 섬이다. 이 섬은 15세기 이후 내내 포르투갈의 식민지로 있다가 19세기 초에 잠깐 영국의 식민지가 되었으나 곧 다시 포르투갈의 식민지가 되었으며 최근에 독립하였다. 마데이라는 북아프리카 혹은 서아프리카에 귀속되고 있으므로 아프리카 대륙의 범주에 넣기로 한다.

제를 도외시하는 위험을 지닌다. 그래서 계급-인종-젠더의 상호교차 관계를 주시하는 분석틀이 제시된다. 사실 이 틀을 작동시키는 것은 복잡하고 어렵다. 하지만 그 작업은 이제 더 이상 피해 갈 수는 없는 시대적 요청이자, 트리컨티넨탈리즘 관점이 요구하는 읽기 방법을 실현하는 것이기도 하다.

『제인 에어』는 '집안의 천사'라는 양순하고 정숙한 현모양처를 강요하는 빅토리아 시대 영국의 가부장적 이데올로기에 맞서 독립적이고 주체적인 자아를 형성해 나가는 여주인공 제인의 성장 과정을 그려준 소설로 주로 읽혀 왔다. 그런데 로체스터Rochester와 세인트존 St. John이라는 두 남성 사이에서 갈등하는 제인의 주체화 과정에 초점을 맞추며 젠더의 틀에 국한되는 읽기는, 영국 자본주의와 식민주의로 재편되던 영국 내부의 계급형성 과정에 이미 맞물려 있는 백인종 중심주의(인종차별주의)를 간과하게 한다.(Spivak, 1986; 태혜숙, 1990) 그러므로 로체스터, 제인, 세인트존의 계급만이 아니라 젠더나 인종에 대한 의식도 동시에 복합적으로 짚어보는 가운데 백인 남녀 주인공들이 식민지적인 것과 어떤 식으로 연루되어 있는지 살펴보아야 할 것이다. 19세기라는 시대의 한계와 작가의 한계로 인해 『제인 에어』에서 미비한 식민지와 식민지인들의 재현은 『제인 에어』를 포스트식민 시각에서 다시 쓴 『광막한 사르가소 바다Wide Sargasso Sea』(1967)라는 소설, 자메이카의 역사 및 카리브 해 유색인종 사람들의 반식민 혁명운동을 언급함으로써 보충될 것이다.

2) 백인 남녀들과 자메이카-마데이라-인도

(1) 로체스터와 자메이카

런던 외곽의 시골 지역에 있는 손필드Thornfield라는 대저택과 펀딘 Ferndean을 비롯해 몇몇 작은 장원을 소유한 로체스터는 먹고 사는 걱 정은 전혀 하지 않지만 그렇다고 대지주는 아니다. 그는 런던이나 산 업 도시와 달리, 좀 더 많은 생산에 적극 임하지는 않는 유한 계층 남 자로서 무도회, 파티, 유럽 대륙으로의 여행 등으로 그저 삶을 안일하 게, 안락하게 소일한다. 가정교사, 하녀, 하인들을 두고 있기는 하지만 제조업 중심으로 농촌을 희생시키는 영국 산업화의 흐름 하에 시골 소규모 지주 계층은 자칫하면 삶의 수준이 하락될 수 있는 불안한 처 지에 있다. 농촌을 희생시키는 선진적 산업화로써 도시 중심적·공업중 심적인 사회로 되어가는 거스를 수 없는 강력한 시대의 추세는 로체스 터와 같은 전통적인 지주 혹은 향사 계급landed gentry으로 하여금 현재 의 신분을 유지하는 데 필사적이게 한다.

이미 결혼하였고 아내가 있는 로체스터가 그 사실을 속이고 제인과 결혼식을 올리는 자리에 손위 처남 리처드Richard Mason가 등장하여 로 체스터의 중혼6을 알림으로써, 로체스터 부류의 남자들이 자기 신분 을 유지하기 위해 일삼는 거짓말과 위선이 백일하에 드러난다. 로체스

---

6. 『제인 에어』 26장에 나오는, 에드워드 로체스터와 버사 메이슨의 혼인증명서 내용은 다음 과 같다. "나는 영국 ××지방 펀딘 장원(莊園) 및 ××주 손필드 장의 소유자 에드워드 페어팩스 로체스터가, 상인 조나스 메이슨 및 그의 크레올 처 앙트와네트의 딸이자 본인 의 누이동생인 버사 앙트와네트 메이슨과 ××년 10월 20일(15년 전의 날짜)에 자메이카, 스패니시 타운 교회에서 결혼하였음을 확증함. 결혼 기록은 위 교회의 등기부에서 찾아볼 수 있음. 그 사본은 현재 본인이 가지고 있음. 서명, 리처드 메이슨."

터는 27장에서 자신이 버사-Bertha와 결혼하게 된 경위를 제인에게 이야
기해 줌으로써 자신을 이해해 주기를 바란다. 로체스터가 제인에게 말
해주는 그의 결혼 경위는 다음과 같다. 로체스터의 아버지는 아주 탐
욕스럽고 무엇이건 긁어모으는 사람이라서 자신의 재산을 차남인 로
체스터에게까지 나누어주면 재산이 줄어들 위험의 소지가 있으므로 로
체스터에게 주지 않으려고 한다. 그렇지만, 아버지는 자신의 아들이 빈
곤하게 사는 것을 그냥 두고 볼 수는 없어서 알고 지내던, 서인도 제
도에서 큰 농장을 갖고 있고 무역을 하는 메이슨 씨의 딸과 결혼하면
1년에 3만 파운드의 지참금을 받을 수 있다고 해서 로체스터를 정략
결혼 시키고자 했다는 것이다. 대학을 졸업한 약관의 나이에 세상 물
정도 잘 모르고 경험도 없던 자신은 아버지의 부추김 때문에 자메이카
의 스패니시 타운 Spanish Town에 갔고, 거기서 버사의 친척들이 분위기를
잡고 버사도 굉장히 잘 차려입고 매력을 뽐내는 바람에 얼결에 결혼하
게 되었다는 것이다. 그런데 실제 결혼 생활에서 로체스터는 어머니 쪽
의 광기를 물려받은 버사의 본성이나 취향이나 마음의 결이 어찌나 추
악하고 진부하며 왜곡되고 비열한지 도저히 그곳 생활을 견딜 수 없어
격심한 고통을 겪다가 버사를 데리고 유럽으로 돌아와 다락방에 감금
하여 돌보아 왔다는 것이다.

27장에 나오듯, 자메이카의 무덥고 찌는 바람이 아니라 대서양 쪽
에서 생기 있게 불어오는 신선한 바람을 맞으며 유럽으로 돌아가기로
결정한 로체스터는 자신의 판단과 귀국 행동을 정당화하고 합리화하
기 위해, 당대에 또 지금도 여전히 강력한 전형적인 인종주의 이데올로
기 혹은 제국주의 수사 rhetoric을 거창하게 구사한다. 영국인들이 본국
에서 또 식민지에서 많이 써먹었던 그 수사에는 서구/비서구를 문명/야

만, 선/악, 빛/암흑, 천당/지옥의 이분법적 대당으로 놓고 좋은 것을 모두 서구에, 나쁜 것을 모조리 비서구 식민지에 할당하는 인종주의 이데올로기가 관통하고 있다. 그래야만 식민지의 부와 식민지 여성의 희생이 정당화, 합리화되기 때문이다. 로체스터는 그야말로 형편없고 열등한, 거의 동물보다 못하게 발광하여 감금해도 괜찮은 비존재로 버사를 깎아내려야만, 자신의 중혼을 변명하고 합리화할 수 있다.

그러한 변명의 위선과 거짓을 꿰뚫어본 제인이 손필드를 떠나간 후 버사를 돌보던 하녀 그레이스 풀Grace Poole의 방치로 다락방에서 나온 버사가 손필드 저택에 불을 지른다. 버사가 지붕에 올라가 위험에 처하자 로체스터는 그녀를 구하려다 떨어져 실명하고 다리를 다친다. 이런 로체스터의 모습은 야만 인종을 구원하고 문명화시키는 백인의 짐을 기꺼이 지는 휴머니스트다운 면모를 재현한 것처럼 보인다. 그러나 로체스터는 버사에게 저지른 잘못과 부당함을 진심으로 참회하거나 자신이나 영국 식민주의에 대해 비판적으로 또 반성적으로 성찰하는 모습을 전혀 보여주지 않는다. 따라서 그의 휴머니즘적 행동은 겉으로만 그런 척하는 피상적인 또 하나의 허위를 은폐하고, 타자를 전유하는 잘못을 위장하는 덮개에 지나지 않는다.

(2) 제인과 마데이라

제인은 런던이라는 메트로폴리스의 화려한 번성에서 뒤처진 시골에서 별다른 인맥 없이 약간의 교육을 겨우 받고서 좀 더 넓은 세계와 의미있는 주체적인 활동을 열망하는 하위중간계급에 속한다. 이 계급은 영국 자본주의의 진전 과정에서 조금만 삐끗하면 금방 하향되어 빈곤층으로 전락할 위험하고 불안정한 위치에 있다. 그런 만큼 하위중간

계급 사람들의 계급 상승에 대한 열망은 크다. 본격적인 산업화, 근대화 와중에 있던 영국 빅토리아 사회에서 런던에 삶의 뿌리를 지니지 못한, 자본가도 아니고 노동계급도 아닌, 중하층 계급 사람들은 대도시의 외곽에서 좀 더 나은 삶을 위해 다양한 활동들을 염원하며 메트로폴리스에 진입하고자 분투한다. 제인은 외숙모 집에서 반항하다가 갇히곤 했던 붉은 방을, 또 갑갑하고 삶의 활기라곤 없는 기숙학교를 벗어나, 강인한 의지와 진취적인 자세로 손필드에 와서 좀 더 폭넓고 의미있는 자신의 삶을 개척하고자 분주하다. 12장에 나오듯, 손필드의 꼭대기 층에서 어렴풋이 보이는 런던에 대한 강한 동경을 품은 채 제인은 당시 새로 부상하는 백인여성의 주체성을 당시 다른 정치적 반항과 같은 맥락에 놓고서 다음과 같이 강력하게 표명한다.

인간이란 조용한 생활에 만족해야 한다고 말하는 것은 헛된 말이다. 인간은 행동을 하여야 한다. 그것을 찾아낼 수 없으면 만들어내기라도 해야 한다. 수백만의 많은 사람들은 현재의 나보다도 더 조용한 생활을 하도록 운명 지어져 있고, 또 수백만의 많은 사람들은 마음속으로 그들의 운명에 대항하여 무언의 반항을 하고 있다. 정치적 반항만이 아니라 이 세상에 사는 무수한 사람들의 마음속에 얼마나 많은 반항이 용솟음치고 있는지 모른다. 여자는 일반적으로 온화한 존재라고 생각하고들 있지만 여자도 남자와 똑같은 감정을 가지고 있으므로 남자 형제와 동등하게 능력을 발휘하고 노력을 기울일 수 있는 장소를 필요로 하는 것이다.(Bronte, 1966: 141)

이 대목 바로 다음에 제인은 활기찬 새로운 자신의 삶을 가로막듯, 하녀 그레이스 풀의 웃음소리나, 그 웃음소리보다 더 기괴한 중얼거리는 소리—실제로는 버사 메이슨이 내는 소리—를 듣고서 소름 끼쳤고 두려웠다는 반응을 보인다.(Bronte: 141) 작품의 초반에 나오는 제인의 이러한 반응으로부터 앞으로 열심히 노력해서 하위중간계급에서 상승하지 못하면 언제건 닥칠 수 있는 계급 하락에 대한 제인의 불안과 공포를 읽을 수 있다. 이처럼 영국 자본주의의 진전에 따른 부르주아지의 형성은 하층 계급 사람들에 대한 연대의식이 아니라 그들과의 명백한 '구별 짓기'를 바탕으로 하고 있다. 식민지의 물적자원에 기대어 발전을 거듭하는 19세기 영국 자본주의 사회에서 계급 상승에 대한 강한 열망을 갖고 있는 영국 젊은이들은 남녀 할 것 없이, 그들의 열망에 방해가 되는 식민지인들은 물론 자국의 하층 계급 사람들에게 혐오와 멸시와 같은 부정적인 감정을 갖고 그들과 거리를 둠으로써 자신들의 더 나은 계급정체성을 확인하는 것이다.

그런데 제인은 버사를 술주정뱅이에 성적으로 타락한 미친 미개하고 야만적인 여자, 아니 동물에 가깝다고 비난하는 로체스터의 말을 가로막고서 "당신은 저 불운한 부인에게 냉혹하군요. 당신은 그녀에 대해 증오심을 갖고, 징벌하듯 반감을 갖고 말하는군요. 그것은 잔인해요. 그 부인도 미치는 것 자체를 어떻게 할 수 없어서 그럴 텐데요."(328)라고 말한다. 이러한 제인의 발언은 여성의 독립적 자아 혹은 주체 형성을 가로막는 가부장제 사회의 질곡으로 인해 빠질 수 있는 여성의 광기를 이해하는 데서 나오는, 인종을 초월한 여성들 사이의 연대의식에서 가능하다. 또한 로체스터가 버사와 달리 절제력을 갖고 정숙하다며 제인을 아무리 추켜세워도, 제인은 외모도 평범하고 가진 것도 없는 별 볼 일 없는 자신과 로체스터 사이의 계급과 신분 사이의 커다란 격차가 평등한 남녀 관계의 걸림돌이 되는 현실을 냉정하게 인식한다. 그래서 제인은 로체스터의 열정적인 호소에도 불구하고 주체적이고 이지적인 판단에 따라 로체스터의 잘못을 비판하며 강인한 의지력으로 그와 결별한다.

하지만 작품의 후반부에서 제인은 세인트존을 비롯해 사촌들과 함께 살고 있을 때, 서아프리카 해안의 마데이라에서 포도주 사업을 하던 존 삼촌의 유산을 받게 된다.(김경숙, 2011) 이제 제인은 결혼관계에서 여성을 평등하게 해줄 물질적인 조건을 한순간에 갖추게 된 셈이다. 나이나 외모 면에서 제인과 더 잘 어울리는 세인트존의 결혼 압박에 갈등을 느끼던 그때에, 제인은 꿈속에서 로체스터의 목소리를 듣고서 손필드를 찾아간다. 그러나 손필드는 불타서 폐허가 되고 탐문 끝에 제인은 펀딘에 가서 그동안 그가 감내한 처벌과 참회를 받아들여 그와 결혼한다. 『제인 에어』의 마지막 38장을 여는 서두에서 제인은 자신의 결단에 대해 독자의 공감을 끌어내려는 듯 "독자여, 나는 그와 결혼했답니다. …나는 십 년째 결혼생활 중이랍니다. 나는 세상에서 가장 사랑하는 사람과 함께 그를 위해 전적으로 산다는 것이 어떤 것인지 잘 안답니다."(Bronte: 474)라고 말한다. 그리하여 인종을 초월하여 같은 여성으로서 버사에게 제인이 갖던 공감은 한낱 일시적이고 위계적인 동정으로 끝나고, 희생된 버사는 제인에게 망각된, 아니 망각되어야 하는 존재가 된다. 제인은 인종을 넘어 여성 간의 유대로 나아가지 못한 채, 자신의 편안한 삶을 위해 로체스터와 거의 같은 맥락에서 식민지를 착취하고 억압하는 구조를 묵인하고, 당대 인종주의와 식민주의 이데올로기에 공모한다. 타고난 조건을 사회적으로 바꾸어나가는 역동적인 삶을 갈망했던 제인이 최종적으로 성취하는 것은, 식민지와 연관된 부의 획득으로 계급 상승을 하고, 식민지 여성의 희생을 기반으로 백인 남성과의 결혼에 골인하는 행복이었던 셈이다.

그런데 마지막 38장을 자세히 읽어보면, 펀딘 장원에서의 행복한 결혼생활 운운은 그것을 해체하는 듯한 묘한 아이러니로 점철되어 있다. 우선 펀딘 장원은 손필드보다 훨씬 축소된 작은 공간이다. 독립적인 자신의 삶을 개척하기 위해 손필드 장원이라는 낯선 공간에 용감하게 가정교사로 온 제인이 처음에 품었던, 영국의 기성 체제에 대한 반란의 열망은 결혼 제도 속에 사라져버린 채, 활기차게 세상을 향해 나아가기보다 폐쇄적인 고립된 공간에서 온종일 장애인 남편을 돌보며 살고 있다. 그래서 아직 젊은 제인이 자신의 삶을 사랑으로 아무리 미화하여도 독자들은 공감하기 어렵다. 버사와의 유대 혹은 우정을 얼핏 보여주었던 제인은 식민지 여성의 희생이나 식민지로부터 온 유산을 향유하는 자신에 대해 일말의 반성적 의식 없이 인종적 착취 현실에 대해 침묵한다. 인종적 진실에 대한 이러한 회피와 무책임은 버사에게 처음 품었던 연민을 위선과 허위의식에 지나지 않는 것으로 만든다.[7]

제인과 같은 하위중간계급 여성이 운 좋게 유산과 결혼을 통해 상위 중간계급upper middle class으로 상승하는 작품의 결말은 계급적으로 인종적으로 하위인 남녀를 배제하는 구도에 기반한다. 제인이 때마침 식민지의 부를 받지 못하였다면, 그레이스 풀보다 좀 나은 수준인 가정교사나 가난한 지역 학교 선생으로서 하위중간계급 여성이라는 신분을 유지하는 데 그치거나 그보다 더 추락할 수도 있다. 자본주의적 삶의 상승에 대한 욕망은 계급과 젠더의 축에서 약자였던 제인으로

---

7. 인종의 역사를 우정의 정치학 혹은 윤리(데리다)로 접근하는 것은 백인여성이 누리는 인종적 안식을 박차고 나오는 대가로 유색인종 여성과 함께 지옥이라도 가겠다는 자세와, 백인성을 배반하는 것이 인간성에 충실한 것이라는 인식을 도출한다(김준년, 2010). 실제로 1910년 영국영사관의 전직 관리였던 로저 케이스먼트 경은 콩고, 브라질에서의 가혹행위들을 입증하는 보고서를 영국정부에 제출했다가 1916년에 사형 당한다(영, 2005: 18-9).

하여금 인종적 강자의 논리와 식민주의 이데올로기에 편승해 다른 약자를 편리하게 희생시키는 데 영합하게 한다. 소설의 마지막 장에 흐르는 아이러니한 뒤틀린 어조는 타자와 공생하고 자연과 세계와 공존하는 데서 나오는 진정한 여유와 편안함이 아니라 '일시적이고 표면적인 안전과 우월의식'으로 점철된 제인 자신의 회의와 번민을 입증한다. 겉으로는 성숙하고 성장해 가는 주체의 내면을 깊숙이 포박하고 있는 존재의 취약성과 피상성은 백인지배자를 수시로 엄습하여 불안과 공포를 야기하며 인간 본연의 자연스러운 감성을 잠식한다. 식민지적인 것들, 또 제국의 헐벗은 것들은 아무리 희생되고 침묵되어도, 백인여성의 성공적인 주체 형성을 균열시키면서 거기 계속 들러붙어서 출몰하는 일종의 무의식처럼 작품과 독자를 배회한다.

(3) 세인트존과 인도

세인트존은 제인과 마찬가지로 고아이면서 자신의 삶에 대한 열정과 열심을 갖고 좀 더 나은 삶을 위해 분투하는 하위중간계급 남성이다. 하위중간계급의 경우 남성이라고 해서 비슷한 계급 위치에 속한 여성보다 별로 나을 것도 없다. 세인트존은 조각같이 잘 생긴 외모의 청년인데, 마을의 자산가이자 유지이며 모턴 학교Morton School 교장 딸의 사랑을 받지만 그녀의 사랑을 받아들이지 못한다. 그는 타자와 정서적으로 감성적으로 교감을 나누는 데 익숙하지 못하여 감정을 억압하는 대신 그러한 감성적 결함을 의미있는 사회적 일에 냉철하게 몰두하는 데서 메우고자 한다. 그래서 그는 제인에게 사랑의 감정 같은 것은 거의 없는 상태로 자신의 인도 선교 사업에 동참하여 그 문명화 사업을 도와줄 조력자로서의 역할을 논리로만 들이밀면서 가부장적 폭군의 위력을 행사한다. 제인이 이에 굴복하지 않자, 세인트존은 혼자 인도로 갔다가 죽는다.

38장의 제일 마지막 부분에서 암시되는 세인트존의 불행한 객사는 제인의 행복한 결혼과 대조를 이룬다. 사실 작품의 진짜 최종 결말은 세인트존의 외로운 죽음이다. 냉혹한 자본주의를 민주주의로 코드화하며 선진 문명사회라고 하는 19세기 영국에서 생각이 있고 열정을 갖고 열심히 살아 보려고 했던 세인트 존과 같은 별 볼 일 없는 신분의 백인 남성은 자국에서 더 이상 괜찮은 선택지를 찾지 못하자, 험난한 식민지로 젊음과 목숨을 담보로 백인 기독교 문명을 알리러 간다. 그가 고국에서 겪어야 했던 좌절감, 비참함, 분노, 슬픔은 강제로 제국에 끌려와 불타 죽은 버사의 그것처럼, 『제인 에어』의 무의식으로서 작품의 표층적 의식에 균열을 내고 계급, 인종, 젠더의 일면적 분할 구도를 재배치하는 강력한 요소로 작동할 수 있다.

19세기 중반 영국 사회는 부패선거구의 척결, 투표권의 확대를 통해 보통 신분의 일부 남성들에게는 전통적인 제약을 벗어나 예전과 다른 풍부한 삶을 기획할 수 있는 자유를 제공했다. 하지만 세인트존의 경우에서 보듯, 그 자유는 해방적인 것이기는커녕 죽음을 몰고 왔다. 세인트존보다 더 못한 처지에 있는 고아, 빈민, 부랑아들은 19세기 중반 이후 전 세계적으로 일어난 여러 차례의 대기근이나 홍수로 인해, 또 투기성 과잉 생산 여하에 따라, 만연하는 기아로 고통을 받았다.(데이비스, 2008) 자본주의 체제의 상시적인 불안정성은 제국 내부에서 고아나 빈민, 범죄자를 계속 양산하면서도 방치하게 한다.

젠더나 계급을 막론하고 많은 백인종 자국민들이 자본주의의 냉혹한 논리에 대책 없이 노출되고 시달리는 와중에 로체스터, 제인, 세인트존과 같은 영국 백인 남녀들이 주체로서 자신의 삶을 상승시키고자 할 때, 식민지적인 것들은 그러한 자본주의적 삶의 곤경을 돌파하게 하는 편리한 방편이자 수단으로 작동했을 것이다. 앞에서 살펴보았듯, 식민지의 자원들과 사람들을 전유하는 백인 남녀들의 방식은 로체스터에게서는 카리브 해 식민지 여성과의 결혼을 통한 지참금, 제인에게서는 마데이라 섬이라는 영국 식민지로부터 우여곡절 끝에 받게 되는 유산이다. 세인트존에게서는 백인의 짐을 꼭 기꺼이 지고 싶어서라기보다 다른 더 좋은 선택지가 없어서 야만 인종을 문명화한다는 미명하에 인도로 가서 반강제적으로 떠맡게 되는 기독교 선교 사업이라는 형태를 띤다.

그렇지만 세인트존과 같이 타자를 진심으로 받아들이지 못하고 인간이 누리는 사랑과 우정이라는 감정을 억압하던 남성이 다른 대륙에 거주하는 이질적인 타자들과 제대로 된 관계를 형성하기는 어렵다. 영국의 이성중심적 사유방식과 공리주의 성향, 일신론 등은 인도의 오랜 다신론 문화와 '비근대적' 생활방식과 충돌하고 갈등을 일으킬 소지가 다분하다. 게다가 세인트존의 일방적이고 자기중심적인 성향은 우선 다른 문화권의 사람들을 오랜 시간 인내심을 가지고 열린 마음으로 대하는 것을 힘들게 할 것이다. 그러므로 세인트존은 인도의 식민지인들이 겪는 고통과 왜곡에 진심으로 공감하면서 그들과 접촉할 수도 없었을 것이다. 기독교를 선교할 무지한 대상에 지나지 않는 식민지인들과 인간적으로 교섭할 감성적 자원도 능력도 없는 선교사의 불행과 불만은 제국과 식민지의 관계에 대한 진정한 성찰과 반성을 전혀 끌어내지 못한다. 앞서 백인종 하층 계급 여성인 그레이스 풀의 무절제와 무책임으로 가능했던 버사의 방화를 통해 우리는 인종, 젠더, 계급의 축에서 하위였던 존재들의 동조를 읽어낼 수 있었는데, 그 동조는 내부에서부터 제국을 교란시킨다. 그러한 내부로부터의 균열과 자기 해체는, 제국의 신민들을 식민지로 도피하게 하고 죽음으로 몰아넣는 외부의 구도와 긴밀하게 연결되어 있다.

3) 19세기 영국 소설에 나타난 자메이카를 넘어

『제인 에어』에 나타나는 버사와 자메이카 이야기는 전적으로 로체스터의 입을 통해서만 독자에게 전달된다. 버사라는 크레올Creole 여성과 자메이카의 스패니시 타운이라는 라틴 아메리카 지역의 분위기와 느낌은 로체스터에 의해 불길하고 나쁜 것으로만 전달된다. 백인종 남성이 보는 비백인종은 사고하고 열정을 갖고 있고 말할 줄 아는 인간 존재, 인간 주체가 아니라, 본질적으로 열등하고 혐오스러운 동물에 가까워서 아무렇게나 대하여도 상관없는 대상에 지나지 않는다. 자메이카 인들이 주체로서 자신의 존재와 삶에 관해 말한다면 어떻게 될 것인가? 영국 식민주의 논리와 착취에 대해 타협, 순응, 공모하는 부류도 있고 그 사이에서 왔다갔다하는 부류도, 통렬하게 비판하고 저항하는 부류도 있을 것이다. 트리컨티넨탈리즘의 지평에서 『제인 에어』를 다시 읽는 것은 로체스터가 일방적으로 혐오했던 자메이카의 기후와 풍경은 어떠하며, 버사와 같이 광기로 흉악스러운 사람들 외에 다른 어떤 부류의 사람들이 있을지, 자메이카의 역사는 어떠한지 관심을 가질 것을 촉구한다.

자메이카의 지리와 역사, 인구에 대해 인터넷의 위키피디아 백과사전을 보면, 자메이카는 콜럼버스에 의해 1492년에 발견되었고 스페인의 식민지로 있다가 1655년에 영국의 식민지가 된다. 유럽인들이 자원을 찾아 다른 대륙으로 몰려오기 전에 그곳에서는 아라와크Arawak, 타이노^{Taino} 부족이 오랫동안 살고 있었다. 이들은 토착민 혹은 선주민이라고 불린다. 콜럼버스 당시 200개의 촌락이 있었으며 추장이 있었다. 1655년 영국 백인들이 스페인 백인들을 몰아내고 자메이카를 차지했을 당시에는 타이노 족이 인구의 대다수를 이루고 있었다. 스페인의 식민지였던 시절부터 스페인 백인들은 아프리카에서 흑인들을 강제로 데려와 사탕수수를 재배하는 노동을 시켰다. 자메이카가 영국의 식민지가 된 1655년에 그동안 아프리카에서 잡혀온 흑인 노예들은 전체 인구의 20배나 되었는데 이들은 이제 영국 백인 치하에서 또다시 노예가 되었다. 이들 중에 노예가 되기를 거부하고 산에서 내내 살아온 타이노 족과 함께 공동체를 꾸려 살았던 족이 바로 마룬^{Maroon} 족이다. 이들은 18세기 내내 영국과 싸웠으며 백인들의 삶에 동화되지도, 그들을 위해 노동을 하지도 않았으며 그들의 자급자족적인 생활을 통해 문화와 언어를 지켜나갔다.

계몽주의 시대에 이르러 노예무역의 부도덕함에 논란이 많았고, 프랑스의 식민지로서 자메이카의 오른쪽에 있었던 아이티에서 15년간 일어났던 노예반란이 마침내 1804년에 승리하여 최초의 흑인공화국이 성립되었다.(James, 1989) 영국은 1807년에 자메이카 노예무역을 폐지하고 1834년에 노예제 폐지를 선언함으로써 자메이카의 흑인노예들은 해방된다. 1834년 당시 자메이카의 인구는 37만 명 정도였는데 백인 1만 5,000 명, 이전부터 자유 흑인이었던 사람들이 5,000 명, 유색혼혈인이 4만 명, 31만 명이 흑인노예였다. 흑인들이 대다수였던 셈이다.[8] 자

---

8. 그런데도 흑인들의 삶과 문화보다, 백인종과의 혼혈인 크레올이나 서구 메트로폴리스로 이주한 디아스포라들이 더 많이 다루어지고 있다. 그것은 후자가 영어로 말하고 글을 쓸 수 있기 때문이다.

메이카는 영연방 독립국으로 있다가 1962년에 완전히 영국에서 독립한다. 1970년대 경제 위기의 여파로 힘들게 살고 있지만 영어와 아프리카어가 혼합된 파트와Patois 어로 된 레게Reggae 음악[밥 말리Bob Marley]으로 독특한 문화를 지금도 유지하고 있다.

여기서 가장 흥미로운 점은, 엄연히 영국 백인 피를 이어받았지만 크레올인 버사의 어중간한 위치(자메이카에서는 흑인에게 배척받고, 유럽에서는 순혈 백인에게서 경멸받는)와 달리, 영국 식민주의와 끝까지 싸우며 반식민의 노선을 분명히 걸었던 산 사람들이다. 영국 식민주의 이데올로기에 젖어 있는 백인종들에게는 이런 부류의 사람들은 거의 접근 불가능한 층위에 있다. 그런데 『광막한 사르가소 바다』 제2부에서 로체스터는 "나는 점점 이곳 산 사람들이 마음에 들었다. 말 없고 내성적이고 절대로 비굴하지 않고 절대로 남의 일에 호기심을 보이지 않고. …그들은 날랜 곁눈질 한 번으로 알고 싶은 것은 모두 알아본다는 사실을 나는 당시에 모르고 있었다"라고 말할 정도이다. 또한 잘못된 결혼으로 인한 자신의 고통과 괴로움을 토로하면서 정략결혼으로 아들을 돈과 바꾼 아버지가 아니라 버사를 비난하던 『제인 에어』의 로체스터와 달리, 『광막한 사르가소 바다』에서 로체스터는 아버지를 다음과 같이 정면으로 비판하고 있다.

"친애하는 아버님께, 한마디도 묻지 않고 아주 조건도 없이 삼만 파운드를 내 앞으로 양도 받았습니다. … 이제는 웬만큼 재산이 생겼습니다. 아버님이나 아버님이 사랑하시는 형님의 명예를 훼손시키는 일은 절대로 하지 않겠습니다. 두 분께 애걸하는 편지를 드린다거나 무례한 요구를 하는 일은 결코 없을 것입니다. 막내아들에게서 흔히 볼 수 있는 구차스러운 속임수는 쓰지 않겠습니다. 나는 이미 나의 영혼을 팔아 버렸고, 아니, 영혼을 판 사람은 당신이던가요, 어쨌든, 영혼을 판다는 것이 그토록 못할 짓인가요? 아내는 미인으로 알려진 여자고, 사실 아름답습니다. 그럼에도 불구하고…."(Rhys, 1966: 70)

"아버지께서는 나를 제거해버리기 위하여 이번 일을 사전에 계획하셨다는 사실을 저는 이제야 알았습니다. 아버지는 저에 대해서 전혀 아무런 애정도 갖고 계시지 않습니다. 그리고 그 점은 형님도 마찬가지고요. 아버님의 계획이 성공한 이유는 제가 아직 젊은 나이였고 자만심에 가득 차 있었으며 어리석고 순진했기 때문입니다. 무엇보다도 제가 어렸다는 점이 가장 큰 원인이었습니다. 아버지께서는 어떻게 저에게 이와 같은 일을 하실 수 있으셨습니까 …."(Rhys: 162)

로체스터의 비판은 영국 자본주의 발전의 근간에 자메이카 흑인 노예들의 노동이 있었고 그것을 유지하게 한 인종주의가 있었다는 데로까지 나아가지는 않는다. 그러나 로체스터가 라틴아메리카와 유럽 대륙을 방랑하면서 그토록 열망했던 자유로운 삶 자체가 자메이카의 노예해방과 분리될 수 없는 것이라는 인식은 트리컨티넨탈리즘의 지평에서 다시 읽어본 『제인 에어』에서 획득될 수 있을 것이다. 또한 영국 식민주의에 끝까지 저항한 자메이카의 산 사람들이나, 아이티에 흑인 공화국을 세울 수 있도록 한 흑인노예들의 행동 궤적을 보건대, 인종주의적 식민주의의 압력이 아무리 막강하여도 그것에 나름대로 대항하는 행위자성을 인지할 수 있다.(최갑수, 2007) '트리컨티넨탈리즘'이라는 관점은 서구와의 폭력적인 접촉 하에서도 자메이카 지역들의 역사와 문화에 터를 둔 다른 지식들, 다른 인식론들, 다른 우주론들에 주목하게 한다. 3장은 자메이카의 중추를 이루는 흑인들의 삶과 문화를 언급하는 데까지 나아가지는 못했지만 앞으로 그러한 발굴 작업을 왜 본격적으로 수행해야 하는지를 밝히고자 했다.

4. 맺음말: 탈식민 행위자성의 가능성

이 글은 맑스주의와 포스트식민주의의 관계를 외재적인 대립관계로 놓고 포스트식민주의를 등한시하는 태도를 문제적인 것으로 보고, 맑스주의의 역사와 분리될 수 없는 포스트식민 이론의 양상에 주목하고 맑스주의와 포스트식민주의 사이의 생산적인 긴장 관계를 주시하자는 입장을 따른다. 이 입장에 따라 이 글에서는 사미르 아민과 공명하는 스피박을 경유해, 맑스주의의 역사라는 맥락에서 포스트식민주의를 '트리컨티넨탈리즘'으로 재정의하는 영의 기획을 살펴보았으며, '트리컨티넨탈리즘'의 유효성을 『제인 에어』라는 19세기 중반 영국 소설 읽기를 통해 입증하고자 하였다.

'트리컨티넨탈리즘'이라는 이론적 지평은 '계급-인종-젠더의 역학'이라는 읽기 방법을 요청하며, 아시아-아프리카-라틴아메리카라는 세 대륙의 연계에 착목하게 한다. 이에 따라 3장의 『제인 에어』 다시 읽기는 그 소설을 카리브해 지역의 관점에서 다시 쓴 『광막한 사르가소 바다』와 견주어보고, 자메이카의 역사 및 카리브 해 흑인들의 반식민 해방 운동을 살펴보는 방식으로 수행되었다. 그 결과, 19세기에 부상하는 백인여성의 주체 형성 과정에는 젠더만이 아니라 계급과 인종 문제가 처음부터 동시에 서로 얽혀 있음을, 자메이카-마데이라-인도라는 라틴아메리카-아프리카-아시아 대륙의 지점들도 영국 식민주의에 의해 서로 연계되어 있음을, 성공에 환호하고 행복을 외치는 이면에 서구의 허세와 허위에 대한 자의식이 아이러니하게 흐르고 있음을 감지할 수 있었다. 그리하여 트리컨티넨탈리즘으로 다시 읽어본 『제인 에어』는 제국의 주체와 삶을 내부에서부터 해체하는 요인으로서, 영국적인 것의 취약성을 생생하게 드러냄으로써, 그동안 부당하게 매도되어왔던 식민지인의 경험과 문화에서 오히려 새로운 탈식민 행위자성을 파악할 수 있는 가능성을 열어주었다.

이 글은 맑스 및 레닌의 원전에 의거하지 못한 채, 로버트 영과 가야트리 스피박의 맑스주의 및 포스트식민주의 논의에 기대고 있으며, 알렉스 캘리니코스Alex Callinicos를 비롯한 맑스주의적 제국주의론에 관한 최근 논의들을 다루지 못했다는 점에서 한계를 지닌다. 또한 이론과 운동을 결합하는 트리컨티넨탈리즘을 소설 다시 읽기와 연관시키는 데에도 문제가 있을 수 있다. 그렇지만 맑스주의 연구 진영에서 적극 대면해야 할 유럽중심주의의 극복이라는 의제를 정치경제적인 것과 밀접하게 연루된 문화적인 것의 주요한 한 영역인 소설 읽기에 개입시켜 봄으로써, 전 지구화 시대의 탈식민 주체형성에 주요한 가치와 감성을 이론과 운동의 근간으로서 제시한 데에 의의를 둘 수 있을 것이다.

제3장에서는 맑스주의와 포스트식민주의의 관계를 외재적인 대립 관계로 놓는 태도를 문제적인 것으로 비판하고, 맑스주의의 역사와 분리될 수 없는 포스트식민 이론의 양상에 주목하여 맑스주의와 포스트식민주의 사이의 생산적인 긴장 관계를 주시하자는 입장을 따른다. 이

입장에 따라 사미르 아민Samir Amin과 공명하는 가야트리 스피박Gayatri Spivak을 경유해, 맑스주의의 역사라는 맥락에서 포스트식민주의를 '트리컨티넨탈리즘'으로 재정의하는 로버트 영Robert Young의 기획을 살펴보며, '트리컨티넨탈리즘'의 유효성을 『제인 에어』라는 19세기 중반 영국 소설을 계급-인종-젠더의 역학으로 읽음으로써 입증한다.

19세기에 부상하는 백인여성의 주체 형성 과정에는 젠더만이 아니라 계급과 인종 문제가 처음부터 함께 얽혀 있었으며, 자메이카-마데이라-인도라는 라틴아메리카-아프리카-아시아 대륙의 지점들도 영국 식민주의에 의해 연계되어 있었다. 트리컨티넨탈리즘으로 그러한 얽힘과 연계를 읽어낸 것은 제국의 주체와 삶을 내부에서부터 해체하는 요인으로서 영국적인 것의 허세를 생생하게 드러내는 한편, 그동안 부당하게 매도되어 왔던 식민지인의 경험과 문화에서 오히려 새로운 탈식민 행위자성을 파악할 수 있는 가능성을 열어준다.

4

『노인과 바다』와 쿠바

1. 들어가는 말: 왜 쿠바인가?

어니스트 헤밍웨이 Ernest Hemingway(1899-1961)는 쿠바의 수도 아바나 Havana 근교 바닷가 마을 코히마 Cojimar 언덕 위에 위치한 라 핑카 비히아 La Finca Vigía라는 농장망루에 1939년부터 1960년까지 체류했다. 열대식물로 우거진 숲을 끼고 멕시코만류 the Gulf Stream의 바다가 보이는 이곳에서 헤밍웨이는 『노인과 바다』를 비롯해 여러 주요 소설을 집필했다. 헤밍웨이는 자신의 필라 Phila호 일등항해사로 23년간 함께 지낸 어부 그레고리오 퓨엔테스 Gregorio Fuentes에게 이곳을 남겼다. 퓨엔테스에 의해 쿠바정부에 기증된 라 핑카 비히아는 현재 헤밍웨이 박물관으로 남아 있다. 『노인과 바다』의 주인공 산티아고 Santiago는 퓨엔테스의 면모뿐만 아니라 퓨엔테스 자신의 증언에 나오는 쿠바의 늙은 어부 마누엘 울리바리 몬테스판 Manuel Ulibarri Montespan의 면모까지 두루 보여주고 있다.(소수만, 2006: 189) 이 소설은 산티아고, 마을 청년 마놀린Manolin,[1] 멕시코만류에 나간 지 85일째 되던 날 잡힌 18피트 길이에 무게 1,500 파운드인 청새치marlin, 이 고기를 공격하는 상어들, 상어들과 벌이는 노인의 사투로 구성되어 있다. 헤밍웨이의 오랜 체류지 쿠바와 멕시코만류를 배경으로 탄생한 『노인과 바다』는 쿠바와 멕시코만류를 떼어놓고서는 생각할 수 없는 작품이다.

『노인과 바다』를 이해하는 데서 이처럼 중요한 쿠바의 양상은 2000년대에 들어와서야 언급되기 시작한다. 국내 논의 중 헤밍웨이의 작품 다수를 망라하는 저서(소수만, 2006) 및 박사학위 논문(고민곤, 2008)은 헤밍웨이의 쿠바 시절을 다루고 있다. 그러나 그 논의들은 어디까지나 소설의 탄생 배경이라는 수준에서 진행되며 소설의 핵심적 요소로서 다루어지고 있지 않다. 늙은 어부를 통해 재현된, '인간은 파괴될 수는 있지만 패배하지는 않는다'는 불굴의 정신은 문학에 의해 추구되는 보편적인 가치이므로, 쿠바 어부건 미국 어부건 상관없고 쿠바와 멕시코만류라는 특정 지리적 공간적 요소도 중요하지 않다고 보는 태도 때문일 것이다. 『노인과 바다』에 재현된 쿠바는 이와 같은 문학의 보편적 휴머니즘 논리 하에 지금도 제대로 천착되지 못하고 있다.[2]

---

1. 스페인어 권에서 결혼하지 않은 남성은 '소년'이라고 불린다. 산티아고는 자신을 다섯 살 때부터 따라다녔던 마놀린을 계속 '소년'이라고 부른다. 그래서 우리는 마놀린을 소년인 양 착각하지만 사실은 청년이다. 소설의 앞부분에서 산티아고는 마놀린에게 "너도 이제 남자가 다 되었구나."(36)라고 말한다. 『노인과 바다』에서의 한글 인용문은 조신권(헤밍웨이, 1998)의 번역을 참조하되 어색하거나 잘못된 부분은 수정 보완함.

2. 『노인과 바다』를 다루는 다수의 논문들(국가연·백낙승·유정선, 박정호) 주제는 여전히 스토이시즘(극기주의), 비극성, 범애적 사랑, 고난, 자연관, 문체, 상징, 기법에 머무르고 있다. 『노인과 바다』의 생태 여성주의, 생태주의를 주장하는 글로는 이행수(2004), 강규한(2006) 참조.

한편 최근 해외 저널에서는 『노인과 바다』를 중심으로 헤밍웨이와 쿠바 혹은 라틴 아메리카, 헤밍웨이와 아프리카의 관계를 다루는 몇 편의 논문들(Melling, 2006; Hediger, 2008; Herlihy, 2009; Armengol-Carrera, 2011)이 눈에 띈다. 멜링은 상당히 미국화된 산티아고의 양상을 비판적으로 짚어내고 주인공과 헤밍웨이와의 차이를 규명하며, 헤디저는 "쿠바의 해양 환경과 그 삶에 대한 산티아고의 날카롭고도 구체적인 지식"(38)과 "바다와 바다 생물들에 평생 지니고 있던 친숙함"(45)을 생태주의 입장에서 강조한다. 헐리히는 쿠바에 제대로 통합되지 못한 스페인계 백인이라는 에스니시티ethnicity를 보여주는 산티아고의 양상을 짚어내며, 아르멩골-카레라는 헤밍웨이 소설들에 얽혀 있는 인종정치와 젠더정치의 교차과정을 분석해 주고 있다.

『노인과 바다』를 둘러싼 이와 같은 최근의 논의 지형들은 생태정치, 인종정치, 젠더정치라는 세 갈래의 각축장과도 연결된다. 이 글에서는 세 갈래의 논의를 이어받으면서 더 심화하고 보충하는 일환으로, 헤밍웨이라는 미국 작가의 '문화제국주의'와/또는 '세계시민주의cosmopolitanism'의 한계를 극복하는 '트리컨티넨탈리즘tricontinentalism'에 착안한다. 여기서 먼저 작가의 문화제국주의란 북미 대륙에서 서부의 인디언을 섬멸하고 남부의 멕시코, 북부의 알라스카를 장악한 미국의 새로운 황야 혹은 프런티어로서 다른 대륙들과 바다들을 영토적으로 점령한다기보다 문화적으로 포섭하는 위치와 관계된다. 잘 알려져 있다시피 헤밍웨이는 아메리카 대륙의 자연과 땅의 무자비한 살육으로 건설된 물질문명 속에 소외된 미국 영혼의 고뇌를 낚시, 투우, 사냥을 통해 달래고자 스페인, 케냐, 나이지리아 등을 여행하였으며, 쿠바에 정착지를 마련한 후에는 멕시코만류를 수없이 항해하였다. 그러면서 그는 선택받은 글로벌 엘리트로서 다양한 비서구 지역들에 자신의 문화적 영향력을 각인하여 왔다. 지역, 국가, 대륙, 대양의 경계를 넘어 전 세계에 대한 그의 탐사 기간을 합치면 무려 "14년 5개월"(소수만: 27)에 육박한다. 이러한 그의 행적은 영국을 대신해 자유민주주의 진영을 선도할 새로운 제국으로 부상한 미국이라는 국가의 정치적 입지와 물질적 부를 기반으로 전 세계, 특히 식민화된 비서구 대륙들의 지역들까지 마음껏 부유하는 세계시민주의를 선구적으로 실행한 예를 보여주는 셈이다.[3]

포스트식민주의는 서구에 의해 규정, 차별, 착취되어온 비서구의 식민 상태를 벗어나려는 노력의 복잡성과 모순을 해명하고자 한 이론이었다. 로버트 영Robert Young은 포스트식민주의의 이론적 개념들의 추상성과 현학성을 극복하는 일환으로서, 탈식민 운동과 실천의 다양한 상황들을 먼저 볼 것을 주장한다. 그 상황들은 아시아, 아프리카, 라틴아메리카의 지역들과 민족들에 의해 주로 제공된다. 그런 점에서 영은 포스트식민주의의 다른 이름으로서 '트리컨티넨탈리즘'이라는 용어를 제안한다.(Young, 2003) 영은 포스트식민주의를 식민화된 비서구만이 아니라 "이 지구상의 모든 사람들이 물질적으로 문화적으로 누릴 좋은 삶에 대한 권리를 주장하는"(Young: 2) 것으로 보되, 아프리카, 라틴아메리카, 아시아라는 비서구의 세 대륙이라는 지리적 공간을 적극 가시화할 필요성을 강조한다.[4] 영에 의해 '트리컨티넨탈리즘'으로

---

3. 이 글에서의 '세계시민주의'는 "다양한 시공간과 문화들 사이의 공존과 경쟁, 교류와 마찰을 일상의 전제조건으로 보고 그 접촉과 충돌에 대해 적극적으로 생각해 보는 세계시민주의"(김수연, 2011: 11)의 긍정성과 비판적 거리를 둔다.

4. 영의 '트리컨티넨탈리즘'에서 부각되는 아프리카, 라틴아메리카, 아시아는 좀 더 엄밀하게 말하자면 아프리카, 라틴아메리카/카리브 해, 아시아라고 해야 할 것이다.

재정의된 포스트식민주의는 아프리카, 라틴아메리카, 아시아 민족들의 정치경제적 권리뿐만 아니라, 서구와의 식민/탈식민 관계를 통해 줄기차게 서구에 개입하고 서구 사회를 변형시켜온 세 대륙 문화들의 역동적인 힘을 주장하고자 한다. 다시 말해, '트리컨티넨탈리즘'은 열등하고 야만적이며 여성적인 것이라고 배제된 트리컨티넨탈 문화들에 내장된 인식소와 가치들에 주목할 것을 요청한다.

『노인과 바다』의 배경인 쿠바[5]는 4백년 가까이 스페인의 식민지로 있다가 1898년에 미국에 양도되었다. 19세기 쿠바의 중심 의제는 노예무역, 식민지 노예제도, 독립운동이었으며, 호세 마르티José Martí(1853-1895)가 잘 보여주듯 아메리카 대륙의 주체로서 쿠바인들을 재규정하고 재규명하는 문화운동(이경란, 2009: 121-6)이기도 했다. 쿠바에 대한 1898년의 미국 점령은 스페인의 영토제국주의 형태가 아니라 쿠바의 친미 독재 정권을 통해 간접적으로 통치하는 형태를 띠었다. 쿠바의 일상생활에 침투한 미국 야구, 영화, 광고, 잡지, 신문, 음악 등은 미국에 의한 쿠바의 정치적 억압과 경제적 착취를 문화의 이름으로 은폐하는 데 효과적이었다. 그렇지만 1930년대 쿠바독립 혁명운동을 거쳐 피델 카스트로Fidel Castro, 체 게바라Che Guevara, 라울 카스

---

5. 백과사전에 나오는 쿠바에 대한 설명은 다음과 같다. 쿠바는 카리브 해 군도 가운데 가장 큰 단일 섬이며 그 지역에 큰 영향력을 행사한다. 쿠바는 하나의 큰 섬과 여러 작은 섬들, 산호섬 등으로 이루어져 있으며, 미국 플로리다 주 남단에서 남쪽으로 145km 떨어진 대서양에 있다. 멕시코 만 입구를 지난 북회귀선 바로 남쪽에 있으며, 서인도제도 전체 육지면적의 1/2이상을 차지한다. 수도는 아바나이다. 1492년 크리스토퍼 콜럼버스가 도착했을 때, 쿠바에는 초기 원주민에 이어 그 지역을 차지한 타이노족 인디언이 살고 있었다. 콜럼버스는 그 지역을 스페인 영토로 선포했으며 나중에 쿠바는 '안틸레스의 진주 Pearl of Antilles'라는 별명을 얻었다. 스페인은 쿠바인들의 독립운동에 맞서 수차례 전쟁을 치러야 했다. 스페인은 1898년 미국-스페인 전쟁에서 미군과 쿠바독립군에 패했다.

트로^{Raul Castro}가 주도한 4, 50년대 반독재 게릴라 혁명 운동은 1959년에 바티스타^{Batista} 독재 정권을 완전히 몰아내었다.

당시 대다수 제3세계가 그러했듯, 식민 상황과 탈식민 상황이 복잡하게 뒤엉켜 있는 현실 속에서 쿠바는 새로운 사회체제를 실험하고 형성해 나가야 했다. 그러한 포스트식민 세계를 지구적 문화정치로써 통치하고자 하는 미국의 열망은 강력했다. 그런 만큼, 『노인과 바다』라는 미국 소설에 이미 얽혀 들어가 있는 라틴아메리카/카리브 해와/또는 아프리카의 양상은 이제 좀 더 집중적으로 분석될 필요가 있다. 이러한 문제의식에 따라 2절에서는 멕시코만류와 고기잡이 묘사에 작동되는 생태정치의 양상을, 3절에서는 산티아고의 에스닉 내셔널리즘^{ethnic nationalism}을 드러내는 인종정치의 면모를, 4절에서는 쿠바토착 여성을 배제하는 쿠바 남성들의 세계에 개입되어 있는 젠더정치의 의미를 파헤쳐 보고자 한다. 이러한 분석 과정들은 헤밍웨이라는 미국소설가에 의해 충분히 접근될 수 없었던, 쿠바 토착적인 것의 문화적 가능성이 지구화 시대 미국소설의 새로운 지평 구축에 갖는 의미를 탐사하는 일환이 될 것이다.

2. 멕시코만류와 고기잡이: 생태정치

『노인과 바다』에 그려진 멕시코만류에서의 고기잡이 장면은 백 년 전에 나온 『백경^{Moby Dick}』(1851)을 상기시킨다. 허먼 멜빌^{Herman Melville}은 『백경』을 통해 바다라는 거대한 외부세계의 물질적 움직임들과 다양한 바다생물들을 세밀하게 포착하고 정밀하게 재현함으로써 미국 소설의 영역을 확장하였다.(Lawrence, 1923) 이 소설은 고래를 비롯한 엄청난 수자원을 확보할 수 있는 바다라는 신천지를 향해 돌진하던 19세기 중반 미국인들의 바다와 생물에 관한 일련의 태도를 잘 보여준다. 백인 남성 에이헙**Ahab** 선장은 바다 생물 중 가장 크면서 따뜻한 피를 지닌, 사랑스러운 포유류인 흰 고래 백경을 미친 듯이 쫓고 공격한다. 결국 그는 고래를 죽이지만 동시에 미국을 상징하는 배도 파괴시킴으로써, 자신뿐만 아니라 그의 지시에 따라 배를 운항하고 고래를 잡고 고래 기름을 짜던 당시 미국의 타인종 남성들도 모조리 죽음으로 몰아넣는다.

자신의 다리를 삼킨 고래에 대한 광적인 복수심에 가득 찬 백인 엘리트 남성인 에이헙 선장의 내면적 정서적 자아는, 완전히 쇠잔된 것같고 어떠한 인간적 접촉도 용납하지 않을 정도로 기괴하게 단절되어 있다. 사랑, 연민, 동정, 슬픔, 애틋함 등과 같은 인간으로서의 감성과 감정이 고갈된 그에게 남은 것이라곤 증오와 분노뿐이다. 그는 바다와 생물에 대해 철저하게 대립적 정복적 태도로 임하고, 외부적 기계적 물질주의적 태도를 견지한다. 그러한 미국 백인 남성 선장과 달리, 『노인과 바다』에 나오는 쿠바 백인 남성 산티아고는 오랜 세월동안 멕시코만류에서 일상적으로 접하여 왔던 바다의 생물들을 "내 친구"(헤밍웨이, 1998: 69), "우리 형제"(76)라고 부르며, 그들에 대한 세밀한 지식을 갖고 있을 뿐만 아니라 여러 인간적인 감정을 느끼고 표현한다.

노인에게 날치들은 바다에서 가장 친한 벗들이라 노인은 그들을 무척이나 좋아했다. 노인은 새들 중에서도 밤낮으로 날아다니며 먹을 것을 찾는데도 한 번도 제대로 잡지도 못하는 그 조그맣고 연약한 짙은

색의 제비갈매기를 특히 가엾게 생각하고 있었다. 그 도둑새들과 육중하고 억센 큰 새들을 제외하면 새란 놈들은 우리 사람들보다도 더 고달픈 생활을 하고 있단 말이야. 바다는 그토록 포악하게 굴면서도 어쩌자고 저 해연海燕과 같이 연약하고 조그만 새들을 만들어 놓았단 말인가? 바다는 다정하고 아주 아름답다. 그렇지만 너무나 갑자기 포악해지기도 하지. 그러니 가느다란 구슬픈 목소리를 내며 물을 채고 먹을 것을 찾아다니는 새들이란 바다에 살기에는 너무도 연약하게 만들어진 셈이다.

He was very fond of flying fish as they were his principal friends on the ocean. He was sorry for the birds, especially the small delicate dark terns that were always flying and looking and almost never finding, and he thought, the birds have a harder life than we do except for the robber birds and the heavy strong ones. Why did they make birds so delicate and fine as those sea swallows when the ocean can be so cruel? She is kind and very beautiful. But she can be so cruel and it comes so suddenly and such birds that fly, dipping and hunting, with their small sad voices are made too delicately for the sea.(Hemingway, 2010: 55)

이처럼 산티아고는 조그만 새들을 인간적 감정을 갖고 대할 뿐만 아니라 멕시코만류라는 넓고도 그 깊이를 이루 헤아릴 길 없는 광대한 대양에 서식 중인 서로 다른 무수한 종들의 세계를, 비인간의 세계를 적대적으로 대하기보다 그 다른 존재들의 다양성을 환호한다.(Herlihy, 2009: 49, 50) 멕시코만류에는 청새치, 상어, 정어리, 돌고래, 날치들, 제비갈매기, 도둑새들, 칼고등어, 다랑어 떼, 새우 떼, 오징어 떼, 군함조軍艦鳥, 꾀꼬리, 독수리, 고깔해파리, 물오리, 등거북이 등, 무수한 어류들과 조류들이 함께 서식한다. 산티아고는 특히 괴상하고 못생긴 거북이 족속들에 대해 느끼는 사랑, 다정한 경멸감, 가엾음이라는 감정을 다양하게 표현하며, 어떤 작은 암 청새치를 먼저 잡았는데 수놈이 떠나지 않고 주변을 빙빙 돌며 머물던 모습은 가장 서글픈 장면이었다(77-8)고 말한다.

산티아고는 자신이 잡은 보기 드물게 커다란 수놈 청새치와 함께 항해하면서 계속 "고기야" 하고 말을 걸며 너는 지치지도 않니, 나는 너를 사랑하고 존중한단다, 너한테 먹을 것을 좀 주고 싶구나, 나의 친구인데라고 자신의 심정을 토로한다. 그러면서도 또한 자신은 청새치를 죽여야만 함을 계속 환기한다.(81, 82, 87, 95, 105) 그렇게 죽이는 것이 부당할지라도 고기의 위대함과 영광 속에 고기를 죽이겠다(95)고 밝히는 것은, 바다와 생물세계에 대한 경외심과 존중에도 불구하고 죽이고 살며 살고 죽이는 생존의 법칙을 산티아고가 담담히 받아들이고 있기 때문이다. 그렇지만 결국 청새치가 상어에 의해 상당 부분 뜯겨 먹혔을 때 산티아고는 고기에 대한 미안함을, 자신의 회한을 다음과 같이 최종적으로 표현한다. "차라리 꿈이었으면 좋겠다. 고기를 낚지 않았더라면 좋았을 걸 그랬다. 고기야 미안하다. 너를 낚은 것이 만사를 그르치고 말았구나"(141), 또 그는 "이렇게까지 멀리 나오지 말았어야 했다, 고기야. 너를 위해서나 또 나를 위해서나 말이다. 미안하게 되었다. 고기야."(141)라고 중얼거린다. 이제 도저히 회복할 도리가 없어 산티아고는 부서진 키 손잡이를 주워 겨우 배의 방향을 잡고서 아무 생각도 느낌도 없이 친구들과 적들이 공존하는 바다 속에서 배를 몰면서 바람을 나의 친구를 넘어 "우리의 친구"(151)로 받아들이는 생태적 인식과 감성에 이른다.

이처럼 산티아고는 멕시코만류에서의 고기잡이를 통해 "비인간 세계와 윤리적 인간적 관계"(Hediger: 50)를 맺으며 "생태적 윤리"(55) 의식을 보여준다. 그렇지만 그가 바다 생물 중에서도 사납고 악독한 갈라노 상어와 같은 적과는 맞서 싸우는 데서 보듯, 만물을 범애적으로 수용하는 보편주의를 따르고 있지 않다. 멕시코만류라는 바다와 생물에 대한 산티아고의 생태주의는 결코 안이하게 얻어진 것이 아니다. 그의 생태주의는 거칠고 난폭한 바다와 꿋꿋하게 오랜 시간 대면하는 과정에서 힘겹게 얻어진 것이다. 사실 소설의 고기잡이 현장에는 살육 도구들이 널려 있으며, 피가 난무하고 마구 베고 자르고 치는 "잔혹함의 극장"(Cain, 2006: 120)이라고 할 장면이 자주 나온다. 또한 산티아고에게 익숙한 멕시코만류라고는 하지만 너무 멀리 나가는 바람에 그야말로 망망대해를 오랫동안 홀로 항해해야 되니 아무리 노련하다고 해도 대양의 엄청난 광활함, 그 이루 헤아릴 수 없는 깊이를 갖는 대양 자체의 타자성, 대양의 가없는 황야성에 압도되기 십상이다. 그러한 상황에서 웬만한 어부는 인간으로서의 최소한의 끈을 놓아버릴 수도 있다. 그런데도 그 무서움을 견디고 상어와 끝까지 싸우며 배를 항구에 결국 정박시키는 산티아고는 자연에서 받는다고 하는 안온하고 감상적인 위로와는 전혀 다른 생태적 의식을 보여준다.

그렇지만 산티아고의 생태주의는 마음 속 깊은 곳에서 고수되는 인간중심성과 우월성에 대한 자각에서 비롯되는 시혜적 측면을 지니며, 바다에 대한 기계적 물질주의적 태도를 여전히 견지하는 양상을 드러낸다. 산티아고는 거의 기력을 다 잃어버린 힘든 상황에서도 "내가 어떤 부류의 사람인지"(92), "한 인간이 무엇을 할 수 있고, 무엇을 감내할 수 있는지"(95)를 보여주겠다는 인간적 의지를 앞세우며 바다의 신들을 부르지도, 바다의 신들에게 머리를 숙이지도 않는다. 바다의 신들을 항상 기억하고 경외하는 것은 쿠바의 산테리아교이다. '산테리아'라는 종교는 1820년과 1860년 사이에 서남 나이지리아로부터 많이 왔던 요루바Yoruba족 노예들에 의해 실천된 요루바 신앙 및 그 다양한 모사본들을 가톨릭교회의 성인들과 혼합시킨 것으로, 바다의 신들에 대한 믿음을 견지한다. 산테리아에서 바다의 여신 예마야Yemaya, 사기꾼 신성 에슈Eshu, 우연의 법칙을 통제하는 브리샤brisha신 엘레구아Eleggua, 사냥의 신 소초시Sochosi, 병자와 노인의 수호자인 발루-아예Babalu-aye, 깊은 바다의 신 올로쿤Olokun은 각기 가톨릭 성인과 결합되어 있다.(Melling, 2006: 9) 또한 쿠바의 산테리아는 보잘 것 없어 보이는 돌이나 조개껍질과 같은 것을 몸 가까이 둠으로써 분노한 신들을 달래고 누그러뜨리며 화해하는 것을 무엇보다 중요하게 여긴다. 산테리아의 신들은 인간의 힘을 뽐내거나 오기를 부리거나 공적을 쌓는 것에 의해서가 아니라, 조개껍질, 돌, 담배, 럼, 인사 행위와 같은 소박한 것들에 의해 누그러진다.

멕시코만류라는 넓은 바다와 그 생물들과 같은 비인간 세계를 넓은 마음으로 품는 것 같은 산티아고는 산테리아의 신들과의 모든 접촉을, 희생제의적 순간을 끝내 회피한다. 그는 순탄한 항해를 위해 겸허한 마음으로 바다의 신들에게 거북이 고기를 바치는 희생제의를 할 생각도 마음도 없다. 대신 그는 기력을 쇠한 자신에게 강한 힘을 가져다줄 거북이 고기를 자신의 의지로써 먹는다. 그는 거북이에 대해 어떠한 신비주의도 가지고 있지 않으며 거북이들의 엄청난 에너지를 즐기며 거북이들의 육체적 힘을 나누어 가질 수 있기만을 바란다. 전투적 행위와 육체적 힘이 그에게 중요할 뿐, 정신적 영적 완화 appeasement는 중요하지 않다. 그가 거북이 알을 먹어 팔과 손의 아픔을 치유하고자 하는 것은 생리적 과정들, 도덕적 본능, 피의 노선들, 에너지의 융합 때문이지 마음에서 우러나는 종교적 신앙 때문이 아니다.(Melling: 12)

그는 소설의 마지막 장면에서 거의 죽어가면서도 다시 고기를 잡을 계획을 세우며 마놀린에게 "좋은 창을 구해서 언제나 배에 갖고 다녀야 해. 창날은 낡은 포드 차의 스프링으로 만들면 되지. 과나바코아 Guanabacoa6에 가서 갈면 된다. 끝은 뾰족하게 갈아야 하지만 부러지지 않게 달구어야 해. 내 칼은 부러졌어."(156)라고 말한다. 산티아고는 무엇인가에 노한 바다를 누그러뜨릴 수 있는 바다의 신들에게 진심으로 화해의 제의를 바치고 영적으로 헌신해서 평화의 은총을 받으려고 하기보다 상어를 정복하는 것을 도와줄, 버려진 미국 자동차의 일부로 무기부터 만들라고 마놀린을 가르친다. 그는 바다의 신령에게 영적으로 헌신해야만 상어의 행위를 변화시킬 수 있다는 것을 여전히 깨우치지 못한 셈이다. 영적인 것에 대한 쿠바의 오랜 믿음은, 산티아고에게서 보듯, 미국문화와 상품의 단순화된 메시지에 의해 기계와 물질로 양도되었던 것이다.

---

6. 아바나의 동쪽 5Km에 있는 구릉지인데, 산테리아로 유명한 도시, 산토도밍고 수도원이 있다.

3. 산티아고의 에스닉 내셔널리즘: 인종정치

　　　　　　　　1898년에 미국이 스페인으로부터 쿠바를 양도받았을 때, 쿠바는 카리브 해 특유의 폭력과 인종주의로 특징지어져 있었다. 19세기 내내 쿠바는 스페인으로부터 독립을 외쳤고, 스페인계 백인들과 쿠바흑인들 사이의 깊은 에스닉 분리는 1950년대까지 쿠바사회를 계속 지배하고 있었다.(Gott, 2004: 5) 그러한 쿠바의 인적 구성은 1) 스페인 정복자들의 폭력을 직접 경험했던 인디언들(16세기에 거의 절멸되었다), 2) 쿠바로 배치된 스페인 정복자들(스페인 군인들)과 이베리아 반도의 다양한 지역들로부터 쿠바로 이주한 백인 이민자들, 3) 아프리카 대륙의 주로 서부 해안 지역들에서 끌려온 흑인노예들로 되어 있다.(모레혼, 2010: 26-7) 산티아고의 젊은 시절인 1930년대에 스페인과 쿠바의 관계는 쿠바의 독립운동 때문에 몹시 긴장되어 있었다. 『노인과 바다』가 완성될 무렵인 1951년경에도 쿠바는 스페인계 사람들을 여전히 냉혹하게 대하는 사회적 분위기여서, 50만 명의 스페인 사람들 중 60%는 본국으로 돌아갔고 40%만 남았다.(Herlihy: 31)

　　산티아고는 쿠바 인구의 주류를 이루는 아프리카계 혹은 혼혈 토착민이 아니라, 스페인의 카나리아 제도 출신인 쿠바 백인으로서 두 번째 인구 구성에 속한다. 그래서 소설의 첫 대목 "그는 멕시코만류에서 조각배를 타고 홀로 고기를 잡는 노인이었다."(33)에서 보듯, 그는 "홀로"이다. 그의 눈은 유럽 백인과 같이 푸른 바다색이다. "그의 모든 것이 늙었지만 눈만은 그렇지 않았다. 그의 두 눈은 바다처럼 푸르고 명랑하며 불굴의 투지가 깃들어 있었다."(34) 산티아고는 마놀린에게 "내가 너 또래일 때 난 아프리카로 가는 가로돛 배를 탔던 말단

선원이었단다. 그 때 나는 저녁에 해변을 노니는 사자들을 보곤 했단다."(48)라고 말한다. 이어서,

노인은 바로 잠이 들었고 젊었을 때 갔던 아프리카 꿈을 꾸었다. 그 기다란 금빛 해안과 눈이 부시게 흰 해안들, 높이 솟은 산기슭과 거대한 갈색 산들의 꿈을. 그는 요사이 밤마다 그 해변에서 살았다. 그는 꿈속에서 파도치는 소리를 듣고 그 파도를 뚫고 달려오는 토인의 배들을 보았다. 그는 잠결에도 갑판의 타르 냄새와 뱃밥 냄새를 맡았고 아침이면 뭍에서 불어오는 바람에 아프리카 냄새를 맡았다. …그는 계속 꿈을 꾸어나갔다. 바다에서 우뚝 솟아오른 섬의 흰 봉우리들이 보였다. 이어서 이곳저곳의 항구들이며 카나리아 제도의 정박소碇泊所들이 나타났다.

He was asleep in a short time and he dreamed of Africa when he was a boy and the long golden beaches and the white beaches, so white they hurt your eyes, and the high capes and the great brown mountains. He lived along that coast now every night and in his dreams he heard the surf roar and saw the native boats come riding through it. He smelled the tar and oakum of the deck as he slept and he smelled of Africa that the land breeze brought at morning. …he…went on dreaming to/see the white peaks of the Islands rising from the sea and then he dreamed of the different harbours and roadsteads of the Canary Islands. (Hemingway: 50-1)

여기서 카나리아 제도는 스페인에서 좀 떨어져 있는, 아프리카의 북

서 해안에 위치한 스페인 식민지이다. 19세기 이래 많은 카나리아 제도 사람들이 쿠바로 이민을 갔다. 스페인이 쿠바를 식민통치하던 시대에 스페인 정부는 쿠바에 커져가는 흑인들의 힘을 상쇄하기 위해 카나리아 사람들을 쿠바로 이주하게끔 고무하였다. 식민지 쿠바의 스페인 정체성을 유지하는 중요한 요소로서 백인 인종성을 확고하게 하는 것이 식민통치에 유리했기 때문이다.(Herlihy: 29-30) 그리하여 쿠바에 사는 우월한 백인종 스페인(유럽) 사람들과 노예제도 하에서 힘들게 사는 아프로-쿠바인들(쿠바흑인들)**Afro-Cuban** 사이에는 4백년의 식민점령으로 인한 깊은 에스닉 분리가 작동되고 있었다.

이와 같은 포스트식민적 조건 속에서 산티아고는 카나리아 제도 출신이라는 스페인 기원 때문에 토착 쿠바인들과 쿠바 공동체에 완전히 통합되지 못한 채 이국적인 존재로 남아 있고 자의든 타의든 마을로부터 소외된 채 조롱받으며 외롭게 지낸다. 그는 소속될 사회적 공동체라곤 없이 소외되고 추방된 상태로 있으며 자신의 고향 땅으로부터 영원히 분리된 결과를 감내해야 하는 고뇌 속에 있다. 스페인 태생인 그는 쿠바라는 섬나라에 대한 유럽 착취와 연결된 피폐한 물라토 어촌인 코히마 마을에서 어디까지나 민족적 문화적 차이를 갖는 외부자이며, 옛날에 식민지였던 곳에서 지금도 살고 있는 스페인계 사람이다. 산티아고가 정확하게 몇 살에 쿠바로 이주해 왔는지는 직접 제시되는 대신 미국 야구 선수 조지 시슬러**George Sisler**가 빅 리그에 등단했던 22살 때쯤(47)이라고 암시된다. 그런 만큼, 스페인 민족 감정이 형성될 정도로 산티아고는 카나리아 제도에서 살았다고 추정된다. 그러한 그의 에스닉 민족적 타자성**ethnic and national otherness**은 토착 쿠바인들과 다른 행동과 자아의식을 드러낼 것이다.(25-6)

그의 다름은 아프리카에 대한 그의 태도에서 확연히 드러난다. 산티아고가 고기잡이를 하는 멕시코만류는 두 달 간의 항해를 거쳐 쿠바에 도착하는 아프리카 흑인 노예들의 경로로서, 노예제도의 기억들과 그 희생자들의 원혼들이 출몰하는 곳이다. 다시 말해 산티아고가 고기를 잡는 멕시코만류는 대서양의 일부를 이루며 아프리카 흑인들이 노예로 라틴아메리카/카리브 해로 끌려와 쿠바에 도착하는 항로들로, 따라서 항해 중의 높은 사망률에 수반된 트라우마로 흩뿌려져 있다.(Melling: 16) 게다가 쿠바는 스페인계 아메리카에서 가장 큰 노예 식민지였을 뿐만 아니라 19세기 말에 이르면 자체의 권리로 노예들을 수입하는 주요 국가가 되었다.(Klein, 1999: 38, 197) 그런데도 대서양을 통과하는 노예선들을 빠뜨린 채, "아프리카 냄새" 운운하며 한가한 바닷가 풍경을 묘사하고 있는 인용문은 아프리카를 처녀지나 낭만적 도피처로 여기는 미국 백인들과 별로 다를 바 없는 산티아고의 생각을 보여준다. 게다가 해변을 노니는 사자들을 고양이 새끼처럼 사랑하는 것을 제일 중요하게 여기는 산티아고의 심정이 바로 다음 대목에서 드러난다.

그는 폭풍우나 여자나 무슨 큰 사건들이나 큰 고기나 권투시합이나 힘자랑이나 또는 아내 꿈을 꾸지 않았다. 다만 이곳저곳의 풍경과 바닷가의 사자들 꿈만 꾸었다. 사자들은 땅거미 속에서 어린 고양이 새끼들처럼 노닥거리고들 있었다. 노인은 소년을 사랑하듯이 그 사자들을 사랑했다.

He no longer dreamed of storms, nor of women, nor of great occurrences, nor of great fish, nor fights, nor contests of strength, nor of his wife. He only dreamed of places now and of the lions' on the beach. They played like young cats in the dusk and he loved them as he loved the boy.(51)

쿠바가 아니라 쿠바에서 멀리 떨어져 있는 아프리카의 북서 해변을 방황하는 스페인 영혼을 지닌 산티아고는 아프리카의 평원에서 추방된 사자 꿈을 꾸고, 어린 고양이들처럼 노는 그 사자들을 사랑하듯 소년을 사랑한다. 성인의 욕망이나 약탈적 공격성을 결여하고 있는 대상들에 대한 그러한 안온한 사랑은, 마음 속 깊은 곳에서 그가 느끼는 추방의 고통을 덜어준다. 그의 꿈에 노니는 사자들의 아프리카는 흑인노예들의 종교도 노예제도도 삭제한, 바다로부터 불어오는 훈풍과 배들의 아프리카이며 영화의 한 장면처럼 매력적인 아프리카이다.(Melling: 17) 그는 아프리카의 흑인 노예무역이라는 식민 역사를 지운 채 자신의 외로움을 편리하게 덜어줄 대상으로서 아프리카를 자주 소환한다. 노예제도를 망각한 배와 훈풍의 아프리카는 산티아고에게 역사로부터의 도피처, 자신의 소외를 달래주는 처녀지, 황야다. 그리하여 산티아고의 아프리카는 쿠바의 수많은 노예제도 희생자들의 존재를 삭제하고 흑인노예들의 역사적 현존을 지우면서 아프리카 대륙의 험난한 식민 역사에 대한 맹목과 무지를 드러낸다.

그런데 산티아고가 빈번히 청하는 아프리카 꿈은 청새치나 멕시코 만류를 누그러뜨리지도 평안하게 하지도 못한다. 청새치는 반복해서 솟아오르며 청새치가 잡아당기는 낚싯줄이 얼마나 빠르던지 그는 손을 심하게 다친다. 이런 상황은 바다에서 사자 꿈을 꾸는 행위의 어리석음을 입증할 뿐이다. 산티아고는 왜 갑자기 조용하면서도 강한 청새치가 그렇게 날뛰는지, 인간존재를 결핍하는 자신의 아프리카 이미지를 그렇게 공격하는지 도무지 이해할 수 없다. 청새치의 난폭한 변화는 "길들여진 황야, 문명화된 오락과 사파리의 장소라는, 식민화된 아프리카에 대한 그의 낭만화된 비전"(17)을 반박한다. 마치 저 어두운 아래에서 고기가 반항하는 인격을 띠고서 그러한 거짓된 아프리카 비전을 고무하는 인간의 뺨을 때리는 것 같다.

이렇게 아프리카를 전유하는 산티아고의 에스닉한 태도는 흑인들에 대한 그의 인종주의와도 연결된다. 산티아고는 거의 먹지도 못하고 낚시 줄로 청새치를 다시 끌어당길 힘도 없었는데 바다의 신을 청하기보다 예전에 카사블랑카의 술집에서 있었던 시엔푸에고스Cienfuegos7 출신 흑인과의 팔씨름 시합에서 거둔 승리를 환기한다. 그때 흑인을 꺾고 챔피언이 되었던 산티아고는 기가 꺾인 흑인공동체를 보면서 자신의 우위를 확신하고 자신감을 회복했던 것이다. 이러한 산티아고는 유럽 식민주의로 인해 만나게 된 아프리카, 라틴아메리카/카리브 해 지역들과 사람들과 인종적으로 민족적으로 깊은 유대 관계를 형성하지도, 다른 인식소와 감성들로 넓어지지도 못한 채, 백인성의 울타리를 고수하는 데 급급한 셈이다. 그렇게 그가 쿠바 문화 속의 흑인 혹은 아프리카적 요소를 쿠바문화의 중요한 기본이자 속성으로 체감하지 못하고 좀 더 토착적인 쿠바인, 쿠바문화, 산테리아교, 요루바 신화와 거리를 두는 것은, 결국 백인의 에스닉 내셔널리즘 탓이다.

흑인공동체의 기를 꺾어 승리를 구가하는 스페인계 백인 남성은 아프리카계 쿠바의 신 창고Chango의 신성한 나무도끼를 지니는 토착스타

---

7. 쿠바 중남부 항구 중 하나이자 주도州都.

일을 전혀 보여주지 않는다. 오히려 그는 야구방망이로 상어를 치고 싶은 욕망을 직설적으로 드러낸다. 미국의 영향 하에, 쿠바의 일상 삶에서도 상업화된 야구에 밀착되어 있는 산티아고는 조 디마지오와 같은 미국 야구 영웅의 행동을 복사하고 싶어하며 마놀린에게 "양키에게 신념을 가지라"(42)고 말한다. 물질주의 관점에서 모든 것을 도구화하고 기계적으로 단순화하는 미국 방식은 종교에 대한 산티아고의 태도에서 다음과 같이 나타난다.

"나는 종교적인 사람은 아니야," 하고 그는 중얼댔다. "그렇지만 이 놈을 잡는다면 〈주기도문〉과 〈성모송〉을 열 번씩이라도 바치겠다. 그리고 내가 고기를 잡기만 한다면 코브레 성모에게 순례를 가겠다고 맹세를 해도 좋다. 이건 진정한 맹세야."

그는 기계적으로 기도문을 외우기 시작했다. 하도 지쳐서 가끔 기도문이 생각이 나지 않을 때도 있었다. 그러면 빨리빨리 말해서 자동적으로 튀어나오게 하곤 했다. 〈성모송〉이 〈주기도문〉보다 외우기 쉽다고 생각했다.

"I am not religious," he said. "But I will say ten Our Fathers and ten Hail Marys that I would catch this fish, and I promise to make a pilgrimage to the Virgin of Cobre if I catch him. That is a promise."

He commenced to say his prayers mechanically. Sometimes he would be so tired that he could not remember the prayer and then he would say them fast so/ that they would come automatically. Hail Marys are easier to say than Our Fathers, he thought.(93-4)

이 인용문에서 보듯, 산티아고의 신앙은 우주와 세계에 대한 심오한 인식, 신비한 감성, 깊은 영성을 바탕으로 하는 것과 거리가 멀다. 그래서 그의 기도도 상당히 기계적이고 자동적인 양상을 띠며, 형식적이고 외면적이며 피상적인 것으로 느껴진다. 스페인 가톨릭이 쿠바 땅에서 토착화하는 과정을 통해 만들어진 코브레 성모에 대한 순례도 "내가 고기를 잡기만 한다면"이라는 지극히 인간중심적인 이해관계를 조건으로 내걸고 있다. 카나리아 제도에서보다 멕시코만류에서 훨씬 오랜 바다 경험을 했더라도, 청년 시절에 산티아고의 내면에 깊이 자리잡은 유럽 백인 남성의 인간중심주의는 크게 바뀌지 않고 있다.

쿠바의 작은 어촌 지방에 이주한 산티아고는 유럽 백인 남성 중에서도 상층이 아니라 하층에 속한다. 그런데도 쿠바에서는 유럽 백인종 남성이라는 연유만으로 에스닉 우월감은 유지된다. 그의 에스닉 내셔널리즘은 쿠바라는 식민화된 지역의 가치체계나 인식체계와의 진정한 만남과 의미있는 접촉을, 문화횡단을 가로막는다. 그러한 산티아고에게서는 여러 대륙을 부유하며 아프리카, 라틴아메리카/카리브 해의 지역들과 사람들과 아무리 오랜 세월을 함께 하더라도 근본적으로 변화될 수 없는, 그래서 여전히 우월한 위치에서 상당히 시혜적으로 그들과 함께 하는 세계시민주의자 헤밍웨이의 모습이 투영되어 있다. 결국 산티아고는 외부적인 삶의 형식에서만 라틴아메리카/카리브 해의 양상을 띠는 것일 뿐, 그의 내면은 16세기 이후 아시아, 아프리카, 라틴아메리카/카리브 해를 식민화하며 세 대륙을 누벼온 유럽 백인남성의 에스닉 내셔널리즘을 여전히 맴돌고 있다.

4. 쿠바 남성들의 세계: 젠더정치

쿠바와 멕시코만류라는, 미국이나 아프리카와는 다른 지리적 공간 속에서도 '여성 없는' 헤밍웨이의 세계'는 예외 없이 잘 관철되고 있다. 『노인과 바다』 전체를 통해 산티아고의 아내는 그의 오두막집 묘사에서 다음과 같이 단 한번 제시된다.

오두막집은 그 지방에서 구아노라고 부르는 종려 싹 껍질로 만든 것이었고 그 안에는 침대 하나, 의자 하나, 숯불로 밥을 끓이는 맨 흙바닥이 있었다. 섬유가 질긴 구아노 잎사귀를 납작하게 펴서 포개놓은 누런 벽에는 채색을 한 예수 성심상聖心像과 코브레의 성모 마리아상이 걸려 있었다. 이것들은 죽은 그의 아내의 유물들이었다. 한때는 죽은 아내의 채색 사진이 한 장 걸려 있었지만 볼 때마다 너무 쓸쓸한 생각이 들어 그만 떼어 버렸다. 아내의 사진은 방구석 선반 위, 그의 깨끗한 셔츠 밑에 넣어두었다.

The shack was made of the tough bud shields of the royal palm which are called guano and in it there was a bed, a table, one chair, and a place on the dirt floor to cook with charcoal. On the brown walls of the flattened, overlapping leaves of the sturdy fibered guano there was a picture in color of the Sacred Heart of Jesus and another of the Virgin of Cobre. These were relics of his wife. Once there had been a tinted photograph of his wife on the wall but he had taken it down because it made him too lonely to see it and it was on the shelf in the corner under his clean shirt.(40)

여기서 코브레 성모상은 혼혈 성모 마리아의 모습을 한 16인치 높이의 상이다. 스페인이 무어인에게 정복당할 위험에 처했을 당시 스페인의 수호신이었던 산티아고는 장방형의 교회당에 모셔졌는데 코브레 성모상도 쿠바의 장방형 교회당에 현재 있다. 따라서 코브레 성모는 기적의 능력을 갖고 있다고, 쿠바 독립과 연계되어 있다고 믿어진다.(Herlihy: 32-3) 코브레는 스페인에 맞섬으로써 명성을 얻은 곳으로, 산티아고가 쿠바에 정착하여 쿠바토착(혼혈) 여성과 결혼하여 살았던, 새로 선택된 고향의 아이콘이다. 그래서 산티아고의 이름 없는 아내나 아내와 연결되어 있는 코브레 성전은 쿠바의 토착 지역성에 접근하는 중요한 통로가 될 수 있다. 그런데 이 통로는 단 한번 언급됨으로써, 쿠바 토착 지역에서의 종교의식이나 성인 남녀의 삶은 소홀히 다루어지고 만다. 그러므로 과연 산티아고에게 코히마 마을의 관습과 생활 방식에 적응하고 코히마 마을 사람들과 동화되려는 마음과 의지가 있는지 우리는 의구심을 갖게 된다.

산티아고는 멕시코만류에서 청새치와 고투하면서 그 고기를 잡을 수만 있다면 자신은 신자가 아니지만 코브레 성모에게 순례를 가겠다고, 열 번이라도 주기도문을 외우고 성모송을 외우겠다고 맹세한 바 있다. 그런데 코히마 같은 쿠바 토착 지역의 어부들과 선원들은 코브레 성모보다 레글라 성모Virgin of Regla와 그 쌍둥이 자매인 예마야Yemaya라는 바다의 여신에 의해 보호받고 있다고 믿는다.(Melling: 13) 산티아고의 아내와 같은 쿠바 토착민들이 믿는 산테리아교에서 코브레 성모는 요루바 족이 믿는 신orisha 오슌Oshun이나 예마야와 같은 바다의 여신과 혼합되어 있다. 그런데 산티아고는 가톨릭 성인과 오리샤의 혼합에도, 따라서 쿠바토착민들이 귀중하게 여기는 돌, 염주, 조개껍질의 부적 속성에도 아무런 관심도 없다.(Herlihy: 33) 대신 그는 자기중심적 이해관계에 더 충실하게 고기를 잡는다면 순례를 가겠다고 하며, 아프로－쿠바주의Afro-Cubanism나 아프로－카리브 신앙Afro-Carribean faith의 반대항인 조 디마지오와 같은 미국야구의 성인에게서 힘과 영감을 얻고자 한다.

산테리아 시각에서 보면 멕시코만류라는 바다는 아프리카화된 장소이며, 바다의 성격을 결정하는 남녀 모두의 모습을 띤 요루바 신 오리샤 올로쿤의 자연스런 영역이다. 이 바다는 또한 조상들—그 삶과 죽음은 인정되어야 하는—의 영적 현존들로 들끓고 있다.(Melling: 16) 토니 모리슨Tony Morrison의 소설 『빌러비드Beloved』에도 나오듯, 멕시코만류에는 대서양을 항해하는 사이 억울하게 죽어갔던, 노예제도의 희생자들인 수백만 흑인민중의 영혼들이 그 존재의 인정을 요구하며 지금도 바다를 배회하고 있다. 그들을 망각할 수 없는 쿠바토착민들은 흑인노예들의 종교와, 주로 나이지리아와 서부 수단에서 쿠바로 왔던 요루바 민족의 영적 삶과, '우주적 삶'의 '피'와도 같은 '신성한 해류'를 통해 실려 왔던 조상들의 영험한 에너지와 지금도 함께 하고자 한다.

반면 산티아고에게 멕시코만류는 그렇게 영적이고 역사적인 것이라기보다, 자신에게 없는 현실 여성을 무마하고 대체하는 일반적인 여성형으로 대상화된다.

노인은 바다를 생각할 때마다 늘 '라 마르'라는 말이 생각났다. 이것은 사람들이 바다를 사랑하여 부르는 스페인 말이었다. 가끔 바다를 사랑하는 사람들도 바다를 욕하기도 하는데 그때도 바다는 항상 여성인양 취급된다. 부표 대신 낚싯줄의 플로트를 쓰고, 상어 간유를 팔아

한 밑천 만들어 모터보트를 사들인 젊은 어부들 중에서는 바다를 남성형 '엘 마르'라고 부르는 자들도 있었다. 그들은 바다를 경쟁 상대 또는 싸움터, 심지어는 적이라고 말했다. 그러나 노인은 언제나 바다를 여성인양 생각했고 커다란 호의를 베풀어 주다가도 거둬들이기도 하는 것인 양 여겼다. 설령 바다가 난폭한 짓 또한 간악한 짓을 하더라도, 그것은 바다로서도 어쩔 수 없어 그렇다고, 달이 여성에게 영향을 미치듯 바다도 그래서 그렇다고 노인은 생각하는 것이었다.

He always thought of the sea as *la mar* which is what people call her in Spanish when they love her. Sometimes those who love her say bad things of her but they are always said as though she were a woman. Some of the younger fishermen, those who used buoys as floats for their lines and had motorboats, bought when the shark livers had brought much money, spoke of her as *el mar* which is masculine. They spoke of her as a contestant or a place or even an enemy. But the old man always thought of her as feminine and as something that gave or withheld great favours, and if she did wild or wicked things it was because she could not help them. The moon affects her as it does a woman, he thought.(56)

이렇게 노인에게서 여성형으로 환기되는 바다는, 더 이상 구체적인 멕시코만류가 아니라 변덕스럽고 정서적으로 불안정하며 스스로도 어쩔 수 없이 이성적 통제가 불가능하다는 여성의 본성이 투사되면서 일반화되고 있다. 이렇게 바다의 방식을 합리적이지도 일관성도 없는 예측 불가능한 것으로 일반화하는 것은, 멕시코만류라는 바다의 특정한 신들에게 보호를 청하거나 영적인 관점에서 그 바다의 방식을 깨닫고 이해하는 것과는 거리가 멀다. 신들의 보호를 무시하고 개인의 힘과 통제를 더 믿는 남성에 의해 바다는 은연중 남성의 합리적 통제 대상, 문제적인 대상이 되고 그 대상을 여성으로 환기하는 것은 결국 바다와 여성을 남성중심적 관점에 종속시키는 것이다. 그렇게 유럽계 백인 남성의 이성으로 통제되거나 장악되지 않는 바다의 변화무쌍함, 불가사의함을 순순히 전적으로 받아들이지 못하는 노인은 쿠바토착 여성과 제대로 된 관계를 맺기 힘들 뿐더러, 그 관계 자체를 그다지 중요하게 여기지도 않는다.

『노인과 바다』에서 간단하게 처리된 쿠바 여성의 세계를 대신하는 존재가 바로 쿠바 청년이다. 착한 마음씨를 지닌 마놀린은 늘 노인의 먹을 것을 챙기며 가까이서 돌본다. 마놀린이 어른 아내 혹은 여성의 역할을 대신하는 셈이다. 노인과 청년으로 이루어진 쿠바남성들만의 세계는 쿠바 삶의 온전한 모습과는 거리가 멀며 성인 남녀의 삶을 대체할 수도 없다. 쿠바 남성의 온전한 형상화에 필수적인 성인 여성의 세계를 배제하고 있는 『노인과 바다』는 쿠바의 토착적인 것에 좀 더 가까이 다가가는 통로를 차단하는 셈이다. 아내 없이 여성 없이 혼자 외롭게 지내는 산티아고의 꿈에 자주 등장하는 사자들의 세계도 여성을 배제하는 사냥 행위와 연결되어 있다. 토착공동체에서 중요한 것은 여성들의 다양한 살림 영역들을 통한 일상 삶과 문화의 지속성이다. 각 지역에서 여성들의 일상적인 '살림' 행위는 고기잡이와 사냥이라는 남성적 행위를 보완하고 완결하면서 공동체를 유지하고 역사와 문화를 이어가게 한다. 이러한 살림 생명 공동체에 합류하지 못하고 소외된 채, 사자 꿈을 꾸며 외로운 죽음을 맞이하는 산티아고와 같은 쿠바 백인 남성에게 작동 중인 젠더 정치는 좀 더 토착적인 쿠바 삶의 실현을 가로막았던 셈이다.

5. 나가는 말: 쿠바의 심오한 아프리카성^{Africanness}과 미국소설

앞에서 살펴보았듯이 『노인과 바다』에서의 쿠바는 소설의 핵심적 요소인데도 산티아고와 같은 스페인계 백인 남성의 생태정치, 인종정치, 젠더정치로 인해 상당히 제한되게 그려져 있었다. 『노인과 바다』는 산티아고의 멕시코만류 고기잡이 외에 코히마 마을 사람들의 생각과 행동, 쿠바토착여성들의 산테리아 신앙, 코브레 성전의 종교의식, 작은 어촌의 살림공동체 등에 관한 세부적이고 풍부한 묘사들을 거의 제시하지 않는다. 그리하여 아프리카에서 건너온, 쿠바 문화 속의 신화적 요소가 지니는 의미는 소설에서 거의 재현되지 못했던 것이다.

이제 백인성의 울타리 안에서 라틴아메리카적/카리브적인 것을 거짓되게 관용 혹은 전유하는 태도를 넘어 그 속살과 근본을 어떻게 미국소설에 담아낼 수 있을지를 탐색할 때이다. 그런 탐색은 쿠바 속에 있는 심오한 아프리카성을, 쿠바 토착적인 것의 문화적 가능성을 새로운 영어로 표현하는 윌슨 해리스^{Wilson Harris}나 자메이카 킨케이드^{Jamaica Kincade}의 작품들에서 발견된다. 거기서는 흑/백, 식민주의자/식민화된 사람들, 과거/현재, 토착지역/메트로폴리스 사이의 경계들을 풍부한 이질성의 새로운 공동체로 양도하는 새 카리브 비전이 제공되고 있기 때문이다. 이렇게 미국소설의 지평을 넓히기 위해서는 서로 다른 대륙들의 문화들 사이에 일어나는 문화횡단적transcultural 과정에, 그 혼합과 섞임 과정에 세밀하게 착목하는 작업이 요청된다고 하겠다.

지구화 시대에 여전히 존속되고 있는, 쿠바의 혼혈인들과 쿠바 흑인 들의 공동체지향적인 언어와 삶은 그저 논리로만으로는 설명할 수 없 는 신화로 충만한 아프리카 대륙의 감성, 인식소, 세계관을 여전히 간 직한다. 호세 마르티(Martí, 1977)에 의해 주장된 '우리의 아메리카'라 는 것도, 미국중심의 앵글로 아메리카가 담지 못한 혹은 삭제한 라틴 아메리카와/또는 아프리카 대륙의 다른 감성, 다른 인식소, 다른 우 주관을 표명한다. 난시 모레혼(모레혼: 31) 역시 요루바에서 쿠바로 간 아프리카계 노예들에 의해 전승된, 우주적인 신비한 원천을 지니는 신 화들에 담겨 있는, 지구, 행성, 인류, 신들의 천지창조, 우주와 신의 기 원에 관한 묘사와 인간의 행동규범에 관한 구체적인 설명에 이르기까 지 실로 인간과 관련된 무수한 다른 이야기들에 관심을 가질 것을 우 리에게 촉구한다.

이러한 '새로운 아메리카 대륙 이야기'라는 맥락에 있는 미국소설 은, 쿠바라는 오늘날의 분명한 모습을 만들어내는 데 공헌한 아프리 카적 요소의 문화적 의미를 담고자 하고 전달하고자 할 것이다. 이 글 에서 제안했듯이, 라틴아메리카적인 것/쿠바적인 것에 이미 얽혀 있는 아프리카적인 것에 대한 복합적 인식은, 포스트식민주의 입장에서 대 륙 간의 연결을 새로 주시하게 하는 '트리컨티넨탈리즘'이라는 시각에 의해 더욱 진전될 수 있다. 쿠바성을 아프리카적 요소에서 구하며 공 기, 하늘, 비, 땅을 중요하게 여기는 쿠바 흑백 혼혈(물라토) 시인 니콜 라스 기옌Nicolás Guillén(1902-1989)은 쿠바 문화의 과거, 현재, 미래를 다음과 같이 노래한다.

> 우리는 멀리서 함께 왔습니다.
> 젊은이, 노인
> 검은 피부와 하얀 피부가 같이 뒤섞여서
> 한 여자가 앞서고, 다른 남자가 뒤에 서서
> 다 같이 섞여 있는 것입니다.
> …
> 가자 물라토여.
> 어서 갑시다.(모레혼: 35에서 재인용)

이 구절은 지구행성의 사람들을 갈라놓는 나이, 인종, 젠더, 문화의 차이들 속에서도 서로 자연스럽게 섞여나가는 동안 형성될 새롭고 다양한 영혼을 예시한다. 이러한 미래의 조감도는 그동안 북미 지역, 국가, 대륙에 갇혀 있었던 미국소설의 지평을 확장하고 더 풍부하게 하고 더 깊이 있게 할 수 있을 것이다.

『노인과 바다』를 이해하는 데 쿠바는 중요하다. 소설에 나타난 쿠바적 양상들을 논의하기 위해서는 에코정치학, 인종정치학, 젠더정치학이라는 세 가지 흐름을 필요로 한다. 이 논문에서는 이 흐름들을 보충하고 심화하는 일환으로서 트리컨티넨탈리즘 시각이 제안된다. 로버트 영에 의해 제안된바, 포스트식민주의를 재규정한 것으로서 트리컨티넨탈리즘을 아시아, 아프리카, 라틴아메리카/카리브해의 비서구

적 지리학적 공간에 잠재된 역동적인 힘을 탐색하고, 상호연결된 트리컨티넨탈 문화들에 지속되어온 다른 인식소들과 가치들을 발굴할 것을 우리에게 요청한다. 그러한 트리컨티넨탈 시각을 통한 『노인과 바다』 읽기는 라틴아메리카/카리브해적인 것에 배여 있는 아프리카적 요소들에 초점을 맞추는 것을 뜻한다. 이러한 아프리카성Africanness은 산테리아santéria에서 왔다. 산테리아는 쿠바의 토착문화와 삶을 유지하는 가운데 유럽 가톨릭과 아프리카의 신앙(혹은 요루바 신화)을 종합한다. 쿠바의 토착 혼혈인들에게 걸프 해는 남성신들과 여성신들의 개인화된 모습들이 존재하고 아주 오래전에 아프리카로부터 라틴아메리카/카리브 해로 항해해 왔을 때처럼 축복받은 바다이다. 이와 대조적으로 주인공 산티아고는 걸프 해를 여성적이고 일관성 없는 변덕스러운 것으로 일반화하고, 합리적으로 통제할 필요가 있는 문제적 대상으로 간주하고서 바다신들과 여신들의 동의를 절대 청하지 않는다. 물고기에게 친구나 형제처럼 말을 거는 산티아고의 생태학적 윤리에서조차도 유럽 백인남성의 고집스런 인간중심주의는 바다의 생명들과 신들에게 맞서고자 하는 강한 의지에서 부각된다. 아프리카의 해변에서 장난치고 있는 사자들에 관한 그의 꿈 또한 아프리카를 폭력적인 식민역사들과 완전히 분리된 낭만화된 처녀지로 제시함으로써 그의 인종적 민족주의를 드러낸다. 『노인과 바다』에 대한 이러한 읽기는 산티아고와 (혹은)코스모폴리탄적인 헤밍웨이의 감성들, 인식소들, 가치들과 비교되는 다른 감성들, 인식소들, 가치들을 가시화할 수 있도록 한다.

나가는 말

다인종 다문화 상상을 확대하는
페미니스트 문화정치의 실천을 향해

이 책은 동아시아 중심의 제한된 아시아주의를 탈피해 서아시아와 중앙아시아를 비롯한 '다른 여러 아시아'라는 구도 하에서 횡적 관계성 속에 있는 아시아의 권역들을 탈식민의 의미있는 지점으로 구축하자고 주장한다. 그런 다음, '다른 여러 아시아'라는 사유와 담론을 남반구 시각과 아래로부터의 시각에 따라 아시아-아프리카-라틴아메리카 대륙 사이의 연계를 강조하는 트리컨티넨탈리즘의 맥락에 놓자고 한다. 이러한 맥락화에 의해 부각되는 아시아의 다양한 하위지역들을 아프리카, 라틴아메리카의 그것들과 연결하고 상호참조하는 연구야말로 적녹보라 패러다임으로 재구축되는 탈식민 페미니즘의 지형과 결부된다는 논의가 펼쳐지도록 하기 때문이다.

그러한 논의의 맥락은 이제 백인 남녀 중심의 서사로서 영미문학보다는 그 서사의 이면에 흩어져 있는 비백인들을 포괄하는 다인종 다문화 서사들을 중시한다. 그러면서 그 다층적 서사들을 읽어내는 방법론적 기반으로서 '공통성과 차이의 문화정치학'을, 그 서사들의 이론적 기반으로서 '비판적인 다인종 다문화 페미니즘 관점'을 제시한다. 그러한 방법론적 이론적 기반에 따라 이 책은 '인종과 계급과 젠더의 역학'을 중시하는 가운데 또한 반인종차별적, 반자본주의적, 페미니즘적 사회정의를 실천하는 액티비즘 전통을 따른다. 그렇게 하기 위해 특히 성·계급·인종의 축에서 가장 하위에 있는 유색인종 하위주체 여성들의 분석적인 목소리들에 착안하고 집중함으로써 그녀들의 삶을 세심하게 또 복합적으로 읽어낼 필요성이 강조된다. 그러한 읽기는 서구 백인(남성)중심인 공식 서사에서 누락되고 생략된 것들을 드러내도록 할 뿐만 아니라 중심/주변 사이에서 상호작용하는 역동적인 장들을 부상시키는 가운데 포괄적인 의미에서 국가서사를 다시 쓰도록 하기 때문이다.

그러한 '다시 쓰기'에서 비서구 유색인종 하위주체 여성들의 서사들은 서로 다른 성·인종·계급 주체들의 서사들과 복합적으로 얽혀 있기 마련이므로 서로 연결시켜 비교하는 다시 말해 상호참조하는 가운데 함께 논의되도록 해야 한다. 그러한 논의는 성·계급·인종의 측면에서 하위에 있는 비서구 유색인종 하위주체 여성들의 서사들에 새로운 관심을 갖고 그녀들의 세계관, 우주관, 감성, 인식을 접하고 이해하도록 함으로써 백인 남성중심의 기존문학과 문화에 있다고 하는 우월성을 비판적으로 검토하도록 한다. 이러한 비판적인 검토 작업들을 복합적인 방식들로 축적해 나갈 때, '다인종 다문화 상상'은 성·인종·계급 주체들의 다양한 서사들을 보듬어 안으면서 또한 그 서사들을 확장 가능하도록 할 것이다. 이로써 '페미니스트 문화정치'는 21세기의 주요한 화두인 '다인종 다문화 상상'을 페미니즘적 시각에서 확대하도록 우리를 고무할 것이다. 이 책이 그러한 확대 작업을 고무하고 도모하는 데 도움이 되기를 기대한다.

인용문헌

|한국어 자료

강규한. 2006. 「동물권리와 자연의 언어」, 『미국학』 29: 117-40

강내희. 2010. 11. 12. 「학문의 비환원주의적 '통섭'을 위한 초분과적 기획과 문화연구」, 『과학기술발전과 지식생산의 변화』, 문화/과학-시민과학 센터 공동 심포지엄 자료집: 1-27

강내희. 2016. 『인문학으로 사회 변혁을 말하다』, 문화과학사

고민곤. 2008. 「헤밍웨이 작품 연구」, 우석대학교 대학원 박사학위논문

국가연. 2007. 「어니스트 헤밍웨이의 『노인과 바다』연구」, 『열린 정신 인문학 연구』 8: 57-72

김경숙. 2011. 「포도주, 광기 그리고 나쁜 피: 『제인 에어』 속 제국주의 다시 읽기」, 『영어영문학』 제57권 2호: 339-65

김경숙. 2013. 「폴 디의 담뱃갑 속에 감추어진 미국 노예제도의 역사—토니 모리슨의 『빌 러비드』 다시 읽기」, 『영어영문학 21』 26.2: 5-25

김경일. 1998. 「지역연구의 정의와 쟁점들」, 김경일 편저, 『지역연구의 역사와 이론』, 문화과학사: 17-49; 「동아시아와 세계체제 이론」, 『지역연구의 역사와 이론』: 130-50; 「전후 미국에서 지역연구의 성립과 발전」, 『지역연구의 역사와 이론』: 153-204

김경한. 2007. 「문학 기반 문화 교수-학습모형 개발」, 『미문학교육』 제11집 2호: 5-22

김미현. 2008. 「기억과 글쓰기의 정치성: 토니 모리슨의 『어둠 속의 유희』, 『빌러비드』, 『노벨상 수상 연설』, 『레시터티브』」, 『비교문화연구』 12.1: 215-36

김미현·이명호 편. 2008. 『토니 모리슨』, 동인

김상률. 2004. 『차이를 넘어서』, 숙명여대 출판국

김상률. 2008. 『폭력을 넘어: 세계화 시대의 현대미국 소설 다시 읽기』, 숙명여대 출판국

김성곤. 1994. 「중심과 주변—탈식민주의적 텍스트 읽기 2」, 『문학정신』 12월호

김성곤. 2004. 『영화 속의 문화』, 서울대 출판부

김수연. 2011. 「개고기와 애완견: 어번 윌시의 『링컨 공원의 개들』에 나타난 세계시민주의의 한계와 가능성」, 『미국소설』 18.3: 5-29

김애주. 2008. 「흑인 여성의 몸, 폭력, 그리고 희생자의 윤리: 토니 모리슨의 『빌러비드』」, 『영어영문학 연구』 50.3: 73-87

김우창. 1998. 「한국의 문학과 한국문화」, 『안과 밖』 창간호: 10-41

김준년. 2010. 「인종의 역사와 우정의 윤리: 후기 데리다를 통해 다시 본 카리브해의 인
    종정치학과 자메이카 킨케이드의 작품세계」, 『영어영문학』 제56권 1호: 103-33

김택현. 2005. 「역자 후기」, 『포스트식민주의 또는 트리컨티넨탈리즘』, 박종철 출판사

데리다, 자끄. 1992. 「기호학과 그라마톨로지」, 『자끄 데리다: 입장들』, 박성창 편역, 도
    서출판 솔 [Derrida, J. 1982. Positions: Jacques Derrida. Chicago: University
    of Chicago Press]

데이비스, 마이크. 2008. 『엘니뇨와 제국주의로 본 빈곤의 역사』, 정병선 옮김, 이후 출
    판사 [Davis, Mark. 2002. Late Victorian Holocaust: El Ninõ Famines and the
    Making of the Third World. London, New York: Verso]

라코스트, 이브. 2011. 『마그레브, 북아프리카의 민족과 문명』, 김정숙 옮김, 한울

리쾨르, 폴. 2006. 『번역론: 번역에 관한 철학적 성찰』. 윤성우·이향 옮김, 철학과 현실
    사 [Ricoeur, P. 2004. Sur la traduction. Paris: Bayard]

모레혼, 난시(Nancy Morejón). 2010. 「쿠바와 쿠바문화에 뿌리 깊게 자리한 아프리카
    적 특성」, 강문순 옮김, 제1회 인천 AALA문학 포럼 자료집: 25-35

모리슨, 토니. 2003. 『빌러비드』, 김선형 옮김, 들녘 [Morrison, Toni. 1998. Beloved.
    New York: A.A. Knopf]

모한티, 찬드라 탈파드. 2005. 『경계 없는 페미니즘: 이론의 탈식민화와 연대를 위
    한 실천』, 문현아 옮김, 도서출판 여이연 [Mohanty, Chandra Talpade. 2003.
    Feminism without Borders: Decolonizing theory, Practicing solidarity.
    Durham: Duke University Press]

미즈, 마리아 & 베로니카 벤홀트-톰센. 2001. 「힐러리에게 암소를」, 『녹색평론』 통권
    57호: 60-9

박미선. 2008. 「지구지역시대 젠더이론의 쟁점: 여성, 민족, 국가, 그리고 문화 서사의 정
    치」, 『탈경계 인문학』 창간호: 29-58

박미선. 2009. 「테크노 문화 시대의 여성주의 인문학: '전유되지 않은 타자'의 정치와
    절합의 기호학」, 『문화/과학』 58호

박선주. 2012. 「(부)적절한 만남: 번역의 젠더, 젠더의 번역」, 『안과 밖』 제23권 3호:
    289-325

박인찬. 2005. 「중심인가 주변인가: 지구화 시대의 아시아계 미국소설」, 『안과 밖』 19권:
    260-78

박인찬. 2006. 「한국계 미국소설의 좌표와 문학간 소통의 모색」, 『안과 밖』 20권:
    118-43

박인찬. 2007. 「최근 미국 소설의 지형도: 백인 작가들을 중심으로」, 『안과 밖』 22권:
    277-96

박정호. 2011. 「『노인과 바다』의 문체 연구」, 『신영어영문학』 49: 49-64

박홍규. 2003. 『자유-자연-반권력의 정신: 조지 오웰』, 이학사

발로우, 타니. 2001. 「중국의 여성에 관한 지역연구에서 부채의 영역과 페미니즘의 유령」, 나오키 사카이·유키코 하나와 책임편집, 『흔적』 창간호: 266-306

방인혁. 2011. 「서구중심주의 비판을 위한 대안적 방법론 모색」, 『맑스주의 연구』 제8권 3호: 174-201

백낙승, 유정선. 2010. 「『노인과 바다』의 주제와 서사기법」, 『인문과학 연구』 25: 195-216

백원담. 2005. 「중국에서 1980년-1990년대 문화 전형의 문제: 중국의 문화전형과 동아시아 역내 문화교통의 연관을 중심으로」, 『중국현대문학』 제33호: 253-99

백원담. 2006. 「인터-아시아 문화연구와 한국 문화연구, 그 정치적 이론적 그리고 역사적 선회」, 『중국현대문학』 제39호: 527-63

백원담. 2007. 「전후 아시아 사회주의권에서의 아시아주의」, 『문화/과학』 52호: 119-54

백원담. 2010. 「아시아 지역연구의 문화정치학적 전환 문제」, 『중국현대문학』 55호: 127-62

벤야민, 발터. 1983. 『발터 벤야민의 문예이론』, 반성완 편역, 민음사

사카이, 나오키. 2001. 「서구의 탈구와 인문과학의 지위」, 나오키 사카이·유키코 하나와 책임편집, 『흔적』 창간호: 133-61

소수만. 2006. 『어니스트 헤밍웨이』, 동인

스피박, 가야트리. 2003[2008]. 『다른 세상에서: 문화정치학 에세이』, 태혜숙 옮김, 여이연 [Spivak, Gayatri. 1987. In Other World: Essays in Cultural Politics. New York: Routledge]

스피박, 가야트리. 2005. 『포스트식민 이성 비판』, 태혜숙·박미선 옮김, 갈무리 [Spivak, Gayatri. 1999. A Critique of Postcolonial Reason. Cambridge, Mass.: Harvard University Press]

스피박, 가야트리. 2006. 『교육기계 안의 바깥에서』, 태혜숙 옮김, 갈무리 [Spivak, Gayatri. 1993. Outside in the Teaching Machine. New York: Routledge]

심광현. 2008. 「21세기 코뮌주의와 문화혁명」, 『문화/과학』 53호: 167-201

안준범. 2008. 「서발턴 역사 개념의 형성 연구」, 성균관대학교 사학과 박사학위논문

에머슨, 도널드. 1998. 「'동남아시아': 이름의 유래와 역사」, 문현아 옮김, 『지역연구의 역사와 이론』, 문화과학사

에반스, 니컬러스. 2012. 『아무도 모르는 사이에 죽다―사라지는 언어에 대한 가슴 아픈 탐사보고서』, 김기혁·호정은 옮김, 글항아리 [Evans, N. 2009. Dying Words. London: Wiley-Blackwell]

영, 로버트. 2005. 『포스트식민주의 또는 트리컨티넨탈리즘』, 김택현 옮김, 박종철출판사 [Young, R. 2001. Postcolonialism: An Historical Introduction. Oxford, UK; Malden, Mass.: Blackwell Publishers]

영, 로버트. 2013. 『아래부터의 포스트식민주의』, 김용규 옮김, 현암사 [Young, R. 2003. *Postcolonialism: A Very Short Introduction*. Oxford, New York: Oxford University Press]

오웰, 조지. 2010. 『버마 시절』, 박경서 옮김, 열린 책들 [Orwell, George. 1934. *Burmese Days*, New York: Harvest/HBJ Book]

윤성우. 2007. 「발터 벤야민(W. Benjamin)의 번역론에 관한 소고」, 『번역학 연구』 제8권 1호: 175-91

윤지관. 2007. 「번역의 정치성과 사회적 기능」, 『번역비평』 창간호: 13-23

윤혜린. 2010. 「토착성에 기반한 아시아 여성주의 연구 시론」, 『여성학논집』 제27집 1호: 3-36

이경란. 2009. 「미국 메트로폴리스 안의 '제3세계': 호세 마르티와 폴리 마샬의 경계영역 글쓰기의 역동성」, 『미국소설』 16. 1: 117-40

이귀우. 1997. 「과거의 유령과 현재: 토니 모리슨의 『빌러비드』」, 『영어영문학』 43.2

이명호. 2003. 「사자死者의 요구: 토니 모리슨의 『빌러비드』 읽기」, 『영미문학연구』 4호

이명호. 2007. 「흑인 남성성의 재현—토니 모리슨의 『푸르디 푸른 눈』과 『빌러비드』를 중심으로」, 『현대 영미소설』 14.1: 49-73

이상봉. 2009. 「인문학의 새로운 지평으로서 '로컬리티 인문학' 연구의 전망」, 『로컬리티 인문학』 창간호

이유혁. 2015. 「트랜스로컬리티 개념에 대해서: 트랜스내셔널리즘과의 차이와 개념적 응용성을 중심으로」, 『로컬리티 인문학』 13호

이행수. 2004. 「『노인과 바다』의 생태여성주의적 가치」, 『비평문학』 18: 375-90

임우경. 2001. 「페미니즘의 동아시아적 시좌」, 『여/성이론』 5호: 57-83

임우경. 2007. 「비판적 지역주의로서 한국 동아시아론의 전개」, 『중국현대문학』 40호: 1-51

임진희. 2003. 「한국계 미국문학연구—생태미학을 통한 국가의 형상화」, 『영어영문학』 제49권 2호: 369-91

전규찬. 2007. 「미국중심 미디어 제국 구축의 연대기」, 『문화/과학』 51호: 178-92

정대현. 2015. 「인문성과 문본성, 그 편재적 성격: 한국 인문학의 새로운 구상」, 『탈경계 인문학』 8권 2집: 4-40

정선태. 2007. 「번역 또는 식민주의를 '애도'하는 방법」, 『번역비평』 창간호: 151-62

정연식·황영주. 2004. 「사회주의 혁명과 여성 지위 변화: 베트남 사례」, 『21세기 정치학회보』 14(2): 189-210

정혜욱. 2010. 『번역과 문화연구』, 경성대학교 출판부

조인석. 1995. 「20년 미해결의 과제: 베트남의 라이 따이한」, 『통일한국』 138: 86-89

지구지역행동네트워크/페미니즘 학교. 2009. 『NGA/SF, 지구지역행동을 제안한다』

최갑수. 2007. 「프랑스 혁명과 아이티 혁명 그리고 투생 루베르튀르: C.L.R. 제임스의 블랙 자코뱅」, 『프랑스사 연구』 17호

캠벨, 닐 외. 2002. 『미국 문화의 이해』, 정정호 외 옮김, 학문사[Cambell, Neil and Alasdair Kean. 1997. *American Cultural Studies: An Introduction to American Culture*. London, New York: Routledge]

태혜숙. 1990. "Rhetoric and Racial Politics in Reading *Jane Eyre*," 『영학논집』 14호

태혜숙. 2007. 「'운동'으로서의 민주주의와 그 주체 구성의 문제」, 『황해문화』

태혜숙. 2008a. 「적색-녹색-보라색의 동맹을 위하여」, 『문화/과학』 48호: 98-115

태혜숙. 2008b. 『대항지구화와 '아시아' 여성주의』, 울력

팔랏, 라비 아빈드. 1998. 「파편화된 전망: 미국 헤게모니 이후 지역연구의 미래」, 『지역연구의 역사와 이론』, 여순주 옮김, 문화과학사 [R. A. Palat, "Fragmented Vision: Excavating the Future of Area Studies in a Post-American World," Fernand Braudel Center, Vol. 14, No. 3]

페트리니, 카를로. 2008. 『슬로푸드, 맛있는 혁명』, 김종덕·황성원 옮김, 도서출판 이후

펑, 치아. 2001. 「보편적 지역—변화하는 세계에서의 아시아 연구」, 나오키 사카이·유키코 하나와 책임편집, 『흔적』 창간호

포스터, 존 벨라미. 2007. 『생태계의 파괴자 자본주의』, 추선영 옮김, 책갈피

포스터, 존 벨라미. 2008. 「역사적 시각에서의 맑스의 생태주의」, 박미선 옮김, 『문화/과학』 56호: 42-63

하영준. 2009. 「C. L. R. 제임스의 '크레올 맑스주의' 연구: 맑스주의의 크레올화와 탈식민주체형성」, 한양대대학원 사학과 박사학위논문

한국미국사학회 엮음. 2006. 『사료로 읽는 미국사』, 궁리 출판

해러웨이, 다나 J. 2002. 『유인원, 사이보그, 그리고 여자』, 민경숙 역, 동문선

헤밍웨이, 어니스트. 1998. 『노인과 바다』, 조신권 역, 신원문화사

황호덕. 2007. 「번역의 근대, 한문맥의 근대」, 『번역비평』 창간호: 163-85

후세인, 아미요. 2001. 「생존의 서사들: 중국 남서부 무슬림은 1873년의 학살을 어떻게 기억하는가」, 미건 모리스·브렛 드 베리 책임편집, 『흔적』 2호: 293-334

| 신문 기사 및 방송 보도 자료

김대훈, 고영규 기자. 2008.12.25. "'아버지'란 말에 하염없이 눈물 흘리는 '신라이따 이한'" http://blog.daum.net/printView.html?articlePrint_7935715 (검색일: 2010.10.2.)

"라이 따이한의 아버지, 김영관 목사" http://humane4.blogspot.com/2007/09/blog-post_ 4753html(검색일: 2010.10.2.)

"라이 따이한 아버지 보고 싶어요" http://blog.daum.net/hani/9146/7935685 (검색일: 2010.10.2.)

박찬수 특파원, 홍대선 기자. 2005.11.28. 「이건희 삼성회장 셋째 딸 교통사고 아니라 자살」, 『한겨레』 http://media.daum.net/nms/service/news/print/printnews?newsid=20…(검색일: 2010.10.2.)

장일호 기자. 2010.3.29. 「꿈의 공장에서 죽어가는 또 '하나의 가족」, 『시사인』 http://www.sisainlive.com/news/articlePrint.heml?idxno=6954 (검색일: 2010.10.2.)

정재은 기자. 2010.3.31. 「그녀의 꿈이 어두운 관 속으로 들어간다」,《미디어충청》http://www.cmedia.or.kr/news/print.php?board=news&id=4168 (검색일: 2010. 10.2.)

전종휘 기자. 2010.4.1. 「삼성전자 백혈병, 23살 박지연씨 끝내 사망」, 『한겨레』 http://www.hani.co.kr/popups/print.hani?ksn=413700 (검색일: 2010.10.2.)

KBS 차마고도 제작팀. 2007. 『차마고도』, 예담 출판사

| 외국어 자료

Ahmad, A. 1992. *In Theory: Nations, Classes, Literatures*. London and New York: Verso

Amin, Samir. 1976. *Unequal Development: An Essay on the Social Formations of Peripheral Capitalism*. Tr. Brian Pearce. New York: Monthly Review Press

Ang, Ien. 2001. *On Not Speaking Chinese: Living between Asian and the West*. London and New York: Routledge

Armengol-Carrera, José M. Fall 2011. "Race-ing Hemingway: Revisions of Masculinity and/as whiteness in Ernest Hemingway's *Green Hills of Africa and Under Kilimanjaro*," *The Hemingway Review* l31: 43-61

Arnold, Matthew. 1986[1864]. "The Function of Criticism at the Present Time," reprinted in M. H. Abrams, et al. eds., *The Norton Anthology of English Literature*, Fifth Edition, Vol. 1. New York London: W. W. Norton & Company: 1408-27

Berlin, Ira. February 2010. "The Changing Definition of African-American: How the great influx of people from Africa and the Caribbean since 1965 is challenging what it means to be African-American," *Smithsonian* magazine: 1-3

Bhabha, Homi K. 1990. *Nation and Narration*. New York, London: Routledge

Bhabha, Homi K. 1994. *The Location of Culture*. New York: Routledge

Birmingham Cultural Studies Center. 1982. *The Empire Strikes Back*. London: Hutchinson

Bronte, C. 1966[1847]. *Jane Eyre*. New York: Penguin

Cain, William. 2006. "Death Sentences: Rereading *The Old Man and the Sea*," *Sewanee Review* 114. 1: 112–25

Cambell, Neil and Alasdair Kean. 1997. *American Cultural Studies: An Introduction to American Culture*. London, New York: Routledge [캠벨, 닐 외. 2002. 『미국 문화의 이해』, 정정호 외 옮김, 학문사]

Chen, Kuan–Hsing. 1998. "The Decolonization Question," *Trajectories: Inter-Asian Cultural Studies*, edited by Kuan–Hsing Chen with Hsiu–Ling Kuo, Hans Han and Hsu ming–Chu. London, New York: Routledge

Chen, Kuan–Hsing. 2010a. *Asia as Method: Toward Deimperialization*. Durham: Duke University Press

Chen, Kuan–Hsing. 2010b. "Living with tensions: notes on the Inter–Asia movement," *Inter-Asia Cultural Studies*, vol. 11, no. 2: 311–8

Cho, Hee Yeon. 2010. "Expecting more open space as an inter–Asia critical review—reflecting over the changed context of cultural politics," *Inter-Asia Cultural Studies*, vol. 11, no. 2

Cho, Hee Yeon and Kuan–Hsing Chen. 2005. "Editorial Introduction: Bandung/Third Wordism," *Inter-Asia Cultural Studies*, vol. 6, no. 4

Collins, Patricia Hill. 1999. "What's in a Name? Womanism, Black Feminism, and Beyond," reprinted in Rodolfo D. Torres, Louis F. Miron, Jonathan Xavier Inda, eds., *Race, identity, and citizenship: a reader*. Malden: Blackwell: 126–37

Cooper, Carolyn. 2009. "'Pedestrian crosses': sites of dislocation in 'post–colonial' Jamaica," *Inter-Asia Cultural Studies*, vol. 10, no. 1: 3–11

Dimitrakopoulos, Stephanie A. 1992. "Maternal Bonds as Devourers of Women's Individuation in Toni Morrison's *Beloved*," *African American Review* 26.1: 51–9

Dirlik, A. 1998. *The Postcolonial Aura: Third World Criticism in the Age of Global Capitalism*. Boulder, Colo.: Westview Press

Dönmez, B. A. 2012. "The Voice of the imperial in an Anti–Imperialist Tone: George Orwell's *Burmese Days*," *Cross-Cultural Studies*, 28: 5–16

Dutton, Michael. 2002. "Lead Us Not into Translation: Notes toward a Theoretical Foundation for Asian Studies," *Nepantla: Views from South*, 3(3): 495–537

Eltit, D. 1995. *The Fourth World*. Tr. Dick Gerdes. Lincoln: University of Nebraska Press

Flotow, L.V. 1997. *Translation and Gender: Translating in the 'Era of Feminism.'* Ottawa: University of Ottawa Press

Forster, John Bellamy. 2000. *Marx's Ecology: Materialism and Nature.* New York: Monthly Review Press

Frazier, Charles. 1997. *Cold Mountain.* New York: Atlantic Monthly Press

Gebara, Ivone. Spring 2003. "Ecofeminism: A Latin American Perspective," *Crosscurrents,* Vol. 53, No. 1

Gopinath, P. 2009. "An Orphaned Manliness: The Pukka Sahib and the End of Empire in *A Passage to India and Burmese Days*," *Studies in the Novel,* 41(2): 201–23

Gott, Richard. 2004. *Cuba: a New History.* New Haven: Yale University Press

Harootunian, Harry. 2002. *History's Disquiet.* New York: Columbia University Press

Hediger, Ryan. Spring 2008. "Hunting, Fishing, and the Cramp of Ethics in Ernest Hemingway's *The Old Man and the Sea, Green Hills of Africa, and Under Kilimanjaro*," *The Hemingway Review* 27. 2: 36–55

Hemingway, Ernest. 2010. Annotated with Critical Introduction by Kim, Byung–Chul, *The Old Man and the Sea.* Seoul: Shina–sa.

Herlihy, Jeffrey. Spring 2009. "'Eyes the same color as the sea': Santiago's Expatriation from Spain and Ethnic Otherness in Hemingway's *The Old Man and the Sea*," *The Hemingway Review* 28.2: 25–44

James, C.L.R. 1989[1963]. *The Black Jacobins: Toussaint L'Ouverture and the San Domingo Revolution.* New York: Vintage Books

Jennings, La Vinia Delois. 2008. *Toni Morrison and the Idea of Africa.* Cambridge: Cambridge UP

John, Mary E. July 2007. "Women and Feminism in Contemporary Asia: New Comparisons, New Connections?" *Interventions,* vol. 9, no. 2: 165–73

Keek, S.L. 2005. "Text and Context: Another Look at *Burmese Day*," *SOAS: Bulletin of Burma Research* 3(1): 27–40

Kerr, D. 1997. "Colonial Habitats: Orwell and Woolf in the Jungle," *English Studies* 2: 149–61

Kingston, Maxine Hong. 1975. *The Woman Warrior: Memoirs of a Girlhood Among Ghosts.* New York: Vintage Books

Klein, Herbert S. 1999. *The Atlantic Slave Trade.* Cambridge: Cambridge University Press

Klein, Herbert S., Stanley L. Engerman, Robin Haimes and Ralph Shlomowitz. January 2001. "Transoceanic Motality: the Slave Trade in Comparative Perspective," *William & Mary Quarterly*, LVIII, no. 1: 93–118

Lawrence, D.H. 2002[1923]. *Studies in Classic American Literature*. Cambridge: Cambridge University Press

Lee, Christophe. 2009. "At Rendezvous of Decolonization: The Final Communique of the Asian–African Conference, Bandung, Indonesia, 18–24 1955." *Interventions*, 11(1): 81–93

Lee, Robert. 2003. *Multicultural American Literature: Comparative Black, Native, Latinola and Asian American Fictions*. Edinburgh: Edinburgh UP

Lieskounig, J. 2012. "The Power of Distortion: George Orwell's *Burmese Days*," *AUMLA: Journal of the Australasian University of Modern Language*, 117: 49–68

Martí, José. 1977. "Our America." In: Philip S. Foner, ed. & Tr. Elinor Randall, Juan de Onis and Roslyn Held Foner, *Our America by José Martí: Writings on Latin America and the Struggle for Cuban Independence*. New York: Monthly Review Press: 84–94

Marx, Karl. 1976. *Capital*, vol. 1. New York: Vintage

Melling, Philip. Fall 2006. "Cultural Imperialism, Afro–Cuban Religion, and Santiago's Failure in Hemingway's *The Old Man and the Sea*," *The Hemingway's Review*. 26. 1: 6–24

Mies, Maria. 1986. *Patriarchy and Accumulation on a World Scale: Women in the International Division of Labour*. London, Atlantic Highlands: Zed Books

Mies, Maria. & Veronika Bennholdt–Thomsen. 1999. *The Subsistence Perspective: Beyond the Globalised Economy*. Tr. Patrick Camiller, Maria Mies and Gerd Weih. London, Atlantic Highlands: Zed Books

Mies, Maria. & Vandana Shiva. 2003. *Ecofeminism*. London, Atlantic Highlands: Zed Books

Mignolo, Walter D. 2007. "From Central Asia to the Caucasus and Anatolia: transcultural subjectivity and de–colonial thinking," *Postcolonial Studies*, 10(1): 111–20

Mohanty, Chandra Talpade. 2002. "'Under Western Eyes' Revisited: Feminist Solidarity through Anticapitalistic Struggles," *Signs: Journal of Women in Culture and Society*, vol. 28, no. 2: 499–535

Mohanty, Chandra Talpade. 2003. *Feminism without Borders: Decolonizing theory, Practicing solidarity*. Durham: Duke University Press [모한티, 찬드라 탈파드. 2005. 『경계 없는 페미니즘: 이론의 탈식민화와 연대를 위한 실천』, 문현아 옮김, 도서출판 여이연]

Mohanty, Satya P. 2001. "The Epistemic Status of Cultural Identity: on *Beloved* and the Postcolonial Condition," *Cultural Critique*: 1–34

Morrison, Toni. 1988. *Beloved*. New York: A Plume Book

Morrison, Toni. 1993. *Playing in the Dark: Whiteness and the Literary Imagination*. New York: Vintage Books

Morrison, Toni. 1984. "Rootedness: The Ancestor as Foundation." In: Mari Evans, ed., *Black Women Writers (1950–1980): A Critical Evaluation*. Garden City, N.Y.: Anchor Doubleday: 339–45

Mufti, Amir R. 2005. "Global Comparativism," *Critical Inquiry*, 31: 472–89

Mushakoji, Kinhide. 2005. "Bandung plus 50: a call for a tri–continental dialogue on global hegemony," *Inter–Asian Cultural Studies*, vol. 6, no. 4: 510

Nicolescu, Basarab. 2006. "Transdisciplinarity: Past, present and future." retrieved http//www.movingworldviews.net/Downloads/Papers/Nicolescu.pdf

Niranjana, Tejaswini. 1992. *Siting Translation: History, Post Structuralism, and the Colonial Context*. Berkeley and Los Angeles: University of California Press

Niranjana, Tejaswini. July 2007. "Feminism and Cultural Studies in Asia," *Interventions*, vol. 9, Issue 2: 188–215

O'Connor, James. 1998. *Natural Causes: Essays in Ecological Marxism*. New York: Guilford

Okada, John. 1957. *No-No Boy*. Seattle: University of Washington Press

Orwell, George. 1989[1937]. *The Road to Wigan Pier*. New York: Penguin Books

Palat, Ravi Arvind. summer 1996. "Fragmented Vision: Excavating the Future of Area Studies in a Post–American World," Fernand Braudel Center, *Review*, Vol. 14, no. 3: 269–315 [팔랫, 라비 아빈드. 1998. 「파편화된 전망: 미국 헤게모니 이후 지역연구의 미래」, 여순주 번역, 『지역연구의 역사와 이론』, 문화과학사: 375–427]

Rhys, J. 1966. *Wide Sargasso Sea*. New York: Norton

Robinson, D. 1997. *Translation and Empire: Postcolonial Theories Explained*. Manchester: St. Jerome Publishing

Rossy, J. and J. Rodden. 2007. "A Political Writer." In: J. Rodden, ed., *The Cambridge Companion to George Orwell*. Cambridge: Cambridge University Press: 1–11

Salleh, Ariel. 1997. *Ecofeminism as Politics: nature, Marx and the postmodern*. London, New York: Zed Books

Seddon, Deborah. 2014. "'Be a Mighty Hard Message': Toni Morrison's *Beloved* and the Exploration of Whiteness in the Post–Apartheid Classroom," *Safundi: The Journal of South African and American Studies* 15.1: 29–52

Simon, Sherry. 1996. *Gender in Translation*. New York: Routledge.

Slater, I. D. 1973. "The Creative Writer in Politics: George Orwell's *Burmese Days*: A Study of Imperialism at the Local Level." B. A., University of British Columbia: 1–108

Steiner, G. 1997. *After Babel: Aspects of Language and Translation*. Oxford: Oxford University Press

Spivak, Gayatri. 1986. "Three women's Texts and a Critique of Imperialism." In: Henry Louis Grates, ed., *"Race," Writing and Difference*. Chicago: The University of Chicago Press

Spivak, Gayatri. 1999. *A Critique of Postcolonial Reason: Toward a History of the Vanishing Present*. Cambridge: Harvard University Press

Spivak, Gayatri. 2000. "From Haverstock Hill Flat to U. S. Classroom." In: Judith Butler, John Guillory, and Kendall Thomas, eds., *What's Left of Theory?* New York: Routledge

Spivak, Gayatri. 2003. *Death of a Discipline*. New York: Columbia University Press

Spivak, Gayatri. 2008, *Other Asias*. Oxford: Blackwell.

Takaki, Ronald. 1993. *A Different Mirror: A History of Multicultural America*. Boston: Back Bay Books

Tania, Roy and Craig Borowiak. 2003. "Against Ecofeminism: Agrarian Populism and the Splintered Subject in Rural India," *Alternatives* 28: 60–70

Thompson, Betty Taylor. 2001. "Common Bonds From Africa to the U. S.: African Womanist Literary Analysis," *The Western Journal of Black Studies* 25.3: 177–84

Trivedi, H. 2012. "Translating Culture vs. Cultural Translation," International Writing Program. The University of Iowa, n.d. Web. Retrieved on 13 Oct. 2012. [http://iwp.uiowa.edu/91st/vol4–nl/pdfs/trivedi.pdf]

Vynckier, H. 2014. "Foreword: "Asia, Your Asia": Reflections on Orwell and Asia," *Concentric: Literary and Cultural Studies*, 40(1): 3–17

Waller, Marguerite & Marcos Sylbia. 2005. *Dialogue and Difference: Feminisms Challenge Globalization*. New York: Palgrave Macmillan

Washington, Teresa N. 2005. "The Mother-Daughter Ajé Relationship in Toni Morrison's *Beloved*," *African American Review* 39. 1-2: 171-88

Watson, Jini Kim. 2005. "The New Asian City: Literature and Urban Form in Postcolonial Asia-Pacific," PH. D. Dissertation. Durham: Duke University

Williams, Raymond. 1977. *Marxism and Literature*. Oxford: Oxford University Press

Wilson, Edward. 1999. Consilience: *The Unity of Knowledge*. New York: Vintage Press

Wimuttikosol, S. 2008. "Colonialism and Patriarchy in George Orwell's *Burmese Days*: Decentering Powers," M. A. in English Language and Literature. Thammasat University: 1-115

Woolf, Virginia. 1929, 1977. *A Room of One's Own*. London: Grafton Books

Wyatt, Jean. 1993. "Giving Body to the Word: The Maternal Symbolic in Toni Morrison's *Beloved*," *PMLA* 108.3: 474-88

Young, Robert. 2001. *Postcolonialism: An Historical Introduction*. Oxford: Blackwell

Young, Robert. 2003. *Postcolonialism: A Very Short Introduction*. New York: Oxford University Press

Young, Robert. 2012. "Cultural Translation as Hybridization," *Trans Humanities* 5(1): 155-74

Yuval-Davis, Nira. 1999. "Ethnicity, Gender Relations and Multiculturalism," reprinted in: Rodolfo D. Torres, Louis F. Miron, Jonathan Xavier Inda, eds., *Race, identity, and citizenship: a reader*. Malden: Blackwell: 112-25

Zinn, Maxine Baca and Bonnie Thornton Dill. 1999. "Theorizing Difference from Multiracial Feminism," *Feminist Studies*, 22(2): 321-31. reprinted in: Rodolfo D. Torres, Louis F. Miron, Jonathan Xavier Inda, eds., *Race, identity, and citizenship: a reader*. Malden: Blackwell: 103-11

저자 없음. 2009. "Final Communiqué of the Asian-African Conference Held at Bandung from 18-24 April 1955," *Interventions*, 11(1): 94-102